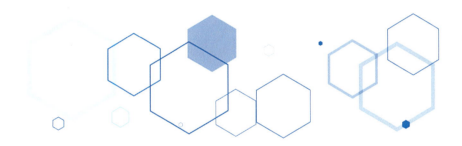

编辑委员会

主　编

朱定明　孙文平

副主编

戴　惠　吴长燕　杨艳艳　强可鉴

成　员

周秋琴　姜　华　张　雯

于　江　李　东

中国式现代化
镇江新实践

主编 朱定明 孙文平

江苏大学出版社
JIANGSU UNIVERSITY PRESS

镇 江

图书在版编目(CIP)数据

中国式现代化镇江新实践 / 朱定明,孙文平主编.
镇江:江苏大学出版社,2024.12. -- ISBN 978-7
-5684-2352-6

Ⅰ. D675.33

中国国家版本馆 CIP 数据核字第 2024NQ0483 号

中国式现代化镇江新实践

Zhongguoshi Xiandaihua Zhenjiang Xin Shijian

主　　编/朱定明　孙文平

责任编辑/蔡　莹

出版发行/江苏大学出版社

地　　址/江苏省镇江市京口区学府路 301 号（邮编： 212013）

电　　话/0511-84446464（传真）

网　　址/http://press.ujs.edu.cn

排　　版/镇江市江东印刷有限责任公司

印　　刷/江苏凤凰数码印务有限公司

开　　本/710 mm×1 000 mm　1/16

印　　张/29.5

字　　数/550 千字

版　　次/2024 年 12 月第 1 版

印　　次/2024 年 12 月第 1 次印刷

书　　号/ISBN 978-7-5684-2352-6

定　　价/98.00 元

如有印装质量问题请与本社营销部联系（电话：0511-84440882）

目 录
Contents

上 编

"创新创业福地、山水花园名城"
镇江城市定位实现路径研究

| 中共镇江市委党校、镇江市社科联联合课题组 |

城市定位是现代城市属性的主流表达方式，是城市运营者的自我认知和自我期许，是新时代城市竞争的逻辑起点和制胜关键。2020 年 7 月 31 日，镇江市委书记马明龙在中共镇江市委七届十一次全会上正式提出"把'创新创业福地、山水花园名城'作为未来一个时期镇江的城市定位和发展愿景"，为镇江发展奠定基调、指明方向。这一定位"深化了发展内涵，彰显了发展自信，突出了城市特质，展现了城市底蕴，既与不同历史时期的镇江城市定位一脉相承，又把握时代要求，与时俱进作出了新的概括提炼"。如何深刻理解这一城市定位，并将其落地，真正发挥科学定位的实践指导作用，是我们亟待解决的问题。本研究立足对镇江城市定位的科学解读和深入分析，提出实现这一城市定位的"八度"路径，以期助力镇江"跑起来"，争雄"新时代"。

一、镇江城市定位的科学内涵

（一）城市定位的理论内涵

城市定位理论脱胎于商业产品定位理论在城市营销①中的实践。城市定位理论认为城市之间的竞争是城市品牌的竞争，而通向品牌城市的第一步就是城市定位，只有通过城市定位才能找到城市的核心价值，只有通过对城市定位的包装和宣传才能塑造城市品牌并发挥品牌价值。城市定位是挖掘城市价值、构建城市核心竞争力的重要途径。仇保兴博士在任住建部副部长时曾撰文指出："城市定位理论和城市营销都是提升城市竞争力的重要

---

① 城市营销理论起源于 20 世纪 80 年代末、90 年代初的美国，现代营销学之父菲利普·科特勒使"地方营销"从普通市场营销框架中分离出来成为相对独立的理论体系。根据美国学者的研究，人类实际上推销城市（地方）的实践可以追溯到中世纪的意大利，主要目的在于促进旅游胜地的发展；而 19 世纪美国拓荒时代的城镇推销更加丰富了这一实践。早期的城市推销或是为了吸引工厂、扩大就业而鼓吹自己可以比其他城市提供更好的商业环境、更低的商务成本，并给政府提供财政支持；或是为了促进旅游和房地产销售。目前，城市营销学说主要分为北美学派、欧洲学派，以及 20 世纪 90 年代以后中国的国内学术派和实践派。

方面，二者缺一不可、相互作用。一个好的城市定位，有特色优势的城市定位本身就是一种出色的城市营销"①。综合学术界当前的研究成果，我们可以从三个维度把握城市定位的理论含义。

1. 规划维度

从城市战略规划角度看，城市定位是通过分析城市的自身条件、竞争环境、消费需求等的动态变化，挖掘城市区别于其他城市本质的独特性，创新个性化的城市形象，确定城市发展的目标、占据的空间、扮演的角色、竞争的位置。城市定位的核心内涵强调一个城市长远发展的总体战略目标。

（1）城市定位具有前瞻性。城市定位是一个城市未来的长远发展目标，要用一种动态的眼光去看待城市的条件，瞄准现代科技与经济调整趋势，从长远变化的角度对城市进行定位，这样的城市定位才有生命力。

（2）城市定位具有综合性。城市定位工作是一项复杂的系统工程，需要对城市的影响因素进行综合分析，主要影响因素包括：国家对城市发展的要求、城市的历史基础与地位、城市的经济地理位置、城市的发展条件和基础、城市的产业现状等。另外，城市定位本身的内容也是多方面的，包含六个基本要素，即空间定位、产业定位、城市功能与性质、城市特色与形象、城市规模以及城市发展战略与策略。

（3）城市定位具有独特性。城市定位必须突出城市的特色，把城市内在的文化内涵发掘出来，强化城市自身的个性发展特征。城市定位的个性可以从历史文脉、名胜古迹、革命传统、自然资源、地理区位、交通状况、产业结构，以及自然景观、生态环境、建筑风格等诸多方面去发掘培育。

（4）城市定位具有持久性。城市定位一旦经过科学的深入的分析确定后，就必须在较长一段时间内保持不变，并需坚定不移地去贯彻、宣传和实施。

2. 营销维度

城市营销是城市定位的延续和拓展，可理解为广义上的"城市定位"。仅有一个好的城市定位是远远不够的，还应该对其进行广泛宣传与推广，以便外界熟悉它的优势和发展前景，从而形成城市巨大的信息流、资金流、物质流和人才流，可以说，得到外界的认可和买单是"城市定位"从理想走进现实的关键。

（1）强调品牌塑造。对城市独特要素禀赋、历史文化沉淀、产业优势

---

① 仇保兴. 城市定位理论与城市经营对城市竞争力的影响 [J]. 珠江经济，2004（7）：73.

等差异化要素进行更深入地挖掘和打造，通过创造良好的硬件和软件，打造个性化的"城市品牌"。

（2）突出城市营销。所谓"酒香也怕巷子深"，构思再好的城市定位和城市品牌，如果不能抢占目标消费者，得不到消费者的买单，那就如同空中楼阁。要把城市看作产品，并将其带到市场上宣传推广，吸引更多的城市消费者，形成具有美誉度的"城市口碑"。

（3）重视优势打造。城市定位重点在于挖掘和发挥城市特有的比较优势，并通过城市营销放大品牌效应、带动核心竞争力的形成，从而实现综合竞争力的总体提升。

3. 实践维度

合理确定城市定位之后，即可系统实施城市定位战略。城市定位的战略实施是一个庞大、复杂的系统，一般来说，要处理好以下几方面的内容：

（1）规划管理。要以城市定位为统领和"灵魂"来规划城市、管理城市，不断改造与城市定位不相统一、不相协调、不相适宜的方面，不断培育、发展、壮大城市定位应有的内涵与外延。

（2）特色营造。城市定位的确立已经为城市特色的营造提供了"基调"，要通过城市的规划、建设、经营、管理不断充实特色的内容，不断凸显特色的光芒，不断提升特色的影响。

（3）产业建构。城市定位内含了城市未来产业的主攻方向，要把这个"主攻方向"提炼出来，并通过阶段性的产业战略调整不断做大做强这个新兴的主导产业，战略性新兴产业的确立及其集中开发建设是城市定位实施的重中之重。

（4）空间布局。合理的城市定位确立后，要根据城市定位的要求重新规划、调整城市空间布局，要通过阶段性规划来改造、创新城市的"点、线、面"布局，逐步形成与城市定位相统一的城市"亮点"、"风景线"及"主功能板块"。

（二）镇江城市定位的解读

当前，"跑起来"是响彻镇江上下的"最强音"，这是全市人民对实现"镇江很有前途"的共同心声，是对镇江加快发展的强烈渴望。那么，"跑起来"的镇江"志在何方"呢？镇江市委、市政府立足新发展阶段，落实新发展理念，服务新发展格局，结合镇江市实际，提出了"创新创业福地、山水花园名城"的城市定位。

"创新创业福地、山水花园名城"这个城市定位包含六个构成要素，分别代表了镇江城市未来发展的六大主攻方向。

1. "创新"引领

着力强化创新"第一动力"作用，始终把创新摆在全局发展的核心地位，坚持科技创新与制度创新"双轮驱动"，以制度创新为科技创新打造良好生态。强化企业技术创新主体地位，鼓励企业与高校院所共建创新联合体，高效发挥新型研发机构作用，促进科技成果转移转化，完善科技攻关项目的组织、形成机制和管理方式，推行"揭榜挂帅"机制，促进各类创新主体和创新资源集聚，着力构建改革创新、融合创新、开放创新生动局面。

2. "创业"强基

深入实施产业强市"一号战略"，加快构建现代化经济体系建设，围绕"四群八链"布局，持续做大产业规模、调优产业结构，全力推动地标产业加速崛起、主导产业不断壮大、战略性新兴产业蓬勃发展、传统产业转型升级。着力打响"镇合意"服务品牌，打造营商"一流环境"，构建高效便捷的政务环境、竞争有序的市场环境、公平公正的法治环境、开放包容的人文环境、宜居宜业的生态环境，让一流营商环境成为镇江的新标识，让镇江成为投资兴业的"宝地"。

3. "福地"安民

以"人民至上，以人为本"为根本立场，持续增进民生福祉，努力创造人民向往的美好生活，为镇江人民搭建全景式幸福高地，让"第一福地"的美誉在新时代大放光彩。持续兴办民生实事，加快补齐民生短板，着力解决人民群众最关心最直接最现实的利益问题，推动教育更好、工作更稳定、收入更满意、社会保障更可靠、医疗卫生服务水平更高、居住条件更舒适、环境更优美、精神文化生活更丰富，让人民群众的"幸福指数"不断攀升。加快城乡融合发展，完善均等化一体化优质化的城乡基本公共服务体系，让人民群众共享幸福。

4. "山水"形胜

依托"江河交汇、城市山林"的独特风貌，构筑"山水城市"生态格局，坚持"生态优先、绿色发展"理念，建设生态、低碳、可持续发展的绿色城市。深化山、水、城、文深度融合，以山为骨、以水为脉、以文为魂，促进人文为自然赋能、自然替人文发声，以雄秀兼备的自然山水彰显镇江崇实雄浑而又灵动隽秀的气质。深化文旅融合，把"三山一湖一渡"

串成明珠，建设大运河文化带"美丽中轴"，联动打造旅游"大江湖"，吸引更多海内外游客前来领略镇江的"诗与远方"。系统打造"亲山近水"城市特色，让青山绿水为民所享，得民所好。

5. "花园"宜居

坚持"人民城市人民建，人民城市为人民"，转变城市发展方式，提升城市颜值和内涵，打造沪宁线上"花园城市"。要筑牢绿色基底，推动治理系统化、产业绿色化、生态经济化，展现秀美生态；优化发展布局，加强全市域统筹、全要素配置、全周期管理，展现韵美空间；建设宜居家园，加快美丽宜居社区建设、推进智慧互联、提升防险抗灾能力，展现和美生活；塑造城市气质，用文化提振城市气质、塑造城市神态，展现醇美人文。

6. "名城"流芳

文化是镇江名城魅力的发散之源，充分挖掘镇江千年古城优秀的文化根源与底蕴，亮出镇江隐性的文物资源，串起分散的文化资源，用起宝贵的精神资源，培育历史文化名片、名镇名村名片、古城文化地标、文艺名片，实现"古代文化与现代文明交相辉映"，让积淀千年的镇江古城焕发新时代光彩。用文化提振城市精神，创造性转化、创新性发展，发掘吴文化、津渡文化、六朝文化等传统文化的时代价值，汲取传统文化精髓，融合社会主义核心价值观，凝练培育现代城市精神，培养人们向上向善的精神风貌。用文化升华城市旅游，推动文化与旅游融合发展，深挖文化内涵，做足创意文章，讲好城市故事，在"视觉冲击力"上再添"精神震撼力"，把镇江丰富的文化资源变成可感受、可体验、可消费的旅游产品，打造更具远程号召力和影响力的休闲旅游名城。

"创新创业福地、山水花园名城"，这两句话不是相互割裂的，六大构成要素互相贯通、互为补充，既深入贯彻中国特色社会主义事业"五位一体"总体布局，又充分彰显创新、协调、绿色、开放、共享的新发展理念，共同勾勒出镇江现代化建设的美好蓝图。①"创新"与"创业"相辅相成。创新是创业的手段和基础，没有创新，创业就是无源之水、无本之木，用制度创新优化创业环境，用科技创新壮大创业实力；创业为创新提供平台载体，创新的成效只有通过创业实践来检验。创业是船，创新是帆，用创新的精神点燃创业的活力，共同助力镇江高质量发展。②"福地"与"名城"交相辉映。"福地"聚焦城市品质的提升，通过修炼"内功"，提升人民群众的幸福感；"名城"注重城市形象的塑造，通过讲好故事，对外扩展城市的美誉度。"创新创业福地"是城市的核心竞争力，是镇江亟须转化为竞争优势的潜在优势，"山水花园名城"是城市的特色竞争力，是镇江业已形成且需要持续巩固提升的显性优势，二者共同致力于提升镇江的综合竞争力。③"山水"与"花园"相得益彰。"山水"是自然的、原真的，"花园"是美丽的、宜居的。"山水"是"花园"的根脉，要把山水资源的保护和治理贯穿于花园建设的全过程，"花园"为"山水"增色，以"绣花功夫"推进城市精细化治理，打造更多城市特色景观地标，构建"三生"融合发展格局，让镇江的美更加可观可感，既满足人民对美好生活的共同向往，又创新实践"绿水青山就是金山银山"的理念。

（三）镇江城市定位的指导价值

城市定位就是城市的长期发展战略，其作用在于：科学的城市定位是一个城市正确选定发展方向的前提，是节约成本、提高效率的必要条件；城市定位明确了城市竞争力之所在，可以为城市发展指明努力的方向，也是打造城市品牌的关键所在；适宜的城市定位还能反映一个城市的文化特色，起到凝聚人心、塑造城市良好形象的作用。在"创新创业福地、山水花园名城"城市定位的指导下，镇江要科学规划城市产业布局，精心打造城市品牌，全力提升城市品质，推动城市竞争力达到新高度。

1. 锚定发展航向，提升产业能级，打造"实力镇江"

产业定位是城市定位的核心和重点，产业能级决定城市能级。镇江要在千帆竞发、百舸争流的激烈城市竞争中"突围"，重中之重是提升产业能级、增强经济实力。把创新创业上升为城市定位加以固化，对外可以放大"品牌效应"，更加有效地吸引创新要素向镇江集聚；对内可以形成"强烈认知"，引导全市上下在抓牢发展中勇闯新路，全力推动经济实力跃上新台阶。镇江市"十四五"规划中明确了要重点打造高端装备制造、生命健康、数字经济和新材料四大产业集群及发展方向，提出八条重点产业链及发展方向，并着力推进产业基础高级化、产业链现代化发展。镇江产业发展的主攻方向已经明朗，接下来就要坚定不移地实施产业强市"一号战略"，加快做大规模、做优质效、做强动能，坚持创新驱动发展战略，为产业强市注入充沛动能，坚持融合发展战略，主动对接高能级城市，瞄准高端产业，做强核心配套，在重大产业项目上求大突破、见大成效，为提升产业能级提供坚强支撑。

2. 构建城市品牌，加强城市营销，打造"魅力镇江"

城市品牌是城市最宝贵、最有价值的财富，好的城市品牌不仅可以提高城市的知名度，扩大城市的影响辐射力，还可以产生巨大的凝聚力，形成良好的投资环境，从而提高城市的竞争力。城市定位是城市品牌构建的基础，在城市定位确立下来后，要集中精力塑造、推广城市品牌。镇江"山水花园名城"的城市定位，明确将镇江独特的自然资源禀赋和深厚的历史文化底蕴作为特色竞争力，这是构建镇江城市品牌的基石。当前，"大爱镇江""低碳镇江"品牌已有一定知名度，接下来，镇江应该进一步整合城市的资源，打造城市品牌体系，形成产品品牌、城市规划建设品牌、生态环境品牌、社会文明人物品牌及市民生活品牌等相辅相成的城市品牌体系。另外，镇江还要配以全方位的形象推广，通过广告营销、事件营销、节会营销、互动营销、体验营销等多种营销方式，建立起城市品牌的亮点和知名度。

3. 扮靓城市颜值，提升城市品质，打造"幸福镇江"

城市定位为市民塑造了城市发展的美好愿景，而对这份美好最直观、最真切的感受就是城市品质的不断提升。城市品质是城市外观和内涵、硬件和软件的综合，不仅包括城市雕塑、建筑和景观等可观可察的城市建设，还包括城市治理、公共服务等可感可觉的城市环境。城市品质的提升，对内可以提升市民的安全感、幸福感和获得感，对外可以更好地展示城市形象和魅力，吸引高端要素集聚镇江，增强城市长远发展的实力、活力和竞争力。"创新创业福地、山水花园名城"的定位满足了人们对美好生活的向往，接下来，镇江要在"创新创业福地、山水花园名城"的新定位引领下，在优化城市治理、提升城市品质上下功夫，以内涵式的发展、精细化的治理、高效化的服务，真正把镇江打造成宜居宜业宜游的幸福高地：有序推进城市有机更新，着力打造城市标志物，赋予城市焕然一新的容颜面貌和生机活力，重视社会治理社会化、法治化、智能化、专业化水平，为群众提供精准有效的服务和管理，打造优质高端的城市服务品质，营造良好的营商环境，增强城市美誉度和吸引力。

二、镇江城市定位的实践基础

（一）历史依据

1. 城市定位具有持续性

一直以来，在不同时期、不同的发展阶段，镇江对自身的城市性质、功能定位和发展目标都有着一定的认识和考虑，因而在彰显地理区位优势、挖掘生态旅游特色、突出文化魅力方面，具备一定的持续性。

改革开放之后，随着市场经济的不断完善，城市之间的竞争愈发激烈，各城市开始关注自身在区域内的城市性质和功能定位。1985年12月，江苏省政府批准了镇江完成省辖后编制的第一部城市总体规划——《镇江市城市总体规划（1984—2000）》。此次总体规划确定了镇江的城市性质为"我省重要的内河港口、历史文化古城和风景游览城市"。可以说，这初步明确了镇江在省内的功能定位，充分考虑了其区域地理优势、深邃丰厚的文化特色，以及"城市山林"的自然优势。

进入20世纪90年代，镇江的经济发展步伐进一步加快，电力、化工、冶金、建材等行业发展迅速，初步形成了城市的产业基础和特色；依托沿海经济开放区的优势，镇江与20多个国家和地区开通远洋外贸运输航线；城市建设步伐加快，城市道路、住宅、港口码头等城市基础设施建设大规模展开，原先对镇江城市性质的设定已经无法满足发展的需要。1994年12月，全面修编的镇江市城市总体规划对镇江的城市性质进行了适当适时的修正——"国家历史文化名城，长江下游重要的港口、工贸、风景旅游城市"。在此次变动中，镇江将历史文化名城坐标扩展到国家层面，自身城市的功能定位立足于已有的经济基础、产业布局等，完整系统地分析和预测镇江与长江中下游其他城市之间的各种职能联系，形成准确而独特的发展定位。另外，代表整个镇江城市形象和灵魂的城市精神即"镇江精神"被提炼出来，具体为：创业创新、开放文明、务实诚信。"创业创新"不仅是镇江的城市基因，也是整个城市共同的价值追求，必将融入新世纪镇江城市发展的热潮。

2009年，根据《长江三角洲地区区域规划》的定位要求，镇江市委、市政府正式确立了建设"山水花园城市"的定位。另外，在2013年，国家印发《苏南现代化建设示范区规划》，对镇江提出了建设"一中心、两名城、四基地"（创意生活休闲中心，现代山水花园城市和旅游文化名城，全国重要的高端装备制造基地、新材料产业基地、区域物流基地、技术研发基地）的发展定位。

2020年7月，中共镇江市委七届十一次全会上正式提出"创新创业福地、山水花园名城"的新城市定位，这一方面充分体现了《苏南现代化建设示范区规划》中明确的镇江"一中心、两名城、四基地"发展定位，另一方面突出了创新驱动的核心地位，表达了推进产业强市的坚定信心，体现了推进"美丽镇江"建设的力度，强调了增进民生福祉的决心，彰显了塑造城市风骨的愿景。这一定位既与不同历史时期的镇江城市定位一脉相承，又把握时代要求，与时俱进地作出了新的概括提炼。

2. 城市定位具有精准性

在新的发展阶段，为顺应城市发展趋势，镇江依托自身资源禀赋和发展目标确定了鲜明的城市定位，一方面注重自身在区域内与其他城市的经济社会联系，凸显城市功能差异，提升城市竞争优势，另一方面注意准确把握经济社会和技术发展大势，彰显城市竞争活力。

（1）深化了发展内涵。目前城市发展已由高速增长转向高质量发展阶段，镇江新的城市定位从"山水花园城市"到"山水花园名城"的变化，对镇江的发展提出了更高的要求。镇江全市上下充分认识到产业强市的迫切性，坚决把产业强市"一号战略"更加鲜明地写在镇江改革的旗帜上。同时，镇江把创新驱动发展战略，特别是创新创业上升为城市定位加以固化，对外放大"品牌效应"，更加有效吸引创新要素向镇江集聚；对内形成"强烈认知"，引导全市上下在抓牢发展中勇闯新路，全力推动经济实力跃上新台阶。

（2）彰显了发展自信。句容境内的茅山素有"第一福地"之称，北固山的甘露寺有石刻"天下第一江山"，金山寺的中泠泉有"天下第一泉"之称，这些构成了广为人知的城市形象标识。"东吴争雄创业地""六朝名城是京口""千年漕运兴镇江"，都充分体现了镇江作为"创新创业福地"的历史厚重感。在新的历史时期，新的城市定位更加彰显这种自信，可提高认知度、放大影响力，吸引更多人融入镇江这块有福之地。

（3）突出了城市特质。每座城市都有自己的独特肌理，江河交汇、城市山林、山水花园便是镇江独特的城市特质。绮丽金山、雄秀焦山、险峻北固山、优雅南山等，风光旖旎多姿，雄浑长江、浩荡运河，大江风貌与小桥流水在这里交汇：镇江具有真山真水的独特风貌。"山水花园城市"这个定位必须一以贯之，坚持下去，坚持高水平规划、建设和治理，绿水青山就是金山银山，让山水花园成为镇江最亮丽的符号。

（4）展现了城市底蕴。镇江有3000多年建置史，物华天宝，人杰地灵，是一座"有山有水有故事"的"名城"。"水漫金山""甘露寺招亲""梁红玉击鼓退金兵"等神话传说和历史故事，给镇江增添了神奇美丽的色彩；享誉古今的金山江天禅寺、久负盛名的焦山碑林、精巧独绝的过街石塔，吸引无数文人墨客纷至沓来，新的城市定位凸显了这一名城。"名城"要求在城市规划中既注重高"颜值"，又要有深"内涵"，还要有更广的外延，要在产业发展、改革开放、民生改善、社会治理、生态文明等各个领域，全面争先进、创品牌，以"处处荣光"争得"城市荣光"，以"人人之名"成就"镇江之名"。

3. 城市定位具有继承性

2001年，仅上任几个月的镇江市市长张卫国喊出了简洁明了、创新大胆的城市口号："要发财，到镇江，镇江有金山；要长寿，到镇江，镇江有南山。"有文人将这句口号拓展为"要发财到镇江，镇江有金山，有金可挖；要长寿到镇江，镇江有南山，寿比南山"，朗朗上口，更加生动形象。这个口号从城市营销的视角，将镇江的自然禀赋与城市形象宣传融合在一起。

"创新创业福地、山水花园名城"这个新的城市定位，是对过去镇江城市口号的一种延续、继承，更是对当年城市口号承诺的兑现。在这块福地，人们可以充分享受创新创业带来的成功（挖金、发财），也可以充分领略山水花园带来的愉悦（舒适、长寿）。

当前，新技术革命深刻改变着人类的生产生活方式，实施创新驱动发展战略，积极作为，才能在新一轮科技竞争中赢得战略主动，抢抓现代化战略机遇。作为未来一个时期镇江城市发展的出发点，新城市定位增添了"创新创业"的概念要素，充分表达了以创新驱动为核心的高质量发展愿景，符合未来的发展趋势，以实现"镇江很有前途"的目标。

（二）未来目标

现代化理论认为，现代化是一个革命的、复杂的、系统的、全球的、长期的、阶段的、趋同的、不可逆转的、进步的过程。现代化的本质是涵盖物的现代化、人的现代化、制度等要素的现代化在内的一段实际的历史过程。它有自身的一般规律，如资本积累、技术进步、城市化，以及作为前提条件的国家建构。而每一个国家、地区的现代化又都面临着不同的条件。不同国家、地区在其自身条件下推动现代化的制度和政策，构成不同的现代化模式。现代化是否顺利，关键在于现代化一般规律与自身条件的结合程度。换句话说，在迈向现代化的进程中，一个地区是否对自身发展基础、性质有清醒认识，是否设定符合现代化发展规律的城市定位和发展目标，都会影响现代化进程。镇江在实现新的城市定位、追求现代化的过程中，既要遵循现代化的普遍规律，又要把握中国式现代化的一般规律，同时要探究符合镇江市情的特殊规律。

城市定位既可以是现实的，也可以是通过努力在未来有可能达到的，直接关系城市发展战略的制定、发展策略的选择、发展路向的确定。"创新创业福地、山水花园名城"城市定位的提出，一方面立足于自身山水资源禀赋的现实基础，另一方面既展现了现代化新镇江的发展愿景，也成了未来一个时期镇江的发展取向、奋斗指向和工作导向。

习近平总书记要求江苏在率先实现社会主义现代化上走在前列，省委作出了"六个率先走在前列"战略部署，明确要求将苏南打造成代表国家最高水平、引领未来方向的现代化建设先行示范区。镇江地处长江三角洲的北翼，是苏南板块的重要一员，肩负着这一光荣使命，着眼于开启现代化建设新征程，镇江提出了"三高一争"的奋斗指向、"创新创业福地、山水花园名城"的城市定位、"产业强市、创新驱动、融合发展"的战略路径，以及现代化新镇江的"六大愿景"。

现代化新镇江的"六大愿景"包括如下内容。

1. 迈向产业发达、创新引领的现代化新镇江

产业发展是城市发展的核心，是江苏基本实现现代化指标体系中最重要的测评指标，是镇江成为"福地"和"名城"的基本要求。镇江坚持产业强市"一号战略"，始终把发展经济的着力点放在实体经济上，经济结构持续优化，重点产业链迈向中高端，现代化经济体系建设取得重大进展。当前，镇江坚持创新驱动，全面扩大创新主体、提升创新载体、优化创新生态，创新能力显著增强，创新融入城市灵魂。另外，镇江的内需潜力加快释放，开放发展取得新突破，数字镇江建设形成基本框架，农业基础更加稳固，现代基础设施体系更加健全。

2. 建成区域协调、融合发展的现代化新镇江

长江经济带、长三角一体化、宁镇扬一体化等多个嵌套型的城市经济圈层战略机遇在镇江叠加，新的城市定位视野开阔，镇江以全球化、国际化为坐标体系，稳步落实一体化战略目标，同时在区域协同发展中彰显自身优势和特色。坚持融合发展，产业创新、基础设施、区域市场、绿色发展、公共服务、市内全域"六个一体化"纵深推进，镇江的城乡融合发展达到较高水平，战略载体建设强劲起势，一体化发展体制机制更加完善，镇江逐步成为长三角一体化发展重要支撑板块。

3. 打造美丽宜人、绿色低碳的现代化新镇江

"真山真水"是镇江的独特风貌，实现城市特性向"花园名城"生态宜居的转变，是落实"绿水青山就是金山银山"理念的生动探索，是实现美

丽镇江的殷切期望。当前，必须坚持生态优先绿色发展，协同推进经济高质量发展和生态环境高水平保护，生态环境持续向好，资源能源利用集约高效，形成低消耗、少排放、能循环、可持续的绿色低碳发展方式，空间格局、功能品质、城乡面貌显著改善，精致化打造高品质城区生活，筑牢美丽镇江生态基底，加快形成人与自然和谐发展的现代化建设新格局，让镇江人和聚集在镇江的"新镇江人"实现对美好生活的向往。

4. 呈现共同富裕、充满温暖的现代化新镇江

我国的现代化是全体人民共同富裕的现代化，是全体人民共享成果的现代化。在当前新发展阶段，社会主要矛盾的主要方面更突出表现为"不平衡和不充分"，更需要再次审视和正确处理效率与公平的关系。现代化新镇江必须坚持以人民为中心，加快补齐民生短板，着力解决人民群众最关心、最直接、最现实的利益问题，力争居民收入增长快于经济增长，中等收入群体比重明显提高，教育现代化继续走在前列，健康镇江建设取得更大成效，多层次社会保障、多元化养老服务体系基本建成，公共服务更加优质均衡，共同富裕迈出坚实步伐，实现人民群众对美好生活的向往。

5. 塑造文化兴盛、风骨独特的现代化新镇江

雄秀兼备的自然山水、深邃灿烂的历史文化，镇江从未缺少。镇江在现代化的进程中，以山为骨、以水为脉、以文为魂，促进人文为自然赋能、自然替人文发声，这也是"山水花园名城"的生动展现。社会文明达到新水平，社会主义核心价值观深入人心，人民精神文化生活日益丰富，文化软实力达到新高度，文化产业发展质量、公共文化服务水平明显提高，城市风骨更加彰显，城市软实力、人的现代化水平显著提升。未来全体镇江人民须继续发挥新时期"镇江精神"，争雄竞先、勇立潮头，用现代化建设的新成就为镇江这座城市争得更大荣光。

6. 构建秩序优良、活力彰显的现代化新镇江

城市是人们集中生活的地方，是现代化重要的载体。现代化进程中治理现代化是关键。镇江城市定位的表述从原先的"山水花园城市"转为"山水花园名城"，仅一字之差，却对城市治理体系和治理能力现代化提出了更高的要求。现代化新镇江须坚持系统治理、依法治理、综合治理、源头治理，推动党委总揽全局、协调各方的领导核心作用进一步发挥，重点领域和关键环节改革深入推进，社会治理法治化、科学化、精细化、智能化水平显著提升；防范化解重大风险体制机制不断健全，突发公共事件应急能力显著增强，城市更加安全、更加有韧性，共建共治共享基层社会治

理格局加快形成，构建符合"强富美高"新镇江建设要求的市域社会治理体系。

（三）现实问题

当前和今后一个时期，镇江的发展仍处于大有可为的战略机遇期。但宏观环境更加复杂，机遇和挑战都有新的发展变化，必须准确把握外部形势、内在条件和阶段性要求变化，瞄准补短型发展和升级型发展两种类型，明确战略路径，抢抓最现实机遇，在危机中育先机，于变局中开新局，让心目中的"创新创业福地、山水花园名城"跃然眼前。

1. 宏观形势严峻复杂

从国际看，当今世界正经历百年未有之大变局。国际环境日趋复杂，经济全球化遭遇逆流，全球市场有效需求不足，产业链、供应链面临断裂风险，保护主义、单边主义不断加剧。但是也应看到，新一轮科技革命和产业变革正深入发展，产业分工格局加速重构，区域经济一体化是大势所趋，我国引领推动经济全球化带来新机遇。这就要求镇江发挥自身优势，以科技创新引领产业发展，努力做到换道超车、争先进位。

从国内看，我国已转向高质量发展阶段，处在转变发展方式、优化经济结构、转换增长动力的攻关期，社会主要矛盾出现新的特征，发展不平衡不充分问题仍然突出。一方面，我国制度优势显著，经济长期向好，物质基础雄厚，市场空间广阔，社会大局稳定，特别是党中央作出全面建设社会主义现代化国家的战略部署，为镇江未来发展开辟了新空间，注入了新动力；另一方面，错综复杂的宏观形势、社会新矛盾带来的新特征新要求，必然要求镇江重新定位城市性质，着眼坚持以创新破解发展难题，把创新创业上升为城市定位加以固化。

2. 区域竞争愈发激烈

从区域看，多重国家和区域战略在镇江叠加，"一带一路"建设、长江经济带高质量发展战略深入落实，长三角区域一体化发展成为国家战略正式实施，此外，江苏自贸试验区、南京都市圈发展、宁镇扬一体化建设，推动形成开放共赢、良性互动的区域发展格局。这为镇江融入区域发展大局、提升城市能级和竞争力带来了新契机。然而，镇江也面临着周边城市的"虹吸效应"，人口红利逐渐消失，存在人才流失现象。近年来，国内各地纷纷出台人才新政，加剧了镇江的"人才外流"，尤其是苏州、南京等周边城市近两年不断升级人才优惠措施，虹吸效应愈加明显。面对周边城市的"围追堵截"，通过新的城市定位深化发展内涵，对外可以放大"城市品牌"，更加有效吸引创新要素、人才资源等向镇江集聚。

3. 自我瓶颈亟须突破

发展是解决一切问题的基础和关键，新发展阶段的镇江仍处于高质量发展爬坡过坎的关键阶段。目前，镇江在发展中具体有以下六个方面的突出问题。

（1）产业发展问题亟待突破。经济发展总量偏低，与此同时人均 GDP 优势也在逐渐弱化，以 2019 年为例，镇江人均 GDP 为 128981 元，与常州差距扩大到 27432 元，相对于扬州、南通的优势缩小到 123 元和 684 元。产业结构偏"重"偏"化"，2019 年全市重工业总产值占规模以上工业总产值比重为 77.8%。产业层次不高，整体处于价值链中低端。2020 年，全市实现高新技术产业产值占规模以上工业总产值的比重达 46.2%，低于苏南其他各市。科技创新亟待突破，发展要素集聚能力偏弱，产学研融合发展有待深入合作，加快发展现代化经济体系任务更加紧迫。

（2）区域一体化缺乏深度广度。虽然长三角一体化、宁镇扬一体化等战略机遇突出，但是在一体化融合发展中，镇江虽然口号喊得响，步子迈得却不大，行政壁垒依旧是要素流动的重要阻碍。在内部融合方面，城区发展空间狭小，首位度偏低，破除城乡融合发展体制机制障碍、促进市域均衡协调发展任务更加紧迫。

（3）各板块、城乡发展不平衡问题比较突出。在各板块发展方面，不平衡问题较为突出。2020 年新区人均 GDP 是润州区人均 GDP 的 3.22 倍。在收入方面，城乡差距较大。2020 年镇江城乡居民人均可支配收入分别为 54572 元、28402 元，城市居民可支配收入为农村居民的 1.92 倍，而苏州、无锡、常州的城乡差距均不高于 1.9 倍。在城乡基础设施建设方面，镇江建成区面积扩张得比较快，但城乡基础设施建设存在配套不完善、交通有堵点、城乡建设水平不均衡等问题。

（4）生态环境治理任务繁重。作为全省唯一的国家低碳试点城市，生态资源是镇江的一大优势，但长期以来化工企业遍布长江沿岸，并不符合"山水花园名城"的城市定位，绿色转型发展有待进一步加快。另外，煤炭消耗和污染物排放强度远高于全省平均，污染物收集和处理设施、垃圾收集和处理设施、工业固危废处理设施等环保基础设施仍需完善，更好实现"绿水青山就是金山银山"的愿景更加紧迫。

（5）突出民生问题仍然较多。全面深化改革有待进一步推进，增强公共服务供给质量和能力，更好适应人民群众对美好生活的新期盼更加紧迫。在公共服务方面，与省定基本公共服务标准化要求相比，教育、医疗、养老等公共服务保障还有不小差距。根据第七次全国人口普查数据，镇江65岁以上人口占比为17.51%，老龄化率高于全省平均水平，养老服务与老百姓的需求还有比较大的差距。

（6）重点领域关键环节改革任务还很艰巨。防范化解重大风险隐患的能力有待进一步加强，尤其是政府债务风险、金融风险、安全生产风险、社会领域风险。少数干部抓工作的盯劲和韧劲有待进一步强化，政府职能加快转变，着力优化营商环境，推进市域治理体系和治理能力现代化等目标重任有待落实。

镇江目前发展中的不平衡不充分问题仍然突出，树立"创新创业福地、山水花园名城"这一城市定位，对内可以形成全社会的"强烈认知"，凝心聚力、孜孜奋斗，在抓牢发展中勇闯新路，全力推动福地、名城建设。

三、镇江城市定位的路径选择

借鉴路径依赖理论的思想，人们不难发现，新的发展路径常常循着原初选择形成的结构和惯性，不会发生大的改变或突变。由此，当下选择"稳中求进"的方法论就具有了必然性和合理性。"稳中求进"，从哲学方法论视野看，既包含量的增长，又要求质的升华，是量和质的统一，是经济社会追求高质量发展必须遵循的工作总基调。而量的增长和质的提升，都离不开"度"的衡量，量的增长程度，需要有度的实证标识；由量到质的深度转变及质的有效提升，也离不开"度"的合理演进。

"创新创业福地、山水花园名城"的城市定位内涵丰富，既回应了国家区域发展的战略布局，也锚定了镇江"三高一争"的奋斗目标；既反映了历史传承，也体现了时代要求；既包含了对城市发展能级的展望，也凸显了对城市精神、文化发展的希冀。要实现这一定位，不仅仅要靠量的积累，更要有质的提升。由此，我们建议从思想维度、经济密度、创新浓度、环境温度、发展靓度、幸福高度、文化厚度、改革力度等八个"度"入手，聚焦产业强市"一号战略"，通过科技创新、社会改革、政策集成，将镇江建设成具有高品质体验的幸福之城；用好真山真水资源禀赋，通过低碳镇江、精美镇江、大爱镇江建设，将镇江发展成兼具千年历史底蕴与现代化美誉的品牌之城（图1）。

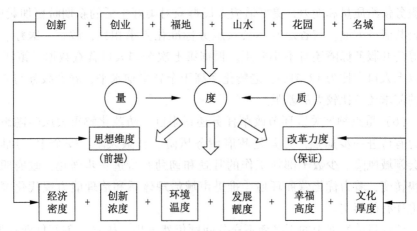

图1　镇江城市定位实现路径技术路线图

（一）解放思想，拓展思想维度

实现镇江城市定位，增强镇江城市竞争力，首先要解放思想，以现代城市发展理念，提升发展思维，厘清发展思路，做到"软硬实力"齐发力，"墙内墙外"俱用功。

1. 关注软实力，建设特色文化城市

一直以来，城市发展的好坏都与城市能级、人口密度、工业化水平、基础设施建设等经济指标紧密联系在一起，毋庸置疑，现代化的物质条件是城市发展的基础，但一味单向度追求硬实力指标不仅容易跌入"GDP 陷阱"，还会陷入"千城一面"的尴尬境地。伴随着工业化的深入、城市化的发展，人类对城市的需求从功能型走向特质型，对大多数城市而言，竞争力的重心从经济竞争力、综合竞争力越来越多地转移到特色竞争力上，更准确地说，是特色文化竞争力上。城市特色文化成为 21 世纪全球城市竞争的必备要素。城市精神、文脉底蕴等看不见摸不着的因素，在赋予一个城市独特个性的同时，越来越多地通过制度环境、社会口碑影响城市的发展潜力和感召力。[①]

城市文化面临的也不再是"有"与"无"、"大"与"小"、"多"与"少"的问题，品质高不高、特色强不强、创新能力有没有则成为决定因

---

① 2021 年年中，上海市委审议并通过了《中共上海市委关于厚植城市精神彰显城市品格　全面提升上海城市软实力的意见》，对提升城市软实力进行了系统的制度安排，值得我们研究学习。

素。提升镇江城市文化软实力，要坚持"以人为本"的价值取向，即在现代化建设硬指标中，充分拓展人文空间，建设有温度的城市。提升镇江城市文化软实力，要注意继承与型塑并重，既要将历史厚重、兼容并蓄、重教崇文的传统优势继承起来，也要将求真务实、积极进取、开放创新的新时代精神发扬开去。提升镇江城市文化软实力，要激活"人力"要素，在吸引人口、汇聚人才的同时，激发镇江市民创新创业的热情与公务人员谋事干事的激情；要开辟多元共建渠道，让更多主体参与进来，充分发挥技术、企业、专家学者、新旧媒体、社会组织等多方优势。

2. 重视城市营销，建设有口皆碑城市

提升城市竞争力除了需要我们深度挖掘一个城市的个性与识别度，还需要赢得大众的积极反馈。换句话说，城市特色只有在被认知、接受与追求之后，才能成为城市竞争力。所以，城市定位的实现就包含两方面内容：一是修炼"内功"，按照既定目标，实现城市品质的提升；二是讲好故事，进行科学系统营销，追求市场广泛认可。二者相辅相成、辩证统一，对内使劲实现目标定位是根本，向外做功获得受众认可是关键。其中，科学有效的城市营销是我们尤其需要补课的地方。近年来，"酒香也怕巷子深"越来越成为发展的共识，特别是在流量经济影响下，受众的广泛认可成为城市发展要素资源流入的前提和基础，城市定位某种程度上也是为了更有效地进行城市营销。

科学有效地进行城市营销，要注意三个方面。一是分众营销，城市营销没有一劳永逸，不同受众的需求和关注点大相径庭，要对宣传对象和宣传方式展开精确研究，针对不同受众精准发力。这就要求我们在更广阔范围内建立起城市营销意识，不仅仅是政府的规划部门、招商部门、文化旅游主管部门，更多部门和社会主体都要有宣传、推广城市的意识。二是建立系统营销体系，城市营销一般分为整体营销、区域营销（城市更新）和特色小镇建设，要围绕城市定位统筹所有营销形式，塑造统一的城市品牌。这就要求我们深入研究挖掘城市内涵，确立有内容、可持续、识别度高、包容性广的营销品牌，并做到绵绵用力、久久为功。三是建立科学流程，用好大数据资源，对营销传播行为进行跟踪和评估，及时调整策略。城市营销始终是一个动态过程，要时刻关注世界的变化、舆论的转向、效益的增减，及时做好策略上的回应和调整。

(二) 聚焦产业，增加经济密度

高质量发展是硬道理，发展效率之变、动力之变往往通过地区经济密度的变化展示在世人眼前，亩产论英雄、效益论英雄也成为地方政府告别"GDP崇拜"的不二选择。通过产业战略提高经济发展质量，实现经济新腾飞，是实现城市定位的根本所在。

1. 项目引领，提升经济规模

经济增长是提升经济密度的根本动力，要围绕"四群八链"发挥重大项目的引领作用，坚持以"项目为王"，把传统产品做精，新兴行业做实，筑牢经济增长"压舱石"。一要聚焦重大项目招引，要瞄准世界五百强、国内五百强等实力强、体量大、产值高的大企业，招引一批大体量、高能级项目，从而促进供应链、产业链、价值链高度集聚。二要锚定重点产业招引，要围绕产业"链条"，招大引强，择资选优，依托节点企业建链、强链、补链。结合"十四五"双碳发展目标，长三角多地就新能源（光伏）产业发展机遇释放强烈信号，要把握机遇，积极参与省内外重大项目，充分依托镇江市现有的龙头企业，加强与上下游客户端的沟通联系，梯度培育出一批行业骨干企业和高成长企业。三要瞄准战略性新兴产业招引，结合G312产业创新走廊，发挥南京仙林、镇江高校园区两个大学城的技术成果和人才优势，紧盯互联网、大数据、人工智能、5G通信等领域，培育一批新兴产业。

2. 转型升级，提升资源效率

加快经济转型升级是高质量发展的根本要求，镇江结合自身产业特点，主要做好三方面：一抓好现有企业，尤其是制造业企业的数字化-智能化升级，加大骨干企业"机器换人"速度，提高优势产业，如电气设备制造业智能生产普及率。二加大对生产性服务业的科学扶持力度。镇江交通区位便捷、科教资源优越，所处地区及周边制造业发达，对生产性服务需求旺盛，要结合不同片区的资源与产业基础科学发力：将优质岸线等交通资源与制造业相结合，大力发展现代交通物流业，将驻镇高校优势专业与科创产业相结合，大力发展信息传输、软件和信息技术产业、数字产业、高技术服务产业等。特别要提出的是，除了与工业相关的生产性服务业，鉴于镇江特色，要着力结合"亚夫"品牌，进行农业生产性服务业开发，建立高效生态农业行业标准，输出绿色农庄发展模式，全流程提供农庄规划、技术指导、评估定级等服务。三以开发区为抓手实现高质量产业集群建设。开发区是一种非常有效的工业化组织方式，是地区经济转型升级的有效抓手。"十四五"期间，镇江的开发区建设必须坚持"特色产业链"导向，根据产业关联度和产业分工原则打造产业集群。同时，镇江要探索特色开发区模式，在行政管理体制、公共服务平台、开放合作机制等方面大胆改革突破，在有条件地区试点"开发区+特色小镇"建设，在有条件的时机探索境外园区建设。

3. 开放融合，增强要素流动

通过要素流动形成有效分工、统一市场和比较优势是区域经济发展的不二法宝。"十四五"时期的镇江处于长江经济带、长三角一体化、苏南国家自主创新示范区等重大区域战略叠加窗口期，位于"沪宁合产业创新带""沿江经济带""宁杭生态经济带"多条区域发展轴上，要在"双循环"发展、区域一体化、城乡融合方面把握机遇，实现新的突破。一方面要立足特色发展，吸引区域要素。要锁定"四群八链"，尤其是已具规模的新材料和装备制造业，围绕"高端、高新、高效"做好行业细分，大力扶植"专精特新"企业，依靠特色在省内"出圈"；要坚守"创新驱动"，把握好南京国家级创新城市建设契机，系统研究创新要素导入策略，用好 G312 产业创新走廊、高新区等平台设施，提高南京科技成果在镇转化率，依靠创新在长三角城市群点亮城市标识。同时，可以在区域内设立跨省的新兴产业创新联盟，搭建城际间协同发展的平台，促进科技创新产业的升级，实现区域经济的可持续发展。另一方面要立足融合发展，激活本土要素。乡村振兴是国家"十四五"时期的重大发展战略，也是以激活要素资源为核心的制度改革的主战场，要把握好改革契机，加快城乡要素流动，尤其要做精做强特色小镇建设，在产城融合、"三生"融合基础上实现经济高质量发展。

（三）科技引领，释放创新浓度

创新是引领新时代发展的第一动力，是高质量创业活动的逻辑起点，是实现镇江城市定位的核心驱动。研究表明，创新型城市一般具有四种特征：当地高校和研究机构有培养技能工人或开发新技术的能力，城市能够吸引具有专门技术并发展稳定的企业和跨国公司，居民具有创办风险企业的积极性，创业者具有获得风险资本的机会。而打造创新型城市，根据驱动力不同，也分为若干路径：以硅谷为代表的产学研集聚型、以东京为代表的政策驱动型、以韩国大田市为代表的要素导入型等。结合镇江经济社会发展特点和现实掣肘，我们要推进以企业为核心的创新链、产业链、资本链、价值链、人才链的"五链融合",推动多要素创新联动和多领域创新互动,健全以创新能力、创新价值、创新贡献为导向的科技人才评价体系和以知识价值为导向的分配机制,更好地激发城市的创新热情和创造活力。

1. 聚焦主体,提高创新贡献

(1) 进一步强化企业的创新主体地位。加大力度引进高新技术企业,尤其针对国内外知名高科技企业进行重点研究,给予招商政策倾斜。引导企业加大技术研发投入,鼓励企业内部建设研发组织,聘用全职、兼职科技带头人,扩大研发人员比例,确立企业在创新资源配置中的主导权。要培育和维护中小企业科技创新能力,既要扩大模仿创新的比例,也要针对核心技术实现原创突破,要加大与企业家,尤其是与二代企业家的沟通交流,增强企业科技创新信心和决心,对企业实施的技改项目,特别是重点项目,加强推进和服务。

(2) 更高效发挥新型研发机构作用。新型研发机构经过十多年的实践探索,日益成为区域创新的重要主体,要加强相关部门与新型研发机构的联系,强化顶层设计,完善评价体系,突出培育重点。利用新型研发机构体制灵活的特点最大限度发挥技术、资金、人才等要素的作用,实现孵化、投资、科研等不同功能的协调整合,推动创新主体的成果转化。深化"两委员会两法人"的运作模式,进一步提升镇江哈工大高端装备研究院、黑龙江省科学院镇江智能制造创新研究院、镇江中澳人工智能研究院等新型研发机构的运营质效和研发能力。

(3) 加强创新服务业组织建设。进一步加强生产力促进中心、科技成果转化中心、创业服务中心等中介服务机构建设,加大网上技术市场的建设力度,构筑网上信息交流平台、科研仪器设备开放共享平台等。培育一批服务专业化、发展规模化、运行规范化的科技中介机构,造就一支具有较高专业素质的科技中介服务队伍。

2. 创新机制,汇聚创新要素

(1) 建立政产学研深度融合机制。以提高科研成果转化率为目标,一方面要做好产业和科研之间的沟通衔接,促进镇江市与驻镇高校、省内外高校的联系,构建以市场为主导、企业为主体、政府为引导、高校院所为依托的政产学研协同创新体系,打造政府、高校科研院所、企业间的制度性通道,为创新要素的整合提供平台载体;另一方面要通过制度创新有效激发高校师生在镇(来镇)就业创业的积极性,联合驻镇高校开展具有镇江特色的"双创"教育,通过有效的校地融合手段,提高科教资源转化为实际生产力的能力。

（2）建立创新创业团组机制。以经开区、高新区等工业园区为抓手，积极引导和支持创新要素向产业园区集聚，加快包括国家创新型特色园区、知识产权示范园区和生态工业园区等在内的创新型特色区域建设。在园区内积极组建高新技术产业创新联盟，整合内外资源，推动形成创新合力，针对一些关键核心技术开展联合研究攻关，共促高新技术发展。积极争取省级企业重点实验室落户镇江，主动对接省产业技术研究院，发挥好省级工程技术研究中心、省级企业院士工作站、高技术研究重点实验室等研发机构，以及公共技术服务平台、科技企业孵化器、众创空间等创新平台的作用，积极助推园区企业创新。

（3）建立人才、金融等创新要素导入机制。积极推进人才"镇兴"行动，谋划好城市创新转型中涉及产业发展、生态保护、公共服务、城市治理等方面的人才发展需求与布局，因人施策，实现更加精准地引才，不断提高人才与创新城市发展的匹配度，有效发挥人才对创新发展战略的带动促进作用，在用好人才的同时更好地留住人才，夯实创新型城市建设的人才支撑。紧密围绕"扬帆计划"，搭建多层立体的投融资机制，根据科创产业投资规模小、项目分散、回报率不确定、不同研发阶段风险偏好各异等特点，用好政府资金、天使资金、风投资金、股票市场、银行贷款等各类投融资工具。

（四）进退有度，保障环境温度

营商环境是市场主体赖以成长的生态系统。有了阳光充足、雨水充沛、土壤肥沃的好环境，森林才会茂密。镇江要实现城市定位，在创新创业上造福于民，就要持续优化营商环境，为市场主体洒"阳光"、送"甘露"、培"厚土"，在营商环境上迈向一流、成为标杆，打响"镇合意"品牌，让营商环境成为镇江金字招牌。

1. 公平高效，提升政务服务

进一步推动并落实"放管服"改革，按照"放无可放、减无可减"的原则，继续大力精简行政审批事项，主动公开审批清单，根据经济社会发展的需要和政府职能的转变，实行清单动态调整更新机制，保证该取消的审批事项及时取消，该下放的权力适时下放。优化政务服务事项办理模式，按照"能网办，尽量网办""能下沉，尽量下沉"的原则，推动更多事项全程网上办理、下沉基层办理，不断丰富"镇合意"App 线上办理项目，实现"一窗通办、一网通办、一端通办、一次办好"。深化"互联网+监管"平台，对政务服务事项实现全程可视可查，畅通网上咨询投诉渠道。在"互联网+政务服务"大力推广和应用的境况下，需要特别关注信息技术使用能力不足的群体，为他们提供必要的技术支持和必要的线下服务，以使他们能享受应享受的服务，且不会因此受到差别待遇和歧视，维护社会公正。

2. 法治护航，优化市场环境

要建立健全营商环境法规体系，严格实施市场准入和负面清单制度，清理废除妨碍统一市场、公平竞争及带有歧视性的各种规定做法，使所有企业享受平等地进入市场、产业扶持、税收优惠、金融支持等机会，做到一视同仁，让"办事靠法治、不用找关系"成为社会共识。要加强政务诚信制度建设，梳理政府对企业依法依规做出的承诺事项，未如期履行的要限期解决，因政府失信导致企业合法权益受损的要依法赔偿，绝不能"新官不理旧账"。要严格依法行政，规范行政审批行为，加快自由裁量权改革，消除审批许可"灰色地带"，深入推进跨部门联合"双随机、一公开"监管，减少对守法企业检查频次，做到有求必应、无事不扰，对项目建设和企业经营过程中可能遇到的非法阻工、强揽工程、强买强卖等违法行为严厉打击，绝不手软。

3. 制度保障，构建亲清政商关系

完善政企沟通互动长效机制，建立规范化、机制化政企沟通渠道，采取恳谈会、挂钩联系、早餐会、政企会商等多元化和便利化方式，鼓励企业家同党委、政府相关部门沟通交流，广泛深入听取企业家的建设性意见和合理诉求，进一步推动企业家参与涉企政策制定。建立健全企业困难和问题协调解决机制、帮扶和支持机制，镇江各部门要健全条块联动机制，加强工作衔接，联合组建"帮办代办"服务队伍，对重大项目和重点企业安排专人对接服务，实行全程帮办代办，让"镇合意"真正成为口碑品牌。健全政务服务"好差评"制度，压实各级党委、政府以及政务服务机构和平台的主体责任，将服务对象的评价同相关部门的考核与绩效评价直接挂钩，把支持企业克服困难、创新发展等工作情况纳入党员干部考核内容，充分发挥考核评价的激励惩戒作用。完善监督机制，强化对权力集中、资金密集、资源富集的部门和行业的监督，完善行政审批、工程项目、土地出让等重点领域的预防腐败机制，对政商关系中各种违纪违法现象"零容忍"。

(五) 绿色发展，展现发展靓度

"生态优先，绿色发展"是镇江城市发展的重要特质，是城市定位的关键要素和特色亮点，我们要继续围绕"低碳镇江"目标，放大经济生态化与生态经济化优势，致力做好全球低碳城市"中国创新"的生动实践。

1. 规划先行，着力实现"双转型"

(1) 根据国家和省的"双碳"目标要求，科学制定镇江低碳发展规划。实现碳达峰、碳中和"双碳"目标是我国现代化建设的重要内容，也是对各地经济发展的刚性要求。镇江"绿色发展"品牌建设已经初见成效，必须进一步扩大优势，引领发展。镇江须全方位抓好绿色能源领域谋篇布局，抢占世界低碳产业版图先机，把低碳城市建设优势转化为低碳产业及其经济发展优势，加快形成清洁、低碳、安全、高效的新的能源生产和消费模式，进而以低碳理念推进城市现代化进程与山水人文的有机契合，让"绿色低碳"成为"强富美高"新镇江的核心竞争力与高质量发展最美城市名片。

(2) 持续推动产业与能源结构的绿色转型。在产业结构方面，镇江出台更严的项目准入"负面清单"，加快推动淘汰落后产能和过剩产能"出清"。目前，镇江化工企业总数已从2006年的500多家下降到103家，仅占江苏沿江八市化工生产企业总数的3.3%，在此基础上，镇江还要持续发力。同时，镇江须加大对低碳农业、生态农业的支持力度，引导农民合理使用农药，发展节能农业大棚。能源结构上，镇江持续实施"减煤"行动，增加风电、光伏、生物质能的装机容量，提高非化石能源消费比重，同时积极参与外省能源合作项目，实现共建共享。加大监管力度，特别要聚焦重点领域和重点行业，包括工业、能源、建筑、交通领域和电力、造纸、建材、化工等行业，推动主要污染物与温室气体大幅减排。

2. 由表及里，品牌建设添颜色

(1) 以精美镇江、美丽乡村建设为抓手做好城市建设，提升绿色发展体验值。镇江山体众多，河湖遍域，全市共有235座山体、4060条（座）水体（含河道和水库），如此集百山深邃千水柔美于一体的城市为全江苏所独有。镇江要诚心念好山水真经，以绿水青山的亮丽容颜赢得镇江市民，吸引八方来客，在广大乡村以人居环境整治为基础推进美丽乡村建设，通过塑山理水，让草木上山、文化进山，呈现山水意境，让"美丽"成为镇江乡村振兴不可或缺的重要标识。

(2) 多渠道弘扬低碳生活风尚，打造低碳城市品牌，凝聚绿色向心力。

要在各级平台大力推广绿色出行、绿色消费等低碳生活方式，在镇江市中小学开展低碳生活特色教育，在全市推行低碳机关、绿色单位创建活动，在社区开展低碳日主题活动。要持续办好世界低碳大会，在更大范围内推广"低碳镇江"品牌。推动实施一批具有实质性带动作用的低碳试点项目（例如扬中近零碳岛、世业生态岛、焦北滩湿地、新民木业洲、江心生态岛和高桥绿岸等）。探索建立符合镇江城市转型和产业升级要求的碳排放源分级分类体系，进而在城市低碳技术发展、环境协同治理、落后产能淘汰方面提供镇江样板。利用好世界低碳大会平台，总结好镇江在低碳产业、森林碳汇、低碳建筑、低碳能源、低碳交通和能力建设等方面的宝贵经验，适时推出以"镇江"命名的低碳发展指数——"镇江指数"，创立低碳城市发展标准，把绿色城市品牌做实做好做响。

（六）聚焦品质，达到幸福高度

改善人民生活品质，提高社会建设水平，是党中央立足新发展阶段，以新发展理念为指导，提出的开创新发展格局的重大战略思想。镇江必须提高城市韧性，聚焦民生，全面提升城市品质，大幅提高基本公共服务供给质量，使全市人民的获得感、幸福感、安全感更加充实、更有保障、更可持续。

1. 提高韧性，城市生活有保障

近年来，极端天气时有发生，疫情时有反复，且城市各类基础设施体系相互关联日趋复杂，不确定性因素不断增加。在新的形势和挑战下，韧性城市建设为应对城市危机、保障城市安全提供了新的思路和方向。韧性城市更强调城市系统自身在应对环境变化上的控制能力、组织能力和适应能力，将人作为第一能动要素，围绕人的需求、科技与认识水平、组织与适应能力等综合素质，设计和构建平衡、有序的城市安全保障体系。

（1）事前见微知著，强化预警预案。创新和健全风险评估机制，准确摸清既有的"风险存量"。科学开展监测预警，有效遏制潜在的"风险增量"，特别要延伸监测触角，提高事前预警的灵敏性和准确度，为迅速激活预案创造条件。可引入一系列新技术新方法，通过仿真模型探索推演不同情景下的灾害破坏机理和演化规律等。

（2）事中凝心聚力，积极应对。要向改革借力，完善城市安全管理体制机制，落实好城市安全的领导责任、监管责任和主体责任。要向科技借力，打通数据孤岛，打造物联、数联、智联的城市一体化应急指挥平台，

提高风险决策的指挥和协调能力。

（3）事后恢复调整，有序开展重建。灾后快速恢复能力是韧性城市建设的关键指标。启动韧性城市的灾后恢复系统，需要充足的物资供应、良好的公共秩序、坚定的重建意志等各方面的支持，但灾后复原不是简单地回到过去，而是一个总结提升的过程，是经历灾害洗礼后的涅槃重生。

2. 聚焦民生，城市发展有温度

对于镇江而言，打造高质量发展的民生高地，已经是一项"牵一发动全身"、十分迫切且必要的工作。一枝一叶总关情，民生连着民心，民生问题是群众利益最直接的体现，与百姓生活密切相关，主要表现在就业、饮食、社保、养老等方面，解决好这些问题，群众才能感受到党和政府的温暖，才会更加拥护和支持党委和政府的工作。

（1）打造就业创业样板，服务民生。跟踪关注高校毕业生、退捕渔民、困难人口等重点群体，针对不同就业群体存在的就业困难，与乡村振兴工作紧密结合，由政府购买服务，实现本地劳动力充分就业的政策目标。主动与本地和周边高校、职校对接，融入镇江市开展的"驻镇高校毕业生进企业活动"，组织毕业生来镇实地感受企业文化，增强"留镇"工作意愿。

（2）筑牢食品安全防线，让百姓吃得更放心。民以食为天，食以安为先。吃得健康、吃得放心，对老百姓来说是天大的事，看似琐碎，却与每个人息息相关。必须把坚持民生为本、捍卫食品安全作为不懈追求，不断巩固拓展食品安全创建成果，持续完善监管体制机制，强化全过程全链条监管，全面提升食品安全现代化治理能力水平。

（3）社保到位，守望相助，提升社会福利。特定社会的发展质量，与该社会为其成员提供的保障水平及社会凝聚力程度密切相关。当前，镇江市居民的生活质量需要政府、社会和个人各方面共同努力，使民众享有基本的社会保障并保证居民所享有的社会保障水平不断提高。同时，镇江须大力培育社会组织，充分发挥其在社会救助及各项社会事业发展中的作用，还要加大对各类福利设施建设的公共投入力度，不断改善公共福利条件。

（4）强化新型养老服务体系建设，温暖民心。明确养老服务与医疗服务的范畴，完善医养结合标准体系。推进老年服务专业教育培训体系建设，推进在职护工职业技术教育培训，注重分类培训和长期培养，提升养老服务从业人员的薪酬待遇。结合智慧镇江大数据平台，运用互联网、通信网、物联网和大数据管理等技术构建起市、区（县）、镇（街）、社区（村）四级养老服务信息系统，建设智慧养老服务信息平台。

3. 瞄准幸福, 城市生活有质量

生活质量的提升是公共政策的出发点和落脚点, 也是公共政策的根本目标和动力。在幸福社会建设的探索中, 政府可以起主导作用, 从镇江当前的社会发展现实出发, 这种主导作用主要体现在健康生活、舒适环境、优美住房及公平教育等方面。

(1) 促进健康, 强化基础, 提升基本福利, 使居民拥有满足感。通过政府、市场、社会的多方努力, 加大对改善医疗卫生条件、居民衣食住行条件方面的公共投入, 满足居民对改善医疗保健和基本生存条件的需求, 提升居民的健康水平和生命质量。

(2) 保护环境, 涵养资源, 提高环境福利, 使居民拥有舒适感。要将环境保护和资源涵养摆在十分突出的位置上, 必须有预见性地做出保证可持续发展的政策安排, 切实保护环境, 严格遵守长江十年禁渔, 节约各种资源, 加大污染治理力度, 并采取有效措施杜绝新的污染, 不断提升环境福利, 使民众拥有安全感和舒适感。

(3) 扩大有效投资, 改造老旧小区, 使居民拥有幸福感。改造老旧小区, 是一项发展工程, 更是一项社会基层治理工程, 既能提升城市颜值、提高居民幸福感, 又能扩大内需, 促进消费, 拉动投资。要积极做好老旧小区规划, 抢抓机遇, 精准施策, 把好事办好、实事办实, 让人民群众的生活更安全、更方便、更舒心、更美好。

(4) 振兴教育, 繁荣文化, 提升文化福利, 使居民拥有充实感。不断增强教育公平, 像抓经济建设一样推动文化和价值观建设, 大力发展文化事业, 大力推动文化产业。加强师德师风建设, 加强培训与研修, 加强人才梯队培养, 加强教师自我规划建设。建设一支师德高尚、素质良好、结构合理、精干高效、充满活力的高素质专业化创新型教师队伍。

(七) 彰显特色, 突出文化厚度

从西周康王宜侯领封开始, 一路历经宜、朱方、谷阳、丹徒、京口、南徐、润州到镇江的嬗变, 悠久的历史底蕴是镇江城市的精魂, 厚重的文化内涵是镇江人引以为豪的根本。文化是镇江城市的独特基因, 深厚的文化积淀和独特的山水禀赋在横向和纵向两个维度上构建了镇江的城市风骨, 塑造了镇江人民刚柔并济的文化特质, 其既有北方的坚韧刚强, 又有南方的开放包容。保护好、发展好、使用好镇江的文化, 是实现镇江城市定位的"底牌", 也是助力镇江城市发展的"王牌"。

1. 认识自我，提炼城市精神

众所周知，城市文化不仅反映一座城市的独特风貌和个性，还为人们提供生活的指导和行为的标准，城市文化所承载的价值观或多或少、或有意或无意地影响着城市人的集体心理，正如"浪漫"之于巴黎、"音乐"之于维也纳、"海派"之于上海等。脱胎于城市文化的城市精神，为城市人提供归属感，也为城外之人提供"生活理想"，把有共同追求的人聚集到一起，城市就有了生生不息的力量。长时间以来，对于镇江文化与精神的探讨囿于"小码头"三个字，这对至少拥有三千余年建城史的镇江是极为不公平的。那究竟什么是镇江文化、镇江精神？作为江南文化与中原文化的融汇之地、侠士文化与隐逸文化的交织之所，这个答案又不是一碗锅盖面、一碟醋、一座金山宝塔可以回答的。

回答好镇江精神，要反躬自省、认识自我。要将镇江的历史过往、地理风物、人文轶事、重大事件研究清楚、挖掘到位，尤其要聚焦镇江名人、名地、"名场面"研究，要把三国文化研究、佛教（南朝）文化研究、碑林（书法）文化研究、诗词文化研究、沈括研究、赛珍珠研究、红色文化研究等中的大 IP 做成大品牌。回答好镇江精神，要直面当代发展课题，开展镇江精神大讨论，让镇江各界参与当代镇江精神型塑过程，增强镇江市民的归属感、荣誉感。回答好镇江精神，要面向社会、面向未来，在村镇社区、各部门、企事业单位、大中小学开展镇江文化和镇江精神的教育宣传活动，利用新旧宣介渠道和平台，让这一文化和精神更加世俗化，走进寻常百姓家。

2. 激活基因，发挥名城特色

（1）激活文化基因，要聚焦特色久久为功。镇江宗教文化源远流长，用好南山、茅山、宝华山、金山、焦山等地资源，让儒家"天人合一"思想、道家"道法自然"文化、佛家"戒""定""慧"真谛成为镇江名片，赋予城市以文养人、滋养心性的内涵，满足现代人熨帖心灵的追求。镇江碑林诗词冠绝江南，既有金戈铁马的英雄气概，也有"浮生日闲"的通透洒脱，通过诗词中的风物景象、书法中的哲理典故，可折射城市的独特风骨，丰富城市的审美体验，这也是提升城市品质的一种重要途径。

（2）激活文化基因，要注重文化空间建设。2021 年 3 月，由文化和旅游部、国家发展和改革委员会、财政部联合发布的《关于推动公共文化服务高质量发展的意见》明确了布局优化和空间提升的要求，鼓励在都市商圈、文化园区等区域，引入社会力量，按照规模适当、布局科学、业态多元、特色鲜明的要求，创新打造一批融合图书阅读、艺术展览、文化沙龙、轻食餐饮等服务的"城市书房""文化驿站"等新型文化业态，营造"小而美"的公共阅读和艺术空间。上海市已经将优化城市文化设施空间布局置于城市人文气息营造的高度，着力激发城市公共空间文化活力；成都市以公园城市建设为重点，全面推进城区、片区、街区、社区四级文化空间建设，推出200余个"最成都·生活美学新场景"，培育50余个文化街区和天府绿道"沉浸式文化空间"，在绿道、景区、景点和公共场所以艺术审美形式展示"天府文化"；浙江省则发布《高质量打造未来社区公共文化空间的实施意见》，对社区公共文化空间进行了精准谋划，从空间形式、建设要求、管理运行各个方面实施政策引领。

（3）激活文化基因，要注重文化活动创新。"特殊活动是城市文化、历史、产业等资源优势的组合化表现，是在一系列比较优势基础上形成的一种城市文化符号，是城市品牌形成的重要元素，也是城市的文化象征"①，比如法国的戛纳，因为一年一度的电影节而名满全球。镇江非物质文化遗产资源丰富，有民间文学、民间音乐、传统戏剧等九大类40多个项目，分别拥有国家级、省级、市级非物质文化遗产9项、74项、138项之多，相关部门可以充分挖掘该类资源，在传统节庆活动、会展活动等方面形成有区域影响力的文化活动品牌。

3. 产业为王，擦亮文化招牌

（1）强化规划引领作用。文化产业是文化资源转变为竞争力的重要渠道，其中以文化旅游产业为最。根据镇江文化旅游资源的品质、禀赋、特征，政府须加强对重点旅游资源的统筹规划、有机整合，完善市域范围内的旅游发展规划。同时，政府须以总体规划为引领，分类编制宗教文化游、红色文化游、诗词古迹游、自然生态游、乡村风情游等旅游专项发展规划。

（2）发展全域旅游。发挥和放大镇江的旅游资源优势，结合好全市的山水资源和人文资源，让镇江的景区景点和文旅产品更有看头、更值体验、更具吸引力和号召力。整合景区资源，在市区做强"三山一渡"景区，开发好金山湖资源，联动打造旅游"大江湖"。整合市区与辖市资源，扩大旅游版图，延长旅游时间线。整合不同业态，将非物质文化遗产、各类剧目表演与景点旅游相结合，丰富旅游产品品类。整合美食资源与美景资源，让镇江味道留住更多游客。镇江是淮扬菜的重要发源地之一，要着力打造

---

① 张鸿雁. 城市文化资本与城市软实力：特色文化城市研究［M］. 南京：江苏凤凰教育出版社，2019：82.

淮扬菜中的"镇江味道"，再造"镇江本帮菜"品牌。把拆烩鲢鱼头、鸡汁干丝、清蒸刀鱼、鲜鱼狮子头等镇江美食与镇江文化、历史典故结合起来，把旅游者的"胃"同旅游者的"心"一同留下。

（3）抓好品牌建设。重点开拓省内周边城市、长三角及长江经济带城市群等目标客源市场，精心、耐心培育市场，集中精力打造其中1~2个标志性的旅游、节庆品牌。在充分利用好传统媒体的基础上，加大融合新媒体步伐，进一步开发利用微博、微信、抖音等新媒体手段，实现精准推介、精准营销，大力开拓文化旅游市场。重视文化大IP打造工作。当前文化产业大多以IP为核心进行内容创作，一个优质IP往往可以辐射文学、影视剧、动漫等多个领域，带动全产业链发展。要用好"铁瓮城建都""刘备招亲""萧统读书""水漫金山"等历史典故和民间传奇，有针对性地对镇江的三国文化、齐梁文化、民国文化、宗教文化、爱情文化、美食文化进行大IP打造。

（八）攻坚克难，加大改革力度

改革只有进行时，没有完成时，要真正建成"有福之地""知名之城"，镇江必须进一步解放思想，在改革上加大力度，在举措上先行一步。通过系统性、持续性的改革，让一切劳动、知识、技术、管理、资本的活力竞相迸发，让一切创造社会财富的源泉充分涌流，让发展成果更多更公平地惠及全体人民，让人民生活更美满、更幸福。

1. 城乡融合，推动共同富裕

脱贫攻坚战取得伟大胜利后，新时代新的奋斗目标转变到逐步实现全体人民共同富裕上来。而现阶段制约全体人民共同富裕目标实现的最大短板就是农业农村发展的不充分。所以，新时代扎实推动共同富裕，首先必须破解城乡发展过程中的不平衡不充分难题。2020年，镇江城乡居民人均可支配收入比为1.92，低于同时期全国2.56的平均水平，城乡融合发展基础好，所以镇江必须坚决扛起政治担当，在推动共同富裕上努力创造"镇江经验"，通过系统、集成、审慎的综合性改革，加快形成城乡融合发展新局面，让全体镇江人民共享改革发展成果，感受社会主义制度的优越性。

促进城乡融合发展，首先要实现城乡要素自由流动，用好用足"工商资本下乡、人才下乡、技术下乡、土地制度改革、户籍改革"等政策红利，以农村土地制度改革为突破口，加快试点推进农村土地征收、集体经营性建设用地入市、宅基地制度这"三块地"改革及农村承包地这"一块地"

"三权分置"改革。实现城乡统一规划,将城乡土地利用、经济社会发展、环境保护等纳入统一规划,甚至将乡村特色风貌规划等纳入城市规划统一考量,重点推进城市和乡村地区空间、基础设施建设、公共服务甚至生态环境等方面融合。激活农村社会的内生动力,鼓励引导观光农业、创意农业、订单农业、都市农业等新业态发展,深入推进丁庄葡萄、扬中河豚、上党清茶、白兔草莓、丹徒香醋等特色镇村建设,开发休闲农业和乡村旅游精品线路,推进农村一二三产业融合,筑牢城乡融合的产业基础。

2. 数字融合,赋能城市发展

数字融合正在成为撬动转型发展、实现新超越的最大动能。对于镇江来说,推动数字融合发展既是政治担当又是时代使命,必须把它作为当前的大事、要事来推动。在"数字融合发展"这个主题中,数字与城市不是简单地叠加,而是加快数字化迭代升级,通过数字与经济、生活、治理方方面面的深度融合,促进城市全方位、深层次转型升级。

做强数字经济,高标准建设华为、微软、阿里·和润等一批数字经济龙头项目,强化标杆引领,带动大数据、物联网、集成电路、数字文创等数字经济核心产业集聚发展,利用数字技术全方位、全角度、全链条赋能传统产业,构建梯次分明、相互衔接、具有镇江特色的数字经济企业梯队。有序打造数字政府,加大数据整合力度,进一步完善"三个一"平台,即一个 App——"镇合意"、一个电话——12345 市长热线、一个地址——政务服务中心,分别作为线上资源、通信资源和线下办公点的整合,通过数据汇聚整合流动,提供更高效便捷的政务服务;扩大数据共享范围,尽快制定地方法规,进一步明确各部门信息共享的种类、标准、范围、流程,强化跨地区、跨层级、跨部门整合使用,市大数据管理局发挥好协调者、监管者作用,打破部门间、地区间信息壁垒,加快形成用数据决策、用数据管理、用数据服务的公共管理与服务机制,加快推进政务数据资源逐步有序对社会机构、企业和公众开放,做到"还数于民"。积极构建数字社会,引进专业数据治理团队,聚焦最迫切需求、最高频事项,将最新的技术成果运用到城市建设的各个层面,推进智慧交通、智慧安防、智慧物流、智慧社区、智慧养老等建设,发挥数据"服务于人的需求",为市民提供科学化、精细化、智能化生活方式。

课题组成员:孙文平、于 江、戴 惠、李秋阳、冯乐乐、
彭智勇、张玉枚、孙忠英

高质量发展走在前列的镇江路径研究

| 中共镇江市委党校、镇江市社科联联合课题组 |

高质量发展是新时代我国经济社会发展的鲜明主题，是中国式现代化的本质要求之一。习近平总书记十分关心江苏的高质量发展，多次赴江苏考察调研并赋予了江苏"四个走在前"①和"四个新"②的使命要求。作为江苏省重要城市之一，镇江始终牢记总书记的殷殷嘱托，以"很有前途"的坚定信心，紧紧围绕高质量发展这一首要任务，吹响"产业强市、创新驱动、融合发展"的号角，加速奔跑，奋力展现中国式现代化的镇江图景。

一、镇江高质量发展走在前列的现实基础

发展是马克思主义最基本的范畴之一。推动高质量发展，正是运用马克思主义基本原理解决实际问题的生动体现，是遵循经济规律发展的必然要求。近年来，镇江始终锚定"创新创业福地、山水花园名城"的城市发展定位，立足创新、协调、绿色、开放、共享的新发展理念，努力把推动高质量发展要求贯彻到经济社会发展的全过程各领域，习近平总书记"镇江很有前途"的谆谆嘱托正展现美好图景。

（一）聚力科技创新，以"创新驱动发展战略"为引领推动内涵式增长

习近平总书记考察江苏时，提出了"在科技创新上取得新突破"的重大任务。近年来，镇江坚定实施创新驱动发展战略，着力在科技创新上提升标杆、做优做强，着力打造全国重要的科技成果转移转化基地，让科技创新"关键变量"成为高质量发展"最大增量"。据《新华日报》2023年8月10日报道，镇江创新能力位列全国城市百强榜第28位，在全省位居第5位。

1. 企业自主创新能力明显提升

一是培育壮大创新主体。以高新技术企业为创新主力军，通过在市级

---

① "四个走在前"分别是江苏在科技自立自强上走在前、在构建新发展格局上走在前、在推进农业现代化上走在前、在强化基层治理和民生保障上走在前。

② "四个新"指在科技创新上取得新突破，在强链补链延链上展现新作为，在建设中华民族现代文明上探索新经验，在推进社会治理现代化上实现新提升。

科技计划项目中设立"科小"专项，激发科技型中小企业创新活力，并积极打造创新"高峰"企业，截至 2024 年上半年，镇江拥有独角兽企业 2 家，潜在独角兽企业 1 家，总数列全国第 19 位。二是支持企业研发创新。镇江积极引导企业承担国家、省和市级各类科技计划项目，以高技术、新产品塑造行业竞争新优势。三是深化产学研对接合作。镇江与 160 多个高校院所建立长期产学研合作关系，推动船舶海工等未来产业领域的一批技术创新成果转移转化，促进产业链垂直领域、不同产业链跨领域的融合创新。

2. 高层次创新平台建设有序推进

一是突出重点研发平台建设发展。奋力推动重点实验室建设，省船舶与海洋工程设计研究院获批成立，服务支撑镇江及全省船舶海工产业高质量发展。聚焦重点产业和园区，立项支持市级重点实验室和科技公共服务平台建设。二是加强科技创新与产业创新对接。镇江科技骨干企业与江苏省产业技术研究院共建联合创新中心，帮助企业突破重大技术难题，同时也将产业技术研究院高端创新资源导入镇江。

3. 科技孵化载体支撑有力

一是强化孵化载体顶层设计。出台《镇江市推动科技孵化载体"专优特强"提升发展三年行动方案（2023—2025 年）》，引导各地围绕特色产业建设专业孵化载体，加快形成"众创空间—孵化器—加速器—产业园"全链条孵化体系。二是推动市级重点孵化载体和孵化公共服务平台提质增效。围绕"四群八链"产业布局，好中选优，推荐优质项目获省孵育资金计划立项支持。

（二）聚力产业强市，以"四群八链"为主线构建现代产业体系

实现经济高质量发展最终要靠产业，产业高度决定城市高度。镇江始终牢记习近平总书记"在强链补链延链上展现新作为"的重大要求，坚定不移推进产业强市"一号战略"，实施"产业强链"三年行动计划，做大做强四大产业集群（高端装备制造、新材料、数字经济和生命健康）和八条重点产业链［新型电力（新能源）装备、汽车及零部件（新能源汽车）、高性能材料、医疗器械和生物医药、新一代信息技术、航空航天、船舶海工装备、智能农机装备］，构筑起镇江经济高质量发展的"四梁八柱"，加快形成高质量发展的强劲态势。目前，镇江链群培育成效初步显现，截至 2023 年 7 月底，"四群"和"八链"占镇江全市规模以上工业比重分别为 75.2% 和 64%。

1. 主体强链，骨干企业规模持续扩大

一是打造"专精特新"企业。全面落实"专精特新"培育三年行动计划，持续扩充优质企业培育库，通过发展巡诊、专题培训等多种方式帮助企业更快成长。近三年来，镇江累计培育省级以上专精特新"小巨人"企业 68 家，其中国家级 28 家，单项冠军企业 8 家。二是着力培育链主企业。部分优质链主企业成为行业"领头雁"，促进和带动了全市重点产业链高质量发展。目前，镇江已形成一批具有较强竞争力的链主企业，年销售超百亿元企业 12 家，超"三年行动计划"目标任务 2 家；年销售超 50 亿元企业 22 家，超"三年行动计划"目标任务 2 家。

2. 项目延链，产业链层次有效提升

一是项目招引更加精准。镇江以"项目攻坚突破年"行动为抓手，聚焦"四群八链"缺失环节，聚焦"卡脖子"领域和新兴产业关键技术环节，建立供需清单，紧盯国内外知名企业，精准对接国内外招商资源，坚持"招大招强""招专招精""招新招优"，从源头上切实提升产业链规模和层次。2023 年上半年，全市新签约亿元以上项目 187 个、总投资 992.5 亿元，同比分别增长 23.8%和 79.9%，其中"四群八链"产业项目占比 77.5%。二是项目推进更加有力。全面落实重大项目分层分级调度、联席会议、交办督办、考评考核等机制，压紧压实部门、属地、项目方"三方"责任，加强进度滞后项目靶向攻坚，实施未开工项目挂图作战，清单化、闭环式破解制约项目开工建设的堵点难题，推动项目早开工、快建设、早投产。

3. 数智优链，产业链群不断转型升级

一是强化规划政策引导。先后出台《镇江市制造业智能化改造和数字化转型三年实施方案（2022—2024 年）》《关于支持制造业智能化改造和数字化转型的若干政策措施（试行）》等政策举措，加快推动制造业智能化转型。出台《关于加快推进数字经济发展的实施意见》，以数字产业化、产业数字化、数字化治理和数据价值化为主攻方向，构建数字经济发展框架。二是打造公共服务平台。成立江苏省首个市级智能制造服务联盟，聚集智能制造服务资源，满足企业需求。以需求为导向，通过政府购买服务为企业提供智能制造诊断和个性化专家咨询。加快 5G 基站、千兆光网建设部署，加速光纤网络扩容。深化"5G+工业互联网"融合应用，打造 5G 全连接工厂，培育"5G+工业互联网"应用示范企业 5 家。三是抓好标杆示范引领。镇江聚焦智能电气、医疗器械、汽车及零部件、新材料等重点领域，推进智能制造试点培育行动，鼓励头部企业争创标杆，引导中小企业"上云用数"。

（三）聚力民生福祉，以"高效能治理"为抓手助推高品质生活

要把实现好、维护好、发展好最广大人民的根本利益作为一切工作的出发点和落脚点，坚持在高质量发展中不断增进民生福祉，人民的生活水平、幸福指数是衡量高质量发展水平的重要指标之一。近年来，镇江始终聚焦人民的急难愁盼问题，把强化基层治理和民生保障作为创造高品质生活的基础性工程，人民群众的获得感、幸福感、安全感显著提升。目前，镇江在中国最具幸福感城市指数排名中名列全国第 35 位，全省第 5 位。

1. 人民生活品质显著提高

一是以共同富裕为指向抓"民生底线"。镇江市聚焦重点人群、重点领域，扶弱济困解民忧，防患解危保民安，持续织密织牢民生保障网，全市人民全部如期跨进全面小康，城乡收入比缩小至 1.9∶1，群众安全感列全省第一。二是以群众满意为目标抓"基本民生"。近年来，镇江围绕群众的急难愁盼问题，每年投入七成以上财力，补短板强弱项，三年来把受益面广、关注度高的事项纳入年度民生实事，累计办好 119 件市级民生实事项目。三是以美好生活为追求抓"品质民生"。镇江努力在推进高质量发展中创造高品质生活、实施高效能治理，让民众享受更绿色的生态环境、更丰富的精神文化生活、更优质的公共服务。

2. 基层治理效能持续提升

一是强化党建引领基层治理。近年来，镇江全市各级以落实市委"党旗'镇'红、一线建功"工程为统揽，以推进治理体系和治理能力现代化为目标，积极探索、创新实践，构建了"和谐善治"的良好格局。二是持续推进市域社会治理现代化。深入实施"精网微格"工程，推进全国市域社会治理现代化试点城市建设，搭建"三级平台、全域共享"的市域社会治理现代化指挥平台，为提升基层社会治理效能提供数字支撑。

3. 基本公共服务更加完善

健全公共服务体系，推进基本公共服务均等化是保障和改善民生的重要内容，也是助力实现人民高品质生活的内在要求。一是基本公共服务体系更加完善。根据《2021 年全省基本公共服务体系建设检测统计报告》，截至 2021 年，镇江达到或超过 2025 年省定目标值的指标至少有 22 个，其中 12 个指标水平位居全省第一。二是基本公共服务均等化水平不断提升。近年来，镇江坚守"保基本、均等化、普惠化"的目标，持续优化公共服务

供给，持续改善城乡人居环境，公共资源分布更加均衡，城乡差距显著缩小。目前，镇江义务教育标准化建设、义务教育优质均衡比例、教育现代化建设等指标在全省名列前茅，高标准完成国家公共文化服务体系示范区创建任务，居民健康素养水平居全省前列。

二、新时代解码镇江高质量发展"新三板"

"尺有所短，寸有所长。"任何一座城市发展都有自身的"长处"，也有自身的"短板"。镇江也不外如是。不管"长板""短板"，还是"底板"，都是镇江发展不可或缺的"基本板"，哪块"板"都不容忽视。反求诸己，直面镇江发展不平衡不充分的问题，更有针对性地补短板、强弱项、固底板、扬优势，才能进一步推进镇江高质量发展走在前列。

（一）锻造长板：核心竞争力有待突破

长板，意味着核心竞争力，是优势所在、希望所在。长板问题直接关系一个城市是否拥有提升城市硬实力和软实力、推进高质量发展的能力，以及对周边区域的影响力。同时，拥有长板并非一劳永逸，当今时代，不日新者必日退，稍不留神，就会被"弯道超车"。

1. 地标性产业集群不显之"困"

长板越多，则城市越强。比如苏州有 11 个千亿产业，无锡有 9 个千亿产业，南京有 5 个。一是优势产业实力与头部城市差距较大。例如，镇江全市 2022 年新型电力（新能源）装备产业 661.21 亿元，与苏州、南京等的千亿级产业规模相比仍有一定差距。二是仍处于价值链中低端。在高性能材料方面，多数新材料企业主营产品偏向于模仿和逆向开发，缺乏原创性研究和颠覆性产品，基础性材料比重相对较高，前沿新材料比重相对较低，以初加工产品为主的供给结构尚未根本改善。三是缺乏持续扩张动力。镇江海工装备产业基础完备，产业链条较为完整，在工程船舶与多项配套设备方面优势明显，但是 2022 年南通市、泰州市、扬州市海工装备和高技术船舶集群入选工信部第三轮先进制造业集群，镇江未能入选。

2. 产业转型升级不易之"困"

一方面，支柱产业升级缓慢。镇江沿江布局重化工产业特征仍然明显，化工、电力、建材等传统产业集聚具有明显的"路径依赖"，仍保持制造业支柱的地位。另一方面，产业同构仍在加剧。从行业分布来看，近年来电气机械和器材制造业、化学原料和化学制品制造业及汽车制造业均处于南京、扬州、常州与镇江四个城市工业部门的领先位置，工业相似系数较高，存在较高的产业同构性。在未来产业重点方向上，镇江市与其他城市重点产业布局类似、产业主攻方向范围存在叠加。例如，南京发布的八大产业链紧缺人才需求目录显示，人才紧缺指数排名前三的产业分别为软件和信息服务业、新医药与生命健康以及人工智能。

3. 未来产业布局推进不快之"困"

尽管镇江意识到了产业新旧动能升级转换的急迫性和必要性，加快了包括汽车及零部件、新材料、航空航天和船舶海工等重大产业项目的布局步伐，并且实现了百亿级项目新突破，但破解产业发展动力问题依旧任重而道远。与此形成反差的是，近年来，其他苏南城市新兴产业发展势头十分迅猛，形成了各具特色的优势主导产业。例如，苏州的纳米技术和机器人产业、无锡的物联网和智能制造产业、南京的软件和智能装备，以及常州的新能源汽车和石墨烯产业等。

4. 产业链韧性不高之"困"

一是区域合作放大效应不高。镇江区位优势明显，长江经济带发展、长三角一体化发展、南京都市圈建设、宁镇扬一体化发展等重大战略机遇在镇江交汇叠加，一系列政策红利、改革红利和发展红利将加速释放，但是区域内产业合作程度不高，跨区域园区共建上存在短板，尤其在产业链上下游企业合作紧密度上还有欠缺。二是受急性冲击影响较大。在疫情突发阶段，镇江制造业供应链受到较为严重的冲击与影响，根据镇江统计局2020年1—4月的经济运行分析，规模以上工业企业总产值同比下降了9.2%，高于苏州同期。三是慢性压力承受度低。受能耗"双控"目标、生产成本飙升等影响，部分产业发生转移，直接威胁到产业基础。

（二）补好短板：发展潜在力有待激活

"短板"是镇江发展的"软肋"，既是薄弱点，又是增长点；既意味着工作差距，又昭示着努力方向。只要持续用力，"短板"就可能变成"跷板"，成为推动镇江发展的"潜在发动机"。

1. 科技创新能力存在差距之"痛"

一是研发投入不足。2022年镇江全社会研发投入占GDP比重低于南京、常州等地，研发活动以应用为主，基础研究和应用基础研究投入相对较少。创新投入产出质量与国内外先进国家和地区相比尚有不小的差距。

二是高端科研平台供给不足。相比苏南等高校院所资源丰富的地方，镇江缺少高水平的科研平台，企业单品研发成本高，整体研发力量偏弱，产业在省内和国内都处于弱势地位。三是创新资源整合不够。现有科技平台效能发挥有待提高，产业联盟和创新联盟发挥效用不明显，创新产业链脱节，产业后劲不足。每万人发明专利拥有量 58.36 件，不足南京相应数量的一半。

2. 数字经济赋能效应不明显之"痛"

"智造"短板犹存主要体现在两个方面。一是企业数字化改造能力不足。企业数字化改造投入成本较高，需要强有力的资金支持。不少制造业企业，由于能力与资金的不足，陷于低端化、低质化、低效化的困境中。二是企业家认识不足。很多企业家对产业数字化的重视不足、理解不足，缺乏数字化思维，认为依赖原有传统发展模式和路径依旧可行，没必要又"改"又"转"。三是全市智能制造生态体系尚未形成。目前，全市制造还处于碎片化、点状化发展阶段，智能制造的生态系统尚未形成，尤其是产业数字化的专业服务供给不足。

3. 企业联动发展程度不高之"痛"

虽然镇江在细分领域涌现出一些创新型领军企业和"单打冠军"企业，但具有重要行业影响力的和带动性龙头型企业相对偏少，尚未形成"龙头企业领航、骨干企业支撑、中小企业跃进"的梯度发展格局。例如，新材料产业链大量"小而全"的企业之间的同质化竞争局限了产业链的延伸和竞争力的提升，相互联系、相互依存的专业化分工协作的企业网络尚不完善，为下游客户提供成套"解决方案"的系统集成能力不强。例如，在医药产业方面，2021 年江苏共有 14 个园区入选中国生物医药园区综合竞争力 50 强，6 个园区进入前 20 强，5 个十强单项榜单均有园区上榜，而镇江尚未有园区入选，发展载体支撑力不足。

（三）加固底板：城市支撑力有待加强

一个木桶如果只是有几块短板，充其量是水装多装少的问题，但是如果底板不牢固，出现漏洞，那就成了能不能装水的问题。因此，必须确保高质量发展"底板"坚固如磐。

1. 营商环境温和度之"忧"

在 2022 年江苏营商环境满意度调查中，相关人员对省内 700 家行业协会、商会进行问卷调查，镇江得分排位并不高。一是市场公平需加强。公平的市场竞争环境是企业实现长期向好发展的优质土壤。调研过程中，多数企业表示民营企业与公有制企业享受的待遇确实还存在一定的差距。二是惠企覆盖面不够广。在降低企业负担的政策措施上，政策对于大企业的侧重较为明显，而对中小企业的实施力度较弱，中小企业获得感偏低。三是政策精准度不够。一方面，企业被动纾困，处于"给什么要什么"的状态，未能结合生产经营实际困难精准受惠。另一方面，已有政策多从宏观层面出发，在聚焦到企业实际运营过程中的电力保供、土地供给等方面，还需要着重细化和完善。

2. 安全发展协调度之"忧"

一是安全生产责任落实不力。以小微型企业为主体，企业主要负责人责任落实相对薄弱，安全生产意识提高缓慢，投入普遍不足，自查自改动力不足、缺乏安全生产管理能力，应急保障能力低。工人流动性大导致安全培训工作有所松懈。专项整治工作的推进力度还相对薄弱，重点行业领域安全风险防控措施需不断强化，专业监管能力和水平需进一步增强。二是土地、资本等要素制约仍需突破。金融资本集聚能力不足，镇江全市完成备案的创业投资企业数量较少，尚未成立市级层面的创投母基金，在孵企业中仅有5%左右的企业能够获得投融资服务。土地资源紧缺，随着"三区三线"的划定，镇江全市未来新增建设用地指标较少，土地总体增量有限；土地利用不够集约高效，产业布局仍显零散。三是宜居宜业的生活环境仍需美化。环境质量对标省内先进城市依旧靠后，空气质量优良天数比率（74.5%）低于全省平均（79%），在全省排名第11位；林木覆盖率（25.59%）略高于全省平均（24.06%），在全省处于中等水平。污水管网等环境基础设施短板仍然突出，国省考监测点位以外，百姓身边噪声、异味、餐饮油烟、黑臭水体等问题成为新的信访热点。

3. 社会治理精细度之"忧"

一是公共服务供给结构性失衡。城乡、区域、群体间公共服务资源配置仍不够均衡，供需之间存在结构性矛盾，多元化供给格局有待形成。各地区之间对公共服务的供给能力不一，共建共享机制不健全。例如，医疗资源供给不足与分布失衡现象同时存在，每千人口拥有执业（助理）医师数居全省平均水平以下，重点专科数量和水平处于"洼地"；部分基层乡镇卫生院无人问津，中高端医疗手术外流现象严重。二是政府效能还需提升。政府改革创新水平需要持续提高，招商引资力度和方式有待提升，基层首创精神和成果亟待加强，与苏南其他城市相比，镇江在试点示范、项目争取、先行先试等方面仍存在不足。三是城市文化精神尚未充分激发。勤劳创新致富理念和精神富裕观念仍需进一步夯实,创新、大爱、"区别于世间别处的独特风骨"的城市精神和城市品格有待进一步彰显,居民勤劳致富的主体性、能动性、创造性尚未充分激发,现代社会公民综合素质提升和全面发展也未能充分实现,支持激励各类主体回报社会的体制机制亟待建立健全。

4. 城市发展活力度之"忧"

从开放发展来看,进出口总额、实际利用外资排在全省下游,仅占全省总额的 1.6% 和 2.8%。地区总部和功能性机构较少。综合保税区、中瑞生态产业园等开放载体尚未找到自身发展定位和特色发展路径,通关效率、口岸服务等仍需优化提升。与上海、南京等地在产业、创新领域的合作落地转化程度仍然不高。镇江 2022 年外贸依存度为 20.93%,而南京、南通等地均高于 30%。从人才招引来看,人口基本盘不够稳固,人才吸引力不强。第七次全国人口普查数据显示,镇江 2010—2020 年人口年均增长率仅为0.31%,明显低于全省 0.75% 的平均水平,在全省的比重从 3.96% 降到3.79%。中高端人才吸引力不足,创新型、技术技能型等人才培养和储备不足,引才聚才面临周边上海、南京、杭州、苏州等城市的虹吸效应,难度进一步加大。从优势转化来看,依山傍水的生态优势尚未转化为发展优势。镇江山水资源丰富,但开发力度不足,同为丘陵地区,句容与溧阳、安吉、德清相比,文旅特色不够突出,茅山风景区、三山风景区等标志性旅游景点的知名度尚未打响,民宿度假、温泉疗养、特色餐饮、户外露营、亲子游乐等康养休闲产品品质不高。

总而言之,镇江发展的"新三板"还需不断加强:一块一块加长,一块一块补短,一块一块加固,日日为继、久久为功,不断将底板变成牢固板,将短板变成长板,将长板变成"加长板"。只有每一块"基本板"都坚硬结实,镇江的"发展之桶"的容量才能足够大,高质量发展才能走在前列。

三、镇江高质量发展走在前列的实现路径

(一) 注重新质内涵,构建发展新常态

2023 年 9 月,习近平总书记在黑龙江考察期间,连续两次提到一个全新的词汇——"新质生产力"。新质生产力以信息化、网络化、数字化、智

能化、自动化、绿色化、高效化为主要特征，代表着战略性新兴产业和前瞻性谋划的未来产业。推进高质量发展，就要以"新质生产力"为重要引擎，增强发展新动能，形成发展新优势。"新质生产力"可以说为镇江科学规划产业布局提供了根本方向和思路。

1. 向"实"：筑牢实体经济根基

长期以来，镇江市深入贯彻落实产业强市战略，坚持把发展经济的着力点放在实体经济上，推进新型工业化。2022 年，镇江规模以上工业高技术制造业增加值比上年增长 35.3%，其中医药制造业、航空航天器及设备制造业、电子及通信设备制造业方面增长明显。但是仍需要以实体经济为本，进一步提升镇江特色产业鲜明度、产业集聚度和转型力度，坚持制造业当家，持续巩固制造业的"顶梁柱"作用，高质量推进制造强市建设。

2. 向"新"：积极优化产业布局

要坚持长期谋划、长远布局，瞄准有巨大市场前景的产业领域，持续培育和联合产业技术研究院、中小型研发创业企业等新研发群体，通过持续的政策、金融、土地、人才等要素投入和新场景的示范应用，逐步培育新赛道创新生态。

3. 向"前"：瞄准未来前沿领域

未来产业由原创科技引领，是从 0 到 1、从无到有的创新过程，开发并向市场提供前所未有的产品。抢抓产业风口，聚焦前沿技术和颠覆性技术创新，组织实施未来产业孵化与加速计划，提前谋划布局一批未来产业，或者在前沿技术逐步产业化的过程中参与未来产业价值链各个环节的配套生产活动，从而在发展中抢占先机。

（二）强化科技创新，培育发展新动能

1. 加快推进重点实验室建设

一是建议以突破"小院高墙"为方向，加大与镇江市主导产业有密切联系的各级实验室矩阵建设力度，做好存量实验室管理体制改革。二是以优势产业链为重点，依托沪宁产业创新走廊，以及毗邻仙林大学城等区位优势，大力争取培育国家级、省级重点实验室，优先在镇江布局省级产业创新中心、技术创新中心、制造业创新中心等创新载体。三是创新科技转化机制，学习借鉴广东经验，在技术成果入股、成果转化收造分配及激励制度领域大胆改革创新，加速创新成果产业化步伐。构建创新接力机制，让暂时失败的创新活动能继续进行，助推创新成果跨越"死亡之谷"，技术成果渡过"达尔文之海",提高成功几率。

2. 大力构建高能级科技、人才等平台

一是加快高精尖科技平台的建设。通过举办具有全国影响力甚至具有全球影响力的高水平论坛和创新性路演,营造创新活力氛围。积极参与国家、省级重点专项,主动承担国家重大战略任务,积极联合申报国家、省级科技平台,提高镇江市创新策源能力,不断涌现出引领性、原创性创新成果。二是充分发挥在镇高校人力资源作用。围绕镇江产业特色需求和驻镇高校产学研成果,优化"专群专策"培育机制,加强主动对接服务,支持科研人员创新创业成果落地。学习万新光学集团的做法(2019 年与南京师范大学中北学院共建万新科技学院),探索产教融合,有针对性地培养人才为己所用。三是用好科技中介力量。用足技术产权交易市场、科技服务团、技术经纪人等科技中介力量,降低企业创新成本与交易成本,大大提升镇江市科技吸引力。

3. 强化企业创新能力培育

一是构建以企业为主的技术研发应用体系,有效集成创新要素,加大扶持力度,推进重大科技项目立项和组织管理方式的改革。加快推进创新联合体建设,推进自主可控关键环节攻克进程。二是坚持科技招商,培育壮大具有产业链控制力的龙头企业,实施竞争策略,加快培育科技含量高的链主企业,构建雁阵之形的企业家、制度与机制体系、人才(梯队)体系。三是持续开展创新型中小企业评价,加大对中小企业的创新支持力度,支持企业认定国家高新技术企业、科技型中小企业、壮大创新型企业队伍。

4. 提高科技支撑要素资源有效配置

一是提高科技治理能力,提高科技政策宣传与贯彻的覆盖率和精准度,细分产业、分层次提升培训质量。二是提高资源共享平台、科技成果交易平台、中试平台的利用效率。加快打造共享型产业组织平台,加快产业集群向创新集群转型。三是加强科技成果孵化产业化,做强成果孵化、产品中试、交易撮合等创新服务平台。定期发布省、市重点推广应用的新技术新品目录,在镇江市交通、水利、环保、市政等政府重大工程项目招标中,明确自主新技术新产品应用比例。

(三)优化产业体系,开辟发展新赛道

1. 把握产业链布局主动权

一是面向战略布局,立足智能电网、高性能材料等优势产业,通过顶

层设计，依托重点实验室、制造业中心等平台，深刻把握国家重点战略力量布局，进行精准招商。例如，广东清远及时调整产业主攻方向，舍弃曾经的新能源和现代服务业，选择在全国全省有地位有影响有带动力的重要产业集群重点培育。二是面向生态布局，以重点工程聚集高端要素，以龙头企业为核心，以国产替代、本土配套为导向，以开放共建共享为原则，以教育、医疗、法制为保障构建良好生态。三是面向数字经济布局，加快数字经济创新发展新高地建设，抢抓数字化、智能化、网络化发展机遇，实施数字经济核心产业加速和制造业数字转型升级行动，加快数字化协同平台建设，推进数字核心技术与实体经济深度融合。

2. 培育地标性产业集群

一是完善统筹推进机制。健全"链长+链长办+八个工作专班"推进机制，加强各部门资源整合力度，强力推动在要素配置等关键方面实现全市"一盘棋"，构建信息共享、利益共享机制。二是加大政策上争力度。加大与省对应重点产业链培育专班的对接力度，争取镇江符合发展方向的重大项目、重点企业优先纳入省先进制造业集群和重点产业链培育体系。三是把准方向分类施策。围绕"四群八链"，优化"一链一策"发展路径。逐条理清产业链薄弱和缺失环节，精准绘制全市重点产业链发展路线图，在"短链"延长、"断链"连通、"细链"增粗、"无链"生有、"弱链"变强五个方向重点发力。

3. 做强产业发展载体

一是支持开发园区提升产业资源整合能力、创新服务能力。鼓励围绕重点产业链条分工打造服务全市乃至全省的信息服务平台、公共技术服务平台、检验检测平台等，在全市范围内强化公共服务平台、创新载体统筹布局，减少重复建设和同质竞争，避免为了完成任务盲目引进建设，切实打造有助于产业链群创新提升、能够产出成果实效的平台载体。二是推进开发园区管理体制改革。探索建立以岗定薪、优绩优酬、待遇与业绩挂钩的薪酬激励机制和全员目标考核评价体系，探索档案工资与岗位薪酬相分离等双轨管理模式，推动更多资源、力量向经济发展和招商引资倾斜。

（四）畅通经济循环，形成发展新格局

2023年6月7日，习近平总书记在视察内蒙古呼和浩特市的中环产业园时强调："构建新发展格局，首先要把国内大循环搞好，这是治本之策。"习近平总书记还作出了形象比喻："构建新发展格局的关键在于经济循环的畅通无阻，就像人们讲的要调理好统摄全身阴阳气血的任督二脉。经济活动需要各种生产要素的组合在生产、分配、流通、消费各环节有机衔接，从而实现循环流转。"因此畅通经济循环应从供给端和需求端同向发力。

1. 恢复和扩大消费，形成经济循环需求牵引力

消费是拉动经济增长的"主引擎"。要实现全面经济发展目标，提振消费依然是重中之重。一是要抢抓政策机遇，吃透政策精神，尽最大可能推动国家、省市级各项政策快落地、实落地，把政策效应发挥出来，让企业群众感受到实实在在的获得感。二是围绕"共同富裕"战略基点，提升社会消费能力。老百姓的钱袋子"鼓起来"，消费才能真正"跑起来"。要持续做好稳就业促增收的各项工作，落实落细稳就业政策措施。促进青年等重点群体就业，强化重点群体支持和帮扶，增加低收入者收入，积极探索促进居民增收有效路径，不断释放广大居民的潜在消费需求和消费能量。

2. 优化营商环境，增强经济循环内生动力

良好的营商环境是市场经济的培育之土，是一个地区经济软实力和综合竞争力的集中体现。一是要关注营商环境的关键维度存在的突出问题，使营商环境优化落到实处。从企业端获取各类反馈数据，使企业愿意和敢于说真话，为营商环境提供最真实可靠的数据。二是各级领导干部要扑下身子，真正到市场主体一线开展调查研究，切实解决企业的急难愁盼问题。三是要增强各级政府部门的创造性政策执行能力，使营商环境在创新中优化，在优化中创新。

（五）加快乡村振兴，壮大"新农人"队伍

推进农业现代化是实现高质量发展的必然要求。在迈进中国式现代化镇江新实践的征程中，镇江要聚力建设特色鲜明的现代农业强市，坚持农业农村优先发展，做好"土特产"文章，培育"新农人"队伍，勾勒"乡村美"画卷，全力打造农业强、农村美、农民富的新时代鱼米之乡。

1. 突出乡村产业重中之重，做好"土特产"文章

一是开发乡土资源。善于分析新的市场环境、新的技术条件，用好新的营销手段，注重开发农业产业新功能、农村生态新价值，如发展生态旅游、民俗文化、休闲观光等。二是突出地域特色。加快发展新型农村集体经济，通过推动"一个产业带强一片区域"，立足本地区资源禀赋优势，着眼于未来的长期发展，科学规划集体经济发展的方向、主导产业，宜农则农、宜工则工、宜商则商、宜游则游，发展壮大县域、村镇特色产业、预

制菜产业，打造更多有特色、有认可度、有竞争力的"金名片"。三是做强乡村产业。延长农产品产业链，推动乡村三产融合发展，一手抓农产品加工、流通型农业产业化龙头企业培植壮大，一手抓休闲观光、都市农业、创意农业等新型业态转型发展，通过"提一接二连三"路径，推动乡村产业全链条升级，建成产业、形成集群，把农产品增值收益留在农村、留给农民。此外，要持续擦亮"镇合意·镇兴浓"服务企业（涉农）品牌，用心用情做好产业项目建设全流程服务，吸引更多优质的产业项目在镇江开花结果。

2. 坚持科技改革双轮驱动，培育"新农人"队伍

一是着力提升创新体系整体效能。整合各级各类优势科研资源，强化企业科技创新主体地位，构建梯次分明、分工协作、适度竞争的农业科技创新体系。提升农业科技和装备水平，深入实施市级农业科技计划项目、市级"1+1+N"新型农技推广项目。发挥智能农机装备产业链链主企业沃得集团的"特色优势"，引导产业链上中下游企业"抱团"发展，打造镇江农业产业新地标。二是突出农业科技成果转化。基层农技推广体系要稳定队伍、提升素质、回归主业，强化公益性服务功能。同时，要鼓励发展各类社会化农业科技服务组织，创新市场化农技推广模式，打通科技进村入户"最后一公里"。三是加快培育"新农人"队伍。"新农人"是农业创新主力，是推动农业现代化发展的重要力量，通过实施选拔培养优秀"新农人"计划，如用3年时间培养选拔优秀"新农人"100人左右，推出土地改革、研修补贴、创业基金、技术扶持等独享性要素支持类政策，畅通要素流动，在不同经营阶段为"新农人"进入农业、安居农村扫清障碍。要发挥"新农人"发展联盟作用，推进"新农人"培训、交流与合作，壮大"新农人"队伍。

3. 全面推进农村人居环境整治，勾勒"乡村美"画卷

学习"千万工程"经验。有力有序推进农村人居环境整治，不断加强与改进乡村治理，让乡村展现新风貌。一是发挥规划引领作用。科学编制农村人居环境整治总体规划和专项规划，加强各类规划的统筹管理和系统衔接，形成多规合一的规划体系。注重地域特点，尊重文化禀赋，体现乡土风情，分类明确集聚提升村、城郊融合村、特色保护村等建设要求，因地、因村、因户规划，不搞千村一面，不搞大拆大建，打造各具特色的高品质农村人居环境。二是构建乡村共建格局。充分发挥多元主体作用，努力构建政府、市场、村集体、村民等多方共建共治共享格局，充分激发农民群众的主人翁精神，推动形成"三级书记"带头抓农村人居环境整治提升的组织保障机制，凝聚"村民小组、妇女小组、理事会、五老"等各方力量，形成农村人居环境整治提升共同体。三是扎实补齐基础设施短板。完善农村交通路网，深化厕所革命，解决畜禽散养问题，引导农户利用房前屋后及"空心房"拆除后的闲置土地，大力发展"五小"庭院经济模式（即庭院小畜禽、庭院小菜园、庭院小果园、庭院小作坊、庭院小农旅），树立美丽农村庭院的魅力形象。

（六）践行绿色低碳，描绘发展新蓝图

践行绿色低碳是实现高质量发展的内在要求，是厚植高质量发展的绿色底色。镇江作为国家低碳试点城市，应科学谋划、统筹安排，以"双碳"目标为抓手助推高质量发展，在高质量发展中确保如期实现"双碳"目标。

1. 优化产业结构，做大绿色体量

一是瞄准产业投资风口。要紧紧抓住低碳投资风口，聚焦镇江"四群八链"产业布局，推动绿色低碳产业与人工智能、区块链、5G通信、工业物联网等战略性新兴技术融合发展，抢占"双碳"产业新赛道。二是加强传统产业转型升级。加快运用低碳技术对传统产业进行低碳化改造，采用节能环保材料，强化工业生产流程的节能减排，促进数字化—智能化升级，做大绿色产业发展体量。实施"腾笼换鸟""凤凰涅槃"攻坚行动，动态推进落后产能退出。三是构建产业服务"生态圈"。完善重点行业绿色制造与服务平台和标准体系，开发生产数据与数据库公共服务平台对接的软件系统，为绿色认证和评价提供数据支持，创新绿色金融产品。

2. 推进城市更新，提高生态分量

一是构建生态优先的城市格局。在城市更新项目中增加公共绿地、开放空间，建设随处可达的绿色空间。注重混合高效的空间布局，通过疏密有致、具有混合功能的布局形态有效降低城市的碳排放。以"绣花"功夫实施"微更新"，加强城市局部生态修复，留白增绿，提升空间品质。二是大力发展绿色低碳建筑。新建建筑要普遍达到基本级绿色建筑要求，鼓励发展星级绿色建筑。加快推行绿色建筑和建筑节能标准，加强设计、施工和运行管理。推进老旧小区节能改造和功能提升，大力推广应用绿色建材，推行装配式钢结构等新型建造方式。全面推广太阳能光伏建筑，提高建筑可再生能源利用比例，市政府自身建筑要率先进行能源系统的节能改良。三是全面打造智慧低碳城市。建设基于监测数据、精细化、专业化的智慧

城市基础设施，精准采集排放数据，实现排放数据的多元化、可视化，从而指导政策制定、场景打造等。

3. 强化生态保护，扩大碳汇增量

一是大力增加生态碳汇，在保护好现有林木资源的基础上，广泛开展国土绿化行动，持续增加森林面积和蓄积量，不断增加碳汇数量，扩大碳汇储备。同时优化植物群落结构，提倡乔、林、木相结合，提高植林率，构建以乔木为主的立体植物群落结构，提高单位绿化面积的碳汇能力。二是充分挖掘农业农村减排固碳潜力。以实施减污降碳、提升碳汇能力双向行动为抓手，提高农业综合生产能力，提升农业农村生产生活用能效率，积极发展农村可再生能源，减少污染物排放。实施乡村产业增绿行动，积极开发观光农业、绿色康养、生态教育等服务，发展生态循环固碳项目，提高农民绿色生态化收入。三是探索生态产品价值实现机制。如浙江省丽水市在全国率先探索生态产品价值实现机制带来了经济和生态双赢效益。建议以世业洲为试点，把世业洲打造成碳达峰碳中和的试验区、先行区，探索生态产品价值实现机制，为镇江市实现"双碳"达标创新发展路径。

（七）创新社会治理，迈出共富新步伐

加快推进城乡基层治理现代化、完善共建共治共享的社会治理制度是推进中国式现代化、全面建设社会主义现代化国家的必然要求。镇江要高度重视和加强创新社会治理，把社会治理制度优势转化为治理效能，建设人人有责、人人尽责、人人享有的社会治理共同体。

1. 完善基层社会治理体系，提升治理效能

一是发挥党建引领作用。推进基层党组织和党的工作延伸覆盖，促进党建"抓管带"体系、网格化治理机制与群众自治架构有机结合、融合共治。加强村支部书记专业化管理、社区工作者职业体系建设，普遍建立干部下派和在职党员到社区报到机制，形成"平时组团服务、战时集团攻坚"模式，提升基层社区平急转换能力。二是推动全过程人民民主在基层落地。持续创新协商议事的"微自治"模式，坚持和发展新时代"枫桥经验"，推进网格化精细管理，做到"小事不出村、大事不出镇、矛盾不上交"。畅通和规范市场主体、社会组织、新就业群体参与社区治理途径，大力培育自治"微力量"，搭建议事协调"微平台"，及时解决"微难题""微矛盾"。三是提高社会治理数字化水平。提升数字政府、数字社会、智慧城市建设水平，让治理方式更智能、更精准、更贴心，以数字化赋能社会治理现

代化。

2. 加快健全社会保障体系，增进民生福祉

一是扩大社会保障覆盖面，以灵活就业人员、农民工、低保边缘群体等为重点，扩大社保覆盖范围。完善农村社会保障政策。健全灵活就业人员社保制度，降低参保门槛，提升服务能力，不断扩大新业态从业人员等群体参保覆盖面。进一步落实落细救助政策，推动社会救助扩围增效，完善低收入人口动态监测预警平台，强化对低收入人口的主动发现。二是织密社会保障安全网，统筹城乡普惠型养老服务设施建设，建设示范性乡村互助养老睦邻点，实施老年人家庭适老化改造，建成市兜底性护理院和区域性养老服务中心，推动"原居享老""社区安老""机构颐老"等养老模式融合发展。统筹做好社会福利、妇女儿童权益保障和残疾人福利保障等工作，实现乡镇（街道）未成年人保护工作站全覆盖。三是深入实施就业优先战略，重点做好高校毕业生、退役军人、农民工、城乡就业困难人员等重点群体就业工作，鼓励支持多渠道灵活就业和新就业形态发展。

3. 全面加强城市安全韧性建设，守牢安全底线

一是制定韧性城市发展规划。在现有城市应急管理体制基础上，统筹设立多部门协同的韧性城市建设总体协调部门，设计韧性城市总体方案，监督、评估和落实各项规划政策的落实。积极探索韧性城市建设中政府与市场的合作机制，形成有为政府、有效市场、活力社会三轮驱动、常态长效的合作治理新格局。二是推动城市数字化转型。提高风险动态感知与监测预警，积极搭建城市公共服务"一网通办"和城市安全运行"一网统管"，扩大智能化发现手段的覆盖面，开发形成"城市灾难风险地图"，建立城市体检信息平台，开展瞬时"城市安全体检"，及时发现城市运行中的安全弱项、风险短板。三是加快韧性社区规划建设。合理设定"城市安全健康单元"，配齐救灾储备中心、避难场所、应急逃生通道等应急基础设施体系和社区生活圈等综合性公共服务设施体系，培训社区安全应急人员队伍，帮助提高驻区企业、单位、家庭、园区、城市综合体等的安全应急能力。

（八）彰显城市精神，展现文明新风尚

城市精神是一座城市的历史文化结晶，是城市的价值追求和精神支柱，是城市的灵魂和名片，是城市综合竞争力的核心力量。在 2023 年全国两会期间，习近平总书记指出："文化很发达的地方，经济照样走在前面。可以

研究一下这里面的人文经济学。"镇江的人文经济就涵养在镇江的城市精神中，厚植于镇江丰富的文化遗存、兴旺的文旅产业、优质的公共文化服务之中。

1. 继承发扬城市精神，集聚城市发展动能

城市精神是城市文化软实力的重要内容，是城市高质量发展的重要因素。一要塑造新时代镇江城市精神品格。通过组建专家团队、专项课题等形式向全社会广泛征求镇江核心精神的具体内容，以在全市范围内形成价值认同。城市精神表述语，应突出镇江特色，切合镇江风骨。二要大力弘扬城市精神和城市品格。发扬城市精神是培育和践行社会主义核心价值观、建设物质文明和精神文明相协调的现代化新镇江的基础条件和重要路径。因此，要充分发挥新闻媒体和各种舆论渠道的宣传导向作用，对镇江的历史、现状、成就、经验、人物、事件进行介绍、研究、探讨、宣传。尤其要传承和发扬好"新四千四万""大爱镇江""亚夫精神""糜林精神"等宝贵精神财富，讲好"镇江故事"。三要提升市民现代文明素质。广大市民是城市精神品格的实践主体，市民现代文明素质与城市精神相互交融、相互影响。因此要不断加强新时代公民道德建设，培育社会文明新风尚新行动，把城市精神品格内化于心、外化于行。

2. 加大文化遗产保护，延续城市历史文脉

文化遗产凝结着中华文明的精神特质，是新时代建设中华民族现代文明的宝贵资源。因此，一要注重加大文物和文化遗产保护力度。加强城乡建设中的历史文化保护传承，积极发挥文物在提升城乡建设内涵方面的独特作用，将文物保护利用有机融入现代生活，让历史文化与现代化建设交相辉映。二要探索文物的活化利用新方式。让收藏在博物馆里的文图、陈列在广阔大地上的遗产、书写在古籍里的文字都活起来，让文化遗存可感可观可触可体验。三要打响镇江非遗品牌。不断完善非遗保护体系，高标准开展非遗项目的申报和认定，加强非遗机构人员力量配备和资金保障，塑造更加鲜亮的新时代镇江文化标识。

3. 大力发展文旅产业，促进文旅深度融合

近年来，镇江市高度重视文旅产业的发展，将文化旅游业作为展示城市形象的重要窗口，作为营商环境、人才环境的重要因子，作为地方竞争力、影响力的重要展现。一是聚焦"拳头项目"招引建设。联动各部门制定文旅项目招引专项政策，落实项目帮办难题，让更多优质文旅项目早落地、早建设、早运营。二是丰富产品吸引度。提升传统旅游产品品质，瞄

准旅游二次消费市场，增加沉浸式演艺、露营、夜旅游等互动体验项目，补足餐饮、住宿、购物等要素供给，逐渐摆脱对"门票经济"的过度依赖。三是持续深化文化和旅游深度融合。要抓好涉文旅资金统筹，多部门联合打造"文旅+"的产业布局，合力将文旅融合"规划图"变成可观可感的"实景图"。

4. 持续优化公共文化服务，提升城市人文环境

围绕"保障基本公共文化服务标准化、均等化""促进文化和旅游公共服务深度融合"，镇江市相关部门做了如下工作。一是送文化。通过基础设施标准化、公共文化城乡一体化、公共服务信息化，老百姓可享受"大致均等的基本公共文化服务"。二是种文艺。创新实施"文艺播种计划"，让文艺种子广泛"播"向群众心间。三是创文明。充分调动群众自我创作、自我表现、自我服务的积极性，让大家自觉成为文化的继承者、传播者和展示者。四是融文旅。推进文旅深度融合，让文化借助旅游的载体，实现更深层次服务、更广范围传播。五是促消费。通过政策扶持、服务保障、资源整合、宣传推介等举措，共同构建文旅公共服务促消费的发展架构。在新征程上，镇江公共文化服务应充分尊重人民群众主体地位和首创精神，聚焦新生代群体，持续优化公共文化资源配置，创建更高品质的城市文化空间、更多元的公共文化供给，将全市文旅公共服务推向更高水平、更广领域、更深层次，让老百姓拥有更多的获得感、幸福感和自豪感。

课题组成员：孙文平、薛玉刚、李秋阳、戴 惠、
何玉健、王 甜、于 江、强可鉴

中国式现代化镇江路径研究

| 中共镇江市委党校、镇江市社科联联合课题组 |

中国式现代化是未来发展方向的关键词。在中国式现代化蓝图中，每个城市必须结合各自实际，精心谋划、努力书写中国式现代化的万千气象。镇江作为一块地处江河交汇处的拼图，肩负着"走在前、做示范""因地制宜发展新质生产力"等重大任务，如何在新起点上高水平展现中国式现代化镇江新实践是使命所系、责任所在、发展所向、民心所盼。为此，本研究遵循中国式现代化一般规律，立足镇江鲜明特色，总结和讲述好中国式现代化镇江发展实践故事，尝试聚焦四个维度十二个场景来描绘中国式现代化镇江样板，以期助力镇江交出"镇江很有前途"的时代答卷。

一、深刻把握现代化发展历程、特点与规律

中国式现代化之路，既要遵循现代化发展一般规律，也要符合国情实际，极具中国特色的独特品质。对于各个地方和城市来说，由于地理位置、资源禀赋、产业基础、文化底蕴、历史条件和精神气质等各不相同，推进中国式现代化城市发展实践，也就既要遵循现代化发展一般规律，也要符合地方实际，突出本土特色。

（一）现代化发展一般规律

1. 西方现代化的相关理论——经典现代化理论

20世纪50至60年代，西方形成了影响全球的现代化流派，这些理论流派之一提出的经典现代化理论主要研究内容是探索不同国家新的发展道路、发展战略与发展模式等。根据研究领域进行分类，经典现代化理论可分为政治现代化、经济现代化、社会现代化、个人现代化和文化现代化理论等，主要特点为工业化、民主化、法治化、城市化、世俗化等。研究认为，世界各国虽然因文明传统、历史条件、地理环境和具体国情等不同而走上不同的现代化发展道路，但是现代化的普遍要求和发展方向却是相近的、类似的或趋同的，都是从农业社会向工业社会、农业文明向工业文明的转变发展过程，这个转变发展过程包括一系列几乎相同的发展阶段、发

展特点和发展规律。

尽管经典现代化理论存在许多固有的缺陷，并因此受到种种批评，但是它仍然被认为是用来阐述工业革命以来人类文明革命性变化的有力理论，其他任何一种社会科学理论都不可能完全取代它。发展中国家的现代化属后发型现代化，在现代化起步时仍处于传统农业社会，有些地区甚至处于非常落后的原始社会，一直没有完成工业化进程。因此，在经典现代化理论看来，现代化就是从传统经济向现代经济、传统政治向现代政治、传统社会向现代社会、传统文明向现代文明转变的发展过程及其状态。

2. 中国式现代化的相关理论——第二次现代化理论

中国式现代化的故事是人类发展史、世界现代化史上的一个重大事件，它不仅在实践上推动了世界秩序的变革，而且在理论上超越了西方现代化理论体系、话语体系。在党的二十大报告中，习近平总书记深入论述了关于中国式现代化的中国特色、本质要求、重大原则等一系列重要命题，为构建中国式现代化理论体系提供了根本遵循。经典现代化理论对于构建中国式现代化理论体系具有重要意义，它在探讨关于现代化诸多问题时，将现代化的一般问题域充分呈现出来，为我们在世界现代化历史坐标中阐释中国式现代化的普遍性和特殊性提供了理论视角，为把握中国式现代化概念提供了可借鉴的思想资源。然而，经典现代化理论存在一定弊端，有部分学者对西方经典现代化理论进行了批判和反思，并重新审视现代化的含义。

1998 年，中国学者何传启提出"第二次现代化理论"。这是一种新现代化理论，是从工业时代向知识时代、工业经济向知识经济、工业社会向知识社会、工业文明向知识文明的转变，不仅覆盖了后工业社会、后现代主义、后现代化等理论的内容，而且还有全新的、更加丰富的内涵，表现为知识经济正在改变着世界，以知识化、数字化、网络化、智能化为主要特征。与第一次现代化过于注重经济现代化不同，第二次现代化更注重社会现代化、生态现代化和人的现代化，并认为知识和信息生产扩大了人的精神生活空间，满足人类幸福追求和自我实现，物质生活质量可能趋同，但精神文化生活高度多样化。

3. 中国式现代化发展的经验与趋势

（1）中国式现代化发展的经验

习近平总书记在党的二十大报告中强调："中国式现代化，是中国共产党领导的社会主义现代化，既有各国现代化的共同特征，更有基于自己国情的中国特色。"中国式现代化是世界现代化的中国方案，是中国发展模式的正确理论表达。在马克思主义理论指导视野下，经过长期实践探索，我国形成了一套富有中国特色的现代化发展模式，为我们提供了宝贵的经验和启示。

一是坚持中国共产党领导。政党主导是中国式现代化建设成功的根本政治保证。中国式现代化成功的关键是中国共产党在革命、建设、改革、发展进程中处于核心领导地位，既源于中国共产党的政党主导逻辑，也得益于中国共产党以自我革命精神不断推动政党自身现代化，坚持以党的自我革命引领中国式现代化。中国共产党长期处于执政地位，对国家和社会事务进行全面领导，将政党发展目标与国家发展目标、社会发展目标、中华民族发展目标有机衔接和融合，确保现代化事业稳步有序推进。中国式现代化的伟大成就确证了无产阶级和劳动人民完全可以在马克思主义政党领导下，通过联合的方式实现自我解放。由此可见，现代化的领导阶级（政党）的性质内在地决定了现代化的根本性质和发展方向。

二是坚持社会革命与科技革命同频共振。科学技术革命与社会革命同频共振是中国共产党创造中国式现代化道路的重要经验之一，也是创造人类文明新形态的重要途径。当代中国能够在较短时间内实现快速发展，一个重要因素是"科技创新地位和作用十分显要"。中国式现代化始终坚持科技创新发展，瞄准世界科技前沿。在科技革命和产业革命中，中国道路不断被赋予新的现代化内涵。

三是坚持以人民为中心的发展思想。中国式现代化的多重实践实质上就是坚持"以人民为中心"的生动写照。经济现代化坚持推动高质量发展，赋能人民美好生活需要；政治现代化坚持发展全过程人民民主，保障人民当家作主；文化现代化坚持大力发展社会主义先进文化，丰富人民精神世界；社会现代化坚持增进民生福祉，稳步推进全体人民共同富裕；生态现代化坚持促进人与自然和谐共生，保障人民生态权益，从而真正确保中国式现代化在新时代新征程中不断增强人民的获得感、幸福感、安全感。

四是坚持推进五大文明整体协调发展。中国式现代化立足国情，坚持推动物质文明、政治文明、精神文明、社会文明、生态文明协调发展，以物质文明为中心、以政治文明为核心、以精神文明为重心、以社会文明为保障、以生态文明为靶点，"五个文明"一起抓，各自独立又相互联系，相辅相成、相互促进、形成合力，彰显了中国式现代化新道路的全面性，更是解决不平衡不充分问题的"秘密武器"，有利于推进社会有机体整体优化并不断向前发展。

五是坚持走和平发展道路。世界现代化进程表明，无论是内源型现代化国家还是外源型现代化国家，其现代化建设成就基本上都是在和平稳定的社会环境下取得的，这是一个国家或地区现代化得以顺利发展的必要条件。中国坚持走和平发展道路，推动构建人类命运共同体，推动构建新型经济政治关系格局、全球治理格局、现代化发展格局，站在全球发展的战略高度和世界文明的历史高度上审思现代化的世界意义，为人类现代化贡献了中国智慧、中国方案与中国力量，为全球现代化事业有序发展提供了良好的外部环境。

（2）中国式现代化发展的趋势

一是科技创新对中国式现代化的推动作用日益显著。科学技术是第一生产力。在中国式现代化建设中，科技创新是现代化的动力，必然带来生产方式的进步，为新产业和新业态就业人员带来较高的收入，创造高质量就业岗位，扩大中等收入群体规模，为全面建设共同富裕社会创造社会与经济条件。因此，要在全社会形成尊重科学家、尊重知识分子、尊重创新、尊重科技创新成果转化为生产力的良好局面，不断解放生产力、发展生产力，为社会进步和经济增长源源不断供给发展动力。

二是中国式现代化成为推动全球化的重要力量。人口规模巨大的现代化为扩大全球化的覆盖规模和经济收益提供新机遇，全体人民共同富裕的现代化为解决全球化中的不平等问题提供中国方案，物质文明和精神文明相协调的现代化为全球化可持续发展开辟广阔路径，人与自然和谐共生的现代化为缓解全球化伴生的生态问题贡献中国经验，走和平发展道路的现代化以人类命运共同体的构建书写全球化的新篇章。可见，中国式现代化在实现自身发展的同时，亦成为推动全球化、拓展世界市场的重要力量。

三是中国式现代化面临发展与均衡的现实挑战。一方面，中国式现代化面临发展不充分问题，表现为增长动能不足和发展格局不稳。中国经济发展步入新常态，面临"三期叠加"及"三重压力"，亟待挖掘中国式现代化新动能以推动发展的质量变革、效率变革和动力变革。另一方面，中国式现代化面临发展不平衡的现实问题，表现为区域发展失衡、发展成果共享难，生态资源约束也日益紧缩，需要统筹协调发展、绿色发展和共享发展，构建中国式现代化新道路的均衡发展路径。

（二）中国式现代化之镇江特色实践

从"舳舻转粟三千里，灯火沿流一万家"到"粮船次第出西津，一片旗帆照水滨"，镇江是古往今来的重镇、交通枢纽、鱼米之乡。自县划重组以来，镇江始终坚持发掘和发扬城市特色和品牌，在现代化城市发展道路上走出了自己的路径。

1. 崛起于乡镇企业的经济现代化

解放初期，镇江工业基础十分薄弱，号称"一个半烟囱"，除面粉厂、电灯公司、火柴厂外，其余均为手工作坊，1949 年全市工业总产值不足 3000 万元。但经过社会主义建设，特别是改革开放的快速发展，镇江突破计划经济体制的束缚，发扬"四千四万"精神，在实践中开拓出一条"以集体经济为主、以乡镇企业为主"的经济现代化发展之路。一是经济总量不断跃升，经济贡献度持续增加。据统计，1990 年镇江工业产值 120.81 亿元，其中乡镇以上的工业企业贡献了全市工业产值的 57.2%，名副其实地撑起了镇江市工业生产的半壁江山。二是经济结构不断完善，传统行业优势凸显。20 世纪 90 年代开始，镇江全市电力、造纸、建材等在省内处于领先地位；轻工、纺织、机械（包括船舶、汽车）、电子、化工、医药等行业有相当规模和水平，逐步成长为镇江优势产业。三是营商环境不断优化，市场活力竞相迸发。在全国率先取消一批无法律法规依据、不符合市场规则的审批事项；打造全国地级市中首个"一门帮办"企业服务平台等一批被点赞的"镇江经验"，激发了镇江市场活力和创造力。据统计，扬中地域面积仅为 228 平方千米，民营企业数量却达 19167 家，不难看出，民企数量在经营主体中占比相当高。可以说，镇江乡镇企业的崛起，夯实了经济发展的基础，构筑了门类配套齐全的工业体系，奠定了镇江工业化、现代化基础，实现了"由农到工"的转型，让镇江步入经济现代化发展的快车道。

2. 蹚出丘陵地区的农业现代化

镇江以丘陵山区地形地貌为主，该地形占全市国土总面积的一半左右，土壤层浅薄、地势起伏复杂等特点成为推广农业机械化的短板。为解决耕地条件差、农业产业规模小且分散及农机装备供给不足等问题，镇江选准了依靠科技兴农引领乡村振兴的方向，形成和发展了"党建引领、村社协作、科技支撑、生态循环"的"戴庄经验"，找到了一条丘陵山区发展现代高效农业的好路子。一是立足资源禀赋，因地制宜走特色农业之路。加快构建现代乡村产业体系，粮食生产呈现面积、总产、单产"三增三高"的良好态势，积极培育打造优质粮油、绿色蔬菜、精品水产、现代畜禽、品牌茶果、特色园艺6条农业全产业链。二是坚持生态优先，行稳致远走绿色发展之路。大力发展生态循环农业和生物多样性农业，在省内率先推行生态循环农业试点村建设；推广生态健康养殖技术和模式，畜禽粪污资源化利用率稳定在95%以上；有效遏制农业面源污染，连续四年获省废旧农膜回收工作成效评估A级。三是强化科技支撑，统筹资源走创新驱动之路。发挥智能农机装备优势，建立以农机科研机构与农机企业为主体、以相关院校为支撑、产学研推用相结合的农机科技创新和协作攻关机制，全市农作物耕种收综合机械化水平达到90%。四是加快培育新时代"新农人"。依托"金山英才"计划，引进现代农业领域领军人才；在全省率先出台"选拔培养优秀乡土人才计划"，挖掘特色乡土人才资源；建立高素质农民人才库，孵化培育农业创新创业主体。

3. 根植于深厚历史的文化现代化

镇江作为一座拥有3000多年历史的文化名城，在充分挖掘用好历史文化和人文禀赋的基础上，需进一步繁荣发展文化事业和文化产业，实现优秀历史文化与现代化生动实践的互动。一是文化事业和文化产业踏浪而行。持续推进"文化金山"IP品牌建设，深入实施重大文化产业项目带动战略，建立规模以上文化企业动态培育库，大力发展文化传承创新工程，打响了"江河交汇"品牌。二是精神文明与道德建设同频共振。持续深化"大爱镇江"品牌建设，营造崇德向善的浓厚氛围；高标准建成新时代文明实践中心，构建点多面广、互联互通、便民利民的"15分钟服务圈"。三是书香镇江和文明社会互推共进。开展全民阅读春风行动，聚力文化人才培养；全力打造全民阅读新高地，新建"文心书坊"示范点、阅读新空间。

4. 聚焦绿色低碳的生态文明现代化

"全国低碳试点城市"是镇江的金字招牌，从试点到示范、从理念到实践、从制度到风尚，镇江用实际行动探索绿色低碳生态现代化发展路径。一是全国首创城市碳排放核算与管理平台。提出碳峰值，建设碳平台，实施碳评估，开展碳考核，打通了碳排放数据壁垒，激活了碳排放数据价值。二是大力推行绿色制造。在全国地级市中率先制定国内首个市级绿色工厂评价指标体系，加快绿色制造体系建设，涵盖了绿色工厂、绿色园区、绿色供应链。三是加快产业能源结构调整。统筹推进传统能源、可再生能源的综合利用，聚力发展绿色低碳产业和清洁能源应用产业，积极打造独具特色的"绿色能源岛"。

5. 坚持以"人"为核心的社会现代化

镇江给人的幸福感不仅仅来自于优越的自然环境，更在于坚持以高品质生活引领人民城市建设，致力于创造让人民群众"看得见、摸得着、享得到"的有温度可感知的现代化。一是加快健康镇江建设。作为全国最早的医改试点城市，依靠探索性及创新性的体制改革，镇江医疗卫生事业走在全国前列。如今，镇江居民健康素养高居全省首位，人均门诊和住院费用却是全省最低。二是享有更加优质公平的教育。镇江始终聚焦"发展质量"核心，把质量内涵建设作为教育现代化的核心任务，全面推进职业教育校企合作改革、教师县管校聘改革、集团办学，切实促进教育发展成果更多更公平，惠及全体人民。三是筑牢社会保障基底。扩大保障范围，提高参保缴费的连续性、长期性；紧盯急难愁盼问题，加快社保经办一体化、规范化、数字化建设；重点聚焦影响企业运营的制度性成本，开展社保惠企行动。四是不断健全养老服务体系。20余个政策文件架构起养老服务事业和产业的"四梁八柱"，实现了保障性兜底养老服务向普惠性社会化养老服务的转变；扩大服务供给，基本实现全市城乡社区居家养老服务中心全覆盖；加强养老服务人才队伍建设，建立养老等社会服务机构安全监管联动工作机制。

当前镇江迈入第二次现代化发展新阶段，有着自身的新特点、新经验。一是准确研判并抓住了经济体制改革的历史机遇，引领苏南模式，成就"供销员奇迹"，从根本上改变了镇江经济落后的局面；二是以开放经济为根本动力，吸引大企业、大项目落户，促进了产业升级优化，打造了特色产业集群，加快了镇江现代化进程；三是以长三角一体化、南京都市圈和宁镇扬一体化等战略叠加优势，对区域资源实施战略重组，提升了镇江的城市竞争力；四是立足现实，着眼长远，统筹发展，打造了镇江可持续发展的良好政治、经济、社会、文化、生态等环境、制度、体制与机制。

（三）中国式现代化镇江新实践的评价指标体系

中国式现代化不是一个抽象、玄奥的概念，而是体现在经济社会发展的方方面面，有着具体的目标体系、指标内涵和衡量标准。科学构建起具有中国特色、时代特征、镇江特点的中国式现代化镇江新实践评价指标体系，用可度量、可比较、可操作的指标内容衡量现代化进程，来引导全市推动现代化建设目标任务落实落细落到位。

按照中国式现代化的目标内涵、总体思路和指标体系构建原则，围绕现代化新镇江"六大愿景",参照人民智库发布的《中国式现代化的评价指标体系》和《江苏省县域现代化发展水平报告》,镇江构建了包含 1 个目标层、5 个系统层、18 个准则层以及若干指标层的中国式现代化镇江新实践评价指标体系,进一步突出了"创新引领产业强市"的"镇江特点"。具体指标见文后附录。

1. 经济现代化维度

经济现代化是中国式现代化的物质基础。无论世界各国的现代化实践,还是现代化相关理论研究,都以经济增长作为引领现代化发展的重要指标。中国式现代化镇江新实践不仅重视经济增速,还特别注重经济发展质量、产业结构优化、对外开放程度以及经济安全等。因此,经济现代化分别从经济效能、创新能力、开放活力、人才储备和发展韧性 5 个评价准则层衡量,分别测度产业结构优化、创新发展驱动、经济开放程度、经济活力以及经济安全保障等现代化经济体系内容。在经济现代化的分项准则层,选取数字经济核心产业比重衡量数字化创新引领实体经济发展能力;选取消费对经济的拉动情况衡量需求结构状况;选取自主品牌企业增加值占 GDP 比重衡量区域商标品牌对经济发展的贡献价值,推动"镇江制造向镇江创造,镇江产品向镇江品牌转变"的水平。

2. 政治现代化维度

政治现代化是中国式现代化的重要保障,在党的领导下依托制度、机制、政策、法规、技术等要素推动实现决策民主科学化、执政执行法治化、调控统筹协调化、协同互动合作化、治理多元数字化等,不断提高为人民谋幸福的成效。政治现代化分别从由民主政治、依法治国、治理效能和党建引领 4 个评价准则层衡量。在政治现代化的分项准则层中,在治理效能方面选取一网通办率衡量政务服务环境,持续擦亮"镇合意"营商服务品牌;选取大数据辅助决策应用水平衡量数字技术提高治理效能。在党建引领方面,着重考察党建责任制落实和党业融合情况,还专门设置了党风廉政建设满意度这一主观指标来反映党风廉政建设和反腐败成效。

3. 文化现代化维度

没有社会主义文化繁荣发展,就没有社会主义现代化。文化现代化是整个中国式现代化镇江新实践的重要方面,是文化的创造、生产、传播、服务、消费、保存等领域的现代化,可由产业发展、文化传播、精神文明 3 个评价准则层衡量。在文化现代化的分项准则层中,在文化产业发展方面,侧重衡量重大文化产业项目对于文化市场的带动作用;在文化传播方面，选取互联网普及率，图书、影视剧等文化产品对外输出情况等指标反映文化传播与对外文化输出情况。

4. 社会现代化维度

中国式现代化是以人民为中心的现代化创新探索，以人民美好生活需要的满足和人民生活质量的提升作为实现人的现代化的重要指标。社会现代化分别由民生保障、宜居环境和区域协调发展3个评价准则层衡量。在民生保障方面，主要反映社会保障程度，包括公共教育、医疗、住房保障支出占财政支出占比，每千人执业医师数，每千人老人拥有养老床位数，以及最低生活保障标准增长幅度5个指标；在宜居环境方面，选取区域公共类充电桩覆盖率来衡量交通基础设施便利度。

5. 生态文明现代化维度

良好的生态环境是最公平的公共产品，也是最普惠的民生福祉。人与自然和谐共生是中国式现代化五大特征之一。生态文明现代化分别由资源利用、污染控制和环境治理3个评价准则层衡量。在资源利用方面，选取非化石能源占能源消费比重、碳排放强度等4个指标着重反映节能降碳战略实施情况；在环境治理方面，从天蓝、水清、地绿、整洁等角度选取能直观反映治理效果的5个指标。

最后，从人民群众认可的中国式现代化镇江新实践方面，选取人民群众对中国式现代化镇江新实践建设成果满意度指标这一公众参与的主观感受指标，反映人民群众对中国式现代化镇江新实践的认可程度，并作为综合评判的必达指标。

二、中国式现代化镇江新实践的现实基础与约束条件

自改革开放以来，勤劳智慧的镇江人民用拼搏夯实了这座城市的发展之基，成功实现了从温饱到基本小康再到全面小康的历史性跨越，这也为中国式现代化镇江新实践构筑了较高的起点。现在，积极探索中国式现代化镇江新实践的历史任务已经摆到了镇江面前，这不仅是中央对江苏提出的明确要求，也是全市人民的热切期待。实践表明，在巩固和发展全面小康建设基础上，推进中国式现代化镇江新实践的条件已经具备、时机已经成熟，完全可以走出一条体现时代特征、具有中国特色、符合镇江特点的现代化建设新路子。

（一）推动中国式现代化镇江新实践的内涵要求

截止到 2025 年 3 月，习近平总书记四次到江苏考察调研，三次参加全国人民代表大会江苏代表团审议，要求江苏在推进中国式现代化中走在前、做示范，谱写"强富美高"新江苏现代化建设新篇章。习近平总书记对江苏提出的重大要求，指引我们牢牢把握走在前、做示范的重大定位，深刻把握其精髓要义、丰富内涵、实践要求，贯彻落实到现代化建设的全过程各领域，奋力展现中国式现代化镇江图景的现实模样。面向现代化新征程，中共镇江市委七届十四次全会描绘了现代化新镇江"六大愿景"，强调立足实际，发挥自身优势和特色，稳步前进，把中国式现代化镇江美好图景一步步变为现实。

1. 产业发达、创新引领

推进中国式现代化，首先是实现经济基础的现代化，在生产力意义上表现为产业体系的现代化。坚持创新在现代化建设全局中的核心地位，以新质生产力赋能现代化产业体系建设，大力推动动力变革、效率变革、质量变革。对于镇江而言，必须牢牢坚持创新引领产业强市，围绕"四群八链"产业体系、结合"876"创新引领工程一体推进，打造一批地标型产业集群，布局一批战略性新兴产业、未来产业，加快建成具有区域影响力、特色竞争力的先进制造业基地，让"创新创业福地"这一城市品牌更加深入人心。

2. 区域协调、融合发展

区域协调发展坚持以人为核心，体现了中国式现代化的价值取向，是中国式现代化本质要求的空间表现和有效支撑。继续深入实施区域协调发展战略、区域重大战略、主体功能区战略、新型城镇化战略，优化重大生产力布局，构建优势互补、高质量发展的区域经济布局和国土空间体系。对于镇江而言，要深度融入"大循环""双循环"，抓牢抓实长江经济带、长三角一体化、宁镇扬一体化等重大战略机遇，最大限度共享"红利"、共赢发展；要大力推动市域一体化，深化拓展"一体、两翼、三带、多片区"发展布局，系统推动城乡融合、产业融合、军民融合、校地融合等全方位融合，全力促进数字融合发展，在多领域交叉融合中激发出澎湃动能。

3. 美丽宜人、绿色低碳

促进人与自然和谐共生是中国式现代化的本质要求。坚持以绿色发展理念为引领，不断完善生态文明制度体系，以高品质生态环境支撑高质量发展。对于镇江而言，以碳达峰碳中和引领绿色发展，全面调整优化产业结构、能源结构，强化低碳科技创新，系统推动经济社会低碳转型，协同推进美丽宜居城市、美丽田园乡村建设，强化历史文化保护和城乡风貌塑造，擦亮"低碳镇江"城市品牌，让人们心目中的"山水花园名城"跃然眼前。

4. 共同富裕、充满温度

实现全体人民共同富裕，既是社会主义的价值追求和基本目标，也是中国式现代化的重要特征和本质要求。要发挥基本制度优势，完善协调三次分配机制，优化健全社会保障体系，不断推动平衡协调发展。对于镇江而言，要在继续做好"富裕"文章的基础上，瞄准人民群众所忧所急所盼，进一步强化就业优先政策，补好民生短板，推动教育、健康等领域走在前列，打造优质均衡的公共服务体系，健全社会保障和救助帮扶体系，完善先富带后富的帮扶机制，让镇江处处显温度、人人有温度。

5. 文化兴盛、风骨独特

中国式现代化是一场涉及深层文化价值观、思想观念和艺术表达的全面革新，包含了对优秀传统文化精髓的传承，也开拓了与当代实践相结合的新路径。对于镇江而言，要坚定文化自信、讲好镇江故事，找准具有引领性、渗透性、标志性的文化领域；着力塑造新时代城市精神、城市品格，打造以社会主义核心价值观为引领、传承中华优秀传统文化、体现时代精神、具有镇江特色的文化强市，充分彰显厚重灿烂的文化魅力竞相绽放、多元包容的城市风范。

6. 秩序优良、活力彰显

一个现代化的社会，应该既充满活力又拥有良好秩序，呈现出活力和秩序的有机统一。要充分发挥多元治理主体的协同作用，有效协调社会利益关系，解决社会矛盾冲突，增进社会认同，最终实现社会公平正义与人的自由全面发展的整体性社会发展进程。对于镇江而言，要推动社会治理重心下移，加强网格化管理、精细化服务，加快韧性城市建设，让镇江更健康、更安全、更宜居。

（二）推动中国式现代化镇江新实践具有的比较优势

纵观改革开放以来镇江经济社会发展的轨迹和成就，无不与挖掘、形成自身的比较优势相关联。在新征程上全面推进中国式现代化镇江新实践，镇江拥有坚实的发展基础，具备更为明显的比较优势，并且正在不断形成新的特色和比较优势，完全有"能"力走出一条具有镇江特点的中国式现代化之路。

1. 发展效能高，筑牢镇江现代化殷实家底

聚力产业强市，推动经济实现量的合理增长和质的稳步提升。一是经济发展能级跃上新台阶。2023 年，镇江全市实现地区生产总值 5264.1 亿元，GDP 密度水平为 1.3 亿元/千米^2，位居全国前列；人均地区生产总值达 16.33 万元，达到中等发达国家水平，高出江苏平均水平 1.28 万元；工业战略性新兴产业和高新技术产业产值占规模以上工业产值比重分别达 41.4% 和 54%。二是经济发展趋势持续向好。十年间，地区生产总值年均增长 6.8%，居民人均可支配收入翻了一番，常住人口城镇化率从 65.4% 提高至 80.7%，呈现出"前高后稳、持续向好"的趋势。从三次产业结构的变化趋势看，三次产业结构调整为 3.2：47.6：49.2，实现了从"二三一"到"三二一"的转变，是镇江正在迈向高效益的综合发展阶段的体现。三是现代化产业体系稳步建设。近年来，镇江市委、市政府鲜明提出"产业强市"战略，以新型工业化为统领，全面融入省"1650"产业体系，聚焦"四群八链"主导产业体系精准发力，"一链一策"加快补链延链升链，推动产业高端化、智能化、绿色化发展。2024 年，镇江市重大项目中"四群八链"主导产业项目占制造业项目比重为 74%，进一步构建以先进制造业为骨干的现代化产业体系。

2. 创新动能足，引领镇江现代化发展活力

聚力创新驱动发展战略，产业创新的内生动力不断增强。一是创新实力加速提升。《国家创新型城市创新能力评价报告 2023》显示，在全国 101 个创新城市（包括直辖市）中镇江位列第 30 名，其他指标也位居前列。2023 年研究与试验发展经费支出占 GDP 的比重达 2.7%，全年获得国家、省级科技计划项目立项超 350 项，有效期高企数达 1429 家，拥有国家级高新技术特色产业基地 7 个。二是改革迈出坚实步伐。镇江市委、市政府高度重视科技创新引领，明确把创新驱动作为现代化发展的核心战略，持之以恒抓创新。强化规划政策引导，出台了《镇江市科技创新引领产业强市行动方案》，构建"一区一廊三极多点"的创新布局，全力培育发展新质生产力；出台了《镇江市推动科技孵化载体"专优特强"提升发展三年行动方案（2023—2025 年）》，进一步完善"众创空间+孵化器+加速器+产业园"全链条孵化体系。三是市场主体不断孕育。全市高度重视市场主体培大育强工作，涌现出一批行业龙头企业和"单项冠军"、专精特新"小巨人"企业。2023 年，镇江全市市场实有经营主体已突破 60 万户，7 家企业列中国

制造业民营企业 500 强。四是营商环境持续优化。"放管服"改革取得新进展，在全省率先建成重大项目审批服务平台，"一网通办""一端通办"覆盖率达到 98%；为 3709 家企业完成信用修复，全国城市信用状况监测评价排名上升至第 19 位；精心打造"镇合意"服务品牌，"金山奖""梦溪奖"成功激发企业自豪感、使命感，资本市场"扬帆计划"加速企业发展步伐；结合实际追加出台"纾困解难 24 条"措施，2023 年新增减税降费及退税缓费 54 亿元以上，助力企业渡难关、提信心、稳增长。

3. 城市功能新，描摹镇江现代化人本标识

聚力民生福祉，夯实现代化高品质生活的综合支撑。一是人民生活得到显著改善。2023 年常住居民人均可支配收入 55565 元，比全省居民人均可支配收入高 2891 元，在全省排名第 5 位，相对经济规模排名较高。从收入内部结构来看，工资性收入 34950 元、经营净收入 7194 元、财产净收入 4944 元、转移净收入 8477 元，占比分别为 62.90%、12.95%、8.90% 和 15.25%。二是社会事业得到快速发展。教育事业得到优先发展，九年义务教育巩固率、高中阶段教育毛入学率均达到 100%，实施教育数字化战略行动，创成省智慧校园示范校 20 所，占比位居全省第一；医疗事业加快发展，做实分级诊疗，加强三级医院对口帮扶，新增 10 个全专联合门诊，推动优质医疗资源扩容下沉和区域均衡布局；"精准化""多元化"养老服务成趋势，老年人家庭居家适老化改造、社区老年人助餐点和示范性乡村互助养老睦邻点改造等民生实事继续稳步推进。三是"低碳"城市扎实推进。环境污染得到控制，节能减排任务顺利完成，生态文明建设取得新进步。低碳试点十年来，镇江全市地区生产总值增长 90.7%，全市单位 GDP 能耗下降 37.7%，单位 GDP 二氧化碳排放下降 50.4%，$PM_{2.5}$ 年均浓度下降 50.3%，空气质量优良天数比率上升 19.8 个百分点，实现了经济高质量发展、环境持续优化和碳排放强度大幅降低"三个同步"。四是基础设施全面加强。一方面，有序推进城市更新，加快城市功能修补。新建和改造城市道路 34 条，提档升级农村公路 203 公里。另一方面，加快对外重大交通基础设施建设，完成 346 国道镇江城区段城市化改造工程，沪宁沿江高铁句容段建成通车，312 国道宁镇段快速化改造主线基本贯通。

4. 政治权能强，聚焦镇江现代化定向领航

聚力政治建设，支撑和服务中国式现代化镇江新实践。一是党建引领不断夯实。近年来，全市各级以落实市委"党旗'镇'红、一线建功"工程为统揽，积极构建"五强六先锋"工作格局，打造"五责联抓"工作体

系，持续推动基层党组织全面进步、全面过硬。探索出"两个责任"清单镇江模式、领导干部"政治体检"、"车轮滚滚党旗红"货车司机群体党建等特色经验，全面从严治党群众满意度保持在全省前列。二是法治政府建设统筹推进。完善重大产业项目审批服务机制，制定《镇江市"镇合意"优化营商环境2023提升行动方案》，编制涉企行政合规指导清单，推动政府职能转变，持续优化法治化营商环境。三是市域社会治理现代化持续推进。深入实施"精网微格"工程，推进全国市域社会治理现代化试点城市建设，搭建"三级平台、全域共享"的市域社会治理现代化指挥平台，为提升基层社会治理效能提供数字支撑。

（三）推动中国式现代化镇江新实践面临的弱项约束

当前，镇江市现代化水平与苏南、浙江等地相比仍有一定提升空间，总体来看，推动镇江现代化进程的经济发展动力不足、产业发展缺乏后劲，不平衡不充分等短板依然存在，具体表现在以下几个方面。

1. 产业发展内生动力不强

一是产业转型升级仍需加大力度。化工、钢铁等重工业占比超过70%，附加值高、盈利能力强的产业占比较低，规模以上工业企业亩均税收低于省内沿江八市平均水平。大项目数量不多、规模偏小，投资拉动作用较弱，近年来列入省重大项目清单的项目数量处在全省较后水平，对产业后续发展的支撑不够，总体发展势头不足。2023年"中国民营企业500强"中江苏入围89家，镇江只有5家（图1），营业收入仅占全省入围企业的3.3%。二是产业组织化水平仍然不高。产业仍处于集聚化发展的初级阶段，产业链上下游协作配套较少，部分产业关键环节缺失，核心零部件对外依存度较高。比如，目前全市智能电气设备制造集中在变压器、母线槽、电缆桥架等传统配电产品，对于特高压领域涉足不多，成套设备中关键原材料和高端元器件基本依赖外地供应，本地配套能力不足。另外，香醋、眼镜等传统产业品牌化、平台化发展意识不强。三是大数据、数字支撑力仍显不足。数字基础设施建设层面，5G、工业互联网、物联网等通信网络基础设施和云计算、数据中心等新技术、新算力的数字基础设施建设水平有待提高，这极大影响着智慧流通、数字农业、电子商务等新产业的协同可持续发展。企业数字化转型层面，由于存在投入成本较高、意识不足等问题，应用的深度不够，需要引导和支持。智能化生态体系方面，目前全市智能制造还处于碎片化、点状化发展阶段，智能制造的生态系统尚未形成，尤其是产业数字化的专业服务供给不足。四是土地、资本等要素制约仍需突破。土地资源紧缺，随着"三区三线"的划定，镇江市未来新增建设用地指标较少，土地总体增量有限；土地利用不够集约高效，产业布局仍显零散。

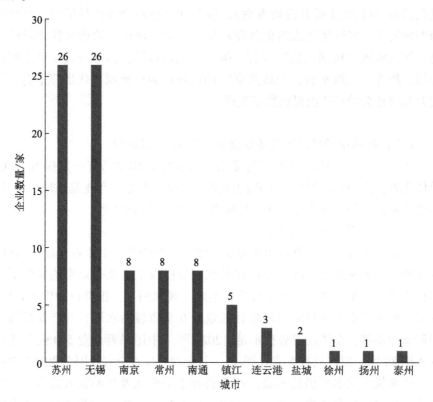

图1　各设区市入围"中国民营企业 500 强"企业数量

2. 城市发展活力有待激发

一是开放活力不足。进出口总额、实际利用外资排在全省下游，占全省总额不足 5%。地区总部和功能性机构较少。综合保税区、中瑞生态产业园等开放载体尚未找到自身发展定位和特色发展路径，通关效率、口岸服务等仍需优化提升。与上海、南京等地在产业、创新领域的合作落地转化程度仍然不高。镇江 2022 年外贸依存度为 20.93%，而南京、南通等地均高于 30%。二是人才吸引力不强。人口基本盘不够稳固，"七普"人口数据显示镇江 2010—2020 年人口年均增长率仅为 0.31%，明显低于全省 0.75%的平均水平，占全省的比重从 3.96%降低到 3.79%。中高端人才吸引力不足，创新型、技术技能型等人才培养和储备不足，引才聚才面临周边上海、南京、杭州、苏州等城市的虹吸效应，难度进一步加大。三是依山傍水的生态优势尚未转化为发展优势。镇江山水资源丰富，但开发力度不足，同为丘陵地区，句容与溧阳、安吉、德清相比文旅特色不够突出，茅山风景区、三山风景区等标志性旅游景点的知名度尚未打响，民宿度假、温泉疗养、特色餐饮、户外露营、亲子游乐等康养休闲产品品质不高。

3. 区域发展不充分不平衡问题仍然存在

一是县域经济发展的衔接性功能有待加强。《2023 中国县域经济百强研究》显示，"百强"名单镇江仅丹阳上榜，列第 29 位，与苏南其他地区相比竞争力不强，仍未摆脱传统的生产模式和经济模式，县域经济带动能力不足，基础设施和公共服务建设滞后。二是园区经济整体实力不强。目前，镇江市园区整合工作取得阶段性成果，但是提质增效"后半篇"文章还需进一步推进。部分园区还存在主导产业趋同、同质化特征明显、发展空间受限、产出效益较低，特别是省级以下园区普遍存在规模小、布局散、产业层次不高等问题，园区之间缺少关联性，园区管理体制僵化，建设和运营管理机制尚不健全。三是农村经济仍需破题。农村经济整体规模偏小、产业层次相对偏低，特色产业发展乏力，城乡要素互动的体制机制不完善。目前，镇江城乡收入比排在全省低位，且城乡居民收入差距从 2016 年的 20872 元增加到了 29136元，制约农民增收的体制机制仍需破题，促进农民增收致富的活力动力亟须培育，农民依靠农业经营增收的效率还需进一步提升。

4. 公共产品供给质量与人民期盼仍有差距

一是公共服务供给结构性失衡。医疗资源供给不足与分布失衡现象同时存在，每千人拥有执业（助理）医师数均居全省末端，重点专科数量和水平处于"洼地"；部分基层乡镇卫生院无人"问津"，中高端医疗手术外流现象严重。二是社会保障制度还需完善。社会保障水平与周边地区相比仍有差距，城乡居民基础养老金、最低生活保障标准等指标显著低于苏南其他城市。养老压力巨大，老年人口呈现基数大、增速快、寿龄高等特点，全市常住人口老龄化率超过 20%。兜底保障还需强化，支出型贫困救助力度仍需加大，多层次、阶梯型救助体系还需进一步完善。三是宜居宜业的生活环境仍需美化。环境质量对标省内先进城市依旧靠后，空气质量优良天数比率、林木覆盖率等在全省处于中等水平。污水管网等环境基础设施短板仍然突出，国省考监测点位以外百姓身边噪声、异味、餐饮油烟、黑臭水体等问题成为新的信访热点。四是城市文化精神尚未充分激发。勤劳创新致富理念和精神富裕观念仍需进一步夯实，创新、大爱、"区别于世间别处的独特风骨"的城市精神和城市品格有待进一步彰显，居民勤劳致富的主体性、能动性、创造性尚未充分激发，现代社会公民综合素质提升和全面发展能力也未能充分实现，支持激励各类主体回报社会的体制机制亟待建立健全。

三、中国式现代化镇江新实践的总体思路与实现路径

中国式现代化镇江新实践研究框架如下（图2）所示。

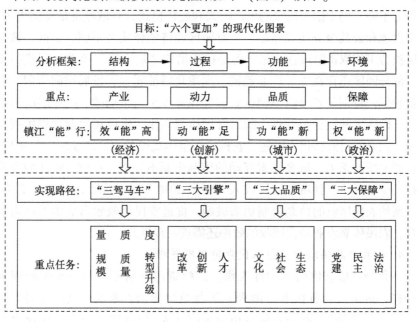

图2　中国式现代化镇江新实践研究框架

（一）总体思路

党的二十大报告旗帜鲜明地提出以中国式现代化全面推进中华民族伟大复兴这一使命任务，并重申党的十九大提出的全面建成社会主义现代化强国"两步走"战略安排。根据习近平总书记对江苏提出的"在推进中国式现代化中走在前、做示范"重大要求，江苏省着眼于我国现代化"两步走"战略安排，与省"十四五"规划目标相衔接，瞄准 2025 年、2030 年、2035 年 3 个时间节点，按照定 3 年、谋 8 年、展望 13 年的思路，持续谱写"强富美高"新江苏现代化建设新篇章。

在推进中国式现代化镇江新实践的征程上，镇江市委按照党中央提出的新思想、新理念、新战略，从镇江实际出发，在市委八届四次全会上提出了"物质基础更加坚实，民主法治更加健全，精神文化更加丰富，人民生活更加美好，人与自然更加和谐，安全屏障更加牢固"的"六个更加"现代化图景。到 2025 年，镇江完成"十四五"规划目标，科技创新、强链补链延链、农业现代化、现代文明建设、社会治理、民生保障等重点领域高于全省平均水平，在推动共同富裕上迈出更快步伐，在高质量发展上创造更多优势。到 2030 年，产业科技创新高地、开放高地活力澎湃，美丽镇江、健康镇江、数字镇江、平安镇江魅力凸显，建成教育强市、制造强市、网络强市、质量强市、农业强市、文化强市、体育强市，创成最干净城市、公园城市、全龄友好型城市，为江苏现代化建设贡献更多新动能、新模式、新经验。到 2035 年，镇江基本实现社会主义现代化，成为具有重要影响力的长三角区域中心城市，使习近平总书记擘画的"强富美高"在镇江变为更加美好的现实图景。

（二）"三驾马车"引路，经济动能提速

1. 做大经济规模，加速补短性增长

一是开展更加精准的项目招引与服务。强化产业链招商，提升对产业链的谋划运营能力，围绕产业链中最具本地优势和最具附加值的环节，明确优先突破点，精准化招引优质项目和创新团队，避免贪大求全。拓展市场化、专业化招商手段，动态发布重点产业链招商图谱，积极开展项目群合作招商、中介组织平台招商、产业基金招商、飞地园区等模式，推动项目落地。优化项目评估准入和全周期管理制度，缩短项目审批建设时限，推动项目快速投产达效。

二是促进"四群八链"能级提升。实施产业链培育工程，"一链一策"制定产业发展扶持政策，学习借鉴南京、苏州、常州等地制定产业政策的经验做法，为产业链定制专属政策组合包。聚焦眼镜、电气、船舶等地域特色明显的地标产业，提升产业组织化水平，建立支持企业技术改造、智能升级、绿色转型的政策支持体系，加大品牌培育力度，进一步提升产业附加值。实施产业基础再造工程和重大技术装备攻关工程，加快补齐关键环节短板。

三是充分发挥服务业以及就业"蓄水池"功能。围绕制造业发展需求培育一批商务服务、科技服务、金融服务等生产性服务业集聚区，加快发

展在线教育、远程办公、网红经济、网络直播等新业态，创造更多灵活就业岗位，促进文旅、家政等生活性服务业品质化发展。

2. 提升经济质量，实现升级型增长

一是构建更具竞争力的现代化产业体系。面向战略布局，立足智能电网、高性能材料等优势产业，深刻把握国家重点战略力量布局，依托重点实验室、制造业中心等平台，进行精准招商。例如，广东清远及时调整产业主攻方向，舍弃曾经的新能源和现代服务业，选择在全省全国有地位有影响有带动力的重要产业集群进行培育。面向生态布局，以重点工程聚集高端要素，以龙头企业为核心，以国产替代、本土配套为导向，以开放共建共享为原则，以教育、医疗、法制为保障构建良好生态。面向数字经济布局，实施数字经济核心产业加速和制造业数字转型升级行动，加快数字化协同平台建设，推进数字核心技术与实体经济深度融合。

二是构建对外开放新格局。主动学习推广上海自贸区及新片区的改革试点经验，积极承接江苏自贸区辐射，进一步提升高端装备制造、新材料等重点产业外资贡献度，推动外资企业增资扩股。深化与上海对接，围绕对接上海的"四个基地"定位（先进制造业研发有效补充与配套基地、科技成果转化基地、休闲旅游养老基地、优质农副产品供应基地），融入上海大都市圈，通过产业、科技、旅游等方面合作，提升城市发展能级。深化宁镇一体合作，发挥毗邻优势，将科技创新一体化作为重要突破口，重点搭建技术转移转化、科技资源共享、人才交流、科创企业证券服务"四大平台"，合作打造长三角一体化高质量发展合作示范区，走好市场驱动型协同创新之路。

三是加大政策上争力度。在资金、项目、人才、土地等领域更大力度争取省级支持，争取加大省战略性新兴产业、科技成果转化、工业和信息产业转型升级、人才计划、苏南国家自主创新示范区建设等专项资金对镇江的投放比重；同等条件下，争取优先在镇江布局省级产业创新中心、技术创新中心、制造业创新中心等创新载体，以及扬子江城市群、南京都市圈的区域性平台；争取支持优先在镇江开展新型工业用地等试点；争取支持镇江优质企业上市以及跨区域兼并重组等。

3. 深化经济转型，加大效率型增量

一是强化数字赋能，加快发展数字经济。积极布局"5G+工业互联网"，打造敏捷制造、共享制造、定制化制造等新工艺和新模式，推动镇江市"四群八链"骨干企业基本完成智能化改造数字化转型。推动制造业服务业融合发展，引导企业以产业升级和提高效率为导向，开展流程优化，培育供应链管理、全生命周期管理等新业态。

二是强化亩产、效益、能耗、环境"四个论英雄"导向。健全低端、低效企业退出长效机制，加大散、乱、污企业综合整治，加大化工、钢铁等行业绿色化改造力度，提升企业节能降耗水平，鼓励使用可再生能源，完善高耗能企业使用绿色电力的刚性约束机制，突破资源与指标制约瓶颈，提升产业发展质量。

三是强化提高全要素生产率目标。完善按要素分配政策制度，健全各类生产要素由市场决定报酬的机制，加快探索知识、技术、管理、数据等要素价值的实现形式。充分发挥镇江市级层面的国有投资平台功能以及产业投资基金，围绕"四群八链"设立产业专项子基金，吸引更多社会资本参与到镇江市产业创新集群建设中来。

（三）"三大引擎"拉动，创新活力迸发

1. 深化改革扩大开放，增强现代化发展内生动力

一是充分发挥经济体制改革牵引作用。持续抓实科技及人才发展体制机制改革"一号工程"，扎实开展新一轮国企改革深化提升行动，完善落实"两个毫不动摇"的体制机制，统筹推进农业农村、生态文明等重点领域改革，擦亮"镇合意"营商环境品牌，稳妥推进机构改革，着力打通制约高质量发展的堵点卡点；聚力扩大对外开放，在鼓励存量外资增资扩产的基础上，借力 RCEP 等平台载体，千方百计招引外资，重点引进带动力强、发展潜力大的制造业外资，助力外资稳存量、扩增量；强化"一企一策"精准帮扶，抓好数字贸易、跨境电商等外贸新业态发展，推动外贸稳规模、优结构，在全省"建设具有世界聚合力的双向开放枢纽"中展现镇江作为。

二是加强社会治理体制改革，提升人民群众的满意度。镇江在加强社会治理体制改革、提升民生福祉方面，应全面深化共建共治共享的社会治理理念，通过坚持以人民为中心，并将其作为推进社会治理现代化的根本立场，自觉从群众利益出发想问题、做决策、办事情。要畅通群众诉求表达渠道，以 12345 热线全面并入市域指挥中心为契机，进一步调整优化归并各类专项热线，打通与 110 非警务警情联动渠道，开通"一企来"和"尚贤"人才服务专线，完善"一号主叫—中心派单—部门响应—考核评价"服务模式，加强智能化改造，实现热线一次性接通率、30 秒接通率、实际问题解决率不断提升。要提高矛盾纠纷多元化解实效，把推进矛盾纠纷多

元化解"一站式"平台建设作为重中之重，推动线下中心全面整合。要加大权益保障力度，坚持严厉打击与源头治理相结合，常态化开展扫黑除恶斗争，彻底铲除黑恶势力滋生土壤。持续健全社会治理体系，推动研判预警、稳定评估、常态化督导等各项工作机制贯通衔接集成，构建具有镇江特色的维稳工作体系，强化对各类矛盾风险隐患源头、传导、转化全流程管控。

2. 聚焦科技创新引领，培育新质生产力

一是聚焦重大平台，打造未来产业创新策源地。聚焦高能级创新载体，瞄准前沿科学交叉研究平台与镇江市优势特色领域，积极创建"国字号"研发机构，争创一批省级以上产业创新中心、制造业创新中心等创新平台。深入实施"876"创新引领工程、"四群八链"能级提升行动，实现基础研究与未来产业贯通式发展。加大对镇江已有的 5 家企业类重点实验室和 3 家学科类重点实验室的支持力度，突破一批最紧迫、最有希望攻克的关键性技术，降低本地企业技术对外依存度，打赢关键核心技术攻坚战。

二是聚焦园区整合，壮大产业集群抱团发展。以"园区整合年"为契机，确定若干个新质生产力发展示范区，发挥对镇江市新质生产力的示范引领作用。如对于科技基础优势比较突出、具有发展新质生产力广阔前景的地方，从市级层面确立为镇江市新质生产力发展示范区、创新园区，为示范区提供倾斜性的支持政策，促进新质生产力发展。明确园区产业聚集的方向和要求，制定园区产业规划；清晰找准差异化的细分行业，并明确本地区已有的产业优势；积极发展"飞地经济"，通过与上海、苏州等发达城市合作建设产业园区，积极承接产业转移和项目落户。

三是聚焦成果转化，推动高校赋能战略性新兴产业。支持驻镇高校创建高水平创新平台，赋予平台和团队负责人一定的自主权，集中核心资源、优势资源，推动以重点实验室为代表的科技创新体系建设。加强校企合作，鼓励行业骨干企业与境内外高水平高校、科研院所共同成立战略联合体，引导企业加强对接和创新投入，推动高校科研"富矿"产出更多成果走向大市场。加大科技经纪人培育力度，引导驻镇高校成立科学技术经纪人专业，打通成果转化"最后一公里"。

3. 坚持人才"镇兴"，着力打造人才集聚福地

一是引进高端人才，让"镇江外智"水平更高。不断加大高层次人才引进、培养、使用力度，聚焦"高精尖缺"，推行"产业+项目+人才"的引才模式，重点推进省"六大人才高峰"培养工程、省"博士后科研资助

计划"项目等申报工作，吸引更多的领军人才来镇创新创业；聚焦平台载体建设，加强博士后站的科研平台载体建设，积极实施人才"镇兴"行动和大学生"聚镇"计划，围绕产业链构建人才链，聚焦专家人才引进，针对重点企业人才需求情况，分赴西北、西南、东北、华中地区开展专项对接交流引才活动，对企业人才招引提供"订单式"服务，以"人才链"支撑全市"产业链"的持续优化。积极为各类人才提供更加贴心暖心的安居保障、子女教育、配偶安置、健康护航、文旅休闲等服务工作，让人才在镇江充分感受到"家"的温暖。

二是培育应用型人才，让"镇江制造"能力更强。积极出台《镇江市产业应用型人才队伍建设的意见》和相关《实施细则》，着重从四个关键领域着手推进人才队伍建设：第一，构建人才发展平台，为人才提供成长的土壤；第二，实施职业能力提升行动，增强人才的实践能力；第三，完善高校毕业生政策保障，吸引更多青年才俊留镇发展；第四，优化企业人才服务体系，满足企业对高层次人才的需求。持续推进"金山英才"计划，依照"重点产业发展、市场急需、结构合理、分步实施"的原则，有针对性地开展人才扶持工作。通过分阶段在全市范围内开展用工情况调研和劳务用工情况调研，精准掌握各产业就业形势和企业人才需求，为人才政策提供科学依据。

三是培育青年人才，让"镇江活力"韶华更美。健全和完善培养、引进、使用、激励青年人才的工作机制，搭建青年人才快速成长平台，积极通过"培养开发+外部交流"的方式，建立面向全国和全省的技师院校合作机制，加快培养数量充足、梯次合理、素质优良的技术技能型、复合技能型和知识技能型的青年人才队伍。做好高校毕业生引进工作，面向全市重点、规模企业，做好应届毕业生需求信息征集工作，开展"百日千万网络招聘专项行动"、各高校分站就业云招聘活动。对于来镇江就业创业的优秀人才，积极提供见习补贴、租房补贴、契税补贴、生活补贴、荐才补贴以及公积金贷款额度上浮等一系列优惠政策，逐步形成培养快、引得进、用得好、留得住的青年人才引培氛围。

四是培育乡土人才，让"镇江乡土"百姓更富。为了促进乡村经济的发展和人才的就地培养，要致力于实施开放而有效的乡土人才政策，重点培养高素质的农民和乡土人才。一方面，加大农村富民创业扶持力度，积极实施"农村创业富民"行动计划，为农村创业提供贷款资金和创业补贴扶持；另一方面，通过开展乡土人才选拔、乡土人才职称评审等工作，将扎根和活跃在民间从事技艺技能、技术应用与推广、经营管理等工作的本乡本土人才，纳入职称评审的范畴，努力打造一支既懂得技术应用，又擅长经营管理和市场推广的高素质乡土人才队伍。

（四）"三大品质"推进，城市内涵彰显

1. 聚力打造文化强市，共筑美好精神家园

在现代化建设中，必须秉持对历史文化遗产的尊重与保护，让历史文化成为镇江的鲜明特色。加强对古建筑、古遗址的保护和修复工作，同时注重非物质文化遗产的传承与弘扬，令其在现代文明的洪流中焕发新生。深入挖掘和传承崇文重教的文化传统、"四千四万"的奋斗精神、"季子挂剑"的诚信精神、"大爱镇江"的质朴情怀，积极探索人文经济学的新路径；大力弘扬优秀传统文化和红色革命文化，协调推进大运河、长江国家文化公园一体化建设，实施"城乡记忆"工程和"何以镇江"文化遗产活化利用，对红色文物进行收藏、保护、研究以及展示传播，将茅山新四军纪念馆等951处革命遗址建设成为党员干部学习初心使命、人民群众缅怀革命英雄的教育基地和熔炉。强化精神文明建设，纵深推进文明镇江建设"四大行动计划"，深化拓展新时代文明实践中心建设，努力创建全域全国文明城市群；推动文旅深度融合，发展新型文化业态，优化文旅产品供给，办好长江国际音乐节、金山文化艺术·国际旅游节等特色活动，加速把镇江打造成国际知名的文旅休闲目的地城市。

2. 提高治理效能，厚植城市竞争力

镇江在实现现代化的过程中，要注重社会品质的提升，加强社会治理，提高市民的生活质量。深化社会治理体制改革，推动社会治理重心向基层下移，构建共建共治共享的社会治理格局。加强基层组织建设，激发社会组织活力，鼓励市民参与社会治理，形成多方参与、多元共治的良好局面。加强法治建设，增强市民的法治意识，维护社会公平正义。统筹做好高校毕业生、退役军人、农民工等重点群体就业，坚持普惠性、保基本、均等化、可持续方向，走出"镇江精细化'双减'试点"的特色之路，积极争创全国健康城市建设样板市，推动社区适老化改造，完善和落实积极生育支持措施，不断提高民生"七有"水平。注重市民的精神文化生活，丰富市民的精神世界。加强文化设施建设，举办丰富多彩的文化活动，让市民在参与中感受到文化的魅力。加强社区建设，打造和谐社区，增强市民的归属感和幸福感。

3. 强化生态治理，推进生态持续提升

镇江在实现现代化的过程中，要持续发力"生态要提升"，保护生态环境，推动绿色发展。毫不松劲抓好中央生态环保督察反馈问题和长江经济带警示片通报问题整改，深入打好蓝天、碧水、净土保卫战，纵深推进五大专项行动，推动新一轮太湖综合治理各项任务落地落实，加快补齐生态环境基础设施短板，实施农村人居环境整治和铁路沿线环境整治，持续推动产业结构向新向绿发展，夯实美丽镇江基底。强化举一反三、自查排查，及早发现风险隐患，分类开展专项整治，推动长江经济带生态环境持续好转。深入开展长江岸线保护、黑臭水体治理、蓝天保卫战、打击固体废物非法倾倒、工业"散乱污"企业整治五大专项行动，清理整治长江干流岸线违法违规等项目、积极整治黑臭水体和工业"散乱污"企业。加强环保宣传，增强市民的环保意识，鼓励市民参与环保行动。加强对市民的环保教育，提高市民的环保意识。通过举办环保活动、宣传环保知识等形式，让市民了解环保的重要性，鼓励市民积极参与环保行动。

（五）"三大保障"优化，现代治理提升

1. 强化党建引领，筑牢战斗堡垒

一是加强多元主体协同，构建党建引领的共治模式。要始终把政治建设摆在首位，贯彻落实习近平总书记对"全面从严治党"和主题教育的重要要求，深入实施"党旗'镇'红、一线建功"工程，通过"五责联抓"工作体系压实基层党建责任。成立社区"大党委"，构建以社区党组织为战斗堡垒、共建单位和辖区内机关企事业单位党组织共建共治、"两新"组织互联互动的党建工作新格局。强化基层党组织的大党建领导功能，发挥党委作为"一线指挥部"的统领作用，为社会组织提供强力保障和支撑；完善社会组织内部党建，建立政府、企业、社会组织、居民层级联动的大党建格局，推动社会组织与上级政府及基层社区的共治共享和优势互补。

二是聚焦功能属性，优化党群服务中心阵地。充分发挥党群服务中心联系、组织、服务、凝聚、引领党员群众的综合性服务平台作用，围绕"用阵地吸引人、用活动凝聚人、用党建引领人、用服务温暖人"理念，以"大门常开、场所常用、活动常办、群众常来"口号让党群服务中心"接地气、聚人气、有生气"，着力将党群服务中心建成党群紧密相连的"主阵地"，将党组织建成引领辖区经济社会发展的"主阵地"。优化阵地设计，整合阵地闲置资源，以"服务半径最大化、资源利用合理化"为原则，通

过科学规划，赋能闲置空地、办公场所，对部分使用率较低的功能室进行布局调整，对受客观条件制约不能独立设置的，采取"一室多用"的方式合理布局，实现党群服务中心服务资源与居民群众需求无缝对接、社区群众参与全覆盖，构建布局科学、疏密得当、上下联通的党群服务中心体系。

三是数字赋能基层党建，提升治理智能化水平。充分运用国家互联网应急中心数字党建系统，引入数据思维，用数字技术赋能党的建设。通过大数据技术，实时采集汇聚中心各级党组织的党建工作数据资源，如党组织和党员信息、党务台账、党建课程、党建知识、党建政策资讯等，同时搭建可视化指挥平台，利用党务管理、学习教育管理、考核管理等模块，进一步加强对各级党组织和党员干部的教育、管理与考核，为党建工作提供实时、精准、有效的数据支撑和信息技术保障。通过"数字党建+"，赋能楼宇党建、品牌党建、公共服务等，实现各领域党建全覆盖，提升镇江市党建工作质效。

2. 践行全过程人民民主，坚持人民至上

一是坚持政治引领，把稳思想之舵。深刻领会党的二十大关于发展全过程人民民主、加强人民当家作主制度保障的新要求和新部署，积极引导广大代表（委员）学思想、见行动、强使命、建新功，统筹推进政党、人大、政府、政协、人民团体、基层以及社会组织等各个领域的协商民主建设。既要发挥选举民主的重要作用，又要发挥协商民主的治理功能，解决人民有序政治参与的问题，通过完善的制度体系和渠道，保障人民参与民主选举、民主协商、民主决策、民主管理、民主监督的民主全过程，充分发挥人民的积极性、主动性、创造性。

二是发挥制度优势，彰显代表作用。始终坚持和完善人民代表大会制度，激发人大代表履职活力，紧紧围绕在全党大兴调查研究的工作要求，鼓励各代表小组围绕镇江现代化建设过程中的矛盾焦点开展调研走访；提升议案建议办理质效，构建代表议案建议生成机制，按照"少而精、求实效"的原则，在不断引导、服务、规范、创新中保障人大代表依法提出高质量的议案建议；搭建全方位履职平台，镇江市应尽快开发如数字人大、丹阳人大等 App 平台，打造富有镇江特色的代表联络站，建立民生、经济、法治信息收集点，发挥全过程人民民主实践中心的作用，构建立体化、全方位、多层次的代表履职阵地集群。

三是聚焦监督重点，丰富监督方式。增强监督靶向性，针对有关问题的解决方案和责任清单、政策清单、任务清单落实情况，进行实打实的监督，深入开展调查研究，实事求是反映问题，提出有利于形成长效机制和制度创新的意见建议；要自觉融入党委和政府工作全局，坚持中国共产党的领导贯穿民主监督工作全过程，在党委领导下确定监督议题、制定监督方案，找准党政所需、群众所盼、相关部门所能的结合点，聚焦重大改革举措精准发力，注重发挥人大对权力的监督作用，包括对行政机关、司法机关、检察机关等的监督，真正使权力在阳光下运行，把权力关进制度的笼子里；丰富监督方式，自觉接受人民监督。综合利用视察、听证、评议等多种手段，对相关部门开展专项评议，网上评议与现场评议相结合，运用好监督组合拳，增强监督"咬合力"。

3. 建设法治镇江，提升社会治理水平

一是着力营造法治化营商环境。将优化法治营商环境相关项目纳入法治政府、法治社会建设重点内容。坚持从立法制规的顶层设计上助力企业发展，搭建行业协会、商会等意见反馈平台，充分听取企业、协会、社会各界的意见，积极回应企业发展诉求，激发市场主体活力和创造力。大力发展民营经济，不断健全产权保护制度，持续释放依法平等保护民营企业家人身财产权利、依法支持民营经济高质量发展的鲜明信号。强化善意文明执行理念，加强诚信激励，积极适用"活封活扣"、执行宽限期、"预处罚"、信用修复等执行措施，完善失信、限消退出机制，及时修复企业信用，以能动执行为中小微企业纾困寻找"最优解"，搭好优化营商环境的"暖心桥"。

二是厚植法治土壤，守护市场健康。注重科技和产业的"双向保护"，以科技创新为引领，统筹推进传统产业升级、新兴产业壮大、未来产业培育，加大对关键核心领域、科技重点企业、重要科研创新机构的保护力度，全力支持科技创新和产业创新深度融合。加大对侵权行为的惩治力度，严格落实知识产权侵权惩罚性赔偿、行为保全等制度，可与市检察院、公安厅等相关单位联合建立知识产权严重失信行为的信用监管和惩戒机制，让敢于研发投入的企业能够享受知识产权创新带来的"市场红利"。

三是及时化解纠纷矛盾，提升司法服务效率。推进法院案件繁简分流和速裁机制建设，合理分配有限司法资源，提升民商事纠纷案件审判质效。增加法官员额，引进商事司法人才，充实审判力量。加快推进诉讼服务网改造升级，实现所有诉讼服务"一网通办"。拓宽多元化解渠道，引导企业通过调解、仲裁等非诉讼方式及时化解矛盾纠纷。进一步深化企业合规改革试点工作，推动更多涉企案件进入合规程序，完善涉企案件合规后的行刑衔接，推行事前合规，推动企业依法合规经营。

附录

中国式现代化镇江新实践评价指标体系

一级指标	二级指标	三级指标
经济现代化	经济效能	人均地区生产总值
		第三产业增加值占 GDP 比重
		数字经济核心产业增加值占 GDP 比重
		消费对经济增长贡献率
		在册各类市场主体数量
	创新能力	研发经费支出占 GDP 比重
		每万人新增发明专利授权量
		战略性新兴产业增加值占 GDP 比重
		自主品牌企业增加值占 GDP 比重
	开放活力	常住人口与户籍人口比重
		进出口总额占 GDP 比重
		实际使用外商直接投资金额
		外资及港澳台工业总产值比重
	人才储备	"金山人才"在库人才数
		人口平均受教育年限
		主要劳动年龄人口受过高等教育的比例
	发展韧性	财政自给率
		宽口径债务率
		较 2019 年 GDP 增速恢复率
政治现代化	民主政治	人民代表选举规范
		政党协商程序及频次
		基层民主参选率
		每万人拥有的社会组织数
	依法治国	法治建设满意度
		权力运用的制约与监督水平
		地方出台法律法规的门类及数量
		每万人拥有的司法服务站（所）及从业人员数

一级指标	二级指标	三级指标
政治现代化	治理效能	一网通办率/一站式办理率
		大数据辅助决策应用水平
		公共服务支出占比
	党建引领	落实党建工作责任制度情况
		党业融合及获奖情况
		党风廉政建设满意度
文化现代化	产业发展	文化产业增加值占 GDP 比重
		规模以上文化制造营业收入占比
		文化及相关产业就业人员占比
		参与文化活动的频率和程度
	文化传播	每万人拥有公共文化体育设施建筑面积
		电视、广播、移动电话、互联网普及率
		图书、影视剧等文化产品对外输出情况
		接待国内外入境过夜人数
	精神文明	人均教育文化娱乐消费支出占消费支出比重
		人均拥有公共图书馆藏量
		志愿服务渗透率
社会现代化	民生保障	公共教育、医疗、住房保障支出占财政支出比
		每千人执业医师数
		每千位老人拥有养老床位数
		最低生活保障标准增长幅度
	宜居环境	人均公园绿地面积/森林覆盖率
		生活垃圾无公害处理率
		交通出行便利情况
		区域公共类充电桩覆盖率
	区域协调发展	城市化水平
		城乡居民可支配收入比
		城乡公共服务均等化水平
		度假村/农家乐/民俗游等三产数量

一级指标	二级指标	三级指标
生态文明现代化	资源利用	单位生产总值电耗
		单位产值能耗/单位 GDP 能耗下降率
		非化石能源占能源消费比重
		区域碳排放强度
	污染控制	二氧化碳、二氧化硫、氨氮等气体排放量
		工业固体废物综合利用率
		污水处理率
	环境治理	地表水达到或好于Ⅲ类水体的比例
		空气质量优良天数比率
		土壤污染与土壤退化的防治与修复情况
		环境污染治理投资占 GDP 的比重
		村庄环境整治达标率
评判指标	人民群众对中国式现代化镇江新实践建设成果满意度	

课题组成员：朱定明、薛玉刚、孙文平、李秋阳、臧璐衡、陈唤春、戴　惠

"双碳"背景下镇江高质量发展研究

| 中共镇江市委党校、镇江市社科联联合课题组 |

党的二十大报告指出，积极稳妥推进碳达峰碳中和。"双碳"目标是经济社会领域一场广泛而深刻的系统性变革，将通过各种机制对经济增长、生产力布局、产业结构和生活方式产生广泛而深刻的影响，既会对经济增长、新动能再造、结构优化升级等产生大量"助推"效应，也可能会对经济持续稳定增长、产业链供应链安全带来一定的风险挑战。只有主动顺应"双碳"发展趋势，正确处理好短期与中长期、减碳与安全的关系，加快转变经济发展方式、减少发展安全风险，才能占得发展先机，更好更快推动实现绿色低碳高质量发展。

一、"双碳"目标和高质量发展的紧密关联性

在"双碳"目标约束下实现高质量发展，是新时代新发展阶段的重要任务。实现"双碳"目标既是高质量发展的内在要求，也是衡量高质量发展成效的重要标尺，必将开辟高质量发展的广阔空间。

（一）"双碳"目标

1. "双碳"是大局

力争 2030 年前实现碳达峰、2060 年前实现碳中和，是我国向世界作出的庄严承诺，体现出了负责任大国的担当。如期实现"双碳"目标，既是全球应对气候变化、加强全球气候治理的需要，也是重塑我国能源结构与产业结构、持续推进生态文明建设、加速绿色转型发展的需要，必然会对我国经济社会发展方式、国家治理理念产生重大而深刻的影响。

习近平总书记强调："实现'双碳'目标，不是别人让我们做，而是我们自己必须要做。""减排不是减生产力，也不是不排放，而是要走生态优先、绿色低碳发展道路，在经济发展中促进绿色转型、在绿色转型中实现更大发展。"我国已进入新发展阶段，做好"双碳"工作不仅仅是加强生态文明建设的战略举措，更是推动高质量发展的必然要求。

2. "双碳"之内涵

"双碳"即"碳达峰""碳中和"的简称，其中"碳达峰"指二氧化碳

排放量在某一年达到了最大值，之后进入下降阶段；"碳中和"则指一段时间内，特定组织或整个社会活动产生的二氧化碳，通过植树造林、海洋吸收、工程封存等自然、人为手段被吸收和抵消掉，实现人类活动二氧化碳相对"零排放"。碳达峰是近期目标，是迈向碳中和的基础和前提，碳达峰的时间越早、峰值越低，实现既定碳中和目标的难度越小；碳中和是中长期目标，与实现国家第二个百年奋斗目标同步。实施"双碳"目标为推动中国实现现代化并为世界可持续发展作出贡献开创了一条兼具成本效益、经济效益、社会效益和环境效益的新发展路径，是一场广泛而深刻的经济社会系统性变革。

3. "双碳"之发展效应

"双碳"目标主要通过四种效应对经济发展与安全发展产生重大影响：一是容量限制效应。限制碳排放容量会给产业发展带来硬约束，尤其是在能源结构目标已定的条件下，碳减排主要依靠产业结构调整，高碳产业必将受到压缩。二是技术促进效应。需要采用低碳技术改造高碳产业，通过技术创新推动产业绿色化低碳化发展。三是产业衍生效应。促进低碳产业、可再生能源产业的快速发展，与低碳相关的新兴产业将成为经济发展的重要支撑性产业。四是安全损失效应。高碳产业主要是能源产业、重化工等国民经济循环的基础产业，降低这些产业比重，可能会导致能源安全与产业链供应链安全问题。

（二）高质量发展主题

2017 年，党的十九大首次使用"高质量发展"这一新概念，并着眼于经济领域，明确提出"我国经济已由高速增长阶段转向高质量发展阶段"的重要战略论断。党的十九届五中全会提出，"十四五"时期经济社会发展要以推动高质量发展为主题。习近平总书记指出："高质量发展，就是能够很好满足人民日益增长的美好生活需要的发展，是体现新发展理念的发展，是创新成为第一动力、协调成为内生特点、绿色成为普遍形态、开放成为必由之路、共享成为根本目的的发展。"随着我国高质量发展逐渐深入，其理论与实践内涵也在逐步深化。总结下来，高质量发展主要有以下三个特征。

1. 本真性

高质量发展是从"交换价值"回归"使用价值"的发展。根据商品价值理论，商品具有使用价值和交换价值二因素，使用价值反映的是商品的自然属性，交换价值反映的是商品的社会属性。人类从事生产活动，归根结底是为了获得使用价值，以满足人的真实需要，这是经济活动的原初本真性。在货币出现之前的产品经济时期，人们之间是物物交换，即通过以物易物的方式，获得自己所需要产品的使用价值，中间无任何媒介，即W-W；进入简单商品经济时期，货币成为产品交换的媒介，即 W-G-W，产品供给方的直接目的是获得代表交换价值的货币，产品需求方的直接目的是获得具有使用价值的有用产品，但双方的最终目的仍然是获得使用价值；进入资本主义商品经济时期，交换的目的不再是获得使用价值，而是为了交换价值即货币的增殖，使用价值沦为交换的媒介，即成为G-W-G'，这就背离了发展的本真意义；中国的高质量发展，就是针对"金钱至上"导致的发展不平衡不充分问题，让发展重新回归满足人的需要的"初心"，即W-（G-W-G'）-W'，市场经济的工具理性机制在促进货币增殖方面仍然具有重要意义，最终是为了提升使用价值，以满足人民日益增长的美好生活需求。如果说，在政治上要"不忘初心、牢记使命"，那么在经济上则要"不忘本真、牢记质量"。

2. 系统性

高质量发展同时注重发展的"量"和"质"，不再单纯追求经济总量、经济增速，而是以系统观注重经济、社会、环境等方面的均衡发展，实现更高质量、更有效率、更加公平、更可持续的发展。高质量发展是经济发展的有效性、充分性、协调性、创新性、持续性、分享性和稳定性的综合，是生产要素投入低、资源配置效率高、资源环境成本低、经济社会效益好的质量型发展。随着理论和实践的发展，高质量发展的概念从经济领域进一步拓展到社会生产生活各个领域。在党的十九届五中全会上，习近平总书记强调："经济、社会、文化、生态等各领域都要体现高质量发展的要求。"高质量发展内涵的不断丰富，也契合发展的本质特征，即满足人民美好生活的需要，美好生活的需要绝不仅仅是单纯的物质性要求，它越来越多地表现为多样化、多层次、多方面的需求。

3. 长期性

高质量发展是从"量变"到"质变"的发展。高质量发展"不是一时一事的要求，而是必须长期坚持的要求"。高质量的发展从根本上说是为了满足人民美好生活需要的各个方面，而人民对美好生活的需要不仅仅是多方面的，更是"日益增长"的。那么，实现高质量发展必然是一项覆盖社会全领域的长期任务，是一个永远难以尽善尽美的永久持续发展的过程。

当下人们的一些需要满足了，但随着社会发展，人们又有新的更高的需要产生，永远不会达到完全满足的终点，因此必须有更高质量的发展，而这也正是高质量发展永无止境的动因。

（三）"双碳"目标与高质量发展的内在关系

做好"双碳"工作，不仅仅有利于推动污染源头治理，实现降碳与减污、改善生态环境质量协同增效，更有利于促进经济社会发展全面绿色转型，加快形成绿色生产方式，更好更快推动实现高质量发展。

1. "双碳"目标是高质量发展的"必选项"

习近平总书记指出："实现'双碳'目标，不是别人要我们做，而是我们自己必须要做。"从国内发展阶段看，过去工业文明粗放型经济增长方式遇到了不可持续的危机，导致经济发展中存在三大矛盾，即经济持续增长与环境污染严峻、环境容量有限之间的矛盾，经济总量扩张与资源有限供给、资源利用效率低下之间的矛盾，以及人民日益增长的优质生态需求与政府不尽理想的优质生态供给之间的矛盾。立足新发展阶段，中国经济必须实行绿色转型，高质量发展必须走绿色低碳发展道路。绿色低碳高质量发展本质是解决人类生存与发展面临的环境恶化、资源枯竭等影响可持续性的问题，满足人民对于美好生活的向往与追求，实现人的全面发展、人与自然的和谐共生。"双碳"目标的提出，为高质量发展提供方向和抓手。从国际上看，未来绿色可持续经济低碳竞争将成为全球经济发展的主基调，一个国家未来国际秩序转型的主导性和发言权，其关键性支撑力量之一就是在绿色低碳领域的竞争力与创新力。因此，不管从经济发展可持续性还是从争取国际竞争主导权的角度，"双碳"目标都是高质量发展的必然选择。

2. "双碳"目标是高质量发展的"验金石"

"双碳"目标对高质量发展提出了更高的要求。从短期看，"双碳"目标的减排压力和推进经济增长之间存在内在冲突，当前我国能源消费依然以化石能源为主，碳排放总量远高于其他国家，单位 GDP 二氧化碳排放是美日欧等发达经济体的 3 至 4 倍，工业部门既是 GDP 贡献大户又是碳排放大户。因此，作为一个经济规模仍需不断扩大的经济体，我国在较高的初始 GDP 能耗、较高的碳峰值条件下实现碳中和，需在 30 年过渡时间内减少更多的二氧化碳排放，还需保障经济社会平稳健康发展，经济发展必将面临多重压力。这就对高质量发展提出更高的要求，即既要充分发展，又要低碳发展。从长期看，"双碳"目标与高质量发展具有目标和实现手段的统一性，高质量发展必然是绿色低碳发展，必须有"壮士断腕"的决心，放弃传统的粗放型发展模式，在完成碳达峰碳中和目标的同时，需实现发展方式和发展路径的根本转变。因此，"双碳"目标是对高质量发展"成色"的考验，要准确、合理地把控好经济发展与"双碳"目标推进的节奏，战略上要坚定不移，策略上要稳中求进。

3. "双碳"目标是高质量发展的"新引擎"

"双碳"目标为我国高质量发展带来较大挑战的同时也蕴含着巨大的发展机遇。从供给侧看，"双碳"目标对我国绿色低碳发展具有引领作用，为能源转型、技术进步、产业结构调整和国际合作带来巨大机遇，助力我国实现经济社会高质量发展。具体看，"双碳"目标将加速能源结构调整，大幅减少煤电，大力发展光伏、风能、生物质能等清洁能源，氢能、蓄电等相应技术和产品将面临历史性机遇；"双碳"目标约束下，更严格的环境规制和碳交易机制能够有效倒逼产业结构调整，推动传统产业高端化、智能化、绿色化，推动全产业链优化升级，推动我国经济发展质量变革、效率变革、动力变革，从而塑造我国参与国际合作和竞争的新优势。从需求侧看，"双碳"目标将全面推进社会认知向绿色低碳升级的实现，推动人们改变现有的生产方式、生活方式、消费方式，进而从人民群众对生态产品的需求中创造新的增长点，形成推动经济社会高质量发展的强大动力。可见，"双碳"目标和经济社会发展是辩证统一、相辅相成的，推动"双碳"目标的实现将不断拓展经济社会高质量发展的空间。

二、"双碳"背景下镇江低碳发展现状和碳排放相关因素分析

镇江是国家低碳试点城市，在现代化建设新征程中如何实现高质量发展，确保如期实现碳达峰碳中和，既面临难得的发展机遇，也需做好应对挑战的准备。

（一）在加快低碳城市建设中推进高质量发展

1. 低碳城市建设成效突出

2012 年，镇江成为第二批国家低碳试点城市。十年来，镇江坚持"生态优先、绿色发展"理念，扎实推进低碳城市建设，积极探索绿色低碳循环发展路径，低碳城市建设取得明显成效。2013 年，镇江在全省率先实施

《镇江市主体功能区规划》及产业和环境准入、生态补偿等6个配套政策文件；制定实施《镇江市中长期低碳发展规划》《镇江市推进低碳城市建设意见》《镇江市低碳城市试点实施方案》，出台《镇江市固定资产投资项目碳排放影响评估暂行办法》等一系列文件。镇江还制定了江苏省地方标准《低碳城市评价指标体系》。十年来，镇江以低碳城市建设为目标，完善城市碳排放管理云平台，健全碳排放管控体系，探索以板块为单位实施碳排放总量和强度"双控"考核，将考核结果纳入全市目标管理考核体系，实施低碳城市空间布局优化、低碳产业发展、低碳生产、碳汇建设、低碳建筑、低碳能源、低碳交通、低碳能力、低碳生活方式"九大行动"，有力推动低碳城市建设取得实效。镇江举办了五届国际低碳大会，积极探索低碳发展路径，为全国低碳发展积累了经验，低碳城市建设走在全国前列。

2. 高质量发展态势较好

"十三五"以来，镇江加快节能减排，推动绿色低碳循环发展，经济社会向高质量发展迈进。（1）加快绿色转型发展。2017年1月，镇江市在国内率先出台《绿色工厂评价指标体系》，启动绿色工厂创建。镇江成为全国工业绿色转型发展试点城市。"十三五"期间，镇江新区新材料产业园顺利通过省级认定，江苏省丹徒经济开发区取消化工定位。省级以上工业园区实现循环化改造全覆盖，培育18家国家级绿色工厂，镇江经济技术开发区创成国家级循环化改造示范试点园区并入选国家级绿色园区。（2）大力调整产业结构。大力化解过剩产能，淘汰落后产能，推进产能兼并重组，通过"压小改大"提高资源配置效率，促进技术改造、加快产业升级。大力推动高技术、高效益、低消耗、低污染产业发展，提高服务业和高新技术产业比重，产业技术持续进步。主导产业进一步发展壮大，高端装备制造、新材料两大主导产业销售收入占规模工业销售比重提高到38.6%，经济社会向高质量发展转型。

3. 节能减排效果明显

一是大力实施节能减排。"十三五"期间累计关停取缔"散乱污"企业909家，关停小化工企业347家，淘汰水泥产能508万吨、煤电机组99万千瓦、钢铁2.5万吨，煤电机组关停容量占全省关停总容量的24%。五年间能源消费总量年均增速下降1.3%，支撑了年均6.8%的经济增长速度。2020年，镇江全市单位GDP能耗比2015年累计下降19.36%，完成"十三五"能源发展规划目标。二是加快改善能源消费结构。以控制煤炭消费总量为重点，有序扩大天然气消费，改善能源消费结构。"十三五"期间，镇江全市煤炭消费总量比 2015 年累计下降 0.6%，煤炭消费总量由升转降；天然气、成品油消费总量分别比 2015 年增长 62.9% 和 21.6%。2020 年，镇江全市煤炭、天然气、成品油消费总量分别为 2089 万吨、8.0 亿立方米和 84.1 万吨。三是二氧化碳排放持续下降。"十三五"期间，镇江全市单位 GDP 二氧化碳排放累计下降 21.69%，超额完成《江苏省"十三五"控制温室气体排放实施方案》中提出的"十三五"累计下降 21.5% 的目标。由此可见，近几年镇江加快低碳城市建设、推动高质量发展及节能减排取得的成效为将来实现"双碳"目标创造了较好的基础和条件。

（二）镇江碳排放相关因素分析

实现"双碳"目标、推动高质量发展首先要厘清镇江全市碳排放基本情况，并对影响碳排放的相关因素进行系统分析。据初步测算，镇江市温室气体排放来源主要有能源活动、工业生产、农业活动和废弃物等，其中，能源活动排放占比超过 85%，工业生产过程排放占比 12% 左右，农业活动和废弃物处理排放分别占比 1.1% 和 1.4%，土地利用变化与林业发展则表现为净吸收。因此，研究镇江全市碳排放情况应以工业生产、能源活动碳排放为主。下面重点以影响碳排放的工业结构、产业结构和工业能源消费作为主要因素进行分析，做出初步判断，以期为"双碳"背景下镇江高质量发展提供参考依据。

1. 工业结构与碳排放相关分析

工业部门是碳排放的主要领域之一，其生产过程主要依赖对传统化石能源的消耗，自然是减污降碳的重点领域。在"双碳"目标下，对镇江来说，最直接、难度最大的挑战仍然是以重工业为主体的产业结构，重工业产值占比最高时达 80%。因此本部分主要侧重对镇江市工业领域碳排放进行分析研究，并通过构建模型说明工业部门产值与其碳排放的相关关系。

本部分选取镇江市工业部门 25 个行业及 6 种主要能源（原煤、电力、汽油、柴油、天然气、热力）的能源消费量，估算出 2020 年镇江市工业部门各行业碳排放量，对镇江产业进行碳盘查工作，算好"能耗账"，摸清"家底"，给用能结构和产业结构的调整提供参考。

（1）碳排放估算方法

本部分使用联合国政府间气候变化专门委员会（IPCC）统一规定中提供的碳排放计算方法，对镇江市 2020 年工业能源消费的碳排放量进行测算，如公式（1）所示。

$$A = \sum B_j \cdot C_j \qquad (1)$$

在公式（1）中，A 为碳排放量（万吨）；B_j 为能源的消费量（折标准煤）；C_j 为能源 j 的碳排放系数（t/tce）；j 为能源种类。

（2）数据来源

首先，收集整理《镇江市统计年鉴2021》中的相关能源能耗统计数据，涵盖镇江工业部门分行业主要能源消费数据，选取2020年工业总产值前25位的行业为研究对象，占总产值比重为98.6%。

根据《中国能源统计年鉴2020》中列出的各种能源的折标准煤系数及《2016年IPCC国家温室气体排放清单指南》中规定的原煤、汽油、柴油等主要能源碳排放系数，如表1所示，展示出各种能源折合标准煤系数、碳排放系数。此外，电力碳排放系数取值为2011年国家发改委发布的《省级温室气体清单编制指南（试行）》中华东区域电网电力碳排放因子 $0.928kgCO_2/$（kW·h）。

表1　主要能源折标准煤系数、碳排放系数

能源名称	折标准煤系数	碳排放系数（吨碳/吨标准煤）
原煤	0.7143（千克标准煤/千克）	0.7420
电力	0.1299（千克标准煤/千瓦时）	2.2132
汽油	1.4714（千克标准煤/千克）	0.5532
柴油	1.4571（千克标准煤/千克）	0.5913
天然气	1.3300（千克标准煤/立方米）	0.4479
热力	0.03412（吨标准煤/百万千焦）	0.1100

注：天然气的折标准煤系数参考值取上限值。

（3）行业碳排放量计算结果

经估算得出，2020年镇江市工业部门中25个分行业碳排放量，如表2所示。碳排放量最高的8个行业依次是：电力、热力生产和供应业，作为耗能大户化石燃料需求巨大，碳排放贡献度较高；化学原料和化学制品制造业；造纸和纸制品业；非金属矿物制品业；黑色金属冶炼和压延加工业；有色金属冶炼和压延加工业；金属制品业；电气机械和器材制造业。这八大高耗能行业碳排放占比高达98.4%。

表2 2020年镇江工业分行业名称、工业总产值及碳排放总量排序

序号	行业名称	工业总产值（万元）	碳排放总量（吨）	产值排序	碳排放总量排序
①	农副食品加工业	1398082	16181	11	13
②	食品制造业	300836	4731	22	21
③	纺织业	395573	5422	19	19
④	纺织服装、服饰业	379507	1794	20	24
⑤	木材加工和木、竹、藤、棕、草制品业	708973	9767	17	17
⑥	造纸和纸制品业	1545450	879748	10	3
⑦	印刷和记录媒介复制业	446096	5231	18	20
⑧	石油加工、炼焦和核燃料加工业	733123	5785	16	18
⑨	化学原料和化学制品制造业	4924897	956088	1	2
⑩	医药制造业	265660	3712	24	22
⑪	橡胶和塑料制品业	832276	18124	15	11
⑫	非金属矿物制品业	2219193	685085	8	4
⑬	黑色金属冶炼和压延加工业	2695754	142724	5	5
⑭	有色金属冶炼和压延加工业	2599365	62589	6	6
⑮	金属制品业	2550945	33317	7	7
⑯	通用设备制造业	1319637	13980	13	14
⑰	专用设备制造业	3003522	18442	3	10
⑱	汽车制造业	2735989	30333	4	9
⑲	铁路、船舶、航空航天和其他运输设备制造业	1249915	12739	14	15
⑳	电气机械和器材制造业	4750719	30688	2	8
㉑	计算机、通信和其他电子设备制造业	1714195	16754	9	12
㉒	仪器仪表制造业	375860	2539	21	23
㉓	电力、热力生产和供应业	1329770	8922395	12	1

序号	行业名称	工业总产值 （万元）	碳排放总量 （吨）	产值 排序	碳排放总量 排序
㉔	燃气生产和供应业	278640	241	23	25
㉕	非金属矿采选业	106562	12679	25	16

（4）模型构建

本部分借用数学中的象限概念，把纵向的工业总产值轴和横向的碳排放量轴加以组合，将工业部门 25 个行业划分为 4 个象限，即"产值、碳排放双高""产值、碳排放双低""产值高、碳排放低""产值低、碳排放高"，呈现出镇江工业产值碳排放的象限图（图1），并较为清晰地展示每个象限的基本特点。

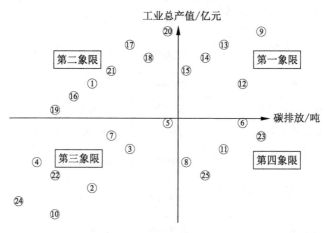

图1 2020年镇江工业部门各行业工业总产值、碳排放情况四象限坐标图

第一象限特征为工业总产值、碳排放双高，共 5 个行业，分别为：化学原料和化学制品制造业；非金属矿物制品业；黑色金属冶炼和压延加工业；有色金属冶炼和压延加工业；金属制品业。"双高行业"是"碳排放"大户，工业总产值占比 38%，能源消费碳排放比重为 15.8%。"双高"行业作为镇江地方经济的支柱行业，一头连着经济发展，一头连着减污降碳，处理好工业高产值和降低碳排放总量之间的矛盾，是实现环境、气候、经济效益多赢的重要载体和着力点。

第二象限特征为工业总产值高、碳排放低，涵盖了 7 个行业：电气机械和器材制造业；通用设备制造业；专用设备制造业；汽车制造业；铁路、船舶、航空航天和其他运输设备制造业；计算机、通信和其他电子设备制造业；农副食品加工业。总体来说，行业大部分都具备高技术、高价值的特点。

第三象限特征为工业总产值低、碳排放低行业，共8个行业：食品制造业；纺织业；纺织服装、服饰业；木材加工和木、竹、藤、棕、草制品业；印刷和记录媒介复制业；医药制造业；仪器仪表制造业；燃气生产和供应业。

第四象限特征为工业总产值低、碳排放高行业，包括5个行业：电力、热力生产和供应业；造纸和纸制品业；石油加工、炼焦和核燃料加工业；橡胶和塑料制品业；非金属矿采选业。

2. 产业结构与碳排放相关分析

产业结构水平是经济发展不可忽视的重要因素之一，与碳排放长期处于高水平有很强的互动关系，对实现"双碳"目标有着重要影响。

镇江市三次产业比重由2012年的4.4∶54.0∶41.6调整为2023年底的3.2∶47.6∶49.2，其中高技术产业产值占规模以上工业比重达到46.9%，实现了产业结构不断优化升级，发展质量稳步提升。实现碳达峰、碳中和不仅对产业结构调整提出更加紧迫的要求，也为产业结构优化升级提供了重大战略机遇。

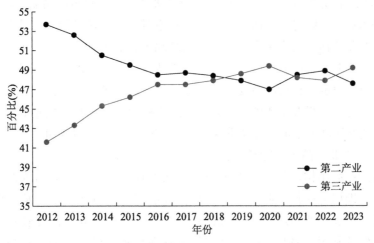

图2　2012—2023年镇江市第二、三产业构成

（1）六大行业能耗高、节能空间收窄

从工业行业角度看，2020年镇江市六大高耗能行业工业及其总产值占

比分别为：电力、热力生产和供应业（3.37%），石油加工、炼焦和核燃料加工业（1.86%），化学原料和化学制品制造业（12.49%，最高），有色金属冶炼和压延加工业（6.59%），黑色金属冶炼和压延加工业（6.84%），非金属矿物制品业（5.63%）。这六大高耗能行业总产值约占工业总产值的三成，但能耗占比高达八成以上，远高于一般行业，由此也导致镇江全市单位 GDP 能耗处于较高的水平，高于全省平均水平。

从所处发展阶段来看，今后相当长一段时期内，镇江发展的重点仍然是工业，对资源、能源的刚性需求仍然较为强烈。在节能降耗方面，经过历年的技术改造，以电力、钢铁、化工、建材、造纸等为代表的高耗能行业，单耗已处于较低水平，其中水泥单耗、造纸单耗和 100MW 机组供电煤耗等甚至已达到行业先进值，在此基础上保持持续下降，空间有限，难度较大。

（2）经济增长与碳排放还未"脱钩"，产业调整难度较大

镇江现有的偏"重"的产业结构、偏化石能源的能源结构共同决定了整体经济增长与碳排放"深度捆绑"。如表 2 所示，产值与碳排放呈现出高度正相关，即碳排放与行业产值排序高度一致。例如，黑色金属冶炼和压延加工业产值与碳排放位次都为 5；纺织业都为 19；食品制造业分别为 22 和 21。因此，GDP 与化石能源、能源电力需求增长"双脱钩"的道路任重而道远。从产业调整预期来看，一方面，城市竞争加剧，招引相似度高，使得苏州、南京等城市对镇江产生人口虹吸效应，并对镇江高端产业的集聚形成挤压效应。同时，在镇江劳动力成本不具备优势的情况下，苏北、中西部地区产业转移吸引力更大，使得招引高端项目难度加大。另一方面，自身传统产业改造升级形成挑战。传统产业仍然是工业经济的主体，是最具竞争力的板块，但也要看到核心技术和关键设备"卡脖子"问题凸显、改造升级研发成本高、专职人才断档、缺乏长期的战略发展意识和紧迫感等导致传统产业改造升级动力不足，与高质量发展要求相比，还有较大差距。

（3）工业产品单位能耗高，自主创新能力较低

通过产品结构优化降低能源消耗、减少碳排放，是产业结构调整的另一途径，即以低能耗、低排放产品替代高能耗、高排放产品。从工业产品角度看，镇江工业粗放生产方式依然存在，制造业及其产品能耗占比居高不下；资源利用效率与国际先进水平尚存在差距，单位产品能耗高出国际先进水平 20% 以上；重点工业产品绿色设计能力较弱，自主品牌占比明显偏低，制造工艺与装备水平不高，污染较严重，工业报废品再利用率仍然较低。另外，终端消费者对绿色低碳产品的选择还未形成偏好，对倒逼企

业低碳转型升级没有约束力。

实现"双碳"达标，亟待突破可再生能源、低碳建筑、新能源汽车、绿色制造、低碳供应链、能源互联网等领域的关键技术。低碳技术、低碳产品在重点部门和行业中的推广应用，高碳行业的低碳化改造、转型和升级，以及 CCUS 技术研发等都需要科技支撑。相比而言，镇江"双碳"领域人才缺乏，科技创新能力不足。

3. 工业能源消费与碳排放相关分析

（1）工业能源消费总量呈波动上升趋势，总量控制难度较大

图 3 显示，"十二五""十三五"期间，随着镇江地区生产总值的高速增长，工业企业能源消费总量整体呈现波动式上升趋势。GDP 由 2011 年的 2230.68 亿元增长到了 2020 年的 4763.42 亿元，年均增速约为 7.88%，基本和全省年均增速持平。工业能源消费总量由 2011 年的 1633.82 万吨标准煤增加到了 2020 年的 2017.07 万吨标准煤，年均增速约为 2.13%，明显低于 GDP 年均增速。并且在 2015 年、2017 年、2018 年工业能源消费量与 GDP 成反比，显示出镇江在能源保障与能耗"双控"方面的艰难探索并取得实效。依据 2022 年最新发布的《镇江市"十四五"能源发展规划》所划定的预期目标，"到 2025 年，全市具备约 1700 万吨标准煤的能源供应能力，有效保障 1593 万吨标准煤左右的能源消费预期（年均增速控制在 2.6%左右）"，镇江在工业能源消费总量控制方面依然面临着巨大挑战。

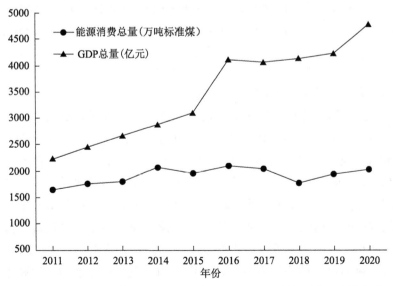

图 3　2011—2020 年镇江市地区生产总值与工业企业能源消费总量变化表

（2）能源消费以原煤为主，资源禀赋有限

能源转型是实现"双碳"目标的重要途径。测算数据显示，92%的二氧化碳来源于能源的使用和排放。能源工业也是镇江的主要支撑产业之一，作为火电大市，镇江市电源结构以煤电为主，火力发电耗煤每年达到1673万吨。根据表3，2016—2020年，镇江市工业企业能源消费以原煤为主，原煤在整个能源消费中的占比基本在72%以上。统计显示，镇江市煤炭消费占一次能源消费比重超过70%，远高于57%的国家水平，煤电装机占比超过75%。与此同时，镇江市可开发利用的新能源有限，可再生能源禀赋欠佳，体量不足且装机占比低，非化石能源占能源消费总量的比重仅为5%左右，远低于15%的国家水平。此外，电网建设难以满足大规模可再生能源发展需要，可再生能源电力消纳存在压力。可见，镇江短期内大幅减少煤的消费不现实。新能源发展还在培育之中，提高占比还需要较长时间。

表3　2016—2020年镇江市规模以上工业企业能源消费总量及比重

年份	能源消费总量（万吨标准煤）	能源消费量/比重			
		原煤（万吨）/（%）	热力（百万千焦）/（%）	天然气（万立方米）/（%）	电力（万千瓦时）/（%）
2016	2090.87	2235.78/76.38	28763826/4.69	41372/2.63	1779127/10.46
2017	2030.91	2059.91/72.45	30657844/5.15	44313/2.90	1738492/10.52
2018	1761.15	1819.92/73.81	30880490/5.98	37052/2.80	1634978/11.41
2019	1933.30	2071.09/76.52	31329918/5.53	44928/3.09	1731225/11.01
2020	2017.07	2072.36/73.39	32331026/5.45	47568/3.14	1707412/10.40

（3）能耗强度大，人均用能基数高

近年来，镇江传播低碳理念、展示低碳技术、促进低碳合作，全市单位GDP能耗下降37.7%，但是从单位GDP能耗强度来看，2020年镇江市单位GDP能耗强度约为0.478万吨标准煤/亿元，明显高于江苏省单位GDP能耗0.318万吨标准煤/亿元，并在苏南五市中能耗强度列第一位（表4），表明镇江经济发展对能源消费的高度依赖。不仅如此，单位GDP能耗强度大也间接反映了镇江市在产业结构优化、设备技术装备水平提高、能源消费构成和利用效率调整等方面仍有较大空间。在人均电耗方面，2011年至2020年，随着经济的高速发展，镇江市人均用电量逐年递增，远高于国家平均水平，年均增速约为3.94%（图4）。

表4　2020 年江苏省及苏南五市单位 GDP 能耗强度表

区域	GDP（亿元）	能源消费总量 （万吨标准煤）	单位 GDP 能耗 （万吨标准煤/亿元）
全省	102718.98	32672.49	0.318
南京	14817.95	3794.49	0.256
无锡	12370.48	4079.58	0.330
常州	7805.32	1872.2	0.240
苏州	20170.45	8760.51	0.434
镇江	4220.09	2017.07	0.478

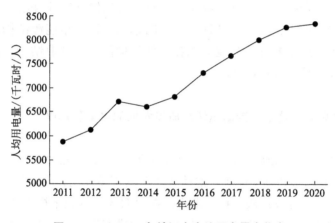

图4　2011—2020 年镇江市人均用电量变化表

4. "双碳"达标压力大，任务重

（1）碳排放总量还未达到峰值

镇江碳排放部门构成以第二、三产业和生活消费为主，其中第二、三产业两大部门所占比重之和超过 2/3。作为"火电大市"，如表1所示，镇江的电力、热力生产和供应业主要能源消耗以原煤为主，行业碳排放量远高于其他行业，碳排放"双控"难度较大。另外，当前有快速大规模增长可能性的风电光伏对总电量的贡献不到 9%，无法满足较高的电力消费增长。如何破解资源瓶颈，做好传统能源和新能源组合优化、接续问题，是未来一段时间需要着力解决的问题。

（2）碳排放量与行业特征相关性高

从全市行业碳排放情况看，各行业能源消费结构、生产方式的特点造成行业间碳排放有较大差异，显示碳排放量与行业之间有不同特点的相关关系。如图1所示，第四象限"低产值、高排放"中造纸和纸制品业2020年工业总产值为154亿元，排在第10位，但是该行业的碳排放总量远高于总产值位次，为第3位，是镇江工业行业的"排碳大户"。造纸是镇江的传统产业之一，主要企业有金东纸业（江苏）、江苏长丰纸业。第二象限中，"高产值、低排放"中主要包括高端装备制造产业和数字经济产业的相关行业，具有较高技术、较高价值、碳排放量相对较低的特点。图1所示四象限分析虽然不能准确定位镇江工业行业创造的价值和碳排放高低的相关关系，但在一定程度上为产业发展调整和减碳提供了参考方向。

综上，通过对镇江市工业结构、产业结构、工业能源消费及碳排放现状的研究，结合镇江市自身资源禀赋特征，可知镇江产业经济发展的现实情况呈现出高投入、高排放特征。一定时期内，镇江市能源结构以原煤为主，比重远远高于电力等其他低能耗、低污染能源；产业结构耗能大，总体碳排放高，结构调整难度较大。

三、"双碳"背景下推动镇江高质量发展的对策和建议

要辩证把握"双碳"工作与高质量发展中"量"和"质"的关系，以"量"的不断调整和量变优势，推动"质"的不断优化和质变跃升，尽力而为、量力而行，先立后破、稳中求进，在"双碳"约束下推进高质量发展，在高质量发展中推进"双碳"工作，努力达成实现"双碳"目标和高质量发展的双赢。

（一）加强"双碳"学习，加大考核分量

1. 加强"双碳"学习

深化学习习近平生态文明思想，学懂弄通做实，增强"双碳"工作本领。关于碳达峰碳中和，习近平总书记发表了一系列重要讲话，要认真学习、深刻领会，提高"双碳"专业理论水平。一是充分认识"双碳"工作的重要性和紧迫性。推进"双碳"工作，是立足新发展阶段、贯彻新发展理念、构建新发展格局、推动高质量发展的内在要求，是破解资源环境约束突出问题、实现可持续发展的迫切需要。二是专题学习"双碳"专业知识。要加强领导干部对"双碳"基础知识、实现路径和工作要求的学习，做到真学、真懂、真会、真用。把"双碳"工作作为干部教育培训体系重

要内容，增强各级领导干部推动绿色低碳发展的本领。

2. 加大考核分量

将"双碳"工作相关指标纳入镇江经济社会发展综合评价体系，增加考核权重，加强指标约束。要增强各级领导干部"双碳"工作的责任感，加大考核分量，严格监督考核，推动形成工作合力。一是强化担当意识。各级领导干部既要立足当下，又要放眼长远；既要有"功成不必在我"的精神境界，又要有"功成必定有我"的历史担当，一任接着一任干，一锤接着一锤敲，确保按期完成"双碳"目标任务。二是严格监督考核。要把"双碳"工作纳入镇江生态文明建设整体布局和经济社会发展全局，将"双碳"目标任务作为各级政府和领导干部政绩考核的重要指标，增加碳排放总量和强度、能源资源消耗、节能降耗、资源利用、循环利用等与低碳发展相关考核指标的权重，压实主体责任。要构建经济社会发展与"双碳"工作一体谋划、一体部署、一体推进、一体考核的工作协调机制，推动经济社会生态相互协调的高质量发展。

（二）制定科学规划，提高发展质量

1. 制定科学规划

党中央、国务院及相关部委陆续出台"1+N"工作方案和政策体系，明确"双碳"达标时间表、路线图、施工图，为推动经济社会绿色低碳发展提供重要指导。镇江要研究制定《镇江市2030年前碳达峰行动方案》和《镇江市关于推动高质量发展做好碳达峰碳中和工作实施意见》，明确碳达峰目标、实施方案和行动措施。推进"双碳"工作，要先立后破，做到稳妥有序，避免"跑偏"。一是坚持实事求是，不急功近利。要根据国家统一部署结合本地经济社会发展实际情况，合理设定碳达峰的时间和碳达峰的目标值。既不搞"碳冲锋"，也不搞运动式"减碳"。二是坚持共同但有区别的原则，不搞"一刀切"。要根据不同行业和区域设计科学目标、分解相应任务，既要量力而行，又要尽力而为。三是坚持稳妥有序总基调，不好高骛远。科学把握碳达峰节奏，明确责任主体、工作任务、完成时间，有序推进"双碳"达标工作。

2. 提高发展质量

实施碳达峰碳中和能够解决能耗、污染等环境问题，是经济社会全面而系统的重大变革，是以"双碳"目标为牵引推动高质量发展。确定"双碳"目标，既不是设置发展的"天花板"，也不是拧开用能的"水龙头"，而是要找到经济发展与生态保护之间的"最佳平衡点"。实现碳达峰碳中和是一项系统工程，涉及空间、能源、产业、交通、建筑、技术、政策、生活、生态、人居等多领域、多方面。因此，有必要编制"双碳"目标下城市低碳发展专项规划，设计指标体系。要坚持系统观念，统筹谋划经济发展、产业结构、能源结构、碳排放总量和强度、空间布局、绿色交通、绿色建筑、绿色社区等主要目标。构建"双碳"目标下低碳城市发展指标体系可参照表5，包括优化升级产业结构、控制碳排放总量和强度、降低能源资源消耗、优化城市空间布局、提高城市基础设施运行效率、推动绿色交通、推广绿色建筑和创建绿色社区等8个主要目标及42个二级指标。增加低碳绿色因子在城市经济社会系统中的占比，引导城市产业结构、生产方式、生活方式、空间格局等向绿色低碳方向发展，提高城市发展品质。

表5 "双碳"目标下低碳城市发展指标体系

目标	内涵	具体指标
优化升级产业结构	产业结构优化升级	GDP总量、GDP增速、第三产业占GDP比重、低碳产业占GDP比重
控制碳排放总量和强度	碳排放总量	二氧化碳排放总量
	碳排放强度	单位GDP二氧化碳排放量
降低能源资源消耗	能源使用结构	非化石能源占一次能源消费比重、清洁能源装机占比
	能源利用	建筑用电占建筑能耗比例、公共建筑电气化比例
	水资源	单位GDP用水量、污水资源化再生利用率
优化城市空间布局	组团式发展	组团内平均人口密度、组团间生态廊道净宽度
	园林绿化	建成区绿化覆盖率、建成区绿道长度、城镇人均公共绿地面积
提高城市基础设施运行效率	污水垃圾处理	城市污水处理率、生活垃圾资源化利用率、固体废弃物综合利用率
	节水型城市建设	城市公共供水管网漏损率、再生水利用率
	海绵城市建设	建成区平均可渗透面积占比、建成区积水内涝点密度
	绿色照明	LED等高效节能灯具使用占比

続表

目标	内涵	具体指标
推动绿色交通	城市道路	主城区道路网密度、公交可达性
	绿色交通	城市绿色交通出行比例、新能源车推广使用率、建成区高峰时段平均机动车速度
推广绿色建筑	绿色建筑	装配式建筑占当年城镇新建建筑面积比例、城镇星级绿色建筑占比、低碳建筑（超低能耗、零碳、近零能耗建筑）占新建建筑面积比例
	绿色施工	施工现场建筑材料损耗率、建筑垃圾排放量、建筑垃圾资源化利用率
	建筑节能改造	建筑节能标准执行率、高耗能建筑节能改造率
创建绿色社区	城市更新和旧区改造	老旧小区改造个数、改造达标率
	绿色社区	15分钟社区生活圈覆盖率（如便民服务设施、医疗服务机构、健身器材、老年服务站、普惠性幼儿园等）、绿色社区创建率

注：资料整理自蒋明、朱宁的《"双碳"目标下低碳城市发展和指标体系构建》

（三）改善能源结构，控制能耗总量

1. 改善能源结构

国际经验表明，碳达峰的核心路径是"一控一增一减"——"一控"指严格控制能源消费总量，"一增"指大幅增加非化石能源供给，"一减"指持续减少以煤炭（含焦炭）为主的化石能源消费。2021年年底，中央经济工作会议提出，要立足以煤为主的基本国情，抓好煤炭清洁高效利用，提升新能源消纳能力，推动煤炭和新能源优化组合。从镇江实际情况看，全市煤炭消费占一次能源消费比重超过70%，非化石能源占能源消费总量的比重为5%左右。要从市情出发，统筹好原煤"存量"和新能源"增量"的关系，在存量优化和增量提质上下功夫。一是存量优化。镇江要严格落实国家煤电、石化、煤化工等产能控制政策，新建、扩建高耗能高排放项目严格实施产能等量或减量置换。加快煤炭减量替代步伐，提高"两高"项目能耗准入标准，加强生态环境准入管理，坚决遏制"两高"项目盲目发展。统筹煤电发展和保供调峰，严控煤电装机规模，加快煤电机组改造升级，实施煤电机组节能降碳改造、灵活性改造和供热改造"三改联动"，提高煤炭清洁高效利用效率。二是增量提质。镇江要以绿色低碳发展为导向，加快能源结构调整步伐，优化可再生能源开发布局，加快构建新型电力系统。提高天然气使用比重，鼓励发展天然气分布式能源。大幅增加光伏、风电、生物质能的装机容量，推进分布式光伏建设，促进光伏系统应用。到"十四五"末，可再生能源装机将实现倍增，可再生能源利用效率将获得提高。

2. 控制能耗总量

据研究，使用 1 吨标准煤完全燃烧产生的"二氧化碳"大概为 2.5~2.7 吨。因此，控制煤的消耗总量是实现"双碳"达标、提高发展质量的关键。一是完善能耗双控考核制度。"十四五"时期，全国将继续实施节能优先战略，坚持和完善能源消费总量和强度考核制度，分地区分解下达能源消费总量和强度控制目标。镇江要将能源消费总量和强度控制目标分解至各辖市、区政府和重点耗能企业，大力推动能耗"双控"行动，使全社会形成节约能源、提高能效的生产方式、生活方式，为能耗"双控"逐步向碳排放总量和强度"双控"转变打好基础。二是挖掘控制能耗潜力。针对镇江产业结构偏重、能源消耗偏煤的特征，要对重点行业、企业进行节能降耗的深度挖掘，严格控制化工、建材、冶金、燃煤电力等高碳行业产能增长，对化工、电力等主要耗能行业大力实施节能减排。在园区大力发展循环经济，运用先进技术搭建产业链、供应链、循环链，减少资源、能源浪费和污染物排放，提高能源利用效率。三是加快新产业、新能源发展。控制能源消耗总量，既要做好减法，也要做好加法，即通过大力发展节能环保、新能源、互联网、生物、新材料、文化创意等低碳产业减少全社会能耗。加快发展绿色能源，促进太阳能利用，使用沼气、秸秆、垃圾焚烧发电，合理开发地热能、风能等可再生能源。

（四）运用政策工具，限制排放数量

1. 运用政策工具

近几年，国家顶层设计陆续出台了一系列有关碳达峰碳中和工作的指导文件，构建了碳达峰碳中和"1+N"政策体系，其中《关于完整准确全面贯彻新发展理念做好碳达峰碳中和工作的意见》是政策体系中的"1"，为碳达峰碳中和这项重大工作进行系统谋划、总体部署；《2030 年前碳达峰行动方案》是碳达峰碳中和"1+N"政策体系中的"N"，包括能源、工业、交通运输、城乡建设等分领域分行业碳达峰实施方案，以及科技支撑、能源保障、碳汇能力、财政金融价格政策、标准计量体系、督查考核等保障方案。表 6 展示了 2020 年以来与"双碳"工作相关的主要政策文件。镇江要尽快制定相关配套政策文件，推动"双碳"工作落地见效。

表 6　2020 年以来与能源低碳发展相关的主要政策

编号	政策文件	年份	发文单位
1	《关于构建现代环境治理体系的指导意见》	2020	中共中央办公厅、国务院办公厅
2	《中共中央关于制定国民经济和社会发展第十四个五年规划和二〇三五年远景目标的建议》	2020	中共中央
3	《关于深化生态保护补偿制度改革的意见》	2021	中共中央办公厅、国务院办公厅
4	《关于完整准确全面贯彻新发展理念做好碳达峰碳中和工作的意见》	2021	中共中央、国务院
5	《2030 年前碳达峰行动方案的通知》	2021	国务院
6	《"十四五"节能减排综合工作方案》	2021	国务院
7	《"十四五"能源领域科技创新规划》	2021	国家能源局、科学技术部
8	《完善能源消费强度和总量双控制度方案》	2021	国家发展改革委
9	《抽水蓄能中长期发展规划（2021—2035 年）》	2021	国家能源局
10	《关于加快推动新型储能发展的指导意见》	2021	国家发展改革委、国家能源局
11	《关于开展全国煤电机组改造升级的通知》	2021	国家发展改革委、国家能源局
12	《加快农村能源转型发展助力乡村振兴的实施意见》	2021	国家能源局、农业农村部、国家乡村振兴局
13	《"十四五"现代能源体系规划》	2022	国家发展改革委、国家能源局
14	《"十四五"可再生能源发展规划》	2021	国家发展改革委、国家能源局、财政部、自然资源部、生态环境部、住房和城乡建设部、农业农村部、中国气象局、国家林业和草原局

编号	政策文件	年份	发文单位
15	《"十四五"新型储能发展实施方案》	2022	国家发展改革委、国家能源局
16	《氢能产业发展中长期规划（2021—2035年）》	2022	国家发展改革委、国家能源局
17	《关于进一步推动新型储能参与电力市场和调度运用的通知》	2022	国家发展改革委、国家能源局
18	《关于加快建设全国统一电力市场体系的指导意见》	2022	国家发展改革委、国家能源局
19	《风电场利用率监测统计管理办法》	2022	国家能源局

要建立和完善相关配套政策制度和激励约束机制，从正向激励、反向约束两方面引导绿色低碳发展。一是加大激励支持。充分发挥经济杠杆作用，运用财税、利率等各类政策工具，激发各类主体主动实施节能减排、治污降碳的内生动力。创新绿色金融产品，如建立绿色低碳产业基金、发行绿色债券、绿色保险，推出"环保贷"产品，通过风险补偿资金池为低碳环保项目提供融资担保，激励金融资本支持绿色低碳企业发展。例如，2021年苏州高新区签约设立了目标规模10亿元的绿色低碳产业基金；发行江苏省首单"碳中和"绿色债券，以及江苏省首单绿色建筑性能责任保险；推出"绿色租赁"金融服务方案等，全力打造"绿色科创引领区、绿色产业示范区、绿色合作枢纽区"。二是强化约束机制。生态环境部明确提出"达峰行动有关工作将纳入中央生态环境保护督察，并对各地方达峰行动的进展情况开展考核评估"。必须强化约束管理，加强监督检查、数据监测，倒逼企业实施减污降碳、产业转型升级。要充分发挥镇江低碳城市建设管理云平台作用，提升碳平台服务升级，增加看碳、析碳、管碳三大核心要素，展示能源碳全景、供给侧清洁能源发展、消费侧碳排放指标，实现碳足迹追踪，全线摸清城市"碳家底"，为镇江"双碳"达标提供可视化、可核查、数字化、智慧化支持。

2. 限制排放数量

2021年7月16日，全国碳市场正式上线运行。全国碳市场运行一年后，碳排放配额（CEA）累计成交量1.94亿吨，累计成交金额84.92亿元。一年后成交价格略有上升，一年前的首日开盘价为每吨48元，目前价格为每吨60元左右。据了解，全国碳市场将覆盖发电、钢铁、建材、有色、石化、化工、造纸、航空 8 个高耗能行业，全部建成后将纳入约 8500 家碳排放企业，管控的碳排放量达到全国能源相关碳排放总量的 70% 左右。这 8 个行业镇江基本都有，将来一旦实际排放量超过拥有的配额，企业就需要在碳交易市场购买其他市场主体的配额。在外贸方面，镇江要做好应对欧美共推"碳关税"的准备。为了应对欧美"碳关税"，中国政府将适时启动碳税试点。从现实需要来看，全国碳市场主要适用于排放量大、排放源集中的企业，而对于排放源较为分散、未纳入碳市场的中小型企业来说，征收碳税不仅能使其满足欧洲委员会《议案》第九条中已在原产国通过碳税支付碳价则可申请抵扣这一规则，帮助企业合理降低为缴纳欧盟碳关税所支付的金额，还可以倒逼企业低碳减排，加速其绿色低碳转型步伐，镇江要积极做好应对。

（五）加大投资力度，提升绿色含量

1. 加大投资力度

据有关机构估算，实现《巴黎协定》确定的全球温升控制目标，全球需要投资 1000 多万亿美元。根据欧盟"能源转型委员会"研究预测，为实现欧盟 2050 年碳中和目标，2021 年到 2050 年需要约 28 万亿欧元的投资。中国研究机构预测到 2060 年，为实现碳中和目标，需要投资约 136 万亿元。从长远发展趋势看，绿色低碳新技术、新业态、新模式等迎来重大发展机遇。从国内发展趋势看，随着国家"双碳"工作的持续推进，与碳相关的产业将是最被看好、最有投资机会和发展前景的领域。"双碳"产业需求还将创造大量的就业机会，为经济高质量发展注入新动力。镇江要紧紧抓住这个产业发展新风口，瞄准投资新领域，加大引资力度，抢占"双碳"产业新赛道。

2. 提升绿色含量

镇江要紧盯"双碳"市场、加大"双碳"领域投资，提升发展绿色含量。一是瞄准"双碳"投资新领域，加大对风电、光伏等非化石能源的投资，加大对绿色、低碳、零碳等的技术投资，加快运用低碳技术对传统产业进行改造升级，提高产业含绿量。同时要加大工业、建筑、交通、农业等领域的绿色投资，推动全社会生产方式、生活方式、消费方式等众多行业领域的能源消费变革。二是聚焦镇江"四群八链"产业布局，加大对新能源、装备制造、新材料、生物医药等产业投资，推动绿色低碳产业与人工智能、区块链、5G 通信、工业物联网等新兴技术融合发展，促进"双

高"产业转型升级，新兴产业绿色化、低碳化、智能化。在重点产业领域要提早布局，积极培育，占领高地。例如，常州在动力电池、新能源汽车领域的经验值得借鉴。业界认为动力电池产业"全球看东亚、东亚看中国、中国看江苏、江苏看常州"。"十三五"时期，常州率先布局动力电池产业。截至2021年底，常州动力电池产业规模超700亿元。常州成长为全国乃至全球产业发展高地。

（六）加快科技创新，注入技术能量

1. 加快科技创新

科技创新是碳达峰、碳中和的重要支撑。2022年6月，国家《科技支撑碳达峰碳中和实施方案（2022—2030年）》发布，统筹提出支撑2030年前实现碳达峰目标的科技创新行动和保障举措，并为2060年前实现碳中和目标做好技术研发储备。《实施方案》提出了十大行动，具体包括：能源绿色低碳转型科技支撑行动，低碳与零碳工业流程再造技术突破行动，城乡建设与交通低碳零碳技术攻关行动，负碳及非二氧化碳温室气体减排技术能力提升行动，前沿颠覆性低碳技术创新行动，低碳零碳技术示范行动，碳达峰碳中和管理决策支撑行动，碳达峰碳中和创新项目、基地、人才协同增效行动，绿色低碳科技企业培育与服务行动，碳达峰碳中和科技创新国际合作行动。《实施方案》还提到，到2030年建成50个不同类型重点低碳零碳技术应用示范工程，形成一批先进技术和标准引领的节能降碳技术综合解决方案。可以预见，未来"双碳"发展取决于科技创新能力，可以说技术为王。镇江要紧跟科技发展前沿，加快科技研发，加强多方合作，推进技术创新，提高创新能力。

2. 注入技术能量

镇江要紧盯新技术发展趋势，结合产业定位，加快技术跟进与创新。一是加快智能电网、储能、动力电池技术研发，提升电气化水平。二是加快深度脱碳技术的研发与示范，降低能源消费对化石能源的过度依赖。三是加快工业、能源、交通、建筑等领域节能降耗、零碳技术、负碳技术的研发、示范和应用，提高能效、减少污染。四是要加强国内国际合作与研发。瞄准前瞻性、颠覆性技术，加强与国内国家重点实验室及国外科研机构的技术合作与研发，突破相关核心技术，开展低碳/脱碳技术大规模集成示范，提高科技服务能力。例如，南京高新区依托校地融合，引进了一批带动能力强、科技含量高、环境友好的龙头企业和重点项目，在江苏省环境科学研究院大气环境研究所的技术支撑下，完善"产学研"结合发展模式，推进新一代信息技术、现代生命科学和生物技术、新材料等高端产业发展，培育低碳零碳技术生产力。镇江要持续深化低碳技术创新攻关和合作行动，通过国际低碳大会（镇江），加快低碳、零碳、负碳技术研发、示范和落地应用，以科技赋能推动动力变革、产业变革、质量变革。

（七）强化生态保护，扩大碳汇增量

1. 强化生态保护

实现碳达峰、碳中和目标，既要做好减法，也要做好加法。在减污降碳的同时，还要在增加生态碳汇上下功夫。生态碳汇是对传统碳汇概念的拓展和创新，不仅包含一般意义上的碳汇，即通过植树造林、植被恢复等措施吸收大气中的二氧化碳，还增加了草原、湿地、海洋等生态系统对碳吸收的贡献，以及土壤、冻土对碳储存碳固定的维持，强调各类生态系统及其相互关联的整体对全球碳循环的平衡和维持作用。农业农村部、国家发展和改革委员会联合印发《农业农村减排固碳实施方案》，提出要研究建立核算认证体系，积极探索碳排放交易有效路径。例如，福建省作为全国首个国家生态文明试验区，率先探索碳排放交易有效路径。2022年，全国首个农业碳汇交易平台落地厦门，并完成首批茶园碳汇交易；海峡股权交易中心完成全国首单农田碳汇交易；福鼎签订首个农业碳汇保单。福建充分利用优质生态环境，把"卖空气"的收入用于反哺乡村振兴，加快农业绿色转型，为实现碳达峰碳中和开辟了一条新路径。

2. 扩大碳汇增量

镇江要加强生态环境保护与修复，提升绿地、河湖、湿地等自然生态系统的固碳能力，为实现"双碳"达标筑牢绿色基底。要大力增强森林资源培育，广泛开展国土绿化行动，不断增加森林面积和蓄积量，进一步扩大碳汇增量。近几年，全国生态环境好的地方开始尝试增加生态碳汇、实现生态产品价值机制。例如，浙江省丽水市在全国率先探索生态产品价值实现机制，促进经济生态效益双提升，取得较好的效果。镇江尝试以世业洲为试点，精心打造生态环境，挖掘生态产品价值，将生态产品的生态价值转化为经济价值，探索"绿水青山就是金山银山"的镇江样板，打造生态低碳小镇。再如，扬州瘦西湖风景区积极打造碳中和生态景区，通过对瘦西湖景区照明、游船、餐饮等各领域实施电气化改造、电能替代等方式，致力实现"零碳生态+能效服务+沉浸互动"的业务全场景。瘦西湖年旅游

人数约 116 万人次，二氧化碳排放总量 3500 余吨，植被、湖泊新增碳储量折合碳汇总量约 950 吨，构建了"零碳生态+智慧柔性+场景验证"景区用能新模式。扬州打造"碳中和"示范景区的做法值得镇江学习和借鉴。

（八）普及宣传教育，动员社会力量

1. 普及宣传教育

实现碳达峰、碳中和目标是一项系统工程，需要社会各方达成共识并积极行动，形成全社会推动"双碳"工作的群体效应。一是提高公众认知水平。将生态文明教育纳入国民教育体系，普及碳达峰、碳中和基础知识，增强市民绿色低碳意识，推动生态文明理念更加深入人心。组织市民参加"双碳"学习科普活动，增强绿色低碳理念和节能减排意识，形成崇尚环保、践行低碳的良好氛围。二是强化领导干部培训。将学习贯彻习近平生态文明思想作为干部教育培训的重要内容，把碳达峰、碳中和相关内容列入教学内容，提升学员专业素养和业务能力，提高领导干部带动全社会践行绿色低碳发展的影响力、推动力。

2. 动员社会力量

一是营造良好氛围。要创造条件引导居民形成节约节俭的生活方式，积极参与绿色低碳行动。在全社会深入推进绿色生活创建行动，评选宣传一批优秀示范典型，形成绿色低碳生活新风尚。大力推广绿色低碳产品，完善绿色产品认证与标识制度，提高政府采购绿色产品的比例，引导低碳绿色消费行为。二是优化低碳出行交通工具。生态环境部环境发展中心和中环联合认证中心共同发布的《共享骑行全生命周期减污降碳报告》指出，以美团电单车为例，1 辆电单车在全生命周期实现碳中和后，净减碳量可超过 0.5 吨，并且每辆电单车出行环节平均可减少颗粒物排放 134 千克。镇江要进一步优化共享骑行，推动交通领域绿色转型、减少碳排放。三是广泛发动社会力量。动员全民参与绿色低碳活动，减少镇江市人均碳排量。据相关研究，中国人均碳排放量约每年 7 吨，如果在衣食住行等方面实践低碳消费，个人年均减排潜力可超过 1 吨。如按每年人均减排 1 吨计算，镇江全市可减少碳排放约 320 万吨。可见，全社会积极参与"双碳"行动，减碳效果也很可观。

课题组成员：孙文平、于　伟、杨　猛、薛玉刚、孙忠英、
戴　惠、李秋阳、王　甜、杨艳艳

以法治化方式优化镇江营商环境的对策建议

｜ 中共镇江市委党校、镇江市社科联联合课题组 ｜

党的二十大报告强调，要"深化简政放权、放管结合、优化服务改革"，"营造市场化、法治化、国际化一流营商环境"。构建营商环境，核心在于法治化。良好的法治化营商环境，是镇江"跑起来"的必要条件，也是助力镇江成为创新创业福地、提升"镇江很有前途"含金量的重要抓手，需要将其作为镇江经济社会高质量发展的一项重要基础性工作来推进。当前镇江法治化营商环境建设已取得一定成效，但在制度建设、政府执法监管、司法保障、社会诚信体系等方面还面临一些深层次问题，课题组从立法、执法、司法、普法等方面提出具有针对性、可操作性的对策建议，以期为镇江营造稳定公平透明、可预期的法治化营商环境提供参考。

一、镇江法治化营商环境建设情况及成效

（一）立法及制度机制不断完善

近年来，镇江积极致力于营商环境立法体系的完善工作，在全省率先将党政主要负责人履行推进法治建设第一责任人职责纳入考评范围，出台了《关于法治护航民营经济健康发展的实施意见》，明确组织领导、督查考核等工作机制，制定《关于打造新时代法治化营商环境的实施意见》《镇江市优化营商环境联席工作会议规则（试行）》《优化税收营商环境 20 条举措》等系列文件，不断推动制度化和规范化建设。

（二）行政服务效能持续提升

各级政府及职能部门在简政放权、行政管理等方面做了大量工作，如公安机关将审批材料压减30%以上，行政审批时限从5个工作日压减到3个工作日。在审批制度改革方面，各职能部门持续拓展"不见面"审批服务，全面推进登记、刻章、开户、税务全链审批改革，缩短企业开办时限，通过开办网上业务、建立综合窗口，实现"一枚印章管审批""一事一地一窗办理"的常态运行，提高审批效率与服务质量，为镇江经济发展提供强劲动能。

（三）司法服务理念逐步深化

不断创新优化诉讼服务，在全国率先推动建立破产资产与招商对接的破产财产处置机制。以"一创建二优化三提升"专项活动为牵引，在"立、审、执、破、治"各环节共推出 42 项具体举措，以"五大助力"全方位、多层次护航产业强市战略，精心打造"镇合意·法助力"司法服务营商环境工作品牌。

（四）法治宣传氛围日渐浓厚

将"法治化营商环境助推'镇合意'服务品牌"作为法治镇江建设宣传月的重要宣传内容，广泛利用各类资源，开展形式多样的宣传活动；组织开展法律服务团队进企业、一村（社区）一法律顾问走进辖区民营企业等活动，为企业提供优质法律服务，持续增强公共法律服务供给能力。

二、当前镇江法治化营商环境存在的主要问题

近年来，镇江在优化营商环境方面做了大量的工作，也取得了一定成效，但还存在一些不足。通过对问卷调查和访谈发现的问题进行归纳整理和分析提炼，我们总结出目前镇江法治化营商环境存在的突出问题，主要表现在以下几个方面。

（一）制度政策匹配企业需求不足

个别部门在政策及制度制定过程中，往往参照国家、省级层面，机械对标先进地区经验，出现了"上有下要有""他有我也有"的现象，对本地企业需求了解不够广泛和深入。市场主体对于地方立法及部门文件制定工作的参与度不够，对其知情权和表达权保障不够充分。有些部门在制度制定过程中也开展了专题调研，但讨论主题较为固定，开放性欠缺，难以有效挖掘企业所面临的深层问题，导致制度的针对性和可操作性还不够强。同时，调研发现，涉及企业发展的一些深层次问题并未真正解决。如市场主体受市场预期和政策预期及规划变动的影响，信心不足；地区间招商政策过度竞争；政府部门的权力边界与监管能力建设不平衡；等等。

（二）政府依法行政能力有待提高

个别政府部门主动服务的意识不强，办事效率不高，在联动执法工作

中牵头部门责任意识弱化、其他部门配合不够。有的行业行政执法不太规范，重复执法、频繁执法、执法真空等问题还没有得到根治。多数受访者认为，执法过程中还有不公开不透明的情况。有的执法信息公开不够及时，甚至有少数部门信息还没有完全公开，不同程度地存在信息归集共享不到位、部门间互开证明的情况，这些现象给企业的正常生产和经营活动造成了一定影响，不利于为企业创造良好的执法环境和公平的发展环境。调研中有企业反映，有些部门执法人员素质不高、处理方式简单粗暴，发现企业轻微违法行为后，不是耐心细致地告知企业整改路径、指导企业加强整改并给予一定的整改期限，而是当即开具处罚通知，虽然这种情况属于极个别现象，但是对于营商环境尤其是法治化营商环境来说，伤害性极大，会直接将投资者拒之门外。有些监管部门仍然以事后考核、检查为主，更多强调事后监督，事前、事中监管措施和监管力度不足。

（三）司法保障企业权益还需加强

当前司法运行和监督机制还不够完善，在商事案件审理上，办案期限较长，司法效率较低。消极执行、不按期执行，以及超标的、超数额查封冻结等问题仍引发一些信访投诉。有些基层单位和检察干警对服务保障优化营商环境的认识还没有完全到位，存在市院重视程度高、基层法院重视程度低以及领导重视程度高、办案人员重视程度低的"两高两低"情况。在服务民营企业举措方面，有些基层单位和检察干警更多地局限于审判和执行工作，对促进企业发展的案件的宣传还不够多，没有形成并发布一批具有指导性意义的典型案例。多元纠纷解决渠道还需要不断健全。在调研中，有企业管理者表示，面对纠纷时，自己会采取私了的方式解决，认为通过司法渠道解决问题效率低，不如私下协商解决快，这说明司法调解的接受度有待提升。

（四）社会诚信体系建设尚显薄弱

一些重点领域、重点人群和关键环节的信用监管和联合奖惩措施的实效性还不太理想。一方面，一些市场主体守法经营、依法维权、理性维权的主动性不够，部分企业违法经营及盗版仿制、侵犯他人知识产权的情况还客观存在。有企业反映，经营异常企业名录比较宽泛，一些轻微失范行为都被纳入失信范围，致使企业经营陷入困境。另一方面，守信联合激励应用领域较少、措施较简单，"守信得益"的效果还不普遍。政务诚信机制对于政府行为的约束还不够有力，个别职能部门在诚信履约方面做得还不够，出现违约毁约、"新官不理旧账"、拖欠民营中小企业账款等问题。这些行为既透支了政府公信力，妨碍了诚信政府建设，也不利于打造法治营商环境。

三、优化镇江法治化营商环境的对策建议

要推动法治成为镇江营商环境建设的最好品牌和核心竞争力，实践中需要秉承法治精神，以市场主体的真实需求为主要导向，通过健全机制、依法行政、公正司法、增强全民守法意识等举措，指引市场主体的活动方式，进而形成促进社会经济交往公平公正的系统化、制度化、规范化的法治氛围和社会意识。

一是坚持思想理念先行，为法治化营商环境制定科学的评价指标体系。（1）增强服务理念，为市场主体纾难解困。整合律师、公证、人民调解、仲裁等法律服务资源，组建服务队，常态化开展法律咨询、法治宣讲、风险评估、法律援助、法律救济等公益性活动，为市场主体提供个性化、精准且优质的法律服务，助力市场健康发展。（2）转管理为治理，促进共建共治共享。积极发挥社会组织和行业协会在社会治理中的作用，加大力度培育社会力量，多角度支持社会组织发展，鼓励社会组织之间的合作，重视商会协会纽带作用的发挥，坚持和发展新时代"枫桥经验"，健全多元化纠纷化解机制。（3）构建科学评价指标体系，发挥其指挥棒作用。设计镇江市法治化营商环境评价指标体系，通过准确、客观、精细的测评及时了解立法、执法、司法等实际状况，针对问题及时整改，强化监督，把测评结果纳入绩效考核，发挥指标体系指引、规范作用，不断优化法治化营商环境。

二是完善立法体制机制，为法治化营商环境夯实良好的制度基础。（1）鼓励创新探索，提高营商环境地方立法的科学性。建立健全保障营商环境的法规体系，减少用意见或工作方案的形式，换用地方政府条例，从原来的"单兵推进"向系统集成转变，进一步推动营商环境立法趋向体系化、制度化。完善和加强重点领域、新兴领域、涉外领域的立法。注意吸收固化基层实践中形成的好经验、好做法，大胆运用新的监管服务形式，开展特色立法和精细立法。（2）聚焦市场主体，加强营商环境地方立法的针对性。设立企业等立法联系点，确定联络员，提高市场主体的立法参与

度，充分听取市场主体和行业协会商会意见，建立健全意见建议采纳和反馈机制。（3）健全立法职能，增强营商环境地方立法的实践性。坚持问题导向，注重市场主体满意度，采用"集中+日常"双驱动模式，依托民意征集系统、小程序等，实现民意征集便捷化、互动反馈实时化、征集方式多样化，搭建各方参与营商环境立法"直通车"。可以学习常熟市"数字门牌+立法征求"模式，依托数字门牌，使居民在家门口"扫一扫"就能反馈意见。

三是严格规范文明执法，为法治化营商环境提供良好的政务环境。（1）持续深化执法体制改革。加快实现违法线索互联、执法标准互通、处理结果互认，切实解决多头多层重复执法问题。持续推动执法重心下移，坚持权随事转、编随事转、钱随事转。完善行政执法行为监督机制、责任追究机制，以及行政执法行为信息公开机制和投诉机制，杜绝执法随意、执法不公、执法不严等问题。（2）严格规范行政执法方式。坚持过罚相当，将行政裁量权基准内容嵌入行政执法信息系统，为执法人员提供精准指引。推广说理式执法，广泛运用说服教育、劝导示范、警示告诫、指导约谈等方式。寓服务于执法，全面推行"企业行政合规指导清单"，将事后处罚向事前指导延伸，将行政指导融入涉企行政执法。（3）不断完善市场监管模式。推进实施信用分级分类监管，根据市场主体生产经营活动风险程度和企业信用等级实施差异化监管。积极推行远程监管、移动监管、预警防控等非现场监管。构建通力合作监管体系，综合运用新技术手段实施监管，提高监管的精准性、及时性、有效性。

四是维护司法公平正义，为法治化营商环境构筑良好的司法屏障。（1）力度与温度并重，提升法治保障能力。一方面，秉持良法善治，积极为企业减压，探索建立涉企刑事案件宽缓处理、联席审查等机制，依法慎用羁押性强制措施和"非必要"的资产处置措施，避免对企业造成不可挽回的伤害。另一方面，提高违法成本，全力为企业护航，依法加大对侵犯企业知识产权行为的惩治力度，慎重处理企业参与科技创新融资、成果转化、收益分配的行为。（2）完善协同机制，提升法治共建水平。探索建立定点联系制度，畅通渠道，以"逐企定人、联动高效"为原则，逐一明确各级政法机关班子成员的定点企业或重点项目，落实包联包办责任。探索建立定员帮办制度，提高实效，结合网格化社会治理、"法治体检"等工作，完善落实法官、检察官、警官、司法工作者进企帮办制度，切实减轻企业法治负担。（3）优化资源配置，提升法治服务能力。深化科技创新提效能，大力探索推进"互联网+政法"等科技化信息化方式，加强对现有政法平台的整体融合，让文书在网上"应查尽查"、信息在 App 上"跑来跑去"、事项在终端"即到即办"。深化服务供给提质效，加强涉企调解工作，从加强多元调解机制建设、行业企业调解组织设立、法律工作者发挥作用等工作入手，回应企业关切，提高企业在法治领域的获得感和满意度。

五是培育遵法守信社会意识，为法治化营商环境营造良好的法治氛围。（1）提升市场主体法治思维。广泛宣传、推广、倡议各类市场主体在经济活动中守法经营、公平竞争、合法获利，注重提升各类市场主体的法治思维。健全完善"产业链+法律服务"联盟，以服务产业链为牵引做大镇江法律服务业，满足市场主体个性化的法律需求。（2）加强公务人员诚信建设。完善守信激励和失信惩戒制度，对信用等级良好的公务人员，各部门要创新守信激励措施，在晋升提拔、年度考核优秀、评优评先评聘、重要岗位安排中优先考虑；对信用等级较差的公务人员，按照相关规定采取限制评优评先、选拔任用等处理措施。（3）加大普法宣传教育力度。落实"谁执法谁普法"责任制，创新形式，通过现场讲解、开通普法热线、印发宣传页、开设网络课程等多种方式，开展丰富多彩的法治实践活动，营造人人学法、全民守法、严格执法、公正司法的良好法治环境。

课题组成员：孙文平、薛玉刚、戴　惠、张　雯、
李秋阳、张美娟、吴长燕

中　编

深刻理解全面把握"六个更加"的内涵要义
凝心聚力扎实推进中国式现代化镇江新实践

| 朱定明 |

中国式现代化理论是党的二十大的一个重大理论创新，是科学社会主义的最新重大成果。党的二十大后，镇江市委按照中央提出的新思想、新理念、新战略，从镇江实际出发，在市委八届四次全会上提出了"物质基础更加坚实，民主法治更加健全，精神文化更加丰富，人民生活更加美好，人与自然更加和谐，安全屏障更加牢固"的"六个更加"现代化图景。在镇江市委八届五次全会上，马明龙书记再次强调要把"六个更加"现代化目标进一步细化实化具体化，谱写"强富美高"新镇江现代化建设新篇章。深刻理解、全面把握"六个更加"的内涵要义是推进中国式现代化镇江新实践的重要思想基础。

一、中国式现代化镇江新图景充分展示中国式现代化题中之意

"六个更加"的现代化图景，基本体现了中国式现代化的五大特征和本质要求，全面对应社会主义现代化强国的目标，为镇江现代化建设指明了目标和方向。一是"物质基础更加坚实"提供中国式现代化的根本动力。物质生产现代化层面所形成的显著优势，为中国式现代化发展提供了根本动力。镇江坚持教育优先发展、科技自立自强、人才引领驱动，全面做强做大、做优做精"四群八链"，推动经济实现质的有效提升和量的合理增长，全面夯实镇江现代化建设的物质基础。二是"民主法治更加健全"彰显中国式现代化的制度优势。发展全过程人民民主是中国式现代化的本质要求，镇江坚持以中国式现代化引领法治建设，以良法善治保障中国式现代化，在法治轨道上推进中国式现代化取得更大成就。三是"精神文化更加丰富"符合中国式现代化的内在诉求。坚持物质文明与精神文明协调发展，是中国式现代化呈现出的鲜明特征。镇江注重推进群众性精神文明创建，加强优质公共文化服务供给，推动中华文脉守护传承形成更多标志性成果。四是"人民生活更加美好"坚守中国式现代化的人民立场。只有坚持以人民为中心的发展思想，才会有正确的现代化发展道路。镇江注重实

施就业优先战略，完善收入分配制度，促进城乡居民收入稳步增长，推动共同富裕取得更为明显的实质性进展。五是"人与自然更加和谐"体现中国式现代化的精神特质。人与自然和谐共生的生命共同体理念，是全面建设社会主义现代化国家的内在要求。镇江坚持以经济社会发展全面绿色转型为引领，以减污降碳为主抓手，加快形成节约资源和保护环境的产业结构、生产方式、生活方式、空间格局。六是"安全屏障更加牢固"夯实中国式现代化的重要保障。有力防范化解重大风险是下个阶段顺利推进中国式现代化的关键。镇江全面落实总体国家安全观，持续推进国家安全体系和能力建设，健全防范化解重大风险体制机制，坚决维护政治安全、社会安定、人民安宁。

二、中国式现代化镇江新图景充分回应习近平总书记重大关切

习近平总书记四次亲临江苏考察，两次参加全国人民代表大会江苏代表团审议，多次对江苏工作作出重要指示。针对江苏的现代化建设，习近平总书记寄予了"走在前、做示范"的殷切希望，更提出"四个走在前""四个新"的具体要求。一直以来，镇江始终牢记嘱托、感恩奋进，正以"创新创业福地、山水花园名城"的城市愿景为基点，扎扎实实走好中国式现代化镇江新实践之路。一是"创新""创业"相辅相成，加速实现高水平科技自立自强、服务全国构建新发展格局。中国式现代化关键在于科技现代化，镇江通过不断强化企业创新主体地位，深化体制机制改革，促进产学研深度合作，以创新驱动让高质量发展内涵式增长；构建新发展格局，是推动高质量发展的战略基点，镇江紧抓实体经济、构建现代化产业体系，深入推进新型工业化，大力发展战略性新兴产业，不断增强城市综合竞争力和可持续发展能力。二是"山水""花园"相得益彰，加快推进农业现代化、促进人与自然和谐共生。推进农业现代化是实现高质量发展的必然要求，镇江积极围绕粮食安全、产业振兴等"三农"重点工作，以高质量发展为现代化建设提供"稳"的基础、"进"的支撑；促进人与自然和谐共生是中国式现代化的本质要求，镇江坚持加快推进绿色低碳发展，持续深入打好污染防治攻坚战和"双碳"落地关键战，努力在促进人与自然和谐共生上"走在前"。三是"福地""名城"交相辉映，突出保障改善民生、推进社会治理现代化，积极探索建设中华民族现代文明。人民幸福安康是推动高质量发展的最终目的，社会治理现代化是中国式现代化的重要

内容，镇江坚持做好基层治理和民生改善工作，加快健全社会保障体系，不断提高人民群众的获得感、幸福感、安全感；建设中华民族现代文明，是推进中国式现代化的必然要求，镇江持续加强中华优秀传统文化的保护传承和创新发展，全面推进"大爱镇江"品牌建设，逐步培育、重塑和充分释放传统文化的现代价值。

三、中国式现代化镇江新图景充分契合镇江城市发展之要

中国式现代化镇江新图景是市委深入贯彻习近平新时代中国特色社会主义思想，立足苏南独特地理区位优势、战略优势、资源优势，与镇江历史文化、具体实际和人民需求相结合的重要时代图景。其实现的基础有：一是深厚的历史渊源。中国式现代化镇江新图景根植于镇江优秀的传统文化，以优秀传统文化的创造性转化和创新性发展为自身文化动力的重要源泉。二是牢固的现实基础。近年来，镇江坚持以高质量发展为首要任务，坚持教育优先发展、科技自立自强、人才引领驱动，全力攻坚产业强市"一号战略"，GDP 登上 5000 亿元台阶，外贸进出口总额超 1000 亿元。三是广泛的人民需求。人民立场是中国式现代化镇江新实践的价值旨归，2022年镇江城乡居民人均可支配收入分别达到 61453 元和 32764 元，收入差距明显缩小，社会保障体系不断优化，充分满足了人民对美好生活的新期待。

幸福是奋斗出来的，要把中国式现代化镇江新图景从"大写意"变成"工笔画"。一方面，要通过干部教育培训、中心组理论学习、"三会一课"，加大对党员干部的宣传教育，通过报纸、网络等多渠道，在全社会进行宣讲宣传，让"六个更加"现代化愿景深入人心，在全市上下形成共识，凝聚强大合力。另一方面，需要每个板块、每个部门立足各自的职能职责，锚定目标，扎实工作，以实实在在的成绩为实现中国式现代化镇江新图景添砖加瓦、贡献力量。

（作者单位：中共镇江市委党校）

打好"智改数转网联"攻坚战
全面做好数实融合发展大文章

| 中共镇江市委党校课题组 |

党的二十大报告要求促进数字经济和实体经济深度融合。习近平总书记关于新型工业化的重要指示强调,"把建设制造强国同发展数字经济、产业信息化等有机结合,为中国式现代化构筑强大物质技术基础"。制造业是镇江经济的底色和基本盘,也是数字化转型的主战场,必须牢牢把握产业强市战略不动摇,始终把数字经济作为产业转型发展的"关键增量",全面推进产业数字化、数字产业化,大力推动制造业高端化、智能化、绿色化发展,以数字技术更好赋能制造业转型升级。

一、总体情况

2022 年,镇江全面启动"智改数转"行动,印发实施了《镇江市制造业智能化改造和数字化转型三年实施方案(2022—2024 年)》(以下简称《"智改数转"三年实施方案》),推进"智改数转"十大行动,全年为 800 家企业提供免费诊断服务,组织实施项目近 1200 个,新增国家智能制造示范工厂(场景)2 个、省级星级上云企业 112 家、智能制造示范工厂(车间)12 家。创成全国"双千兆"示范城市,实现市区及省级以上工业园区 5G 信号全覆盖;数字经济核心产业主营业务收入突破 600 亿元。2022 年以来,镇江市工信局等部门围绕《"智改数转"三年实施方案》,针对免费诊断、培育服务主体等 13 个方面,打出政策支持"组合拳",截至 2023 年,镇江市累计下达市级以上专项资金 7072 万元,其中市级专项资金 4912 万元。2022 年 1—10 月,镇江市新一代信息技术主营业务收入 564 亿元,同比增长 15.8%。据测算,镇江市各类智能制造试点示范项目建成后,企业生产效率将提升 30% 以上,生产能耗将平均降低 10% 以上,综合成本将降低 20% 以上,产品质量和竞争力显著提高,"智改数转网联"为企业发展带来很多实实在在的价值。

二、当前面临的几个问题

"智改数转网联"发展是一项兼顾系统性、复杂性、长期性的战略工程，镇江市还处于起步阶段，与江苏省内外先进地区还存在不小差距，存在的问题和短板值得关注。

(一) 政策"服务包"有待完善

"智改数转网联"目前已步入智能制造战略的深水区。激发"智改数转网联"活力的关键在于针对不同规模、不同行业、不同阶段的企业需求精准施策。在以已经制定出台的《"智改数转"三年实施方案》为主体的顶层规划基础上，镇江市进一步优化分类施策，聚焦"四群八链"分级分类推动龙头骨干企业、中小企业、产业链"智改数转网联"，完善政策"服务包"，强化政策配套性，因而提升政策精准性显得尤为迫切。

(二) 智能制造水平普遍不高

一是镇江市智能制造发展指数低于省均值。根据《江苏省智能制造发展指数报告（2022版）》，全省13个设区市智能制造发展指数平均得分为83分，镇江（72分）低于平均分，位于第三梯队，由于在资金、人才、技术及科研等发展资源方面存在差距，镇江智能制造发展水平弱于前两个梯队城市。位列前三的城市分别为苏州（141分）、无锡（127分）和南京（117分），它们在智能制造供给能力、支撑能力、应用水平和综合成效上处于全省领先地位。二是镇江市两化融合发展水平低于省均值。2022年，全省两化融合发展水平达到66.4，镇江（65.7）低于省均线，排名全省第七。前三位城市分别是苏州（73.2）、无锡（72.2）和南京（72.1）。

(三) 数实融合的广度和深度有待提升

一是数字产业水平较低。镇江市规模以上数字经济核心产业企业仅400家左右，大多处在产业链中低端，数字产业仍集中在传统电子元器件制造行业，而集成电路、物联网、智能硬件等数字高端产业的发展较为滞后。镇江缺少工业互联网、大数据、人工智能、云计算等新一代信息技术服务企业。面对4.5万亿元的智能制造"蛋糕"，镇江市的自主支撑能力不强、供给能力弱，"蛋糕"再大也"吃"不到多少份额。二是制造业数字化处于初级起步阶段。目前，苏州已完成 2250 家企业免费诊断，实施近 2.1 万个项目，累计培育 5 家"灯塔工厂"，占全国总数的 1/6，而镇江暂时还没有；苏州共创建省级智能工厂 13 家，而镇江只有 8 家；苏州共创建省级智能车间 576 个，占全省总量的 35.1%，而镇江只有 95 个，仅占全省总量的5.8%。总体来看，镇江市大企业"智改数转网联"进程好于、快于中小企业，全市规模以上制造业企业智能化改造水平尚处于逐步普及阶段。

（四）企业转型意愿普遍不强

据调查，镇江市除一部分龙头企业如鱼跃、大全等已具有较高的数字化水平外，部分企业，特别是中小企业存在产业层次低、创新能力弱、转型发展慢、产出效率低的结构性短板，面临"不愿转、不敢转、不会转"等问题。一是企业认识不足，"不愿转"的主观意愿较浓。企业转型意识不强、目光不长远，对发展趋势认识不清。二是投入信心不足，"不敢转"的观望情绪较重。智能化改造前期资金投入大、效益转化周期长，叠加近几年疫情冲击和经济下行压力，企业数字化转型面临阶段性的资金缺口。三是可借鉴案例方案不多，"不会转"的现实困难较大。企业缺乏既懂生产又懂数字化的复合型人才。服务商系统解决方案精准性、针对性及实施转化率还不高，适合中小企业的可复制、可操作且低成本的创新赋能平台还较缺乏，只能"摸着石头过河"。

三、对策建议

面对数字经济发展的重大机遇，要把实施"智改数转网联"作为数字化赋能产业发展的重要契机，在推进数实深度融合上攻坚突破，加快构建具有镇江特色的现代化产业体系。

（一）突出政策保障，推进"智改数转网联"走深向实

一是完善规划指导。针对流程型（化工、造纸等）、离散型（航空航天、工程电气、汽车等）、混合型等不同制造业类型，分行业研究编制智能化改造和数字化转型工作实施指南、智能制造典型场景建设指引等配套政策，推动各行各业精准施策。二是优化政策供给。发挥财政资金引导和放大效应，修订完善《镇江市制造业"智改数转"若干政策措施》，通过有效投入补助、奖励、贷款贴息等方式予以支持，实现政策服务包叠加、倍增效应。三是加强统计和跟踪监测。集成工信、统计、科技、发展改革委等部门力量，探索建立制造业"智改数转网联"成效评估指标监测体系，完善数字经济统计监测体系，合力推动数字经济及其核心产业高质量考核指标争先进位。

（二）突出精准施策，分类引导大中小企业"智改数转网联"创新路径

结合"四群八链"产业现状，强化系统谋划，根据不同企业规模、不同行业特点，分类指导，精准把握"智改数转网联"创新路径。一是"一企一策"，推动行业龙头骨干企业集成应用创新。依托龙头企业这个"关键力量"，激活"链主"企业，实行"一链一平台"，加快工业互联网创新发展，按照"大企业做平台，小企业上云端"的思路，开展集成创新，输出数字化能力。二是"一行一策"，推动中小型制造企业数字化普及应用。聚焦以中小企业为主的镇江市特色产业集群，创建一批"数字领航"企业，挖掘一批细分领域、不同层次的"小而美""小而专"示范企业及优秀案例，打造一批可复制、易推广的数字化转型"小灯塔"企业，带动广大中小企业"看样学样"，促进"专精特新"中小企业高质量发展，培育更多制造业"单项冠军""隐形冠军"。三是"一链一策"，推动产业链供应链数字化协同升级。面向眼镜、香醋、纺织服装、医疗器械等产业，支持"链主"企业、第三方机构等应用新一代信息技术打通消费互联网与工业互联网，推进商业模式创新，准确勾勒"用户画像"，建立"需求定义设计、需求定义制造"的新型供求关系，让企业"拿着订单去生产"，提升效率及品质。

（三）突出数字生态，夯实"智改数转网联"基础能力

一是探索数字化转型能力中心建设。突出平台聚能赋能作用，搭建数字化转型赋能中心、工业设计赋能中心、场景体验中心等综合型公共服务平台，以需求为牵引，以产业链为纽带，帮助中小制造业企业完成上云、用数、赋智。二是培育壮大信息技术产业。着力引进优质数字经济服务企业，构建数字化平台，加快布局信创产业，加速集聚"数智云网链"等新一代信息技术产业，加快战略性新兴产业和新赛道布局步伐。三是推动"场景营城"。积极借鉴上海、杭州、成都等地区经验，把应用场景作为增速提效数字化转型的着力点和突破点，围绕5G+工业互联网、绿色低碳、互联网医院、数字贸易、智慧供应链等，积极探索数字场景创新和应用，有效汇聚更多创新要素资源，促进数字经济和实体经济"双向奔赴"。

（四）突出要素保障，强化"智改数转网联"支撑能力

一是厚植人才"软实力"。加强人才引育体系建设，搭建"智改数转网联"人才智库平台，推动大院大所在镇设立分支机构或者分院，壮大智囊团和专家团队。用好用足人才"镇兴"行动相关政策，培育一批数字转型需要的卓越工程师、青年科技人才，积极引进智能化数字化领域创新创业团队、高层次人才，健全人才评价机制。推动重点企业设立首席信息官、首席数据官。实施数字化产业工人培训工程，依托工业互联网平台建设制造业数字化人才实训基地，培养一批"数字蓝领"。二是创新金融"硬支撑"。持续开展"金链"行动，推动各金融机构特色化提供"金融+智改数转"组合式保障服务。鼓励、支持企业积极申报国家、省市级各类项目，争取相关配套资金支持。三是强化开放"新动力"。发挥镇江市企业信息化协会等平台作用，融入长三角工业互联网一体化示范区建设，建立产业联盟、协会、重点企业等多层次合作机制，推动产业跨区域强链延链补链，提高"镇江智造"影响力。

课题组成员：周秋琴、孙文平、巫泽人
执　笔　人：周秋琴、巫泽人、孙文平

推进共同富裕与乡村振兴的路径案例研究

| 万建鹏 |

在全面建设社会主义现代化国家新征程的新发展阶段，全体人民共同富裕成为更加突出的发展主题。党的十八大以来，镇江市结合自身实际，把握社会主要矛盾变化，遵循新发展理念，持续着力解决突出民生问题，系统化推进脱贫攻坚、就业、教育、医疗、养老、社会保障等各项民生事业全面发展，在共同富裕建设领域展开积极探索，取得了一定的成效。本文以镇江市下辖县级市扬中市为案例进行聚焦研究，期以点带面、管中窥豹，从更贴近实际、更贴近操作的视角提出相关建议。

一、建设基点：党的十八大以来扬中的积极探索

促进全体人民共同富裕是一项长期而艰巨的任务，需要各地主动作为、积极实践。扬中市有着良好的共同富裕建设基础，早在 1984 年，费孝通先生在扬中地区考察时就说"千家万户富起来，不仅仅是扬中发展工业的目标，而且是扬中人正在实践着的现实"①。2020 年，镇江市委书记马明龙调研扬中时也称赞扬中"全面小康建设走在了（地区的）前列，各方面基础比较好，在镇江是最有条件率先探索开启基本现代化新征程、推动全面高质量发展的地区"。截至 2021 年，扬中连续三年荣登全省"推进高质量发展先进县（市、区）"金榜，成为江苏省实施综合考核三年来少数从未退步的"模范生"。

（一）提升发展动能，做大共同富裕"蛋糕"

扬中市坚持推进产业结构的调整优化，实体经济基本盘不断稳固，2021 年地区生产总值达 550.77 亿元。主要原因在于：第一，产业升级步伐加快。"4+X"的产业体系基本形成，四大主导产业占规模工业比重 75% 以上。第二，创新要素加速集聚。先后引进西安交通大学、华东理工大学等 5 家国家技术转移中心，扬中市高新技术企业总数达 271 家，建成省级以上企业研

---

① 费孝通. 小城镇新开拓，强国富民：中国城乡与区域发展之路 [M]. 上海：华东师范大学出版社，2021：207.

发机构 138 家，高新技术产业产值占规模以上工业产值比重 72% 以上，全市研发投入占 GDP 比重达 2.86%。第三，实体经济不断壮大。扬中市牢牢扭住项目"牛鼻子"，鼓励主业突出、成长性好、带动力强的企业登陆资本市场，打造科创板、创业板、新三板"精选层"上市挂牌企业培育体系，实施实体经济"强筋健骨"工程，支持企业通过兼并收购、组建联盟等方式做大做强。表 1 为 2013 年和 2021 年扬中市部分经济指标的对比。

表 1 2013 年和 2021 年扬中市部分经济指标对比

扬中市	2013 年	2021 年
生产总值（亿元）	395.1	550.77
一般公共预算收入（亿元）	25.15	38.01
居民人均可支配收入（元）	27547	53720
农村居民收入（元）	18081	35819
恩格尔系数	32.87	29.75

（二）优化分配格局，提升富民增收成效

扬中市坚持以人民为中心的发展思想，促进重点群体共享改革发展成果，着力增进民生福祉。一是人均收入持续提升。如表 2 所示，2021 年扬中市全体居民人均可支配收入 53719.5 元，比上年增长 9.3%。其中，城镇居民人均可支配收入 65232.4 元，增长 8.6%；农村居民人均可支配收入 35818.8 元，增长 10.3%。居民人均生活消费支出 30185.7 元，增长 22%，其中城镇居民消费支出 33486.6 元，增长 19.8%，农村居民消费支出 25053.2 元，增长 26.2%。二是就业体系不断完善。扬中市积极拓宽市场化、社会化就业渠道，全面落实稳岗返还、就业创业等各类补贴政策；加大重点群体就业创业支持力度，搭建按比例安置残疾人就业双选平台，年均为残疾人提供 180 多人次就业服务。三是脱贫攻坚高标准推进。近年来，扬中紧扣"脱贫攻坚"这一"重点工程"，成立扶贫工作小组，出台《扬中市精准扶贫政策指南》等文件，全力实施科教扶贫、产业扶贫、项目扶贫、健康扶贫、保障扶贫。截至 2019 年底，建档立卡户 1717 户 3236 人和 1 个经济薄弱村已经全部脱贫，全面消除了年纯收入低于 1 万元的低收入农户和村集体年经营性收入低于 100 万元的经济薄弱村，全部实现"两不愁三保障"，提前一年完成了脱贫攻坚目标任务。2021 年，低收入农户可支配收入 16461 元，增长 13.0%，总量和增速均高于镇江市平均水平。

表 2　2021 年扬中市城乡居民人均可支配收入与生活消费支出情况

扬中市	全市 （元）	增长率 （%）	城镇 （元）	增长率 （%）	农村 （元）	增长率 （%）
居民人均可支配收入	53719.5	9.3	65232.4	8.6	35818.8	10.3
居民人均生活消费支出	30185.7	22	33486.6	19.8	25053.2	26.2

数据来源：镇江市统计局

（三）坚持统筹协调，不断缩小"两大差距"

扬中市坚持在缩小城乡差距和收入分配差距上下功夫，积极提高中等收入群体比重和收入水平，努力实现人民共同富裕走在镇江前列的目标。一方面，"城乡融合"高水平发展。自 2013 年以来，扬中市委、市政府深入实施城乡建设提升、农业现代化、强村富民收入倍增、公共服务延伸、生态文明建设、社会管理创新"六大工程"。2020 年，扬中市出台了《关于争创全省城乡融合发展试验区的实施意见（试行）》，城乡一体化发展迈上了新高度、达到了新水平。另一方面，居民收入差距持续缩小。扬中市农村居民可支配收入年均增长 8.9%，增幅高于城镇居民可支配收入（8.0%），城乡居民收入倍差降至 2021 年的 1.82，低于全国（2.50）、全省（2.16）、全市（1.89）平均水平。2021 年，低收入农户可支配收入 16461 元，增长 13.0%，总量和增速均高于全市平均水平。

（四）完善公共服务，增强共建共享品质

扬中市积极推进基本公共服务标准化，覆盖城乡、普惠均衡的基本公共服务体系日趋完善，各领域公共服务供给水平显著提高。一是公共文化服务建设不断推进。截至 2021 年，扬中市相继建成市博物馆、陈履生博物馆群，市文化馆新馆装修工程完工。扬中中市图书馆建成国家县级一级馆，拥有图书 35 万册，人均占有藏书 1.1 册。扬中市 6 个镇（街、区）文体服务中心已全部建成市图书馆、文化馆分馆。二是文体服务建设不断完善。扬中市各村（社区）综合文体服务中心均配置了文体活动室和文体广场。扬中市建成农民体育小公园 46 个、户外健身点 255 个、健身路径 261 个、健身步道 36 千米、室内乒乓球室 105 间、篮球场 83 个、健身广场 55 个、村级健身房 79 个，设置晨晚练点 224 个，实现"10 分钟健身圈"全市覆盖率达 96.3%。三是教育医疗资源优质共享。逐步改善医疗基础设施条件，深入推进"三医联动"改革，加强医疗保障四级网络建设。每千人执业

（助理）医师数 2.48 人，每千人执业护士数 2.52 人，每万人全科医生数 6.05 人。城乡社区标准化居家养老服务中心覆盖率分别达 81.5% 和 76%，79 周岁及以上老年人和分散供养特困老人全部纳入政府购买居家养老上门服务范围，每户每月免费享受 2 小时居家上门服务，享受政府购买服务老年人数占老年人口总数的 16% 以上。

（五）坚持"三治"结合，夯实社会平安基石

扬中市坚持和完善共建共治共享的社会治理制度，积极构建既充满活力又拥有良好秩序的现代化社会。一是提高自治水平。制定出台《关于加强党建引领乡村治理的实施意见》，形成党小组发动、党员带头、居民参与的良好治理局面。坚持因地制宜、与时俱进，对村规民约（自治公约）进行修订完善，提升居民自我管理与自我服务水平。例如，八桥镇永兴村充分尊重群众的首创精神，在修订完善村规民约过程中总结出"契约式社会治理工作法"。二是加强法治保障。深入开展"扫黑除恶"专项斗争、政法队伍教育整顿，获评全国"七五"普法中期评估先进县（市、区），全社会公众安全感、法治建设满意度、信访工作绩效等位居全省前列。在深入推进网格化社会治理过程中，新坝派出所获评全国首批"枫桥式公安派出所"。自 2003 年跻身全省首批"社会治安安全县（市、区）"行列，扬中连续 17 年被命名为"平安县（市、区）"，社会公众安全感和法治满意度连续多年达到 98% 以上，位居镇江首位、全省前列。三是推进德治建设。积极培育和践行社会主义核心价值观，通过新时代文明实践中心（站、所）、农民夜校等渠道，组织基层群众学习习近平新时代中国特色社会主义思想，解放思想推动发展。在市委宣传部的组织下，扬中举办"传家训立家规扬家风"主题活动，弘扬"新邻里"精神，开展"好婆媳""文明家庭标兵户"等评比，全面开展"崇德尚法"新型村（社区）培树工作，构建邻里和睦、遵纪守法、生态保护、安全防范、移风易俗、居家养老的社会主义新风尚。

二、制约因素：扬中实现共同富裕的现实难题

"十三五"期间，扬中经济社会发展的稳定性、协调性明显增强，主要经济指标保持在合理区间，人均 GDP 位居全省前列，城乡居民人均可支配收入逐年提升，富民政策成效显著。然而，对照共同富裕的目标内涵，结

合扬中实际，从城乡居民生活水平、社会保障普惠度、幸福生活指数等 3 个维度共 10 项指标评价体系来看，当前扬中实现区域共同富裕仍存在以下制约因素（见表3）。

表3 10 项指标评价体系

维度	指标	反映内容
城乡居民生活水平指数	人均 GDP、城乡居民可支配收入倍差	反映地区的收入水平和收入差距，衡量地区富裕度、均衡度，体现地区贫富差距、城乡差距
社会保障普惠度指数	城乡居民人均住房面积、基本保险参保率、社会组织每万人拥有数、民生支出占一般公共预算支出比例	反映地区的住房、养老、医疗和安全保障情况
城乡居民幸福生活指数	人均民用汽车拥有量、居民教育文化娱乐支出占家庭消费支出比重、人均公园绿地面积、空气质量	反映地区生活现代化水平、人居环境等，体现群众获得感和幸福感

（一）经济发展质效仍需提升

一是产业发展水平有待提升。扬中市高新技术产业产值和比重在全省县域层面上名列前茅，但如果将"高新技术产业占比"改为"高技术产业占比"，便低于全省平均水平，三大主导产业仍属于"高端产业、低端环节"。扬中"4+X"产业发展面临着发明专利、PCT 专利等高质量自主知识产权培育力度仍然不够的困境，必须下力气解决各类新的技术难题。二是财政收入占比偏低。地区经济实力是推动共同富裕的重要保障，但是扬中市财政收入年均增速明显放缓。2021 年，扬中市地方财政收入占财政总收入比重低于全省和镇江市水平。三是人才要素制约犹存。扬中市现有产业工人人数为 10 万左右，绝大多数集中在制造业、建筑业和三产服务业，其中非公企业产业工人人数占比达 80%，但是劳动力供需结构矛盾依旧突出。扬中长城汽车、通灵电气等企业一线操作工缺口大，但在人才市场却招不到工人。全市的中等职业技术学校每年有 500 多名毕业生，其中 400 多名学生参加高考并考入高等院校或高等职业技术学校，这部分学生毕业后大多数到苏州、无锡等经济发达地区工作，不愿回到扬中。

（二）收入绝对差距还需缩小

一是镇街区发展差距明显。2021 年，新坝镇、油坊镇、八桥镇、西来桥镇 GDP 分别为 209.28 亿元、50.25 亿元、45.91 亿元、19.23 亿元（见表4）。最高的新坝镇和最低的西来桥镇之间差距为 190.05 亿元，说明扬中各个镇街区存在发展的不平衡。二是城乡收入仍有不小差距。扬中常住人口 34 万，城镇化率 65.23%，人均可支配收入 49143.8 元。其中，城镇居民人均可支配收入 60050.1 元，增长 3.8%，农村居民人均可支配收入 32474 元，增长 6.0%。有两个指标值得注意：① 居民收入增长幅度农村比城镇高 2.2%，② 城镇和农村人均可支配收入差距为 27576.1 元。三是中等收入群体扩面面临困难，主要问题有：① 劳动力人口下降。人口普查数据显示，扬中户籍人口略有下降，2021 年末全市户籍人口 279641 人，比上年减少 1396 人。其中 15~59 岁的劳动力人口占比低于镇江市和全省水平，给中等收入群体扩面带来挑战。② 农民增收手段不足。2020 年，农村居民可支配收入中，工资性收入占比为 64.3%，高于全省（60.0%），而财产净收入和经营净收入占比较少。

表4 2021 年扬中市各镇街区 GDP 情况

镇街区名称	GDP（亿元）	其他镇与新坝镇 GDP 倍数差
新坝镇	209.28	
油坊镇	50.25	4.16
八桥镇	45.91	4.56
西来桥镇	19.23	10.88

（三）民生共享机制有待完善

一方面，公共服务项目建设不足。2018 年，对照《江苏省"十三五"时期基层基本公共服务功能配置标准（试行）》，扬中建制村 10 类 22 项服务项目已达标 12 项、未达标 10 项，城市社区 7 类 15 项服务项目已达标 10 项、未达标 5 项，达标率分别为 54.5% 和 66.7%。经过几年的努力，对照《江苏省"十四五"公共服务规划》，扬中 2021 年达标率在 80% 以上，诸如幼儿园、农村文化礼堂等项目，因涉及全市公共服务总体布局、土地指标及规划调整、大额资金投入等问题尚未达标。另一方面，公共服务水平有待提升。从教育看，虽然扬中义务教育品牌在全市有一定知名度，但职业本科和普通本科院校建设未有突破。劳动年龄人口平均受教育年限低于全省水平。从医疗看，"十三五"期间，扬中市卫生健康支出在财政支出中的占比低于镇江市平均水平，优质医疗资源还不够多。根据抽样调查，居民问题集中在医疗检查科目多、收费较高、医疗服务不优等方面。从社保来看，由于缴费基数增长，企业普遍反映社保负担较重，据社保办统计，多数企业社保基数采用省平均工资的60%（低档），职工退休养老金不高，调查中不少居民反馈退休养老金增速跟不上物价涨幅。从养老来看，当前扬中市60岁以上老人占比为25.74%，比2010年上升9.75个百分点，已迈入老龄化社会，养老需求日益提高。调查中，居民也反映养老护理员物质保障、社会认同度等方面存在问题（见表5）。

表5　300户抽样调查城乡居民对公共服务问题反馈情况

相关领域	提出问题占比	主要问题及占比情况
教育方面	37.0%	① 51.3%的问题集中在课外补习多，补课费用高；② 25.6%集中在城乡教育资源不公；③ 10.6%集中在家长任务多，教育方式不优；④ 9.7%集中在优秀老师缺乏，教育质量不高
医疗方面	37.36%	① 33%的问题集中在医疗检查科目多，收费较高；② 27.5%集中在就诊排队时间长，医疗服务不优；③ 22.9%集中在专家少，高级医疗资源缺乏；④ 11.0%集中在城乡医疗不公；⑤ 5.5%集中在卫生院药品少，医疗设备等不优
社保及养老方面	34.3%	① 53.6%的问题集中在退休养老金低，养老院少、价格高，养老服务保障不足；② 20.6%集中在报销比例低等社保政策方面；③ 19.6%集中在个人社保负担重；④ 6.2%集中在社保服务不便捷
交通方面	21.5%	集中在城乡公交频次不多等影响出行问题

（四）资源环境约束不断加剧

一是用地供需矛盾较为突出。扬中市建设用地规模增长较快，用地供需矛盾较为突出，耕地占补平衡压力增大，并呈刚性减少趋势。乡村建设用地指标、设施用地规模等方面与乡村振兴用地需求不平衡，乡村振兴实用人才支撑不坚实，土地、环境、人才、市场、资金等要素制约日益突出。二是土地权属问题影响江滩管理。近年来，扬中市扎实开展非法码头整治、

"两违"整治、渔民"退捕上岸"等专项行动，江滩生态保护和修复工作取得显著效果，但仍存在部分挂耳圩及江滩被占用的现象。存在企业生产经营，养殖户进行家禽、水产养殖，村民种植农作物，航道、海事码头停靠等问题，特别是部分企业已取得土地证、房产证、港口岸线使用等单个或多个合法权证，导致整治难度加大。三是空气质量仍需提升。2021年，扬中市环境空气质量总体未达标，超标污染物为$PM_{2.5}$和臭氧，与2020年相比，$PM_{2.5}$浓度下降14.3%，臭氧浓度上升14.8%。

三、对策建议：探索扬中共同富裕的实践路径

共同富裕是一项长期任务，也是一项现实任务。我们要立足扬中实际，牢牢把握共同富裕的建设目标、主攻方向和重点任务，结合《扬中市国民经济和社会发展第十四个五年规划和二〇三五年远景目标纲要》，按照经济社会发展规律积极探索富有扬中特色的实现路径，以推进共同富裕的扎实举措和过硬成果，履行好"争当表率、争做示范、走在前列"的光荣使命。

（一）推动经济高质量发展，做大财富"蛋糕"

高质量发展是实现共同富裕的基础条件，加快传统产业升级和新兴产业发展则是实现高质量发展的题中之义。扬中要深入实施创新驱动发展战略，加快打造支撑产业竞争力提升的科创载体，吸引高端创新要素，培育产业创新主体，加快建设长三角具有较强竞争力的新兴产业科创城市。

1. 升级产业创新力

要坚定不移将推动产业高质量发展作为首位战略，加快壮大主导产业规模，积极培育发展新兴产业，促进产业发展量质双提升。重点围绕主导产业领域推进"雏鹰计划"，遴选一批掌握核心技术和专利的后备企业进行重点培育，形成集"产学研合作项目、新产品、专利技术、专家团队、研发平台"于一体的企业集群。重点培育发展符合国家产业政策、主业突出、成长性好、带动力强的企业在科创板或创业板上市。落实支持高新技术企业发展的优惠政策，推动科技型中小企业"小升高""高升规"，加快中小型企业向新技术、新模式、新业态转型。力争到2025年全扬中高新技术企业数量达450家，形成10家创新型领军企业。

2. 提升地区融合力

立足产业基础及区位优势，扬中市须加快建设一批先进制造、科技创

新、商务服务及现代物流等产业承接平台；积极融入长三角地区先进制造产业链，主动承接优质企业及项目转移，打造长三角地区生产制造协作基地；发挥深水岸线资源优势与临港产业优势，支持打造西来桥等南部镇成为对接苏锡常的桥头堡，推动汽车零部件、海工装备、新能源及现代物流等临港产业协同发展。参与建设扬中—镇江新区—丹阳滨江"小三角"，积极推动扬中至大港南站快速路、扬中四桥等基础设施建设，加强区域间产业分工协作、交通互联、公共服务衔接，形成产业发展新增长极。

3. 增强企业竞争力

强化产学研合作，围绕产业链部署创新链，发挥企业主导作用，引进大院大所建立分支机构和研究中心，推动高端研发机构集聚，着力推进新型研发机构建设，形成"一个重点产业一个大院大所支撑"的创新格局。深入推进"研发孵化在市外、加速成长在扬中"发展模式。鼓励企业通过"驻点、挂牌、合作、自建"的方式，在高校院所、地方孵化器、重点产业园区布局离岸研发基地。比如，大全集团在南京、武汉建立研发机构，与西安交通大学共建电气研究院，运营至今成效显著，并获得多项国家级、省级科技奖项。推动现有130多家省级以上研发机构加强内涵建设，形成"国家级、省级、市级"梯队，打造"高端、高质、高效"的产业技术创新矩阵。

4. 加大人才助推力

扬中地处长三角，向东可接上海，向西可接南京，要充分发挥扬中长三角战略区位优势，紧盯重点产业，坚持人才项目与产业建设匹配结合的招引路径，推进人才与产业深度融合、相互提升。要绘制人才招引地图，结合"四群八链"重点产业人才需求，整理出用人目录，由市人社部门通过政府网站、专业招人用人网站等官方网站及微信、微博等新媒体对外发布信息，定期组织线上和线下结合的人才招引活动。要深入实施"金山英才计划""精英引领计划""优才支持计划""硕博倍增计划"等人才政策，构建从顶尖人才到基础人才的全方位引才政策体系。积极兑现承诺的购房补贴、专家津贴、子女就学等福利待遇，为来扬人才打造舒心适宜的创业环境及生活环境。

（二）打造全域文明高地，筑牢精神家园

扬中要把打造精神文明高地放在推进共同富裕建设的突出位置，坚持物质文明和精神文明相协调，加强社会主义核心价值观引领，使广大群众

在看得见、摸得着、真实可感的美好精神文化生活中，得到精神升华、气质提升、文化熏陶。

1. 传承传统文化根脉

系统性地做好扬中历史文化遗址、遗迹与非遗的保护和传承，加强英雄烈士纪念设施的建设维护，利用好扬中烈士陵园、渡江文化园、培根师范旧址、雷公岛英舰搁浅地等爱国主义教育基地。以"河豚文化"为载体，以民俗文化、文学诗篇为传承脉络，打造一系列独具特色的"中国河豚岛"地方文化活动项目和文化创意产业，扩大扬中"河豚品牌"的区域影响力，推动河豚美食文化、红色文化、地方传统文化等成为扬中沟通连接世界的桥梁纽带。突出"乡贤文化"特色，以历史乡贤、现代名人为榜样，发挥乡贤反哺地方经济社会发展的特殊作用。努力彰显扬中独特的文化魅力，扩大国内国际影响力。

2. 发扬新时代扬中精神

做好扬中"四千四万"精神发源地的文化溯源和历史传承，彰显扬中敢为天下先、自强不息的传统底蕴，发挥文博系统的精神传承职能。挖掘"四千四万"精神新内涵，继承精神文化内核，发掘精神文化的思想价值和时代价值。将"上善若水、自强不息、勇闯新路、止于至善"的新时代精神与扬中地域文化、传统习俗及城市历史有机融合，将"企业家精神""劳模精神""工匠精神"及市民品格特质和地域文化烙印，深植于"四千四万"精神的内核。持续开展"道德模范""扬中好人""劳动模范""扬中新市民"评选宣传活动，增强扬中人的城市认同感和归属感。

3. 健全文化服务体系

聚焦"十四五"重点文化广电旅游项目建设，打造三江湾旅游集聚区、利民浪漫田园集聚区、中部养生度假集聚区，投资打造文化馆新馆和图书馆新馆。精细化组织各类重大文化活动，有计划地开展传统戏曲展演、文化广场活动、文化"三送"及文化下乡行动。持续打造"社区（农民）艺术节""江洲大讲堂""文艺名家讲坛""江洲读书节""我们的节日"等文化品牌。实施"文艺播种计划"，打造"周末戏相逢""戏曲进校园"服务品牌，吸引人民群众进场馆、爱场馆，每人每年至少参加一次公共文化活动。推进体育设施提档升级，建设城市绿道、健身步道、体育公园、文体广场及球类运动场地，完善城市社区"10分钟体育健身圈"。力争到2025年人均体育场地面积达3.6平方米，经常参加体育锻炼人数比例达45%。

（三）建立全生命周期公共服务，推进优质共享

民生福祉的不断增进是达至共同富裕的重要路径，同时高品质的公共服务供给水平也是衡量共同富裕的重要标准。要坚持以创造高品质生活为目标，促进公共服务标准化制度化，让发展成果更多更公平地惠及全体人民，增强人民群众幸福感、安全感和归属感。

1. 推进各类教育协调发展

多渠道增加普惠性学前教育资源供给，规范发展民办幼儿园，完善普惠性民办园认定和管理办法，力争到 2025 年，全市新建及改扩建幼儿园 6~8 所。全面推进义务教育学校标准化建设，有序扩大城区学位供给，建成城西小学、城南小学、城西中学。优化城区教育集团布局，持续推进高品质学校集群发展，创建"全国义务教育优质均衡发展市"。加快建设高品质示范高中，加强学生发展指导、综合素质评价。深化校企合作、产教融合，加快新时代产业工人培养，构建和完善现代职业教育体系，建设和发展职业技术学校。加强特教中心、残疾人康复中心、托养中心"三大中心"合作，为有特殊需求学生提供专业康复服务。支持和规范民办教育发展，引进优质民办学校教育资源，促进教育事业多元发展。

2. 加强全民全生命周期健康服务

落实《健康中国行动（2019—2030 年）》，把保障人民健康放在优先发展的战略位置，让"将健康融入所有政策"理念落地见效。深入推进"三医联动"改革，强化医保、医疗、医药制度间政策统筹与配套，建好人民健康共同体。深化医药卫生体制改革，强化医疗机构的公共卫生责任，创新医防协同机制。建立健全院前急救体系，强化 120 与 110、119、122 联网联动和院内救治的协同机制。完善医疗协作中心和"名医工作站"建设，提升重点专科和中医特色专科能力，市人民医院建成三级综合医院，逐步提高市域就诊率。加强各类薄弱专科医疗服务建设，支持基层医疗机构拓展业务范围，提高家庭医生服务质量，提升基层首诊率。

3. 构建幸福养老服务体系

落实国家、省关于企业职工基本养老保险省级统筹政策，提升职工养老保险基金统筹管理水平。鼓励有条件的用人单位建立企业年金、职业年金，支持发展个人储蓄型养老保险和商业养老保险。建立管用、高效的医保支付机制，推行以按病种分值和区域点数付费为主的多元复合式医保支付方式，实现基金支出监管事前、事中、事后同步。完善异地就医直接结算，持卡直接结算率达 80% 以上。实行"长三角"统一医保政策，规范

"互联网+医疗""云医保"等新服务模式发展，着力提高医疗保障待遇。加大新建商品住房项目配建租赁住房力度，规范发展公租房，健全以政府为主、多主体供给、多渠道保障、租购并举的住房保障体系。

（四）实现绿色生态一体化发展，践行生态文明

在共同富裕目标指引下，扬中必须坚持"绿水青山就是金山银山"的发展理念，持续保护、改善全市生态环境，加强长江岸线资源的生态修复，深入推动节能减排及资源循环利用的绿色发展，建设天蓝、地绿、水净、城美的美丽扬中。

1. 坚持生态价值思想，加强长江岸线生态修复

科学划定调整生态红线，开展长江岸线扬中段整治修复，降低岸线港口及临港工业用地的生态影响，实施一批生态红线保护、植树造林、流域水污染防治和生态修复工程，提升沿江岸线与腹地的生态连通性。推进江滩湿地生态保护修复，维护重要江滩湿地生态系统功能，探索生态涵养发展。优化沿江岸线空间格局，根据岸线自然条件、开发现状、环保需要，推进岸线资源规划的"多规合一"。巩固、提升滨江绿地公园，规划建设改造一批沿江乡村（社区）休闲健身步道。遵循岸线地貌及自然生态结构，打造滨水自然景观，优化滨江岸线风貌，加强植树绿化，巩固沿江重点区域岸基滩涂，形成沿江生态走廊的全岛通连。

2. 坚持生态福祉思想，发展绿色低碳循环经济

实施园区低碳化、循环化改造，开展工业节能诊断及节能监察，推行合同能源管理，强化产业园区水电气及副产品综合循环利用，打造"零排放"园区，实现产业链全生命周期的资源循环利用。推进节能降耗行动，提升城市石油、天然气及煤炭消费利用效率，提高油气使用的安全管理水平。推进再生资源回收体系建设，提高固体废弃物综合利用率，有效开展建筑垃圾、农业秸秆、厨余废弃物等无害化处置及资源化循环利用。完善新能源市场参与主体的共赢机制，加快推进岛内能源互联网建设，鼓励新能源需求侧应用，优化全岛"源网荷储"综合能源系统互动调控，保障岛内清洁能源就地消纳。

3. 坚持生态系统思想，深化生态环境综合治理

按照"控源截污、内源治理、生态修复"原则，全面落实城区重点黑臭水体整治方案，彻底消除岛内黑臭水体。坚持"一口一策"原则，做好入长江排污口专项整治工作，全面完成河道"两违"项目清理。提高企业

环境准入标准，落实改善空气质量强制污染减排措施，扎实开展工地扬尘、过境货车、化工行业等领域集中整治，做好两季秸秆禁烧工作，确保 $PM_{2.5}$ 浓度和污染天数双降低。深化 VOCs 治理专项行动，开展重点行业空气污染治理。实施净土工程，重点加强重金属污染防治，推进一批土壤污染修复和综合治理示范工程。加快建立土壤和水环境污染防治联动机制，重点加强工业集中区土壤和地下水风险管控。力争 2025 年受污染耕地安全利用率达到 90% 以上。

（五）建设现代化基本单元，激发微观活力

社区是共同富裕建设的社会细胞，也是共同富裕建设的社会缩影，扬中要搞好社会建设，切实将抽象建设目标转化为具象生活场景。

1. 推进城镇未来社区建设

打造未来社区工程，推动社区服务向专业化、公司化、品牌化方向发展，重点发展社区养老、学前教育、医疗健康、特色文体、智慧物业等服务，深入实施未来智能社区行动，以未来社区理念实施城市更新改造行动，打造绿色低碳智慧的"有机生命体"、宜居宜业宜游的"生活共同体"、共建共治共享的"社会综合体"。探索建立物业管理公司、居委会、社区服务组织"三位一体化"的新型社区管理服务体制。要以未来社区理念实施城市更新改造行动，推动城镇老旧小区需改尽改，打造多功能、复合型、亲民化社区精致生活场景。

2. 推进乡村示范新社区建设

推进农村社区网格化管理体系建设，使矛盾问题、治安隐患、民生事项得到及时有效解决，打造平安乡村。推动社会公共资源向农村倾斜、城市公共设施向农村延伸、城市公共服务向农村覆盖、城市文明向农村辐射，建设城乡一体的乡村新社区，新时代美丽乡村达标创建全覆盖。搭建村（社区）议事协商平台，全面推行"两组两会"村民小组自治制度和"契约式社会治理"工作法，提高乡村治理水平。开展未来乡村建设试点，建成一批引领品质生活体验、呈现未来元素、彰显江南韵味的示范性乡村新社区。

（作者单位：中共镇江市委党校）

镇江市旅游业高质量发展研究

| 王　甜 |

　　旅游业是第三产业的重要组成部分，是世界上发展最快的新兴产业之一，被誉为"朝阳产业"。《国务院关于加快发展服务业的若干意见》指出，要围绕小康社会建设目标和消费结构转型升级的要求，大力发展旅游、文化、体育和休闲娱乐等面向民生的服务业。2019年召开的中央经济工作会议明确提出"要推动旅游业高质量发展"，为旅游业发展提供了战略指引和基本遵循。2021年12月，国务院专门印发《"十四五"旅游业发展规划》，2022年7月，国家发展改革委、国家文化和旅游部联合印发《国民旅游休闲发展纲要（2022—2030年）》，8月江苏省政府转发《江苏省贯彻"十四五"旅游业发展规划实施方案》，这都指明了高质量发展是未来旅游业长期发展的主旋律。习近平总书记在党的二十大报告中更是指出，要"坚持以文塑旅、以旅彰文，推进文化和旅游深度融合发展"，着重强调了文化和旅游融合发展的战略方向。

　　近年来，镇江市高度重视旅游业的发展，将旅游业作为展示城市形象的重要窗口，作为营商环境、人才环境的重要因子，作为地方竞争力、影响力的重要展现。通过一系列战略部署与政策支持，镇江充分发挥资源优势，全面实施文旅融合高质量发展战略，旅游业发展迅速、旅游热度不断攀升，取得了显著成效。但与此同时，旅游业的发展现状与高质量发展要求之间依然存在一些差距。随着经济社会的发展和人们个性化消费需求的不断增加，游客对于旅游品质的要求也越来越高，这些都对旅游业的发展提出了更高的要求，加快镇江旅游业高质量发展依然任重而道远。

一、旅游业高质量发展的价值

　　习近平总书记指出，旅游是综合性产业，是拉动经济发展的重要动力。不仅如此，旅游也是传播文明、交流文化、增进友谊的桥梁，是衡量人民生活水平的一个重要指标。

（一）经济价值

现代文化旅游业可谓"一业兴，百业旺"，是融合一二三产业的综合性产业，对餐饮、住宿、民航、铁路客运业的贡献率都超过80%。旅游业收入每增加1元，就能带动相关行业增收4~5元，是促进经济增长的重要引擎。有数据显示，旅游业对全国GDP综合贡献超过10%。比如2023年"五一"期间，镇江每日文旅行业消费贡献度（全市文旅银联消费占全行业银联消费总额的比重）占比均超24%，远高于全省平均水平，这从一个侧面表明，相较于全省其他城市，假日期间文旅行业对镇江经济贡献度较大。

（二）民生价值

文旅既是大产业，又是大民生。当前，我们已经进入大众旅游时代，2019年，与旅游相关的直接与间接就业人口近8000万，占就业总人口的10%。旅游成为人们幸福生活的必需品，是国民幸福程度的重要指标，上承家国情怀，下接人间烟火，是拉动经济增长、促进群众创业就业的重要载体。旅游业每增加1个直接就业，就能带动社会就业7~8个。旅游业所衍生的"吃住行游购娱"各类需求为小微市场主体发展提供活力。不仅如此，现代旅游业也是推动乡村振兴、共同富裕的重要抓手。比如，镇江丁庄葡萄、白兔草莓、江心洲柑橘等都是乡村一二三产业融合发展、带动乡村振兴的典型案例。

（三）生态价值

文化旅游是条"金扁担"，一头挑着"绿水青山"，一头挑着"金山银山"。比如，徐州贾汪区把旅游发展作为推动资源枯竭城市高质量转型发展的重要抓手，实现了从"一城煤灰半城土"到"一城青山半城湖"的蝶变，打响了"全域旅游、贾汪真旺"品牌。作为公认的绿色产业、美丽产业，旅游业万元增加值能耗仅有0.2吨标准煤，是工业的1/10。

（四）文化价值

旅游对提高人们的精神义化生活水平有着积极作用。中华上下五千年，历史源远流长，几乎每个地区的每一个景点都带着浓厚的历史韵味，旅游业的发展同时也是一个有效传播中华先进文化的过程。从文字性的历史知识到亲身感受先人们的生活环境，旅游能让我们更加深刻地理解文化历史的含义。通过游览祖国的大好河山，以及各种名胜古迹，人们的精神文化水平得到了提高。

二、镇江市旅游业发展现状与面临的挑战

（一）镇江市旅游业发展现状

镇江有着 3000 多年的文字记载史，它扼南北要冲，得山水之胜，钟灵毓秀，代不乏才，历代文人墨客纷来寻幽探胜，寄情抒怀，其中有李白、杜牧、范仲淹、王安石、苏轼、陆游、辛弃疾等才士名贤在此耕耘风雅，播种斯文。同时，镇江又是长江和运河交汇之地，"江河交汇"形成了镇江独特的地理风貌。总之，镇江拥有十分丰厚的历史文化资源，由此镇江的旅游业也蓬勃发展。

1. 资源禀赋得天独厚

截至 2021 年底，镇江全市有国家 A 级及以上旅游景区 30 家，其中国家 AAAAA 级旅游景区 2 家（"三山"、茅山）；国家 AAAA 级旅游景区 7 家（西津渡、南山、宝华山国家森林公园、镇江博物馆、镇江醋文化博物馆、米芾书法公园、江苏茶博园）。有省级旅游度假区 3 家（茅山湖旅游度假区、世业洲旅游度假区、水晶山旅游度假区）；有全国乡村旅游重点村镇 3 家（句容市丁庄村、丹徒区五套村、句容市茅山镇），省级乡村旅游重点村 7 家（丹阳市柳茹村，句容市戴庄村、陈庄村、丁家边村，扬中市利民村，丹徒区卫星村、世业村）。全市有旅行社 120 家，其中出境社 12 家、国内社 108 家；江苏省星级旅行社 34 家，其中五星 1 家（江苏省镇江中国旅行社有限责任公司）、三星 26 家、二星 6 家、一星 1 家。有旅游星级饭店 22 家，其中五星级 3 家（镇江国际饭店置业有限公司、镇江万力酒店管理有限公司富力喜来登酒店分公司、江苏水中仙东雅国际酒店有限公司）、四星级 5 家（镇江观海楼酒店有限公司、丹阳市新世纪国际大酒店有限公司、江苏金陵融锦饭店有限公司、句容曙光国际大酒店有限公司、江苏长江大酒店有限公司）、三星级 13 家、二星级 1 家。镇江全市有导游 2537 人，其中高级 15 人、中级 85 人、初级 2437 人。

2. 发展势头复苏强劲

"十三五"时期的前四年，镇江市旅游业总收入上升趋势明显（见表1）。2020 年，受全球新冠疫情的影响，镇江市旅游业度过了长达 3 年的发展低迷期。"十四五"的开局之年——2021 年，镇江市旅游业在低迷中寻求发展机遇，旅游业总收入为 776.39 亿元，为全市文旅产业"十四五"开局奠定了良好基础。2023 年，镇江市旅游业迎来了强势复苏。2023 年春节期间，

镇江 AAAA 级以上旅游景区全部免费开放，全市接待游客 301 万人次、旅游业总收入 25.9 亿元，增幅分别超全省平均 20 个和 12 个百分点；过夜游客 52.49 万人次，增长 84.6%；正月初五，金山景区接待游客 5.6 万人次，创近 20 年新高。从总体情况来看，2023 年上半年，镇江旅游强势复苏，累计接待游客 2389.42 万人次，按可比口径较 2022 年上半年同比增长 97.76%；旅游业总收入 301.24 亿元，同比增长 88.57%，增幅高于全省平均水平。

表 1　镇江市旅游业总收入情况（2016—2022 年）

年份	2016	2017	2018	2019	2020	2021	2022
旅游业总收入（亿元）	714.35	822.37	934.21	1024.6	494.46	776.39	272.16

3. 政策支持全面有力

近年来，镇江高度重视文旅产业的高质量发展。2022 年 11 月，镇江市成立了全市旅游高质量发展领导小组，下设镇江市旅游高质量发展领导小组办公室。领导小组包含近 60 个成员单位及地区，市委书记任第一组长，市长任组长。同时，镇江鼓励各地成立相应的领导小组，确保"党政统筹、部门联动"的旅游高质量发展领导协调机制有力度、不走样、可持续。2023 年 2 月，镇江市召开旅游高质量发展大会，为全市旅游业发展指明了方向。不仅如此，镇江为刺激文旅消费，还出台了《镇江市引导城乡居民扩大文化消费的实施意见》《镇江市文化和旅游公共服务融合发展实施意见》《镇江市旅游业发展奖励办法》等一系列促消费政策，实施消费补贴、积分奖励等惠民措施，落实小微企业减费纾困举措，有效激活文旅消费市场。2023 年，镇江预计发放文旅奖励资金 500 余万元。

4. 文旅市场安全有序

良好的旅游环境和完善的服务体系是吸引游客的重要因素。镇江是国家信用体系建设试点城市。2023 年，为营造公平安全有序的旅游市场环境，镇江创新构建"信用承诺—评价—监管—奖惩"的文旅市场信用体系，引导全市 2396 家文旅企业签订信用承诺书，营造诚信、放心的文旅消费服务环境，2022 年至 2023 年上半年，全市旅游投诉受理满意率 100%，旅行社投诉同比下降 45%，行政执法成本同比减少 30%；对信用评价评分优秀的 20 家 A 类旅行社，发放考核奖励资金 245 万元。与此同时，为筑牢文旅安全，镇江市推进镇江博物馆等 20 家国家 A 级旅游景区进行平安旅游景区申报与建设，对 A 级旅游景区玻璃栈道、密室逃脱和剧本杀经营场所等重点安全领域加强检查督导，上半年出动执法人员 2100 余人次，检查经营场所 531 家次。

5. 文旅融合齐头并进

为全面贯彻落实党的二十大关于"文旅融合"发展的精神，镇江市制定发布了《镇江市文化和旅游深度融合高质量发展的实施意见》，明确镇江"打造国际文旅休闲旅游目的地城市"旅游发展定位，明确全市旅游发展重点任务。其中，文旅融合示范工程是镇江旅游高质量发展的一项重点工程。聚焦"乡村+旅游"，镇江启动全市乡村文化旅游年，实施乡村文化旅游"五百"工程，启动"百村百碗"乡土地标菜和"百村百品"乡村农创产品选拔与展示；聚焦"研学+旅游"，编制《全市研学旅行发展实施意见》，将研学活动纳入学生综合素质评价体系；聚焦"数字+旅游"，开发上线"宜游镇江"微信公众号电商平台，全市 9 家 AAAA 级及以上旅游景区、5 家文博场馆社保卡文旅"一卡通"工程通过省级验收；聚焦"体育+旅游"，镇江新区航空体旅融合基地入选省体旅融合发展示范基地，句容伏热花海景区等 3 处入选省春季体育旅游攻略库。

（二）镇江旅游业高质量发展面临的挑战

近两年，镇江旅游业在各项政策的强力支持下打破了疫情的"寒冬"，取得了显著的成效。但对比全国文旅市场强势复苏下一些"网红"城市的旅游态势，镇江旅游业的高质量发展依然面临诸多挑战。

1. 优质重点项目匮乏

2023 年是镇江文旅项目攻坚突破年，文旅项目招引活动力度不断加大。上半年全市开展文化旅游招商活动 14 次，精准对接、洽谈文旅项目 10 余次，签约项目 30 个，协议总投资超 20 亿元。但从现有产业基础来看，镇江的优质重点文旅项目依然严重缺乏。一方面，镇江与老牌旅游城市的差距在不断拉大，如南京夫子庙秦淮风光带、钟山风景区、扬州东关街；另一方面，镇江与新晋旅游城市的对比优势也在慢慢丧失，如南通洲际梦幻岛、唐韵龙湾水镇、森迪冰雪世界、栟茶古镇等多个新项目假期引流近 25 万人次。

2. 文旅产品结构单一

从供给结构上讲，镇江文旅市场正处在文旅产品转型升级期。全域旅游和全时旅游是近年旅游高质量发展的重点方向。而镇江旅游产品供给存在较强的区域性、时段性，旅游产业的现有供给与全域旅游、全时旅游的目标还有不小差距。现有旅游资源多但产品卖点少，与资源优势相匹配的产品优势没有充分发挥；观光产品多但新业态产品少，对青年群体吸引力不高；国家级、省级创建品牌偏少，含金量较高的旅游品牌主要集中在西津渡等几个重点景区。产业链条偏短，可持续性不强，"吃住行游购娱"旅游六要素存在明显短板，游客逗留时间不长。如镇江三山、南山等传统景区新增了"甘露寺刘备招亲"实景演出、"花间雅集"森林音乐会等参与性文旅新场景，但它们对青年群体的吸引力和感召力明显不足。夜间旅游项目如镇江第一楼街、江大后街等虽然极具烟火气，但缺乏对整体的统筹规划。

3. 配套设施不够完善

旅游业的高质量发展离不开城市治理的合力。镇江旅游公共服务体系不够健全，智慧旅游建设滞后，旅游接待能力和服务水平有待提高。比如近年文旅市场爆火的"进淄赶烤"。淄博烧烤爆火之后，当地政府主动作为，不断加大服务保障力度。从开通"烧烤专列"、新增21条"烧烤公交专线"，到3天修好一条路、20天新建一座烧烤城，从规范商户行为、惩处违法乱象，到发布公开信呼吁"错峰出行、避免扎堆"等，淄博以精细化的城市管理合力保障旅游业的健康有序发展。然而镇江的旅游配套服务存在着诸多短板，比如节假日时期，镇江旅游景区停车难的问题，镇江博物馆场馆停车位不足20个，金山景区、北固山景区停车位不足100个。景区交通组织也存在较大隐患。金山景区主入口位于人流密集的长江路上，焦山东大门附近至今未开通公交站点，镇江博物馆新旧馆连接安全隐患较大，节假日大西路、京畿路易造成拥堵等。以上实质上反映出镇江城市管理和社会治理水平还有待提高，尚未完全形成"部门支持旅游、人人参与旅游"的全域旅游格局。

4. 专业人才队伍不强

随着游客对旅游服务的消费需求越来越多，他们对于旅游业工作人员的整体素质和服务水平也提出了更高的要求。2023年，镇江在旅游业高质量发展的战略规划中就明确定位打造"国际文旅休闲旅游目的地城市"。而随着镇江旅游业与国际逐渐接轨，对旅游人才的专业能力和外语水平要求也会越来越高。但目前，无论是景观设计、人文地理还是对外交流与合作，相关的高素质专业人才仍然匮乏，不少景区反映本地导游水平普遍不高，缺少专业背景，专业化培训程度不高，难以满足高质量旅游需求，镇江旅游业依然面临着人才缺口大的问题。系统的旅游专业培训和教育有待进一步加强，旅游从业人员的素质有待进一步提高。

三、镇江旅游业高质量发展的对策分析

镇江旅游业高质量发展机遇与挑战并存，需要政府、企业和社会各界共同努力，抢抓机遇，应对挑战，将镇江建设打造成为居者安、近者悦、远者来的"国际文旅休闲旅游目的地城市"，以旅游带动城市影响力和能级不断提升。

（一）加强顶层设计，凝聚发展合力

旅游业的高质量发展离不开政府各个部门的紧密协作，"大旅游格局"理念指导下优质的公共服务和完善的基础配套是城市治理能力和营商环境的鲜亮名片，是城市温度的综合体现。镇江市旅游业高质量发展需要依托全市旅游高质量发展领导小组，统筹协调旅游业发展各项工作。在城市交通方面，要尽快启动焦山东大门公交站点、金山景区西入口、镇江博物馆新旧馆地下通道等重点旅游景区入口交通工程，让旅游景区不再"门难进"；节假日对联通重点景区的部分道路实施路段单向管控、优化公交线路等管制措施，适时开通场站至重点景区之间的假日旅游专线，让旅游高峰不再"路难走"；推进金山、北固山、镇江博物馆等重点旅游景区停车场建设，让旅游自驾不再"车难停"。在公共配套方面，住建、城管、市场监管等部门要合力推进永安路美食街等步行街区、宝堰菜市场等便民市场、金牛山公园等绿地公园涉旅化改造，并以旅游景区标准加强管理，打造一批融合镇江生活方式的泛旅游消费场景，让城市公共空间兼具文旅功能，更具烟火气息。

（二）深化文旅融合，优化产业供给

文旅深度融合是旅游业高质量发展的必由之路。现代旅游不再满足于简简单单地吃、逛、游，而要在深度旅行中体验城市烟火气、历史底蕴和文化内涵，不断推陈出新各类文旅新场景、新业态。要深入挖掘镇江文化内涵，打造特色镇江文旅IP，如镇江"三国文化""诗词文化""宗教文化"等。这就需要聚焦拳头项目招引建设，联动发改、商务、文旅等部门和各国有文旅投资平台，制定文旅项目招引专项政策，落实项目帮办难题，让更多优质文旅项目早落地、早建设、早运营。同时要升级景区旅游二次消费，在重点旅游景区有机融入一批文化引领、科技赋能的文旅休闲新空间，导入沉浸式演艺、帐篷露营、夜间文旅消费、文创商品开发等文旅"微改造"项目，用轻松活泼的方式展示镇江传统景区的文化魅力；要打造

乡村微度假旅游品牌，发挥乡村振兴的部门合力，培育乡村美食、乡村伴手礼、乡村民宿、四季村晚等多种农文旅融合产品，推进镇江乡村微度假目的地主题化建设和集聚化发展，实现乡村"购、游、娱、学"等多重功能叠加，不断释放乡村旅游温度。

（三）优化宣传推广，鼓励社会协同

城市形象是城市流量的快速入口，也是不断变化的风口，只有抓住时机、主动出击、用心经营和创意营销，才能维持城市形象传播的竞争力。一是政务宣传要"上心"。要提高官方账号发文质量，创造新鲜话题增加网民讨论和转发，更要在觉察到网络热度后迅速"接梗"，通过评论回复与私信等方式充分展示城市特色，增强网友的代入感和满足感。二是文旅宣传要"走心"。立足三千年的"宜"文化特性，打造与城市生活同频共振的"宜"系列文旅宣传。持续举办好各类特色节庆活动，提升镇江文旅品牌影响力。例如，利用金山文化旅游节、茅山道教文化节等品牌活动提升镇江旅游的知名度和影响力。三是群众宣传要"暖心"。要加强对环卫工人、司机、导游等直接接触游客的一线群体的职业荣誉感培养和文旅常识宣传，将其动员成为镇江文旅形象的积极传播者，实现对镇江文旅形象的正向输出。要壮大志愿服务团队。注重文旅短视频制作宣传、文旅艺术空间展演、研学旅行策划等这类新型文旅志愿服务队伍的培育，引导更多专业社会力量参与到文旅服务中来。

（四）完善制度保障，壮大人才规模

旅游业的高质量发展有赖于旅游人才的支撑。政府要建立有效的旅游人才激励机制与培养计划。坚持人才强旅战略，面向全国有计划地引进一批高水平、高素质的专业人才，建立旅游人才专家库，从根本上提升各旅游景区的核心竞争力。鼓励返乡大学生、专业技术人员等投身旅游自主创业，不断加深与省内和在镇高校的合作，加快引进一批具有景区运营能力、游客导入能力、游线融合能力的旅游企业落户镇江，及时为镇江旅游业的发展提供有力的人才支撑和保障。要定期开展旅游从业人员的业务技能培训，提高行业人员的整体素质。同时，要不断加强对外交流与合作，通过学习其他地区推动旅游发展的先进经验和做法，加速旅游人才的培养和成长速度。

课题组成员：周秋琴、李秋阳、殷亚伟、龙海峰

镇江市数字经济产业高质量发展的路径研究

| 中共镇江市委党校课题组 |

数字经济作为高质量发展的重要引擎，是新一轮城市间竞争必须抢占的新赛道。党的二十大报告明确指出，要"加快发展数字经济，促进数字经济和实体经济深度融合"。近年来，镇江市委、市政府顺应大势，以"数字镇江"建设为统领，将数字经济产业集群作为四大重点产业集群之一，数字经济产业规模初显，全市数字经济核心产业增加值占 GDP 比重达到6.6%，数字经济核心产业营业收入突破 600 亿元，完成应税销售 672.29 亿元，同比增长 19.8%，数字经济发展稳中有进。

一、主要问题

镇江市数字经济产业发展已取得明显成效，但与周边发达城市相比仍有较大差距，存在的问题值得关注。

（一）数字化建设缺乏长期规划

放眼全省，无锡在 2019 年提出发展以数字经济为首的"三大经济"；南京在 2021 年出台《南京市"十四五"数字经济发展规划》；苏州在 2021年后连续出台《苏州市推进数字经济和数字化发展三年行动计划（2021—2023 年）》《苏州市数字经济"十四五"发展规划》等文件，提出了系列目标任务；常州、扬州、泰州也陆续出台了相关扶持政策。目前，镇江关于数字经济发展的政策还局限于数字政府建设、产业数字化等，没有明确出台数字经济总体布局的长期规划目标及相关资金扶持政策。从考核层面来看，数字经济统计归口及部分考核指标不够明确，统计标准不固定，各部门对考核指标的理解不深入、不全面，导致执行层面存在偏差，无法对标对表，部门之间数据交换不及时、不通畅，数据更新慢且存在差异，实绩与考核排名存在一定差距。

（二）数字产业化牵引力不足

一是数字龙头企业少。在发展数字经济核心产业的过程中，苏州充分发挥了龙头企业引领作用。截至 2022 年底，苏州分别培育国家、省、市重点软件企业 7 家、94 家和 239 家，数字经济核心产业领域上市企业总数达 63 家。而镇江市规模以上数字经济核心产业企业占全部"四上"企业数的比重不足 10%。二是产业规模体量小。目前，镇江市数字经济核心产业增加值占 GDP 比重为 6.6%，而苏州市占比高达 15.8%；和数字经济核心产业密切相关的电子信息产品制造业、软件和信息服务业两个行业的营业收入占全省比重均不足 1%，且各区发展中内部未形成错位竞争，规模发展效应不强。三是项目招引竞争优势不强。在数字经济产业引导和支持上，与苏州、南京等周边城市相比，镇江缺乏吸引重大项目落户的政策措施和市场环境，对优质数字经济企业尤其是头部企业吸引力不强。

（三）产业数字化协同性与融合度不高

首先，从总体分布看，镇江全市数字企业分布零散，难以产生"产业化"效应。近 500 家数字企业散落在全市 55 个镇（街道）、园区，其中拥有企业数最多的高新区也仅有 27 家，尚未形成规模性产出。相较长三角 27 个城市数字经济产业融合应用指数平均值（33.88），镇江略低于平均水平，位于第三梯队（图1）。其次，从内部结构看，在数实融合方面存在"供需两端"难题。一是需求端难题。大多数制造业企业信息化建设还处于单项应用阶段，而处于集成提升阶段的较少，中小微企业依然面临"不会转、不能转、不敢转、不善转、不愿转"等多种问题。二是供给端难题。企业的盈利能力和创新能力不足，数字化市场体量小，细分行业市场未得到充分挖掘，本地企业在当地产业数字化中应用场景不足。

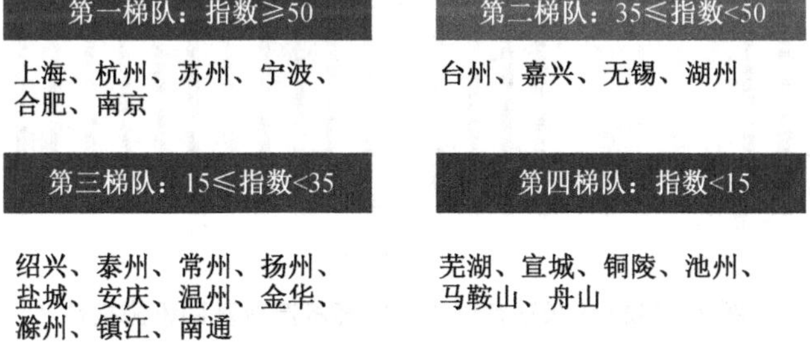

第一梯队：指数≥50		第二梯队：35≤指数<50
上海、杭州、苏州、宁波、合肥、南京		台州、嘉兴、无锡、湖州
第三梯队：15≤指数<35		第四梯队：指数<15
绍兴、泰州、常州、扬州、盐城、安庆、温州、金华、滁州、镇江、南通		芜湖、宣城、铜陵、池州、马鞍山、舟山

图1 长三角城市数字经济产业发展融合应用指数梯队分布

（四）数字化基础设施和人才支撑不强

数据显示，镇江数字经济基础对数字经济发展的贡献率为4.9%，发展指数3年仅增加0.065，发展相对缓慢滞后。从整体上看，镇江缺少集中规划、功能协同的数字平台，各类平台数据联通不畅，运营管理数据碎片化，供需双方难以高效协同，数据集成融合难，数据价值发挥有限。以长三角城市为例，27个城市数字经济产业基础设施指数平均值为52.30，镇江基础设施指数位于第三梯队，低于平均值（见图2）。具体而言，通过对镇江产业园区调研发现，大多数园区信息化建设仅考虑覆盖部分园区功能，系统间功能无法互通。调研了解，研发一套园区内部的数字化管理平台费用为2000万元以上，约为一个中小型园区5~8年的利润，且转型后每月还将产生维护费用，导致企业转型意愿不强。数字产业人才吸引力不足。一方面，高端人才难留。以江苏锐天为例，近三年有近100人流失，新引进的江苏怀业、国泰新点等行业内优质企业同样面临研发团队人员难招的困境。另一方面，基础人才难形成规模。如大禹山创意新社区在高端人才不足的情况下另辟蹊径，2022年通过与镇江高职共建，帮助3家企业招聘了近200人，但该人才培养模式要形成规模，还需要从全市层面共同发力。

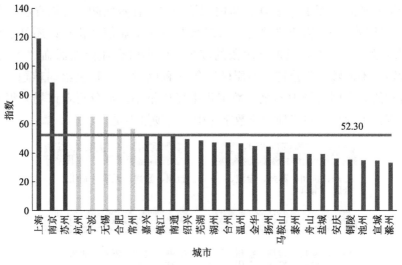

图2　2022年长三角城市数字经济产业基础设施指数

二、对策建议

面对数字经济发展的重大机遇，镇江市应将发展数字经济作为产业强市的战略引擎，以数字产业高水平融合发展助推镇江经济高质量发展。

（一）强化数字经济顶层设计

（1）从政策上发力。要研究制定数字经济发展战略、总体规划和政策措施，尽快出台镇江数字经济发展五年规划，优化全市数字产业布局，出台数字经济扶持政策和重点园区支持政策，为重点发展片区在税收、载体建设、土地供应等要素保障方面提供优惠政策。（2）从机制上突破。建立完善数字化转型协调推进机制，明确各地各部门管理职责，形成职责清晰、分工有序、协调有力的工作格局。研究制定推进数字化转型的发展路线图、阶段性政策，明确转型目标、技术架构、功能要素、主要任务和实施路径。（3）从考核上落地。统计局、发改委、工信局等相关部门，要及时进行数据共享，建立大数据平台，统一归口，明确每年的考核指标范围并及时发布文件通知，确保及时知晓并提前谋划。要常态化召开考核指标培训会和调度会，对考核指标进行详细解读，让各部门深入理解考核指标的内容。

（二）激发数字产业竞争优势

（1）紧盯产业强市战略，聚焦产业招引目标。按照数字产业的发展方向和镇江市产业禀赋，研究制定明确的数字领域投资招引方向和目标，重点引进5G、智慧城市、大数据、人工智能、智能制造等领域的企业和项目，特别是成长加速类的优质企业，力争在"十四五"期间形成一个主营业务超800亿的特色数字产业生态集群，形成一批有影响力的数字标杆企业和产品。（2）研究主导产业链，挖掘产业数字化潜力。"头部企业"和"瞪羚企业"培育齐头并进。着力培育一批拥有自主知识产权和知名品牌的大企业大集团，力争"十四五"末，打造3~4个超百亿企业和一批规模达到几十亿的数字领军企业；高度重视培育成长型中小企业和科技初创企业，努力实现数字经济核心领域的"四上"企业在库数量达到700家以上。可成立专项基金，通过政府引导、扶持奖励等方式，进一步为企业松绑减负。鼓励金融机构为中小市场主体实施数字化转型提供定向金融支持，畅通数字产业企业增信融资渠道。（3）发挥区域优势，促进协作共赢。要统筹布局，建设创新集群联动应用场景的跨区合作模式。从全域来看，京口、润州作为主城区，高校资源丰富、交通生活便利，应当围绕产业的"创新化"集聚资源打造创新策源地；丹阳、扬中、句容、新区制造业相对发达，有着大量行业应用场景，可以成为数字经济提升产业效率和增量的主战场。应加强区域间合作，推动数字产业化与产业数字化齐头并进。如大禹山创意新社区通过与高校联动吸引和孵化优质跨境电商企业，赋能全市的特色商贸产业；又如丹阳的眼镜、五金工具，高桥的雪地靴等，各地通过培育和集聚跨境电商产业，促进传统工贸企业转型升级、塑造品牌。

（三）加强数字化应用基础设施建设

（1）加强硬件基础设施建设。建立政府引导、市场主导、园区运作的推进机制，一方面要在镇江市范围内加大5G基站建设与应用，按照企业数量进行配比建设，加速推进电力设施、智能IBMS、智慧停车等通用型数字化基础设施的标准化建设，优化及实现全市规范统一，减少使用维护成本；另一方面预留符合特色或产业体系个性化需求的数据模块端口，逐步汇聚接入政务服务、产业平台、感知监控等多源数据，形成数字底座。（2）加强软件基础设施建设。围绕镇江市"四群八链"产业体系，分别建立行业"数据大脑"，运用大数据和区块链的SAAS（通过网络提供软件服务）属性等方式，精准掌握各类企业的能耗指标、供电数据等，系统掌握各产业发展现状，实现产业数据透视、数据信息管理等功能，助力政府有关部门和企业更好地研判产业发展现状和趋势。

（四）优化数字产业人才结构

（1）吸引外部人才。积极引进数字经济领域创新创业高层次人才和项目，主动融入G42沿沪宁人才创新走廊，链接北京、上海、南京等地知名院校的创新资源，推进以行业为主导的人才及产业项目的交流合作。（2）增强内部人才培养力度。增强校企合作，搭建人才、项目、产业发展平台，为企业订单式培养人才。鼓励本地高等院校开展数字经济相关研究、开设数字经济相关专业和课程，培养具备数字化思维和数字化能力的跨领域人才和复合型人才。（3）健全激励机制。落实数字经济人才激励计划，强化对大中专职业技校人才的待遇、落户、住房等政策，将工资水平与绩效挂钩，同时完善科研条件和配套设施，让其能够实现自我价值。落实江苏数字经济卓越工程师职称制度，在数字经济职称类评审中，加大业绩权重，重点向民营企业优秀员工倾斜，做好数字人才服务保障工作。

课题组成员：彭智勇、姜　华、仲　楠、臧璐衡、
　　　　　　　顾　颖、陈小琴、徐若鹏

更高质量推动长三角一体化视域下
镇江提升产业能级发展路径研究

| 李秋阳 |

一、引言

目前，全球经济进入增长乏力、通胀高企阶段，国际贸易摩擦不断增多，气候能源危机持续加剧，新科技革命引致深刻变革，全球产业链价值链重塑加速，给各国带来了前所未有的机遇与挑战。与此同时，国内经济增长中枢下移，面临着需求收缩、供给冲击和预期减弱等多重叠加压力。如何在世界局势复杂多变、国内疫情多点散发、经济平稳运行中突发因素带来更大不确定性的背景下，不断推动产业链向中高端迈进，提高地区经济发展抵御危机的能力，成为实现中国式现代化的重中之重。

产业能级决定城市能级，产业高度决定城市高度。提升产业能级，不仅是量的跃升，更是质的跨越；不仅是建设现代化经济体系的必然要求，更是重塑产业竞争地区新优势的重要举措。镇江地处强市如云的苏南板块，正处于长三角一体化、南京都市圈等战略机遇期和重要窗口期，但也面临着产业总量不够大、结构不够优、层次不够高、后劲不够足的"四个不"发展掣肘，仍处在高质量发展爬坡过坎的关键阶段。镇江市第八次党代会报告强调指出，"坚定不移抓产业发展，加快做大规模、做优质效、做强动能"。镇江要在长三角一体化战略下"破壁出圈"，实现从"跑起来"到"强起来"的转变，必须始终推进产业强市，增强区域经济韧性，打好"提升产业能级关键战"。

二、产业能级提升的应有之义

提升产业能级是产业从价值链的中低端向中高端的跃升过程，是产业竞争力全面提升和经济迈上新台阶的关键。唯有坚定不移抓产业发展，一以贯之实施产业强市，打好提升产业能级关键战，才能实现现代化新镇江的光辉愿景。

(一) 聚焦城市发展所需

城市发展的核心是产业发展，兴城首先要兴业。产业繁荣和衰退的周期变化，影响着城市的兴起和没落，唯有通过产业的迭代升级，才能推动城市的持续发展，集聚人气、烧旺商气、提升财气。美国昔日的"钢都"匹兹堡，认识到产业单一的脆弱性，恰当与准确地处理了城市与产业之间的关系，打造以多样化产业为基础的现代化城市经济体系，实现了多点支撑的产业复兴。产业转型的深度决定了城市更新的高度，但是如何转型，特别是产城相融的升级更新不是轻而易举的事情，而是系统性、综合性的工程。

镇江产业长期"偏重偏化"，化工企业一度遍布长江沿岸。自 2019 年江苏化工整治以来，面对园区和企业数量大幅度压缩的目标值，以及更高的安全生产、环境保护要求，镇江化工产业优势遇到了挑战，倒逼转型升级压力较大。要想实现城市的可持续发展与繁荣，完备的产业体系支撑是基础和根本。唯有不断推动产业结构转型升级，加快补齐制造业短板，才能增强区域经济的韧性，实现区域经济"量"与"质"的增长，破除发展困境。

布法罗：中小型城市的转型之路

布法罗紧邻五大湖，与尼亚加拉瀑布相邻，尽管是纽约州第二大城市，但市区人口数仅三十万，不及纽约市的零头。自伊利运河开通，布法罗成为美、加两国的铁路货运中心，制造业迅速兴起，开启了巅峰之路。然而在美国传统制造业滑坡时，布法罗也因产业结构陈旧，陷入了长期衰退。但从 2010 年开始，布法罗的经济有所复苏，城市活力初现。

（1）"文化+"提升，展示新面貌。拥有极其丰富的文化历史资源的布法罗，通过政府与私人资本改造发掘，打造了一系列的景点。例如，进行粮食周转的几栋巨大筒仓目前被改造为文旅休闲景点，成为建筑顶部观光地和诗歌朗诵会、音乐会的举办场所；旧的木桶工厂被改造成精酿啤酒厂；废弃的成片仓库被改造成文创旅游区；等等。改造项目在城市广泛开展，为老城区带来大量新的青年人口和游客流入，为城市注入了活力。

（2）产业转型，迸发新动能。2016 年，曾经在布法罗生产经营的联合钢铁公司的厂房被太阳能电池板制造商 Solar City 收购；2020 年，特斯拉汽车的生产线也入驻布法罗。新能源产业的进驻为城市带来数千新的就业岗位，也带来了新的产业发展前景。

（3）人才聚集，焕发新活力。处于伊利运河和五大湖区交汇点的布法罗对于年轻人来说，居住成本与物价相比纽约市低廉许多，随着当地就业岗位的不断扩充，许多年轻人选择在毕业后留在布法罗长期生活。低廉的房地产价格与未来日渐明朗的发展前景，深厚的文化底蕴与日益丰富的文化生活，均成为布法罗近年来留住越来越多年轻人的原因。

（二）回应民生所盼

离开产业谈民生，都是无源之水、无本之木。根据"奥肯定律"和"配第—克拉克定理"，产业发展与就业增长有着密不可分的关系。不同产业发展内容和方式对就业的影响不甚相同，如果产业结构不合理，发展质量和效率不高，就难以促进产业发展与就业增长两者的良性互动。因此，在区域竞争日趋激烈的当下，应更加重视统筹兼顾产业发展内容与就业更大效率的匹配，以发展促就业、以就业保民生，实现二者的统一。

目前，国际环境日趋复杂，不稳定性、不确定性明显增加，对产业提升、就业稳定产生潜在冲击，2022年以来，镇江失业率上升至2.5%，达到近十年来的高点。同时，创新型、技术技能型、绿色就业等相应人才的培养和储备不足，结构性就业矛盾更加突出，产业发展与就业领域主要矛盾发生了变化。有关人员需清醒认识当前所面临的挑战和风险，抓住机遇，调动各种积极因素，全面展现镇江产业高能级战略平台的实践，把共同富裕美好图景转化为镇江实景。

（三）竞逐低碳赛道

传统经济发展模式中，产业链呈现出以资源型企业为主体的重要特征。"双碳"目标下，发展低碳经济意味着重新改变产业链分布，推进产业向利润曲线两端延伸，一方面从生态设计入手形成自主知识产权向前端延伸；另一方面形成品牌与销售网络向后端延伸，提高核心竞争力，最终逐步优化产业结构，使其趋向高质量标准。

对镇江来说，最直接、难度最大的挑战仍是以重工业为主体的产业结构，重工业产值占比最高时达80%，重工业转型是提质增效改造、推动产业能级发展、减少能源消耗和碳排放的关键所在。产业发展不应是对资源和生态的竭泽而渔，低碳也不应是舍弃经济发展的缘木求鱼，而应持续把"生态+"融入产业链全过程，彰显"美丽镇江"城市特质。

三、镇江产业能级提升的压力挑战

随着新一轮科技变革和产业革命的潮流，面对"黑天鹅""灰犀牛"等突发事件，城市或者地区间的产业链、创新链、供应链或多或少都会受到外部冲击，如果处理不当，就会影响城市的可持续发展，导致地区经济社会停滞不前。

本部分借鉴美国洛克菲勒基金会对韧性城市定义中运用的急性冲击和慢性压力的分析框架，主动识别外在变量和内在因素，进而判断产业能级提升所面临的风险与挑战。这是解决镇江产业发展问题的基础和前提。图1为本部分的逻辑分析框架。

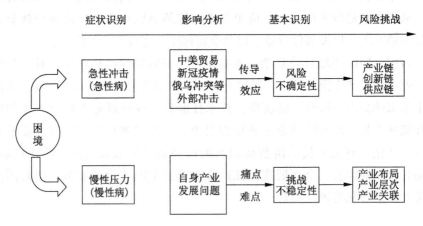

图1　本部分的逻辑分析框架

（一）急性冲击

1. 新冠疫情的持续性影响

全球化、持续性的疫情演变为全球"灰犀牛"，各国采取不同程度的"封城"或"封国"措施，导致国际经贸交往突然中断、产业链的稳定性遭到破坏。在疫情突发阶段，镇江制造业供应链受到较为严重的冲击与影响（见表1）。根据镇江统计局2020年1—4月经济运行分析，镇江规模以上工业企业总产值同比下降了9.2%，高于苏州同期，表明镇江工业体系对风险的抵抗能力相对较弱。作为镇江支柱产业之一的化学原料和化学制品制造业同比下降速度最快，高达18.9%，受到了较大打击。其他重点行业如电气机械和器材制造业，计算机、通信和其他电子设备制造业以及通用设备制造业降幅均超过10%。

在统筹抓好疫情防控和复工复产的阶段，镇江工业增速和重点行业增速的经济指标朝着正向趋势发展。2020年，镇江工业增速同比增长6.3%，初步实现工业指标反弹，但计算机、通信和其他电子设备制造业仍呈现出增长乏力的状况。苏州产业体系规模庞大、门类齐全、具有较高开放度，其一大支柱产业（计算机、通信和其他电子设备制造业）2020年增幅达到5.7%，侧面展现了苏州产业体系运行稳中提质，产业结构趋于优化，内涵式发展特征凸显。

在疫情防控常态化阶段，2021年镇江全市规模以上工业增加值增长15.1%，传统行业发展增幅超过10个百分点，企业呈现向稳向好的良好态势。而高端装备、智能制造等增速不高，发展后劲不足，产业升级压力较大。

表1　镇江、苏州疫情前后规模以上工业和重点行业工业总产值增速（同比±%）

城市	行业	2020年1—4月	2020年1—6月	2020年	2021年
镇江	规模以上工业增加值			6.3	15.1
	规模以上工业总产值	-9.2	0.5	5.2	25.8
	汽车制造业	-12.2	4.1	20.3	40.7
	化学原料和化学制品制造业	-18.9	-6.5	0.6	42.8
	电气机械和器材制造业	-6	4.9	7.3	34
	通用设备制造业	-12.3	4.4	13.0	23.2
	计算机、通信和其他电子设备制造业	-16	-4.6	-10	2.9
苏州	规模以上工业总产值	-7	-0.3	3.4	17.2
	汽车制造业	-12.5	-3.5	7.4	19.9
	化学原料和化学制品制造业	-6.5	-5.2	-0.2	28.5
	电气机械和器材制造业	-3.9	4.9	10.2	19.2
	通用设备制造业	-11.8	-3.8	3.8	22.7
	计算机、通信和其他电子设备制造业	-3.1	2.9	5.7	10.8

注：数据来源于镇江市统计局网站、苏州市统计局网站

由此可见，突如其来的新冠疫情给镇江制造业产业体系带来了一定冲击，这也凸显了产业供应链的不稳定性和不确定性。

2. 国际关系的不确定性影响

近年来，中美贸易摩擦与一系列区域贸易协定安排相互交织，以美国为代表的发达国家借机采取更多的贸易和投资保护措施，以保护本国产业的国际竞争力，世界范围"逆全球化"暗流涌动。近年来，如图2所示，镇江出口贡献率呈下降趋势，对于出口经济的依赖度降低。目前，在新一代信息技术、人工智能、高端装备等领域严重依赖进口的技术（或核心零部件），涉及关键材料、核心技术、关键零部件等工业基础，这恰是镇江产业链和创新链的短板，面临着"高端空心失位、低端重复建设"的窘境，存在"卡脖子"风险。外部环境的复杂性和不确定性持续增加，影响新旧动能接续的效率，加大了镇江新动能培育壮大的难度，进一步削弱了这些行业对地区经济的拉动作用。

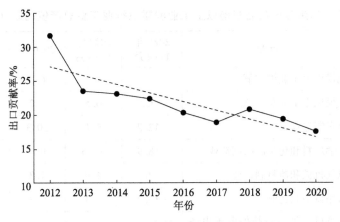

图2　2012—2020年镇江出口贡献率趋势图

俄乌冲突这只"黑天鹅"无疑使国际经济局势变得更加扑朔迷离。俄罗斯和乌克兰是重要的农产品、能源出口国，其优势产业处在全球产业链的上游关键位置。俄乌冲突对全球产业链、供应链造成巨大冲击，重要基础原材料短缺将衍生出全球关键零部件断供，粮食和能源出口减少将直接导致原本就处于上升势头的原油价格进一步飙升，使得以原材料为中心的行业生产成本增加。同时，欧美对俄罗斯制裁与俄罗斯反制裁导致的全球性影响，将使全球产业链已经受到的多重冲击进一步加剧。

（二）慢性压力

1. 双循环新发展格局下区域竞争

在加快形成"双循环"新发展格局的背景下，地方政府间的锦标赛竞争更加激烈。镇江位于长三角腹地，东临上海，西接南京，是长江沿线重要的交通枢纽，优越的交通优势强化了镇江的"通道效应"，但也增强了上海、南京等城市对资本和人才资源的虹吸效应，进一步加剧了镇江与周边发达地区争夺高端要素的难度，制约了镇江产业能级发展。

2. 产业集群效应不强，"主链"特色不显

工业是产业能级优化提升的主战场。2020年，镇江全市制造业增加值占地区生产总值的比重达38.8%，然而其能源消耗结构并不合理，化工、建材、钢铁等六大高耗能行业占镇江全市工业总能耗的80%以上。规模以上工业企业亩均税收低于省内沿江八市平均水平，产业集群效应不强，协同创新和协作配套水平有待提升。产业仍处于集聚化发展阶段，配套企业层次总体不高，部分产业关键环节缺失，核心零部件对外依存度较高。镇江与周边城市的产业合作互动不多，制造业特色优势尚不鲜明。

表2　2020年镇江重点行业规模以上工业企业分布情况

行业	企业数量（个）	工业总产值（万元）
化学原料和化学制品制造业	116	4924897
电气机械和器材制造业	308	4750719
计算机、通信和其他电子设备制造业	106	1714195
铁路、船舶、航空航天和其他运输设备制造业	52	1249915
汽车制造业	188	2735989
金属制品业	217	2550945
医药制造业	20	265660

3. 产业创新带动不足，"价值链"低端锁定

近年来，镇江产业中高端供给不足，高技术制造业增加值占规模以上工业比重偏低。大企业大项目数量不多，对产业发展支撑不足。领军企业带动性不够，具备行业号召力的大型企业偏少，龙头企业整合上下游资源的能力不强。新建大项目数量不多、规模偏小，投资拉动作用较弱。创新投入特别是基础研发领域投入不足，有研发机构和研发活动的企业占比不高，重大创新成果不多。

四、产业能级指数测算结果及对比分析

（一）相关指标选取及指数测算

产业能级评价指标体系构建参考王慧艳等对产业升级指数的测算，从产业结构高级化、合理化、两型化、转方式、提效益 5 个方面，根据镇江实际调整选取 15 个测算指标。如表 3 所示，产业结构高级化中指标包含第三产业增加值占 GDP 比重、重工业产值比重以及计算机、通信和其他电子设备制造业行业占工业总产值的比重；合理化指标选取了三大产业泰尔指数、第三产业从业人员占比、万元固定资产实现利税总额；两型化指标为单位 GDP 能耗、单位 GDP 废气排放量、工业固体废物综合利用率；转方式指标选取了劳动生产率、资本生产率、出口贡献率；提效益指标是人均 GDP、单位 GDP 技术市场成交额和城镇居民收入变化系数。

表 3　产业能级评价指标体系

	一级指标	二级指标	权重
产业能级指数	结构高级化	第三产业增加值占 GDP 比重	5.95%
		重工业产值占工业总产值的比重	10.24%
		计算机、通信和其他电子设备制造业行业产值占工业总产值的比重	6.83%
	结构合理化	三大产业泰尔指数	6.63%
		第三产业从业人员数占全社会从业人员数比例	6.29%
		万元固定资产实现利税总额	4.94%
	两型化	单位 GDP 能耗	6.64%
		单位 GDP 废气排放量	5.31%
		工业固体废物综合利用率	8.56%
	转方式	劳动生产率	6.36%
		资本生产率	7.9%
		出口贡献率	6.56%
	提效益	人均 GDP	6.88%
		技术市场成交额/地区生产总值	5.97%
		城镇居民收入变化系数	4.94%

（二）数据描述性统计

一是产业高级化步伐迟缓。镇江市三次产业比重由 2012 年的 4.7：53.7：41.6 调整为 2021 年底的 3.3：48.7：48.0，其中高技术产业产值占规模以上工业比重达到 46.9%，规模以上工业高技术制造业增加值比上年增长 10.7%，实现了产业结构不断优化升级，发展质量稳步提升。但是相对于苏南四市，镇江结构调整的步伐仍处于末端，需聚焦产业链重点环节，加快推进产业基础高级化和产业链现代化。

二是产业合理化趋势处于稳定。镇江市泰尔指数不为零，表明产业结构偏离了均衡状态，有待进一步提升。从总体上来说，镇江市 TL 指数阶段性特征明显，经历了合理化快速发展阶段，2009 年以后，镇江市产业结构合理化速度放缓。

三是资源要素配置有待优化提升。如图 3 所示，近年来镇江单位 GDP 能耗下降近四成，需不断优化能源消费结构、发力产业转型提档。然而，镇江现有偏"重"的产业结构、偏化石能源的能源结构共同决定了整体经济增长与碳排放"深度捆绑"。工业产值与碳排放呈现出高度正相关，六大高耗能行业产值约占工业总产值的三成，但能耗占比高达八成以上，远高于一般行业，由此也导致全市单位 GDP 能耗处于较高的水平，高于全省平均。

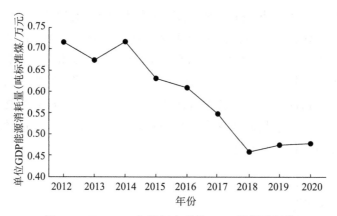

图 3　2012—2020 年镇江市单位 GDP 能源消耗量

四是转方式处于爬坡过坎关键期。当前，我国经济已由高速增长阶段转向高质量发展阶段，推动实现高质量发展，转变经济增长方式。但是镇江目前依旧依赖于增加劳动、资本、自然资源投入实现的增长，即"粗放式增长"。实现从要素驱动、投资规模驱动发展为主向以创新驱动发展为主的转变，寻求"科技突围"，是一场任重道远的硬仗。

五是提效益任务紧迫。产业能级提升第一要素是量级的提升，从整体来看，镇江 2020 年 GDP 为 4220.09 亿元，经济规模总量偏低。2020 年，江苏全省 GDP10 万亿元、苏州 2 万亿元冲刺成功，省内第二批 GDP "万亿之城" 苏州、南京、无锡和南通纷纷亮剑。此外，与省内其他地级市经济发展的抢眼表现相比，近年来镇江 GDP 名义增速持续垫底。人均 GDP 全省排位虽未发生变化，但是优势正在逐渐减弱。面对转型发展阵痛期带来的挑战，镇江必须注重提升发展内涵、优化发展动能、促进发展转型升级，这对镇江摆脱 "苏南末位" 发展困局具有十分重大的意义。

（三）测算结果综合分析

本文对 2012—2020 年的相关统计数据进行了标准化无量纲化处理。基于数据波动性和指标的冲突性则采用 CRITIC 权重法，客观反映了不同指标对目标指数的影响程度（权重结果如表 3 所示）。进行综合加权求解指数的具体公式为：

$$z_t = \sum_{j=1}^{m} w_j y_{ij}$$

其中，z_t 为第 t 年的某项指数，w_j 表示指标的权重；m 表示个数。

笔者根据上述方法，探究近年来镇江产业能级变化趋势。

产业能级作为综合指标，用于衡量产业 "能量" 大小。图 4 显示，以 2012 年为基准，2012 年以来，镇江的产业能级指数整体呈上升趋势，保持着良好的发展态势。但是 2019 年开始，指数略有下降，数据表现较弱。受环境变化、疫情冲击、结构转型等因素影响，产业能级指数始终处于一个稳定的区间，甚至增长疲软乏力。要想产业能级大跃升，塑造镇江经济新优势，创新发展任重而道远。

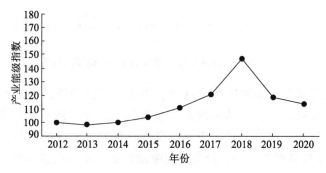

图 4　2012—2020 年镇江产业能级发展指数趋势图

四、镇江提升产业能级的应对策略与建议

本文借鉴韧性理论的分析框架，探讨分析镇江发展面临的"急性病"和"慢性病"，重点了解近年来镇江产业发展实际。如果这些症状不能及时有效防范和化解，那么将会成为阻碍新时期镇江产业能级发展的绊脚石。因此，面向2035年远景目标，把握好稳增长与防风险的平衡，增强产业能级的发展及应对各种可能发生的风险的能力，对镇江切实提升区域经济韧性、融入长三角一体化高质量发展有着十分重要的意义。

（一）聚焦组织结构，凝聚组织引领力
1. 实施积极有效的产业政策，建立并完善产业进入退出机制

结合现阶段实际生产能力，分阶段做出合理的产业转型升级安排；通过政策调整、体制机制变革优化，高效配置目前要素禀赋，提供创新转变所需的资源、要素和环境等，提高生产能力禀赋的质与量。在市场机制下完善产业进入退出机制，加速建立产业进入退出的替代转化机制，淘汰落后产能、清理"僵尸"企业，并在产学研一体化下在创新领域集聚更多禀赋资源，推进镇江产业可持续增长。

2. 构建合作机制，发挥市场作用

在探索独特的管理模式方面，上海漕河泾新兴开发区提供了一个成功样本。它实行企业化运作，成立开发区总公司，不设管委会，与所在行政区政府携手，探索招商引资、财税落地、区域管理等方面的合作，实现功能互补、利益共享。镇江可适当选择开发试验区探索"政企混合"型管理模式，支持独立的开发运营主体承担建设管理、产业招引、投资运营等专业化服务职能。

3. 成立"领导+专家+企业"产业提升咨询委员会

面向每条产业链，聘请多位国内外知名专家、院士担任"理事会"成员，为产业方向、升级提供智力支撑，选择了产业界知名企业的创始人和研发负责人组成"产业咨询委员会"，以市场为导向，以产品为目标，为开发区产业的研发方向、行业规划、技术路线等提供决策咨询。

（二）扩大产业规模，形成规模聚合力

提升产业能级发展，需要一定的产业规模支撑，要有量的基础。适度扩大产业规模是促进经济发展的必由之路，也是提高企业竞争力的关键。

1. 培育"链主"，壮大龙头领军企业群体

"链主"多数是行业冠军，在发展过程中积累了资本、市场、人才等各方资源，具有多方协同能力。做大做强龙头企业，出台制造业头雁企业培育行动方案，深入实施领航工程、千企升级等专项行动，围绕优势产业和新兴产业链，力争新增一批百亿级企业、十亿级新兴企业。提升产业链水平，归根结底要靠一个个项目支撑，突出"项目为王"，集结更强大、能级更高的优势产业集群。

2. 推动大中小企业融通发展，加快串珠成"链"

企业是生产的细胞，也是产业链、供应链的实施主体。在"链主"龙头企业带动下，镇江采用梯度培育模式，众多专精特新"小巨人"企业不断成长，成为区域经济整体提升的"尖刀"力量。抓"扩量"、促"提质"，镇江须夯实产业链、供应链，实现"补链成群，迈向高端"的产业主战略。

3. 培育完备产业链，筑牢区域发展根基

一个区域的经济能够抵挡冲击是至关重要的，但不能替代地区经济发展的能力，两者需要权衡。将"四群八链"作为主攻方向，把新材料、智能装备、人工智能、生命健康、新能源等引领性产业谋深谋透，着力引进高劳动生产率、高增加值率的产业项目，吸引核心配套环节、优质资源要素在镇江集聚发展，形成"未来产业+战略性新兴产业"共同带动的产业发展格局，这既是镇江产业发展的短板所在，也是未来制胜的关键。

（三）寻求"科技突围"，提升创新竞争力

提升产业能级发展，要把科技放在更加重要的地位，注入源源动能，实现价值链的高端延伸，加快技术优势跃升速度。

1. 对照"全球价值链"，推进产业迈向中高端

通过科技创新，不断提升全要素生产率，增强发展新动力、新活力。强化基础研究、应用基础研究，储蓄"深蹲助跑"的力量，充分发挥科研机构、民营企业的综合优势，建立"政产学研用"一体化创新体系，精准打造企业科技创新型孵化基地，实现资源共享。建议对科技创新有突出贡献的民营企业及创新人才进行奖励，使敢于创新、勇于创新、善于创新、

推动创新成为社会风尚，同时加强知识产权保护，落实国家各项减税政策，激活民营企业科技创新动能。

2. 数字赋能产业升级，释放数字技术产能放大作用

产业数字化转型是数字经济发展的主战场，要加快数字技术和传统产业的深度融合。一是由政府引导，鼓励龙头企业打造工业互联网赋能传统产业转型标杆，进而带动产业链上下游企业进行系统化的数字化转型；二是由政府加大投入，搭建大型公共服务云上共享平台，解决各行业中小企业转型慢、转型难的痛点，为传统行业数字化转型提供新方案。

3. 高位谋划 G312 创新走廊，着力构建科技创新策源地

集中整合 G312 产业创新走廊沿线两侧优质创新资源，以加强源头创新、产业技术研发和成果转化为抓手，以产业链培育为方向，形成产业联动、功能贯穿的城市创新中心和科技创新枢纽，推动南京城区、紫东地区的创新要素和成果向镇江流动，打造产业集聚发展、城市能级提升的核心空间，建设具有国际影响力的先进制造业基地、共享开放的创新经济走廊，成为全市高质量发展的新的战略增长极。

（四）突破招引惯性，强化发展拉动力

1. 招引培育强队伍，实现"散兵游勇"到"精兵强将"的跨越

围绕知识结构、年龄、业务能力等多维度综合评判，将政治过硬、懂经济、知政策、熟业务的年轻干部纳入储备库。通过组织牵头、党建引领，深入推进招商队伍培育精准度、专业度、实用度"三度融合"，为招商队伍量身定制"按需点单—专业培训—成果评价"全链条精准培育模式。按照重点产业招引方向，派驻"四群八链" 12 个招商小分队前往北京、上海、深圳等地开展招商工作，拓展招商"朋友圈"。

2. 促进产业和人才双链融合是关键

尽管这几年镇江人才招引力度很强，但真正在引领性产业领域进行创新、作出重大贡献的人才仍比较紧缺。因此，不但要引进领军人才，还要引进能充分发挥领军人才作用的团队，判断人才的"含金量"，形成和产业升级、科技创新相适应的人才结构。推动职业教育与产业链条契合，让人才链与产业链有机衔接，从企业的现实状况与产业需求出发，与江苏省镇江技师学院、江苏省交通技师学院和镇江市高等专科学校等驻镇院校深化校企协同，设置教学内容。

3. 优化产业合作利益分享机制

全面加强镇江与其他苏南城市的产业合作、园区共建，充分借助沿沪宁产业带辐射带动作用，加速创新能力向镇江辐射并带动镇江发展。探索设立镇江市区域产业协作与发展基金，主要对产业合作中利益受损或者较少获利的地区和园区给予补贴，为跨区域合作研发项目提供融资功能，为全市主导产业具有牵动性的重大基础设施建设项目提供配套资金支持，从而强化跨区域产业链、价值链的分工协作。

（五）夯实管理"地基"，锻造强大支撑力

1. 优化园区管理模式，提升园区功能品质

从全域角度考虑基础设施和产业布局，统筹推进园区集疏运交通体系建设，全方位考虑人才公寓、商业综合体等公共服务配套设施。搭建技术、人力资源、专利服务及检测认证等方面的公务服务平台，开展"一站式"服务，有效解决企业、高校、第三方服务机构之间的区域壁垒。

2. 大力推进金融创新，为企业融资"铺路架桥"

不管是高新技术产业发展，还是传统产业升级改造，都需要大量资金投入，单纯依靠地方政府只是杯水车薪，必然还需要金融工具、金融产品、金融政策的创新注入。组建企业授信风险资金池，设立专项产业基金、驻点园区，主要目标是提升研发设计和生产能力，为中小企业融资提供便利。

3. 动真碰硬解难题，营商环境再优化

结合推进"暖企纾困"活动，及时收集产业链培育问题，摸清企业（项目）问题诉求，分类建立台账、协调市区各部门"组团服务"，以"企业满意"作为唯一标准，进一步强化要素保障，以"高效办成一件事"为抓手，努力提高企业满意度和获得感，围绕配套做文章，将企业精准嵌在产业链中。

（作者单位：中共镇江市委党校）

镇江市加快推动战略性新兴产业融合集群发展研究

| 中共镇江市委党校、江苏大学联合课题组 |

一、战略性新兴产业融合集群发展的内涵及战略意义

（一）战略性新兴产业概念及分类

战略性新兴产业指以重大技术突破和重大发展需求为基础，对经济社会全局和长远发展具有重大引领带动作用、成长潜力巨大的产业。它是新兴科技和新兴产业的深度融合，既代表着科技创新的方向，也代表着产业发展的方向，具有基础性、先导性、战略性、渗透性、复杂多样性、技术密集性等特征。根据《国务院关于加快培育和发展战略性新兴产业的决定》和《战略性新兴产业分类（2018）》，现阶段重点发展的战略性新兴产业包括新一代信息技术产业、高端装备制造产业、新材料产业、生物产业、新能源汽车产业、新能源产业、节能环保产业、数字创意产业及相关服务业等九大类。

（二）战略性新兴产业融合集群的内涵

党的二十大报告对建设现代化产业体系作出部署，强调"推动战略性新兴产业融合集群发展，构建新一代信息技术、人工智能、生物技术、新能源、新材料、高端装备、绿色环保等一批新的增长引擎"。因此，为积极适应全球产业分工模式、产业链布局，以及最新的产业创新模式和产业组织范式，国家提出推动战略性新兴产业融合集群发展这一重大战略。这是应对新发展阶段大国竞争的必然之举，也是服务和融入新发展格局的应有之义。

推动战略性新兴产业融合集群发展，聚焦主体融合、要素融合、产业链互动和产业生态繁荣等，不断促进技术、市场与政策供给的紧密耦合。因此，推动战略性新兴产业融合集群发展应遵循以下基本原则：（1）坚持融合化发展。强化系统观念、统筹兼顾，推动创新链、产业链、资金链、人才链深度融合，加快技术、产业、城市之间耦合联动、互动相长、融合共生，在融合发展中延伸产业链、提升价值链。（2）坚持集群化发展。促

进科技创新、现代金融、人力资源等要素集聚共享，推动产业链、创新链、价值链、生态链在集群内有机融合，构建产业间链式发展、区域间相互融合的协同发展机制，激活产业发展潜能，提升产业基础能力。（3）坚持绿色化发展。严把产业准入关，实施碳排放总量和强度"双控"制度，着力培育壮大绿色低碳产业，引导企业积极应用绿色低碳技术，积极发展零碳负碳产业，全面提升发展的"含绿量"，实现产业生态效益和经济效益双赢。（4）坚持差异化发展。引导各地因地制宜、特色发展、错位竞争，合理布局主导产业、新兴产业和未来产业，优化完善产业链条，实现各环节平衡协调发展。（5）坚持市场化发展。充分发挥市场在资源配置中的决定性作用，着力破除各类隐形壁垒，进一步为企业松绑减负，让各类企业平等使用生产要素、公平参与市场竞争，在战略性新兴产业发展浪潮中茁壮成长、发展壮大。

推动战略性新兴产业融合集群发展，不断增强产业创新力、市场竞争力和国际影响力，需在围绕产业链部署创新链、完善生态构建和场景应用、加强数字平台建设等方面发力。（1）围绕产业链部署创新链。聚焦提升产业基础能力和产业链现代化水平，确保关键节点的稳定性，打造一批战略性新兴产业融合集群发展基地，加快建设产业融合集群发展生态圈的创新服务支撑平台，大力提升科技创新能力建设，推动短板领域补链、优势领域延链、新兴领域建链，形成经济循环畅通的战略支点。为此，要充分发挥龙头企业链主优势、平台效应和示范引领带动作用，利用其产业链生态位优势、话语权与资源整合能力，实现产业链价值链利益相关方的交互赋能、责任传导，并形成紧密耦合发展模式和发展合力，持续推动科技创新、制度创新，促进创新链与产业链的共融和产业链上下游协同发展。助力中小企业培养专注于细分市场的独创性、加速创新的自主性、适应变化的灵活性以提升参与产业融合集群发展的能力。构建"以大带小、以小促大、广泛合作"的大中小企业融通发展、产学研融合发展格局。着力突破供给约束堵点、卡点、脆弱点，提升产业链供应链韧性和安全水平，形成富有创造活力、利于创新发展的良好产业生态。（2）完善生态构建和场景应用。聚焦更好统筹扩大内需和深化供给侧结构性改革，加强产业链供应链开放合作，打造一批战略性新兴产业融合集群发展高地，鼓励产业链上下游协同发展，强化产业技术跨域跨界深度融合，大力提升科技创新能力建设，提高全要素生产率，促进产业链提质扩量增效。为此，要强化政府投资对全社会投资的引导带动，支持各地围绕禀赋优势、着眼未来发展，前瞻布局谋划新一代信息技术、人工智能、生物技术、新能源、新材料、高端装备、绿色环保等重点行业领域的融合集群发展，打造细分领域的标志性产业，以产业需求牵引教育、科技、人才发展，推动前沿技术多方向、多路径探索和跨学科、跨领域交叉应用，开辟出新的巨大增长空间，打造国际竞争新优势，增强产业链、供应链的竞争力和安全性。（3）以数字平台建设促进数实融合。聚焦提升基于数据要素的态势感知、需求对接、分析决策能力，确保牢牢掌握战略主动，打造一批战略性新兴产业融合集群发展的"数据空间"，统筹数据资源整合共享和开放流通，推动数据要素价格市场决定、流动自主有序、配置高效公平。为此，要以数字化为基础，依据产业特点、发展阶段、发展基础和融合集群发展需求，集合行业上下游相关企业、行业科研机构和政府公共部门等创新力量，构建"针对特定行业、提供多种功能"的细分行业领域"数据空间"，提供共性技术、政策咨询等综合性、集成性、专业性服务，推进资源整合，激发创造活力，实现系统集成、资源互联共享。

（三）战略性新兴产业融合集群的时代价值和战略意义

1. 战略性新兴产业融合集群的时代价值

（1）突破"卡脖子"技术封锁，实现科技自立自强的必经之路。我国制造业在核心零部件、重大基础装备和关键技术等领域仍存在"卡脖子"难题。通过战略性新兴产业融合集群的发展，融合高端人才、投资和创新资源，能够提升城市的综合竞争力和吸引力；进一步加强科技创新能力，推动技术进步和产业发展的良性循环，为社会创造更多的科技价值；加快制造业高端化、智能化、绿色化转型，延伸产业链条，发展精深加工，以实现更高水平的科技自立自强。

（2）增强创新链与产业链对接融合程度，提高产业链安全性与韧性。目前，我国产业链整体上处于国际分工体系的中低端，大而不强、宽而不深；存在产业链上中下游不配套、现代服务业与制造业融合发展不足等问题。发展战略性新兴产业融合集群，促进产业间深度融合发展，能够促进各类创新要素、资源的融合协同、集聚共享和产业高质量发展；促进创新链、产业链、资金链、人才链间的深度融合，能够提升产业链、供应链的韧性和安全水平，提高企业在全球市场的竞争力。

（3）统筹国际国内两个市场资源，实现中国式现代化发展的内在要求。战略性新兴产业是未来经济发展的重要引擎，其融合集群注重绿色、低碳、环保的发展模式，能够加速传统产业的升级转型，推动经济结构向高端化、智能化、绿色化方向转变。发展战略性新兴产业融合集群，有助于战略性新兴产业优势企业"走出去"，在更高水平、更高层次上参与国际资源配置；有利于战略性新兴产业在更高层次上参与国际合作，嵌入全球价值链，增强国际竞争力，实现中国式现代化发展。

2. 战略性新兴产业融合集群发展的战略意义

（1）有利于提高全要素生产率、稳定经济基本盘、增强经济发展韧性、带动激活国际循环。战略性新兴产业融合集群发展可推动产业技术创新化、产业链现代化和产业集群生态化，是中国经济高质量发展的重要引擎。不断增强国内大循环内生动力和可靠性、提升国际循环质量和水平，可推动经济实现质的有效提升和量的合理增长。

（2）有利于增强供应链的弹性和韧性，形成满足国际国内多样化需求的强大供给能力。借助集群的方式，推动大中小企业协同发展，针对产业链薄弱环节强链补链，推进短板攻关和产业生态链培育。通过增强产业发展的接续性和竞争力，有效巩固提升我国在全球分工体系中的地位，为建设现代化产业体系提供更为坚实的物质基础和战略支撑。

（3）有利于强化原始创新和颠覆性创新，着力突破供给约束堵点、抢占未来发展战略制高点。战略性新兴产业代表未来科技革命和产业革命的方向，是引领未来发展的重要决定性力量，对形成新的竞争优势和实现跨越式发展至关重要。

（4）有利于提升供给结构对有效需求的适配性，把扩大内需战略同深化供给侧结构性改革有机结合起来。现代化产业体系是现代化国家的物质支撑，是实现经济现代化的重要标志。大力发展战略性新兴产业融合集群，能够进一步完善产业发展形态，激发新兴产业主体活力，加快构建现代化产业安全体系。

二、镇江市战略性新兴产业融合集群发展现状

镇江市推动战略性新兴产业融合集群发展是贯彻落实党的二十大精神和习近平总书记系列重要讲话精神、加快推进镇江现代化产业体系的重要举措。镇江市拥有一定的战略性新兴产业发展基础，在新材料、船舶制造、节能环保等战略性新兴产业发展方面取得了一系列突破性成果。但是，面临新一轮的产业信息革命、美国等霸权主义国家的经济制裁，以及江苏省

产业结构调整的内在需求，镇江市战略性新兴产业融合集群发展还存在诸多难点和堵点。梳理、攻克和疏通这些难点和堵点，将有利于全面落实产业强市"一号战略"，加快构建"四群八链"现代产业体系，培育壮大经济发展新动能，提供方向指引，开拓镇江高质量发展新局面。

（一）镇江市战略性新兴产业发展现状

镇江市围绕"十四五"重点产业体系中的战略性新兴产业，紧密结合产业基础与发展需求，聚焦高端装备制造、新材料、生物工程和医药、数字科技、新能源及节能环保等重点战略性新兴产业做大做强、做精做优。

1. 高端装备制造产业

高端装备制造产业指生产制造高技术、高附加值的先进工业设施设备的行业，包括智能装备制造业、航空航天装备产业、卫星及应用产业、轨道交通装备产业、海洋工程装备产业5个方面。

镇江市的高端装备制造产业围绕智能装备、航空航天设备、高端船舶和海工装备、新能源汽车等重点领域，强化技术创新，突破关键核心技术。

（1）智能装备

智能装备主要包括智能农机、智能机器人、高档数控机床、增材制造装备和智能制造装备等部分，重点发展全程作业智能整机装备、先进机器人、大型数控成形装备和自动化生产线等。

智能农机产业主要分布在丹阳市，代表性企业有江苏沃得农业机械有限公司、江苏锃道智能装备有限公司、丹阳华本机械制造有限公司、丹阳市富豪机械制造有限公司；智能机器人产业主要分布在句容市，代表性企业有进淮光学（江苏）有限公司、句容骏升显示技术有限公司、江苏太钽光电科技有限公司，另外还有丹阳市力合科创集团的力合江苏工业机器人研发中心及制造基地；高档数控机床产业主要分布在丹阳市，代表性企业有沃得精机（中国）有限公司、冈田智能（江苏）股份有限公司、丹阳市华昱机电设备有限公司和丹阳市双宇机械有限公司；智能制造装备产业主要分布于镇江高新区，代表企业或产业园有江苏凯德电控科技有限公司、高端装备制造产业园和华纳智能装备孵化产业园。另外，丹阳市有江苏康达环保科技有限公司的新型环保除尘设备生产线、江苏汇天机电科技有限公司的智能化仓储设备生产及相关控制系统开发项目，扬中市有江苏福麟智能装备制造有限公司、江苏云企智造有限公司的工业4.0智能制造共享工厂。

（2）航空航天装备

航空航天装备制造产业主要集中于整机制造、航空设备及系统、关键结构件制造，重点发展通用飞机、无人机整机制造和机体、机舱内饰件等关键部件制造。

航空航天装备制造产业主要分布在镇江新区，航空设备及整机制造的代表企业有菲舍尔航空部件（镇江）有限公司、飞瑞航空科技（江苏）有限公司、江苏金航程航空科技有限公司、江苏宝利航空设备投资有限公司；关键材料及结构件的代表企业有航天海鹰（镇江）特种材料有限公司、江苏美龙航空部件有限公司、镇江市逸帆航空部件有限公司。

（3）高端船舶和海工装备

高端船舶和海工装备产业主要集中于高技术船舶与特种船舶制造、海洋工程装备制造、关键系统和核心部件制造，重点发展各式船舶、海洋开发平台、船舶动力系统制造。

高端船舶制造产业主要分布在扬中市，代表企业有江苏新韩通船舶重工有限公司、江苏大津重工有限公司、江苏苏洋船舶工程有限公司；船舶零部件制造主要分布在京口区，代表企业有江苏鼎盛重工有限公司、中船绿洲镇江船舶辅机有限公司、镇江市镇特合金材料有限公司；海洋开发平台关键装备制造主要分布在镇江新区，代表企业有亚星（镇江）系泊链有限公司、江苏三星能源装备有限公司；船舶动力系统制造主要分布在镇江高新区，代表企业有镇江四洋柴油机制造有限公司、中船动力镇江有限公司、江苏省镇江船厂（集团）有限公司。

（4）新能源汽车

新能源汽车产业主要包括新能源整车和关键零部件制造两个方面，重点发展新能源车载操作系统、动力和燃料电池，以及智能网联汽车核心零部件制造。

新能源整车及零部件产业主要分布在丹阳市，代表企业有伟峰精密科技（丹阳）有限公司、丹阳市鸿耀汽车部件有限公司、丹阳市红峰塑业有限公司；动力及电池制造产业主要分布在镇江新区，代表企业有江苏车驰汽车有限公司、华东泰克西汽车铸造有限公司、孚能科技（镇江）有限公司、恩坦华汽车零部件（镇江）有限公司；另外，还有位于句容市的江苏华梓车业有限公司，它是当地新能源汽车产业的龙头企业。

2. 新材料产业

新材料指新出现的或正在发展中的、具有传统材料所不具备的优异性能和特殊功能的材料。新材料产业可具体分为先进钢铁材料产业、先进有色金属材料产业、先进石化化工新材料产业、先进无机非金属材料产业、高性能纤维及制品和复合材料产业、前沿新材料产业、新材料相关服务业这7个方面。

镇江市立足新材料的先进性、支撑性和多样性特点，重点发展高性能合金材料、先进有机材料、先进复合材料和新型建筑材料等领域，突破关键战略材料的产业化和规模应用。

（1）高性能合金材料

高性能合金材料产业重点发展特种铝合金、镁合金等先进合金材料，以及高速钢、轻质基复合材料，聚焦关键技术，满足精密制造对先进合金的需求。

有色金属合金材料主要分布在丹阳市，代表企业有江苏华力金属材料有限公司、大力神铝业股份有限公司、江苏图南合金股份有限公司、丹阳市博航合金科技有限公司；另外，还有扬中市的江苏大方金属粉末有限公司和丹徒区的建华科创园（江苏）有限公司。

（2）先进高分子材料

先进高分子材料产业主要围绕高性能工程塑料、高性能合成橡胶、高端专用化学品等产品制造，重点发展高分子橡胶、聚丙烯改性塑料等生产项目。

高性能工程塑料产业主要分布在镇江新区，代表企业有镇江奇美化工有限公司、江苏高鹏装饰材料有限公司、道达尔润滑油（中国）有限公司；其他先进高分子材料产业分布较为分散，代表企业主要有丹徒区的镇江李长荣高性能材料有限公司、镇江高新区的江苏铁科新材料股份有限公司、镇江新区的镇江润晶高纯化工科技股份有限公司。

（3）新型纤维材料

新型纤维材料产业以高端制造业需求为核心，重点发展碳纤维等高性能纤维及其应用、生物基化学纤维及其应用、高端产业用纺织材料，并加快拓展新型纤维材料在航空航天等高端装备制造业领域的应用。

二氧化硅、碳纳米管与半导体光电新材料等高端生物基化学材料主要分布在镇江新区，代表企业有赢创新安（镇江）硅材料有限公司、江苏天奈科技股份有限公司、镇江新纳材料科技有限公司和镇江普耀新材料有限公司；另外，还有镇江高新区的印势电子材料（江苏）有限公司、丹阳市的江苏恒神股份有限公司。

（4）新型建筑材料

新型建筑材料产业围绕新型墙体材料、新型防水密封材料、新型节能保温材料及建筑装修材料等领域，重点发展新型墙体材料、防水卷材和涂料、高温沥青等添加剂产品、保温材料等。

新型墙体材料产业主要集中在丹阳市，代表企业有江苏恺成节能新材料科技有限公司、江苏贝斯特新型建材有限公司、江苏神汇合金材料有限公司；另外，还有丹徒区的江苏苏润高碳材有限责任公司、镇江新区的万事达节能新材料（江苏）股份有限公司、江苏万宝瑞达高新技术有限公司。

3. 生物技术和新医药产业

生物产业指以生命科学理论和生物技术为基础的产业。镇江市围绕预防、诊断、治疗、康复等医疗和保健市场的需求，聚焦医药制造、医疗器械等产业领域，重点发展生物药、化学药、现代中药和高端医疗器械装备等。

（1）生物药

生物药产业利用基因工程、细胞工程等现代生物技术制药工艺，重点发展生物药和生物类似药产业。

生物药产业的主要企业有丹阳市的金宇博沃润泽生物技术有限公司、扬中市的江苏丰泽生物工程设备制造有限公司、镇江新区的江苏金斯瑞生物科技有限公司和幼安生物制药研发生产中心。

（2）化学药

化学药产业主要针对常见重大疾病和地方特色病，开发新结构、新靶点、新剂型的化学原创药、临床短缺药。

化学药产业的主要企业分布在镇江新区，有江苏吉贝尔药业股份有限公司、江苏海宏制药有限公司，另外还有丹阳市的江苏云阳集团药业有限公司。

（3）现代中药

现代中药产业重点突破有效成分、有效部位的工业化提取和纯化等关键技术，促进传统中药二次开发，推动中药复方制剂研制，壮大中药产业化规模。

现代中药产业的主要企业有丹阳市的江苏华洪药业科技有限公司、丹徒区的江苏中兴药业有限公司、镇江新区的江苏海宏制药有限公司、镇江高新区的江苏七○七天然制药有限公司。

（4）高端医疗器械装备

高端医疗器械装备产业重点开发数字化探测器、核医学影像设备、彩色超声诊断等高性能设备及其关键部件，推动全自动生化分析仪等体外诊断设备和配套试剂产业化。

高端医疗器械装备产业主要分布在丹阳市，代表企业有国健（江苏）健康产业发展有限公司的国药（丹阳）智能康复医疗器械产业基地、江苏鱼跃医疗设备股份有限公司、江苏尚科医疗设备有限公司，另外还有句容市的江苏中宝医疗科技有限公司、扬中市的江苏牙宝宝医疗器械有限公司、京口区的高端医疗设备及压力装备制造。

4. 数字科技产业

数字科技产业主要包括新一代信息技术产业和数字创意产业；发展新一代信息技术产业的主要内容是加快建设融合、安全的信息网络基础设施，推动新一代移动通信、下一代互联网核心设备和智能终端的研发及产业化；数字创意产业以计算机图形学等现代数字技术为主要技术工具，进行数字内容开发、视觉设计、策划和创意服务等活动。

镇江市以智能化、数字化、融合化为发展导向，重点发展新兴电子元器件、新型显示器、高端软件和人工智能等数字技术服务产业。

（1）新一代信息技术

新一代信息技术产业主要包括集成电路、新型电子元器件和新型显示器制造，重点发展智能终端芯片、车规级汽车电子芯片等专用芯片，微型化、片式化阻容感元件、高低压继电器等电子元器件。

半导体材料及芯片产业主要集中在句容市和镇江高新区，句容市的代表企业有华祥耀（江苏）电子科技股份有限公司、江苏晶度半导体科技有限公司、江苏高光半导体材料有限公司，镇江高新区的代表企业有江苏兆能电子有限公司、镇江矽佳测试技术有限公司、江苏云邦电子科技有限公司，还有镇江新区的镇江矽晶半导体有限公司；新型电子元器件产业主要集中在镇江高新区，代表企业有镇江强凌电子有限公司、江苏莫仕天安连接器有限公司、江苏华兴通讯科技有限公司，还有镇江新区的恩华（江苏）光电有限公司、丹徒区的江苏领先电子有限公司；新型显示器产业主要集中在镇江高新区，代表企业有芯视达科技（江苏）有限公司、泽润（江苏）照明科技有限公司，还有句容市的江苏骏成电子科技股份有限公司。

（2）数字技术服务应用

数字技术服务应用产业主要包括高端软件、人工智能、大数据和信息技术服务产业，重点发展行业应用软件、智能手机和智能车间等产业关键技术、大数据平台和信息技术服务产业。

人工智能产业主要集中在京口区和镇江新区，京口区的代表企业有江苏惠通集团有限公司、江苏金亿达能科技有限公司，镇江新区的代表企业有镇江香江云动力科技有限公司、奥音科技（镇江）有限公司、科雅光电（镇江）有限公司，还有镇江高新区的微满科技（镇江）有限公司；大数据产业的代表企业或项目有丹徒区的智能制造工业互联协同平台的研发及产业化项目，京口区的大禹智谷科技产业园，润州区的阿里和润数字产业园、镇江数据湖产业园项目等；信息技术服务产业主要分布在京口区，代表企业有镇江大禹创意科技发展有限公司、镇江云时代科创产业园管理公司。

5. 新能源及节能环保产业

从事新能源开发的一系列单位和企业集合体被称为新能源产业。节能环保产业旨在节约能源资源，发展循环经济，为保护生态环境提供物质基础和技术保障。

镇江市的新能源及节能环保产业围绕新能源、智能电网、节能环保装备等领域，努力提升电力装备发展水平。

（1）新能源

新能源产业围绕太阳能发电、新型储能领域，重点发展高效低成本晶硅电池、光伏电池、高效光伏组件等光伏制造装备和燃料电池、氢能储输设备及关键技术。

新能源产业主要分布在句容市，代表企业有协鑫集团、第一工园·句容郭庄氢能源主题产业园、句容恒嘉自动化设备制造有限公司、中节能太阳能科技（镇江）有限公司。

（2）新型电力装备

新型电力装备产业重点发展变电设备在线监测一体化和自诊断、智能配电网自愈控制、电网实时动态智能监控装备制造。

新型电力装备产业主要分布在扬中市，代表企业有江苏南瓷绝缘子股份有限公司、江苏量子电气科技有限公司、江苏火蓝电气有限公司、蕴能江苏有限公司、江苏圣涛智能电气有限公司。

（3）输变电装备

输变电装备产业积极发展高压、超高压等变压器、换流变压器、断路器等智能化输变电装备，研制智能化高低压成套开关装备及其高端配套零部件。

输变电装备产业主要分布在扬中市，代表企业有镇江西门子母线有限公司、镇江默勒电器有限公司、威腾电气集团股份有限公司、江苏大航智能电气有限公司、江苏大全长江电器股份有限公司、金海新源电气江苏有限公司。

（4）节能环保装备

节能环保装备产业重点围绕高效节能工业锅炉、新型节能电机等重点领域，推进高效储能装备、工业挥发性有机废气处理装备、生活垃圾焚烧尾气净化装备等成套装备的研发及产业化。

节能环保装备产业主要分布在丹徒区和镇江新区，丹徒区的代表企业有江苏真绩机械制造有限公司、江苏明润环境科技有限公司、江苏富达秸秆利用有限公司；镇江新区的代表企业有凯龙蓝烽新材料科技有限公司、江苏鼎盛化工有限公司、镇江大港热电厂有限责任公司、光大环保能源（镇江）有限公司。

（二）镇江市战略性新兴产业融合集群存在的问题和堵点

镇江市正在加快推动战略性新兴产业融合集群发展，以促进产业升级和经济转型。战略性新兴产业融合集群发展研究将重点关注智能制造、新材料、生物医药、新能源等领域，通过加强企业间的合作和创新，建立起一套完整的产业链条，推动产业链上下游的协同发展，形成高效的产业集群。镇江市近年来重点发展战略性新兴产业，取得了显著的成绩，但同时还存在一些问题。

1. 镇江市战略性新兴产业融合集群发展存在的问题

（1）缺乏关键核心技术，高精尖产品较少且依赖进口

高端装备方面，镇江市的企业在关键零部件、智能制造、软件技术等方面还存在短板。炉外精炼设备的零件、其他钢坯连铸机用零件等主要从德国、意大利进口；自动化立体仓储设备、轨道自动计轴设备等自动化设备主要从德国、日本等国家进口；产品整体水平属于中档偏低，升级换代缓慢。

新材料方面，镇江市的企业在高强度、高耐磨、高保温等方面的技术上还存在瓶颈。高性能材料企业集中在深加工产品环节，产品附加值低。很多高耐磨、高保温等材料都需要进口，如不规则盘卷的含硼合金钢制的

热轧条主要从日本、美国、德国等国家进口；玻璃纤维及制件机器主要从波兰、德国、日本等国家进口；沥青、硅胶、金属氧化物等化学材料主要从韩国、日本、德国等国家进口。

生物医药方面，镇江市的企业在药品原料、生产工艺、精密医疗设备等方面一定程度上还依赖进口，如微量元素及其衍生物主要从美国、印度、英国等国家进口；部分药品和医疗用品主要从瑞士、日本、意大利等国家进口；成套的核磁共振成像装置、X射线断层检查仪、人造器官等主要从德国、韩国、美国等国家进口。

数字科技方面，镇江市的企业在智能化、自动化、数字化等方面的技术上还存在不足。大部分集成电路企业集中在门槛比较低的封装测试与应用领域；江苏苏美达仪器设备有限公司、欧司朗光电半导体（中国）有限公司等企业所需的制造半导体器件或IC的等离子体、其他制半导体件或集成电路用薄膜和集成电路工厂专用的自动搬运机器等都需要从美国、德国、日本等国家进口。

新能源方面，镇江市的企业在电池、电机等核心零部件的生产技术上还存在差距，如扣式碱性锌锰原电池（组）、铅酸蓄电池的零件、其他二氧化锰原电池（组）等主要从日本、越南等国和中国其他城市进口；直流、交流等电机主要从韩国、美国、德国等国家进口。

（2）龙头企业带动性不强，产业联动效应不够显著

龙头企业是产业链的核心，可以带动上下游企业的发展。然而，镇江市在战略性新兴产业方面的龙头企业数量相对较少，无法形成强大的带动效应；镇江市的部分龙头企业在技术研发、市场开拓等方面存在短板，影响了其带动产业链其他企业的能力；镇江市战略性新兴产业的产业链条不完整，上下游企业之间的联动性不强，导致龙头企业的发展成果无法充分传导到产业链的其他环节；由于龙头企业带动性不强，镇江市的战略性新兴产业未能形成规模化、集群化的发展态势，产业集群效应不明显；不同企业之间缺乏有效的合作机制和资源共享平台，导致各个环节之间的协同效应不够明显，限制了整个产业链的发展。

（3）产业链、价值链整合协同能力不强

产业链条不完整，部分关键环节缺失，产业链的整体性和协同性不强；战略性新兴产业价值链环节分散，各环节之间缺乏有效的整合，无法形成有效的价值传递；在产业链和价值链的整合过程中，信息交流不畅，缺少协同发展的机制和平台，战略性新兴产业在技术研发和市场应用之间存在

一定的脱节，影响了产业链和价值链的整合，技术成果无法产业化与普及；部分产业产业结构单一，缺乏配套的上下游企业，整合效果不明显，产业发展的局限性大。智能电网成套设备中关键原材料和高端元器件基本依赖外地供应，镇江本地上游企业配套能力不足；集成电路等行业大多只集中在低端产品制造，缺乏差异化和专业化企业，导致价值链分散、竞争力不强。

（4）部分产业集群尚处于集中布局阶段，集群发展程度不高

镇江市的战略性新兴产业中，高端装备制造业主要集中在丹阳市和镇江新区，新能源产业主要集中在句容市和扬中市，其他区域的产业发展相对滞后；新材料产业、生物技术和新医药产业在镇江市各区域分布不均；部分产业集群还处于布局阶段，发展时间较短、产业链不完整、上下游关联度不高且规模相对较小，无法形成规模效应和集群效应；高端装备制造产业、数字科技产业等集群在人才和技术方面存在不足，无法满足战略性新兴产业发展的需求；政府在支持产业集群发展方面的政策力度不够，无法为产业集群的发展提供足够的资源和环境保障，限制了产业集群发展的规模与程度。

2. 镇江市战略性新兴产业融合集群发展堵点

针对战略性新兴产业融合集群发展的问题，镇江市应以重点产业链为抓手、以科技创新为引领、以重大项目为支撑，疏通集群发展堵点，全力构建具有镇江特色的"四群八链"先进制造业产业体系，使之成为引领经济高质量发展的主力军。镇江市战略性新兴产业融合集群发展堵点有：

（1）创新投入不足、企业创新驱动力不足。镇江市战略性新兴产业融合集群发展中，企业缺乏创新驱动力，导致关键核心技术无法突破、依赖进口，使得集群的竞争力不强，难以在市场中取得优势。

（2）企业间还未形成有效的集聚，产业协同不足。镇江市战略性新兴产业融合集群各产业间缺乏紧密的协同合作，龙头企业技术创新平台开放度不够、中小微企业受资金和研发能力的制约，产品整体水平无法与龙头企业相匹配，暂未形成产业链和价值链"闭环"，影响了集群的整体效益。

（3）高质量人才匮乏。战略性新兴产业的发展离不开高素质人才的支持，但镇江市的战略性新兴产业在人才引进和流动方面存在问题，对人才吸引力不足。缺乏相关专业技术人才和管理人才，已经成为制约集群产业进一步发展的核心问题。

（4）市场需求不明确。镇江市战略性新兴产业中部分中低端企业缺乏

对市场需求的准确把握，产品差异化不足、专业化程度低，难以满足市场的高质量需求。

（5）环境标准压力增大。战略性新兴产业的发展可能会因为环境标准压力增大的问题，增加发展、运营成本，对集群的可持续发展产生负面影响。

三、镇江市战略性新兴产业融合集群发展的建议

镇江市应该充分发挥自身的优势，针对战略性新兴产业发展中的短板，制定明确的发展目标和规划，加强政策支持、科技创新、人才引进和培养，促进产业链协同发展，构建良好的创新创业环境，加强国际合作与交流，推动战略性新兴产业融合集群的健康发展。

（一）以"链长制"为抓手，培育一批竞争力强的领军企业

通过政策引导，促进龙头企业牵头对重点产业"卡脖子"技术进行产业化突破，鼓励企业进行技术创新，提升产品的附加值，向产业链的高端延伸；加强产业链项目直接关联配套，培育一批竞争力强的创新型领军企业、独角兽企业、专精特新"小巨人"企业；建立产业链协同发展机制，引导龙头企业带领中小微企业加强技术创新和专业化发展，充分激发创新活力，实现上下游企业的资源共享，提高整个产业链的竞争力。

（二）搭建产学研合作平台，加强驻镇高校成果就地转化力度

构建多形式、多层次的自主创新产学研合作平台，鼓励战略性新兴企业与高校、科研院所等机构合作，促进科学与技术、科技与产业的有效融合；建立产业链创新平台，创建一批省级及以上产业创新中心、技术创新中心、制造业创新中心、工程研究中心，定期制定发布战略性新兴产业重点领域技术指引，提高创新资源的对接效率，加强产业链相关技术人才的培养，鼓励企业进行技术创新。加强基地"校+园+企"创新创业合作，增强产业孵化能力和驻镇高校成果就地转化力度，形成拉动科技创新的强大引擎。

（三）优化产业结构和空间布局，统筹战略性新兴产业集群建设

加快战略性新兴产业集群建设与生态建设，统筹各类优质资源要素布

局，以新兴产业园区、特色产业基地为载体，以产业链为整体，形成创新引领、优势互补、特色发展、协同发展的区域发展格局和产业集群梯次发展体系。推动重点领域产业合作，引导优势企业兼并重组，壮大以龙头企业为引领、骨干企业为支撑、中小微企业蓬勃发展的创新型企业矩阵，实现产业集约集聚发展，提升全市战略性新兴产业集聚发展水平。

（四）推进军工技术向民用技术转化，提高产业链融合程度

发挥军工部门在镇江市战略性新兴产业融合集群发展中的强链补链、"卡脖子"技术攻克和关键共性技术研发的作用；建立军民技术转移与转化机制，在符合保密规定的前提下，通过技术交流、建立军民融合技术研发平台、产品应用先行试点示范等方式，促进军工技术向民用技术的转移和应用；提供相应的政策支持和激励措施，包括财政补贴、税收优惠等，鼓励军工企业将军工技术应用于民用领域，以降低军工技术向民用技术转化的成本和风险；加大对军工技术向民用技术转化人才创新能力和应用能力的培养力度，培养具有军工技术和民用技术背景的复合型人才；破除军民融合领域壁垒，畅通"军转民"产业渠道。

（五）推动"党建+业务"深度融合，赋能镇江产业融合集群

强化党建引领，将党建工作纳入战略性新兴产业融合集群发展的总体规划和重要议程，明确党组织在战略性新兴产业融合集群发展中的领导地位和作用，加强党组织对集群发展的统筹协调和组织领导。建议优化党建相关考核任务，推进党务、业务深度融合，将党支部建在产业链上，推动我省产业链转型升级，促进战略性新兴产业发展。例如，镇江航空航天产业园利用"党建+协作"的方式，以围绕协作找结合点、务实协商找平衡点、创新方法找共赢点为原则，开启镇江新区航企合作新模式；推动企业与相关高校、科研机构积极开展"党建强链促发展"等相关活动，主动嵌入产业链关键点，通过定期及时反馈产业链需求，推动补链延链，实现"外延内联，双向发力"。

课题组成员：冯乐乐、石俊国

民营企业"创二代"培养的对策与思考

——以扬中为例

| 中共扬中市委党校课题组 |

民营企业是实体经济的重要基础，民营企业家是推动经济转型升级的关键力量。改革开放以来，扬中以"四千四万"的创业精神引领民营企业从无到有、从弱到强，推动民营经济快速发展，逐步形成工程电气、新能源、船舶及装备制造、纺织服装等特色产业。截至 2023 年 7 月，在地域面积仅 228 平方千米的江岛之上，扬中市的民企数量高达 19610 家，占经营主体的 99.2%，民企密度闻名全国，民营经济为扬中市贡献了 80% 以上的地区生产总值，提供了 80% 以上的就业岗位，成为扬中高质量发展的中流砥柱。目前，扬中市第一代民营企业家的平均年龄已近 60 岁，民营企业正处于"更新换代"的高峰期。作为"创一代"的接班人，"创二代"正逐渐走向民营经济的前台，掌舵企业的发展，培养好民营企业"创二代"关系着扬中经济社会的发展全局。同时，鉴于扬中民营经济发展的典型性，研究好扬中民营企业"创二代"的培养策略对其他地区也有一定的借鉴意义。

一、扬中"创二代"民营企业家培养的现状

"创二代"一词本质上是一种社会标签，可以简单理解为"传承家业的年轻工商业经营者"。与"富二代"概念相比，"创二代"概念更侧重于以下三层内涵：一是针对非公有制经济或民营企业，二是上一代有产业基础，三是下一代有继承权和经营权。为全面把握扬中市"创二代"民营企业家的发展现状，课题组通过实地调研、个人访谈、问卷调查、查阅资料等方式，对扬中市的"创二代"民营企业家进行深入调研。课题组以扬中青商会、欧美同学会和经济开发区"追光筑梦营"的"创二代"为主体样本，共发放调研问卷 180 份，收回 162 份，有效问卷 160 份。

（一）扬中市"创二代"的基本情况

调研发现，扬中市"创二代"群体在年龄特征、知识结构、职务身份、

价值观念、行业分布等方面有相似之处，具体特征可概括为以下六点：一是队伍较为年轻化，"80后"成为主力军。如图1所示，扬中市"创二代"集中在"75后""80后""90后"3个年龄段，其中"75后"占调研对象的6.7%，"80后"占调研对象的66.7%，"90后"占调研对象的26.7%，平均年龄为36.3岁，"80后"已经成为"创二代"主力军。二是知识结构专业化，文化程度普遍较高。专科和本科学历占29.3%，硕士及以上学历占58%，且35.3%的人有过留学经历，学习的多为工商管理、经济学等经管类专业，可见"创二代"普遍都接受过高素质教育，拥有较为完整、专业的企业管理知识结构。三是职务身份高层化，各类社会资源丰富。以经济开发区为例，担任董事长或总经理等最高决策层职务的人数占比为78.3%，担任副总、总助或者部门经理等职务的人数占比为19.6%，他们拥有且善于利用父辈积累下来的管理经验、人脉财力等各种社会资源。四是管理理念现代化，团队合作意识强。"创二代"在企业管理过程中，通过引进高层次人才、引入现代化的管理制度、制定品牌化战略等方式，不断融入现代化的管理理念，并乐于参加各类群团组织，加强企业间的交流合作。五是理想信念政治化，参政议政积极性高。扬中市"创二代"群体有较强的政治参与意识，中共党员占比高，多人荣获"扬中市十大杰出青年""扬中市十大优秀青年""镇江市十大创业明星"等称号。大多数人表示愿意担任政务职务，有12.6%的"创二代"担任过镇江市或扬中市人大代表、市政协委员、团市委副书记等职务，同时希望政府能为企业家提供更多的参政平台。六是行业分布多元化，资源整合需求大。扬中的工业起步较早，由此形成了当前行业众多且特色鲜明的产业布局，"创二代"分布在各个行业领域，且呈现出行业聚集的趋势。以扬中市青商会为例，会员涵盖工程电气、新能源、化工新材料、工程建筑、物流、金融、人力资源、服务贸易、知识产权代理等行业，但如图2所示，四大特色产业占比达95%，其他各类行业总计占比仅有5%，相似产业的"创二代"之间有较大的资源整合需求。

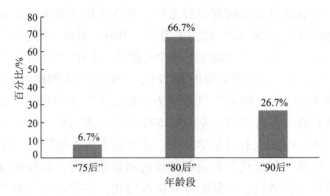

图1 扬中市"创二代"年龄占比

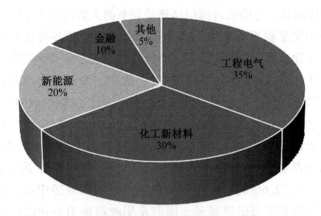

图2 扬中市青商会会员所在行业分布

（二）扬中市"创二代"的培养特点

1. 家庭层面：厚植成长沃土

父母是孩子的第一任老师。在"创二代"的成长过程中，家庭教育的重要性不言而喻。由于家族制式仍然是民营企业的主要管理模式，为了让自己的孩子更好地接班，"创一代"非常重视对"创二代"的培养，从小为他们设计成长方案。在学校教育方面，"创二代"享受着优渥的教育资源，在国内名校获得学位或者被送到国外接受先进的教育，然后回到自家企业的基层岗位进行锻炼，逐渐走向继承人和管理者的位置。在能力培养方面，"创一代"有意识地培养"创二代"独立思考、不断创新的习惯，提高他们的判断力、决策力和执行力。此外，大多数"创二代"从小耳濡目染父母创业的艰辛，父辈们敢为人先、艰苦奋斗的创业精神激励和鼓舞着"创二代"，无声地鞭策着他们要传承这种创业精神，并不遗余力地推动企业和行业的发展。如江苏星倪新材料有限公司的倪倩倩，作为一名"90后创二代"，在老厂房不能满足发展需要的情况下，他主动求变，向父母提出新建厂房的想法，在得到他们的支持后，他独立高效地完成了新厂房从选址、拿地到招标、建设的全过程，为公司的发展带来新的契机，这充分体现了家庭培养模式下"创二代"身上的领导特质。

2. 社会层面：加强互动交流

为助力民营企业健康有序发展，诸多社会组织应运而生，形成了纵横交错、百花齐放的格局。纵向来看，扬中市的商会建设已形成"市级—镇级—村级"的三级联动局面，基本实现基层商会全覆盖。横向来看，"创二代"可以参加的社会组织丰富多样，如扬中市青年联合会、青年民营企业家商会、欧美同学会、女企业家协会等。这些社会组织在培养"创二代"的过程中发挥了重要作用：一是内聚外引，扩大"创二代"朋友圈。来自不同行业、不同公司的"创二代"可以借助平台互相认识，交换想法，谋求合作。例如，扬中市青商会目前有135家会员单位，包含扬中市30强工业企业，会员辐射到全市各镇街区，涵盖10多个行业，有利于"创二代"集聚各方人脉、整合内部资源；同时，商会注重引入外部资源，积极促进扬中市青年企业家与长三角地区企业家之间相互交流，洽谈新项目落户扬中。二是政治引领，培养"创二代"家国情怀。社会组织通过丰富多彩的活动强化政治引领，着力培养青年企业家的家国情怀。如扬中青商会赴嘉兴南湖区开展弘扬"红船精神"主题教育活动，举行"梦想小屋"建设和陕西省白水县结对帮扶捐赠活动，村级商会通过提供就业岗位、筹集善款等方式帮助困难群体，助力乡村振兴，让"创二代"勇于担当责任，积极回馈社会。三是正确引导，激发"创二代"干事活力。在社会组织的大力引导下，多家企业积极走科技强企、创新强企之路，带头实施"智改数转"，进行技术升级、设备改造，并主动对接政府相关部门，为扬中的社会、经济和文化发展献计献策，共同向着扬中经济高质量、可持续发展的目标迈进。四是暖心服务，建立"创二代"的情感联结。除了定期开展丰富的活动给"创二代"的培养"锦上添花"之外，各类社会组织也注重平时的服务，及时为企业"雪中送炭"。如扬中市欧美同学会注重加强和企业的日常交流，主动对接企业在日常生产经营中的"急难愁盼"，事无巨细，提供暖心周到的服务，为企业解难题、办实事，建立起组织和"创二代"之间的情感联结。

3. 政府层面：重视培养扶持

扬中市政府高度重视"创二代"的培养，聚焦能力提升、政策扶持、金融支持三方面，帮助"创二代"接过时代接力棒，传承弘扬"四千四万"的创业精神。在能力提升上，扬中市连续多年组织开展"创二代"企业家专题研修活动，以"红色教育+能力提升+才智对接"提升企业家综合素质；举办青商大讲堂，对接科技局、经发局、人社局等相关部门，为创业者解读科技创新若干政策；借助扬中高层次人才创新创业大赛，邀请专家学者就行业技术革命、研究热点、未来发展等进行指导，助力扬中本地企业解决技术创新难题，推动企业创新发展。在政策扶持上，扬中建立"创二代"培养激励机制，围绕"创二代"培养重点召开协商议事等活动，同时针对"创二代"提出企业发展缺乏人才等痛点问题，深化产学研合作，主动与高校院所对接，联合高校企业搭建"项目飞地""研发飞地""人才飞地"，帮助企业吸引高端人才。在金融支持上，扬中积极对接扬中农村商业银行、江苏银行等金融机构，满足企业的融资需求，市政府还设立总规模2亿元、首期出资2000万元的人才科技创业投资基金，为"创二代"企业家搭建更广阔的创业舞台。

二、扬中"创二代"民营企业家培养的问题分析

随着改革开放兴起的"创一代"逐步退居二线，"创二代"接班的高峰期已经到来，扬中经济的发展需要年轻一代尽快成长。"创二代"是否有能力接管父辈一手打下的"江山"？如何培养"创二代"成为具有现代管理理念和能力的现代企业家？这些是目前需要解决的问题。

（一）"创二代"培养的影响因素分析

在调研了解"创二代"民营企业家发展现状问题的基础上，对影响其成长发展的主要因素进行深入分析。"创二代"培养的影响因素，可以从个人、企业及环境等方面进行剖析。

1. 个人因素

个人因素包括创业创新意愿和创业创新能力两个方面。一是创业创新意愿。创业导向源自挑战成功后得到的满足感，这种成长动机是企业家不断成长与发展的内在驱动力，这对"创二代"民营企业家同样适用。在创新方面，企业家的本质属性之一就是创新，包括新市场的开辟、新原材料

来源或供应的控制、新生产方式的引进、新组织的创建等。在当前发展形势环境下，创新的意识和转型的理念，对"创二代"的发展具有极其重要的影响。二是创业创新能力。创业创新的能力包括市场拓展、风险承担、资本运作等经营管理能力。

2. 企业因素

一是产权结构。在现代新经济企业中，如果产权关系不顺，企业就不可能实现持续健康发展。目前，扬中大多数企业尚未建立现代企业制度，在很多民营企业中，经营者往往就是所有者，这不可避免地会影响企业内部凝聚力，影响企业总体效率，影响企业发展前景。二是企业生命周期。企业的生命周期处于不同阶段，比如初创期、成长期、成熟期和衰退期，其所面临的挑战和机遇也不相同。"创二代"民营企业家接手的企业，大多已经进入成熟期甚至衰退期，这对其再创业、再创新提出了更高、更紧迫的要求。三是企业经营生产文化。和谐的、积极的企业文化无疑有利于企业的不断发展和企业家的成长，反之则将阻碍企业家理念和实践的发展。企业文化包括企业哲学、企业理念、企业伦理等方面，企业家必须将培育企业文化作为一项重要工作。

3. 环境因素

一是体制环境。作为企业家成长与发展的宏观背景，体制因素有着激励与制约的双重作用。体制是一个国家经济活动的活力来源，体制为企业提供了进行交易、合作、竞争的框架平台，最终构成了一个社会固有的经济秩序。因此，体制机制状况对"创二代"的成长发展也有重要影响。二是机遇环境。根据创业要素理论，企业的创业发展需要个人素质、机遇、环境三大要素，每一个企业家的成长，都离不开机遇的出现。对"创二代"来说，需要有辨识和把握各种产业、市场、政策等机遇的能力和水平。三是服务环境。主要是政府服务，即便在市场经济下，营商环境也是企业发展的重要推进器，市场环境、政务服务、公共服务、政策扶持等必不可少。

(二)"创二代"培养面临的挑战

1. 普遍学历较高而实践经验相对缺乏

调查显示，新生代民营企业家的文化水平普遍较高，但调查也反映出，由于他们长期在父辈的庇荫下成长，其工作经历大多都停留在"纸上谈兵""东施效颦"阶段，缺少必要的工作经验和风雨磨砺，因而他们无论是对企业还是社会的认识都有所欠缺。在实践经验的调查中，对"您觉得凭自己的实践经验能否胜任一个企业的领导者"这一问题的回答，仅有16%的人自信"完全能胜任"，而有20%的人对自己能否胜任缺乏信心。由此可见，新生代民营企业家要挑起一个企业发展壮大的重担，仍需在实践中不断打磨。

2. 有一定数量的培训但存在同质化现象

各级政府部门十分重视对"创二代"的培养，这是好事。因接班程度不同，"创二代"企业家的个人需求也不同。已经接班的"创二代"企业家，往往积极谋求高端价值链、产品链发展；正在接班者往往因生产经营经验不足，希望可以向前辈多学习；刚参与公司经营管理，特别是缺乏管理学知识的"创二代"，则希望在资本管理、组织行为等方面得到系统化加强。现在对"创二代"的培训，包括专家授课、参观学习、交流体会，但大同小异，尚不能做到因人而异。

3. 父辈支持但企业发展理念有冲突

客观而言，视野更开阔、思想活跃超前、新生事物接受能力强，这些"创二代"身上普遍具有的特点决定了他们对企业发展中的经营理念、营销方式、管理模式、创新手段、营商环境等与"创一代"有着不同的理解。还有，在一些家族企业中，"创一代"与老一辈的管理人员，有时候会局限于自身经验，对"创二代"所提倡的管理经营理念不理解，从而出现执行不到位的情况。当受调查的新生代民营企业家被问及"你觉得父辈的哪些资源是你最看重的"时，受访者主要对父辈为人处世的经验和各种社会资源比较看重，但对父辈的创新表现并不认可。

4. 交流不少但交流学习的质量不够高

通过座谈会和问卷调查等形式，我们发现"创二代"希望多结交朋友，特别是希望在企业经营管理方面有更多相互学习交流、在产业链构建上有更多资源共享的机会。目前，扬中市"创二代"的交流平台主要是青企会、青商会、镇街区组建的年轻企业家联谊会等，如开发区组织的"追光逐梦营"。但是与扬中大量的民营企业相比，参与这些协会的"创二代"的人数还是不够多，尚不能够做到全覆盖。而且，这些协会主要以培训、参观学习为主，大家聚在一起深入交流的机会并不多。

5. 企业面临国内外双重竞争与严峻挑战

非公有制企业发展，如果固步自封、不思创新，只会继续上演类似"掘地找天""瓶中寻海"的故事，非公有制企业要再创辉煌必须进行二次创业，这个重任归根到底还是要由新生代民营企业家来承担。要挑好这副重担，需要他们不断学习和创新，站在更高起点上去发现和处理问题，才能在接班后带领企业走得更远。我们在调研中发现，二次创业需要的时代环境和创新精神恰恰是无法从父辈那里直接继承到的。

6. "创二代"承受着巨大的社会舆论压力

在"创二代"这一概念出现之前，非公有制企业"创二代"一直被贴上"富二代"的标签。近年来，由于"炫富门"等负面事件的影响，社会对"创二代"群体的评价普遍不高。这种以偏概全的社会舆论导向，夸大了非公有制企业"创二代"的缺点，给他们造成了极大的压力和困扰，给他们的成长和发展带来了一定的阻碍。

三、县域"创二代"民营企业家培养的经验启示

在"创二代"民营企业家培养的实践中，一些先进地区积累了丰富的现实经验。我们对标先进县区，从多个角度分析总结先进样本的实践经验，进一步见贤思齐、找准位置、奋勇争先，为扬中"创二代"培养提供可借鉴的学习经验。

（一）"创二代"培养的实践样本

1. 宁波慈溪："创二代"联谊会

2011年，宁波慈溪市成立全国首家"创二代"联谊会。面对新形势，慈溪市坚持以"省内一流、全国知名"为目标，按照"新生代企业家是慈溪未来经济发展的核心战斗力"新定位，在建章立制、充电赋能、阵地建设、人才招引等四方面持续用力，打造新生代企业家培育升级版。

一是建立"一轴四轮"机制。近年来，慈溪市创新"一轴四轮"联合培育机制，"一轴"即由市委统战部牵头，"四轮"即人社、团委、侨联、工商联等四部门参与，创二代、海创会、青企协、高层次人才联谊会等四协会融合，建立联席会议制度，充分整合各方面资源，形成同轴共转的新生代培育新机制。10年来，慈溪市把新生代企业家培育作为推进区域经济转型发展的战略工程，通过制度设计、全面赋能、阵地打造、人才招引、数字改革等工程，持续打造新生代企业家培育工程这张"金名片"，该项工作分别获"浙江省民营经济统战工作优秀案例"称号和浙江省委统战部实践创新奖。截至2022年底，慈溪市新生代企业家会员数达到1138人，其中亿元以上规模企业已超过500家，上市公司9家，专精特新"小巨人"企

业 35 家，高新技术企业 273 家。

二是实施"四名工程"赋能。作为慈溪新生代企业家培育工程"金名片"之一，该工程从慈溪市优秀新生代企业家中精心挑选 100 名领军型人物进行重点培育。10 年来，新生代企业家在"四名工程"中累计参加培训考察活动 2600 余人次。华联电子总经理冯炜炜等近 40 位新生代企业家在"四名工程"（走名城、访名校、观名企、会名家）活动中走进正大食品，与企业相关负责人交流互动，感受这家百年华人名企的品牌力量和爱国情怀。

三是打造"创客码头"基地。慈溪市建立 2000 平方米的"创客码头"创业创新基地作为新生代学习交流联谊的主阵地，通过公益性服务和市场化服务相结合的方式，为新生代企业提供信息、人才、法律、科技、融资等综合性服务，开展教育培训、联络联谊、咨询讲座等各类活动。通过企业家"点题"，慈溪市每两个月举办"局长面对面""政策点对点"等政企互动活动，围绕项目报批、政策扶持、人才引进、要素保障等涉及企业发展的问题，以集中座谈等形式开展政策解读、面对面交流。定期开展"周三聊聊吧""创领未来"主题沙龙等各类交流活动 20 余期，推动新生代企业开展人才、项目等合作，实现资源共享、互利共赢。

四是探索"三池融合"引才。随着新生代企业家培育工程的深入，可复制、可持续的"项目池""资金池""人才池"三池融会贯通，良好的市场机制应运而生。目前，已有 10 位新生代企业家推出 20 余个创业项目，200 余名学生积极参与，在企业、学校和学生中引起了较好反响。慈溪市统战部门引导新生代企业家积极对接当地金融机构，设立总额 1 亿元的"共富基金"，采取股权投资、资金资助等方式支持优质创业项目；发动新生代电商企业出资 1000 万元，与科研院所共建小家电电商学院，为企业培养优秀电商人才。

2. 上海浦东："创二代"青年英才工程

浦东新区"创二代"青年英才培养工程（以下简称"创二代"培养工程）是围绕浦东开发开放这个国家战略，积极融入新区干部及人才工作大局，旨在激发浦东青年干事创业热情，创新探索采取非全日制集中学习的灵活办法。

一是多角度满足了青年人才成长的现实需求。该工程呈现了浦东青年人才的"真人秀"。培训丰富而具有挑战性的任务要求和呈现形式，像是一场为期两个多月的大型真人秀，给了学员们充分挖掘自身潜能和展示自己才能的机会。真正做到了展示有舞台、素养得提升、努力有激励。

二是多维度探索实践了青年人才的培育模式。"创二代"培养工程的模式初步形成了全方位、有实效的培训框架；基本解决了青年人才培育过程中的"工学矛盾"。确保了学员们的学习兴趣"上得来"，学习对象"听得进"，也保障了学习内容"学得深"，学习知识"用得上"，学习效果"看得见"，一定程度上发挥了新常态下加强青年队伍建设主阵地的作用。

三是多方位服务了"二次创业"发展新目标。学员自主调研撰写的《关于新区公共视频监控建设与共享的研究》《拓展浦东综合发展"空间"的思考——以东滩复垦为例》《新常态下，群团组织参与维护社会稳定的调研与思考》等6篇课题报告为新区相关行业发展提供了很好的基础数据和分析建议。实施"圆梦大别山""关爱海岛""梦想银行"等公益项目，募集善款及物资近25万元，拍摄海洋公益宣传片，受众达百万人次。

(二)"创二代"培养的现实启示

回顾先进地区对"创二代"民营企业家培养的探索历程，总结探索"创二代"民营企业家培养的宝贵经验，对推进扬中县域经济发展具有重要启示。

启示一："创二代"民营企业家的培养需要政府、社会、企业和家庭之间形成良性循环。

启示二：对"创二代"民营企业家的培养，不仅仅要求政府在经济、财税上对其进行帮助，更要求政府在精神的丰富、生态的宜居、公共服务的提升优化上下功夫。

启示三："创二代"民营企业家的培养，一地一策，不能简单照搬照抄其他地区的做法。唯有精准施策，才能培养出更多勇立潮头的"创二代"民营企业家。

四、扬中"创二代"民营企业家培养的现实路径

习近平总书记在中央统战工作会议上提出，要重视非公有制经济人士特别是年轻一代，要团结好年轻一代。根据对"创二代"民营企业家发展现状的调研及对企业家成长因素的分析，扬中应从培养、引导、教育、服务等方面多措并举、综合施策，引导和扶持"创二代"民营企业家成长发展。

（一）强化分类教育培训，全面提升"创二代"各项能力

培养企业接班人是一项系统化、全方位的工程，既要加强其理想信念教育又要培养其企业家精神，培养其领导能力、运营企业能力。一是要积极开展理想信念教育。航向正确，企业才能健康长远发展。当前，由于所处年代不同，"创二代"缺少革命建设改革年代的精神洗礼。要突出加强政治引领工作，强化国情党情教育，把"创二代"个人梦、企业梦融入中国梦，接好政治传承之班。二是要强化培育企业家精神。"创二代"的父辈都是扬中"四千四万"精神的见证者、践行者。他们从乡镇企业起步，以"初生牛犊不怕虎"的精神，一路打拼才有了今天的成就。时代虽然发生了翻天覆地的变化，但"四千四万"精神永不过时。要继承和弘扬"四千四万"精神，突出"敢为人先、善于突破、自强不息、坚韧不拔"的精神内涵，在接力前行、勇攀新高中书写更多的精彩篇章。三是要优化培训的方式方法。目前对企业家的培训存在着方式简单、内容传统、活动针对性不够的问题。建议扬中市以"'创二代'三年培训计划"为抓手，科学设计培训课程、形式和载体，促进企业代际传承。在培训形式上，扬中市要注重整合党委政府、培训机构、民营企业三方力量和优势，完善固定培训、定期轮训、活动交流等机制，营造各方面支持新生代企业家成长的良好环境；要通过党校学习、基地培训、国企挂职等多种形式，突出领导能力、管理能力、运营能力等企业生产经营的相关内容。

（二）完善相关制度机制，逐步形成"创二代"培养体系

一是完善组织领导制度。建议扬中市委成立"创二代"培养工作领导小组，形成市委统一领导、统战部门牵头负责、相关职能部门和社会团体密切配合、社会各界广泛参与的"创二代"培育工作格局。二是建立政治保障机制。加大政治引导，注重在"创二代"中选择一部分有进取精神、政治素质高、社会影响较好的"创二代"，优先推荐为扬中市人大代表、政协委员或在工商联任职，为其建言献策创造条件。不定期召开发展恳谈会，广泛听取"创二代"的需求和心声，切实帮助解决问题，实现"政企对话"，为他们开办好、传承好企业凝聚信心，为构建扬中市"亲清"政商关系添彩，着力打造更优的营商环境。三是建立传帮带机制。面对民营企业发展面临的困境，需要"创二代"勇闯新路、突出重围。有的民营企业"创二代"缺乏搏击市场的实际经验、艰苦奋斗的精神准备和精准把握市场讯息和政策的能力。从结对帮扶、政策支持、政治激励等环节入手，扬中

市建立结对帮扶机制，引导传承做得好的"创一代"组成"导师团"，确定一批经营实绩突出、社会形象较好的"创一代"企业家、党政领导干部，对"创二代"进行结对形式的"传帮带"，帮助解决实际问题，开阔"创二代"企业经营的视野。

（三）搭建交流合作平台，有效实现"创二代"资源共享

一是搭建"创二代"成长成才平台。建议扬中市引导"创一代"及早制定接班规划，及早着手培养接班人，提前把子女放到自己的公司，从基层干起，再逐步晋升，"带3年、帮3年、看3年"，用5至10年的时间逐渐培养接班人。"创一代"历经多个经济发展阶段，对经济发展规律体会深、境界、能力、水平高，这是培养接班人最现实的宝贵财富。由"创一代"给"创二代"当军师、做参谋，通过以老带新、以老帮新，设计一定的预热期或过渡期。"创一代"要鼓励"创二代"坚定不移推动技术创新、业态创新和模式创新，让有知识、有想法的职工各展所长，推动更多创新成果落地转化。二是搭建"创二代"交流切磋平台。注重互动交流联络，加强与青年企业家协会、女企业家协会、青年联合会、海外留学归国创业发展促进会等的互动交流，寻求合作、增强实力，通过经验分享、上下游企业合作等形式促进交流，形成相互融合、抱团取暖的良好成长氛围。特别是要一起交流学习用互联网、大数据、云计算等赋能企业，加大中高端产品研发和技术攻关力度，提升产品层次和科技含金量。三是搭建"创二代"抱团合作平台。要增强团队合作的意识，打造民营企业家"创二代"的合作联盟与资本联盟，实现资源共享与抱团发展。政府可以通过整合现有的企业服务资源，搭建信息服务、融资服务、创业服务等平台，让"创二代"在新兴产业上获得合作的机会，并通过创客空间等平台实现产业链上的合作。

（四）勇于承担社会责任，切实履行"创二代"社会责任

一是要把诚信经营作为"第一准则"。大力提倡良好的社会公德和职业道德，充分尽到依法纳税、诚信经营、安全生产等义务，积极培育蓬勃进取、守法诚信的企业文化，打造基业长青的口碑企业。二是要把职工幸福作为"第一追求"。牢固树立"依靠职工办企业"的思想，严格执行劳动保障政策，尊重职工的主体地位，关心职工的切身利益，做好员工的"贴心人"、"暖心人"和"知心人"。同时，要通过加强企业党建、加大职工岗位

关怀等方式，让企业员工更有"身份意识"和归属感，更加主动参与到企业发展、项目建设中来，真正实现职工与企业的同进步、共发展。三是要把社会贡献作为"第一责任"。鼓励"创二代"大力弘扬中华民族助人为乐、扶贫济困的传统美德，积极参与公益事业，支持乡村振兴、文明创建等重点工作，协助政府做好就业、再就业工作，打造更具情怀的企业，收获更加有爱的人生。引导"创二代"投身党委政府的中心工作，主动服务党委政府重大决策部署。

课题组成员：郭　渝、钱吕军、庄广雷、杨文仙

找准科技、教育与人才的"最大公约数"

——镇江建设科教人才强市研究

| 中共丹阳市委党校课题组 |

党的二十大报告指出，"教育、科技、人才是全面建设社会主义现代化国家的基础性、战略性支撑。必须坚持科技是第一生产力、人才是第一资源、创新是第一动力，深入实施科教兴国战略、人才强国战略、创新驱动发展战略"。"三位一体"的表述对新时代建设科教人才强市提出了更高的要求，指明了建设方向。对于镇江来说，建设科教人才强市，打造高水平人才高地，离不开人才、教育、科技、产业等核心关键要素的统筹布局。统筹强化科技、教育、人才支撑，推动高素质人才与高质量教育、高水平科技、产业深度融合协同发展，找准科技、教育与人才的"最大公约数"①，才能更好地服务于科教人才强市总体战略。

党的二十大报告提出建设现代化产业体系，并强调要强化现代化建设人才支撑。以人才兴助推产业强，是镇江当前人才工作的重要任务之一。镇江是一座拥有丰富科教资源的历史文化名城，高层次人才总量丰富，大学生人才的密度稳居全省第一方阵。如何将丰富的科教优势、人才优势转化为镇江建设科教人才的发展优势？如何在建设科教人才强市背景下推动镇江加速跑？这是镇江长久以来探索的重大课题。

一、镇江建设科教人才强市基本情况

近年来，镇江加快建设科教人才强市，坚持科技自立自强、教育优先发展、人才引领驱动，为推动镇江高质量发展提供了基础性战略性支撑。

（一）撬动"科技杠杆"，培育创新引擎

习近平总书记指出，中国式现代化的关键是科技现代化。科技始终是推动社会生产力发展的"最具革命性的有力杠杆"，科技实力也是加快镇江

---

① 最大公约数，也称最大公因数、最大公因子，指两个或多个整数共有约数中最大的一个，在此比喻科技、教育与人才协同发展。

发展的重要支撑。近年来，镇江加大新型研发机构发展建设力度，推进产学研一体化融合发展，为高质量发展培育新引擎。

1. 优化"揭榜挂帅"机制，引导企业加大科技创新投入

镇江市坚持以问题为导向、以目标为牵引、以项目为载体、以成果为导向的"揭榜挂帅"① 机制。2022 年，镇江发布了 16 个"揭榜挂帅"项目清单和人才需求清单，涉及船舶与海洋工程、智能制造、生物医药、节能环保等重点领域，吸引了超过 500 家企业参与竞标或申报，达成了超过 500 项产学研合作项目。镇江市进一步聚焦国家和江苏省重大战略需求和产业发展方向，以一批重点领域和关键环节的科技攻关项目清单和人才需求清单为"牛鼻子"，吸引和引导企业主动参与科技攻关和人才引进工作。2022 年，镇江市新认定国家高新技术企业 533 家，入选省创新型领军企业 9 家，新增国家级"单项冠军"和"专精特新"企业 19 家、国家级科技孵化载体 4 家、省级以上研发机构 45 家。②

2. 组建"攻关联合体"，聚集关键核心技术人才

镇江市坚持以人才为核心、以团队为支撑、以平台为依托、以成果为目标的关键核心技术人才攻关联合体机制，聚集一批高层次领军型创新型创业型人才，组建一批跨学科、跨领域、跨机构的科技攻关团队，利用一批国家级、省级、地方级的科技创新平台，攻克一批具有重大战略意义和经济社会效益的关键核心技术难题。2022 年，镇江市组建了 178 个关键核心技术人才攻关联合体，涉及船舶与海洋工程、智能制造、生物医药、节能环保等领域，攻克了超过 100 项关键核心技术难题，申请了超过 1000 项专利，获得了超过 100 项科技奖励。此外，面对数字经济蓬勃发展的时代浪潮，镇江市大力培育数字产业，新增智能化改造、数字化转型企业 133 家，数字经济核心产业营业收入突破 600 亿元。例如，华为（镇江）数字联合创新中心、阿里云创新中心正式运营，京口区大禹山创意新社区入选省信息技术应用创新先导区。一批数字化中心的相继投入为镇江科技创新注入强心剂。

3. 加强科技创新平台建设，完善科技创新服务体系

镇江市坚持以平台为载体、以服务为导向、以效益为目标的科技创新

---

① "揭榜挂帅"指由需求方提出具体技术研发和成果转化需求，科技行政部门提供平台发布揭榜任务、促成供需对接并予以立项、给予一定的经费补助，从而加快解决技术难题和转化科技成果的新型科技项目立项方式。

② 以上数据来源于镇江市政府网站。

平台建设机制，加大对国家级、省级、地方级的科技创新平台的支持力度，完善对各类科技创新主体的服务体系，提高科技创新平台的服务效率和服务质量。2022 年，镇江市新增国家级科技孵化载体 4 家，新增省级以上研发机构 45 家，新增国家级重点实验室 2 个，新增国家级工程技术研究中心 1 个，新增国家级企业技术中心 1 个。

4. 强化科技创新成果转化，完善科技创新激励机制

镇江市坚持以成果为导向、以转化为动力、以效益为衡量的科技创新成果转化机制，加大对科技创新成果转化的支持力度，完善对科技创新成果转化的激励机制，提高科技创新成果转化的效率和效益。2022 年，镇江市新增国家级"单项冠军"和"专精特新"企业 19 家；新增应税销售收入超百亿元企业 2 家，总数达到 12 家；新增上市挂牌企业 291 家。同时，镇江市也加强了对科技创新成果转化的激励措施，实施了"双百"计划、"双千"计划、"双万"计划等一系列激励政策，给予科技创新成果转化的企业和个人一定的奖励和补贴。

（二）下好教育"先手棋"，推动产教融合

国运兴衰，系于教育；千秋基业，育人为先。建设科教人才强市，坚持教育优先发展，必须牢牢把握教育现代化的战略定位，下好教育优先发展"先手棋"，在基础教育、高等教育、校地合作等方面精准施策、靶向发力，以教育现代化推动镇江科教人才强市建设走在前列。

1. 基础教育"精准施策"

近年来，镇江市高度重视教育事业协同发展，在学前教育、特殊教育、义务教育、高等教育等方面协同发力和精准施策。学前教育和特殊教育更加精准布局。完善民办幼儿园管理体制机制、推进普惠性幼儿园建设的同时，镇江市加大特殊教育资源投入，完善特殊教育服务网络。2022 年，镇江市新增特殊教育学校 1 所，新增特殊教育学生 200 人，实现了特殊教育学生的应收尽收、应教尽教。义务教育更加优质均衡。镇江市坚持把义务教育作为优先发展的重点领域来抓，加大义务教育经费投入，完善义务教育管理体制机制，推进义务教育均衡发展。2022 年，镇江市新增义务教育经费投入达 10 亿元，新增义务教育学校建设项目 20 个。职业教育更加产才适配。要坚持把职业教育作为促进就业创业的重要途径来抓，完善职业教育管理体制机制，推进职业教育改革发展。2022 年，镇江市新增职业教育资源投入达 5 亿元，新增职业技术学院 1 所，新增职业技术专业 20 个，新增

职业技术学生 10000 人，实现了职业技术学生的全覆盖、全保障、全补贴。

2. 高等教育"靶向发力"

镇江市坚持把高等教育作为培养高层次人才的重要基地来抓，完善高等教育管理体制机制，推进高等教育持续发展。充分支持在镇高校建设高水平大学和一流学科，加大高等教育资源投入。2022 年，镇江市新增高等院校建设项目 10 个，新增高等教育学生 20000 人，新增高等教育投资 20 亿元，实现了高等教育阶段学生的全覆盖、全保障、全减免。同时，镇江市重视提升高等教育质量水平，加强在镇高校的建设工作，完善在镇高校的评估考核机制，提升在镇高校的办学水平。2022 年，镇江市新增省级一流大学 1 所，新增省级一流学科 10 个，新增国家级重点实验室 2 个，新增国家级优秀教授 20 人。

3. 校地合作"扬优成势"

镇江市充分用好高校院所的科创资源，推动城市与高校携手前行，成为发展共同体。在政策层面，镇江市出台《优秀高校人才工作站评价办法》，加强对高校的联系服务，最大限度地邀请优秀高校毕业生来镇就业创业。目前，镇江已累计建成镇江市高校人才工作站 31 家。在实际举措上，镇江积极与在镇高校联动引进高层次人才，携手建设科技创新港、产业研究院，定期组织大学生暑期实习、毕业生就业双选招聘会、"千名学子百企行"等活动，大学生留镇率从 2021 年的 21.42% 提高至 2023 年的 23%。此外，镇江加强对科教人才与产业经济的对接服务，建立了产学研用协同创新平台和机制，推动了一批产学研用协同创新项目，促进了战略性新兴产业和优势特色产业的发展。

(三) 栽下"梧桐树"，强化人才保障

千秋基业，人才为本。习近平总书记指出："环境好，则人才聚、事业兴；环境不好，则人才散、事业衰。"这深刻阐述了环境对做好人才工作的重要性。发展环境是影响人才成长、汇聚和作用发挥的关键因素，只有"种好梧桐树"，才能"引得凤凰来"。

1. 创新人才引进方式

近年来，镇江瞄定打造"长三角产才融合发展福地"、深入推进人才"镇兴"行动总抓手，创新人才引进方式，构建良好的人才生态。(1) 加强人才招引工作。2021 年，镇江市启动实施大学生"聚镇"计划，集成 18 项激励举措。镇江广泛开展国内外高层次领军型、创新型、创业型人才招引工作，吸引一批具有国际视野和国际水平的科教精英来镇创新创业。（2）加强海外高层次人才寻访力度。镇江积极探索设立海外工作站，重点布局港台地区、新加坡、加拿大、澳大利亚等华人留学生较多的区域，持续开展高层次人才寻访工作。（3）加强人才工作站建设。2023年，先后授牌设立兰州大学、重庆大学等镇江市优秀高校人才工作站。镇江市坚持以需求为导向、以项目为牵引、以平台为依托、以团队为支撑的人才引进方式，近两年，全市累计发放大学生补贴近1亿元，成功引进大专以上大学生7.9万人。

2. 深挖本地人才富矿

镇江市在全省率先谋划出台《镇江市选拔培养优秀"新农人"计划》，揭牌成立全省首家乡村振兴青年人才学院。面向教育、医卫、文化、城建等行业领军人才，镇江启动"169工程"，用5年时间储备100名学术技术带头人、600名学术技术骨干和900名学术技术新秀。近两年，镇江选配培养各领域本土高层次人才达1978人。2022年，镇江为镇江籍大学生量身定制青年人才"归雁"计划，高校毕业生到镇江工作可享受各类补贴最高达30万元。针对在镇高校优势专业和"四群八链"重点产业人才需求，镇江精心遴选相关产业企业进校揽才，促进产才精准对接，挖掘在镇高校人才资源。2023年上半年，镇江招引大专以上人才19863人，其中镇江籍大学生9447人。

3. 全链条全周期服务

打造镇江揽才名片，放大"人聚镇江、才享荣光"人才招引服务品牌效应，加强各区县联动机制，开展招才引智"镇江日"、高校集中"云招引"、镇江人才专场招聘、镇江人才就业节等各类活动，累计开展活动194场，发放大学生补贴2760万元，惠及11183人次，引进大专以上毕业生19863名。此外，镇江需推进人才发展全链条全周期服务。如扬中市全力推进人才"安+"保障体系建设，设立3家青年驿站，提供"免费住宿+政策咨询+就业指导+城市融入"服务，布局"1+6+N"功能型人才社区，建设148套转向供给政策性人才公寓，为符合条件的人才提供3年内免租金支持。①

---

① 案例来源于扬中市政府网站。

二、镇江建设科教人才强市存在的问题及原因分析

当前，镇江正处于一系列国家重大战略叠加的黄金发展期，对科技、教育、人才的渴求不言而喻。根据《镇江建设科教人才强市》《镇江人才政策实施效果评价》2项调查问卷以及走访调研镇江丹阳市规模以上企业人才的发展情况，课题组从系统的观点全面分析当前镇江在建设科教人才强市的过程中，于顶层设计、具体实施、反馈效果等方面存在的现实瓶颈，有助于进一步促进镇江科教人才建设提质增效。

（一）科教人才体制机制建设"三待转"

1. 体制障碍待破除

仅就江苏省内对比来看，区域竞争高手云集，《关于实施人才"镇兴"行动建设人才集聚福地的若干意见》《镇江"金山英才"计划（2021—2025）》《镇江市青年人才全链条服务体系建设实施方案》《关于加快推进人才友好街区建设的指导意见》等一系列制度相继出台的同时，无锡的"太湖人才计划"、南京的"人才强市25条""重点产业人才7策"等数十个人才政策如雨后春笋般相继涌现，区域内人才竞争进入白热化阶段。镇江应破除科教人才管理及招才引智过程中管理权限过于分散或集中，以及科教人才管理机制不灵活、科教人才协同机制不畅通的难题。

2. 人才政策待优化

针对已来镇就业的百余名人才的调查结果显示，政策问题较为突出。36.36%的被调查者认为，镇江建设科教人才强市存在的主要问题中包括人才政策滞后。另一项针对已享受镇江人才政策补贴的100名人才的调查显示，77.27%的被调查者认为镇江的人才引进政策相较于其他城市优惠幅度不够，86.36%的被调查者认为镇江的人才政策相较于其他城市缺乏吸引力，另外有五成以上的被调查者认为相关政策未得到根本落实或政策可操作性不强。

3. 错位优势待打造

在走访调研中部分受访者反馈，当前政策区分度较弱。目前，镇江实行以人才引进、人才培养、人才激励为主的人才引进政策。如《镇江市青年人才全链条服务体系建设实施方案》制定的45项工作措施，为镇江人才提供全链条全周期服务，一定程度上起到了吸引人才的作用。但该方案对

人才开发、流动、后续服务等全链条人才管理政策的内容偏少。政策内容同质化现象较为明显，紧紧围绕物质激励和服务优化两大层面。镇江下辖的句容、丹阳、扬中县级市未能根据特色产业进行细化区分，在一定程度上削弱了科教人才留镇、来镇的意愿。此外，人才友好街区建设缓慢，已建成人才友好示范街区 2 个，还有 6 个正在推进建设，市域各板块全覆盖明显不足。

（二）科教人才长期吸引力"三大难"

镇江拥有高校众多，人才密度高，门类齐全，科研优势和人才培养能力在全省名列前茅，但存在科教人才总量难以满足需求、人才结构难以支撑发展等问题。根据《镇江市人才分类认定暂行办法》，镇江市人才共分为 7 个类别，其中国内外顶尖人才、国家级领军人才、省部级领军人才等高层次人才数量占比较少，不足 1%，而基础人才占比超过 80%。目前，镇江人才队伍中顶尖人才的数量难以支撑和满足镇江"四群八链"科技创新和产业发展的需求。针对已来镇就业的百余名科教人才的调查显示，当前镇江科教人才队伍方面存在问题，54.44% 的被调查者认为总量不高，45.45% 的被调查者认为高层次人才匮乏。

以座谈走访镇江下辖的丹阳市为例，人才难以扎根现象凸显。近五成来丹阳就业的科教人才认为，相较于丹阳来说，江苏省内经济表现更抢眼的苏州、无锡的县级市，从待遇及未来发展角度来说对他们的吸引力更强。针对已来镇就业的百余名大学生人才调查结果显示，目前有离开镇江工作打算的被调查者占总人数的 57.14%。而在促使其离镇因素中，个人发展以37.27% 高居榜首，排在之后的依次是：家庭因素（占比 33.63%），薪资待遇问题（占比 19.09%），住房问题（占比 5.45%）（图 1）。在离镇大学生的预计流动趋向上，63.64% 的被调查者首选的方向是江苏其他地级市、县级市（图 2）。此外，在针对 20 家镇江丹阳规模以上企业的调查和走访中，课题组了解到，近三年年均总流失大学生人才总数达 800 人左右，人才流失问题十分严峻，镇江不得不面临"为他人作嫁衣"的尴尬境地。

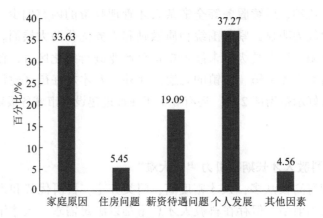

图 1 促使大学生离开镇江的因素

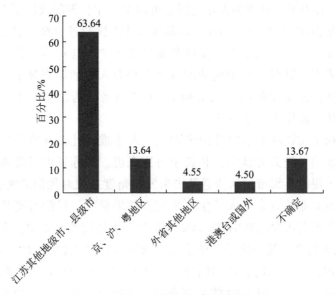

图 2 镇江大学生预计流动趋向

(三) 科教人才环境建设"三不足"

镇江是南京都市圈核心层城市,距离南京主城区 70 千米左右,距离苏州170千米左右。随着南京都市圈①的集聚发展，镇江毫无疑问将成为其向外拓展领地和享受辐射红利的第一空间。同时，长三角城市群作为整体所形成的集聚效应，对镇江而言也是可借之势。但区位交通面前，便利不代表有利。

1. 区域交通不畅，内聚不足

目前的问题是，镇江交通运输对外保持了通达，对内却不够畅通。镇江的铁公水空等运输方式之间相互独立，没有形成有效衔接，未能有效降低物流成本，道路交通基础设施的经济集聚效应没有充分显现；市区与辖市之间、板块与板块之间、市区内部各节点之间，皆缺乏充分的快速联系通道，造成内聚不足，致使镇江面临"过道效应"②和"虹吸效应"③。

2. 人才成长环境欠佳，总量不足

镇江启动"169工程"，用5年时间储备100名学术技术带头人、600名学术技术骨干和900名学术技术新秀，预计在"十四五"期间，储备培养1600名左右本土高层次学术技术人才。对比南京市2023年9月新发布的"人才强市25条"和"重点产业人才7策"两项人才新政，南京"目标到2025年全市人才资源总量达450万人，高层次人才占比超10%，累计新增科技领军人才和创新团队5000人，培养引进博士、博士后1.5万人"④。横向对比来看，镇江在人才总量上仍存在较大劣势，如何让镇江在区域内强树林立之中打造错位优势，成为镇江建设科教人才强市亟待破解的难题。

3. 人才市场配置水平低，能力不足

镇江在招才引智的过程中，大多依靠政府几个部门的单打独斗，未能形成政企合力。此外，当前政府外部的人才机构数量偏少，未能充分发挥其作为经营性人力服务机构的水平。在涉及高端猎头、人才项目评估的专

---

① 南京都市圈是以南京为中心的经济区域带，位于中国东部、长江中下游沿江城市地带的核心地区，地跨苏、皖两省，是中国第一个规划建设的跨省都市圈。南京都市圈成员为南京、镇江、扬州、淮安、马鞍山、滁州、芜湖、宣城和常州的溧阳、金坛，包含33个市辖区、11个县级市和16个县，总面积6.6万平方千米。截至2019年，南京都市圈常住人口3545.96万人，地区生产总值39997.54亿元。

② "过道效应"，又称过路效应，指运输载体对其所在运输平台沿线的周边环境没有产生任何实质性影响的现象。

③ 大城市"虹吸效应"指中心区域城市在成长期主要靠积聚聚周边的生产要素发展，周边的城镇或中小城镇逐渐向中心城市聚集，带给区域中心各种优质资源，这会给区域中的中小城市的发展带来一定的影响。

④ 数据来源于南京市政府网站。

业化服务方面,镇江明显滞后,甚至出现空白。虽然制定了产业人才地图,但镇江产业人才地图不完善、利用率不足、导向作用发挥有限,难以在网罗人才的过程中,真正发挥出镇江产业和人才政策的比较优势。

(四) 产教"融而不合",校企合作"不深不实"

镇江拥有江苏大学、江苏科技大学等 8 所高校,11 所中等职业学校,3 所技工学校,高校数量超过无锡、常州,在苏南五市中排第三位。但高校和在校生数量优势并不等同于镇江建设科教人才强市的人才优势。

1. 校企合作不足

镇江高层次人才总量丰富,在校大学生约有 13.6 万名,仅 2022 年镇江市就新增高等教育学生 20000 人,大学生人才在密度上稳居全省第一方阵。根据《科技创新:镇江未来 30 年的强市之路》,镇江进行高质量发展的过程中还面临着诸多问题,如高校和企业之间的产学研协同创新还不够紧密,科技成果转化率不高,大学生留镇创业、就业意愿不强,缺乏有效的就业创业指导和支持等现实困境。

2. 在镇高校人才留镇率不高

大学生毕业留镇率从 2021 年的 21.42% 提升至 2022 年的 22.33%,但与江苏的南京、苏州、无锡等地级市仍存在较大差距。江苏省高校招生就业指导服务中心调查结果显示,留苏就业的江苏毕业生中,南京约有 7.98 万人,苏州有 6.58 万人,第三位的无锡有 3.39 万人,紧随其后的南通、常州都为 2 万多人,而镇江只有 1 万多人。

3. 科研成果在镇转化率不高

镇江层面与高校间合作力度、合作深度不足,间接导致高校科研成果在镇转化率不高。以在镇头部高校江苏大学和江苏科技大学为例,截至 2023 年 3 月,根据《江苏省高校发明授权专利排行榜》,从有效发明专利量排名来看,江苏省 147 所高校中江苏大学稳居第五名。但以 2019 年为例,江苏大学、江苏科技大学两校合计发明专利授权量 1245 件,其中在镇转化的共 24 件,而在市外转化的达到 228 件;两校技术合同登记 726 项,其中与镇江企业合作的为 149 项,占比约 21%。

三、镇江建设科教人才强市对策建议

科教人才"用脚"对一座城市的"投票",反映了一座城市的核心竞争力。建设科教人才强市是一项艰巨、复杂且长久的工程，镇江须贯彻落实科教兴国战略、人才强国战略、创新驱动发展战略，把现代化建设的地基打得更稳更牢；要在政策、产业、人才生态、校企合作等多方面同时发力，持续发挥全过程创新生态链整体效应，扎实推进以科技创新、教育创新、人才创新为核心的全面现代化镇江建设，推动镇江"加速跑"。

（一）"政策发力"破局人才流失困境

1. 完善科教人才政策体系

在政策制定方面，科教人才相应的政策，既注重"顶天立地"的高精尖紧缺人才，又注重"铺天盖地"的青年人才和技能人才。例如，在招才引智上近年来表现抢眼的南通市，已出台人才新政3.0版，建立从大专到博士后的综合补贴（生活津贴）体系。镇江市应加大政策前期的调查研究工作，增强政策的更新迭代速度，增强科教人才政策宣传解读和执行落实力度，提高政策效果评估和反馈调整能力。要针对不同层次、类型、领域的科教人才需求特点，制定差异化、精准化、个性化的政策措施。在政策导向方面，企业（尤其是中小企业）吸引大学生的政策往往不如机关事业单位，而地方产业发展需要大量的人才。例如，淮安市围绕三大制造业、三大现代农业、三大服务业等主导产业需求，实施开展"333"产业人才集聚行动，引导毕业生流向市场主体。在政策支持力度上，镇江应根据镇江产业布局和需求，制定一系列符合本地实际、精准发力的政策，合理安排政府预算投入，充分发挥财税金融杠杆作用，有效利用社会资本资源，为科教人才提供真金白银的资金保障。

2. 打造高端人才"聚宝盆"

（1）强化教育对高质量发展的支撑，持续加大教育投入，稳步推进教育综合改革。推动高校人才培养和创新产出水平"双提升"。实施高等教育卓越工程，支持江苏大学、江苏科技大学等高校建设具有中国特色、世界一流的大学和优势学科。出台优化调整高等教育学科的专业指导意见，构建高水平学科专业体系。（2）推进职业教育高端发展，支持校企共建，打造一批产教融合企业和特色产业学院。利用政策的导向作用，在人才成长、人才培养、人才流动等方面进行体制机制的创新探索。（3）破解制约科教人才发展的体制机制障碍，优化科教人才管理权限和责任划分，简化科教人才管理程序和流程，畅通科教人才流动渠道和路径，搭建科教人才协同平台和机制。

3. 人才全链条周期服务

从吃、住、娱、游、购等"身边小事"，到就业、创业、安居的"人生大事"，科教人才政策持续为镇江人才提供全链条全周期服务。加强人才友好示范街区推进建设工作，增强市域各板块全覆盖面。加强高品质人才社区建设，如江苏苏州打造"百个人才驿站、千间人才客房、万套人才住房、十万套人才公寓"的"百千万"人才住房保障体系，建成12所国际学校和十五年一贯制海归人才子女学校。持续加大联系服务企业力度，构建精准高效的人才服务网络体系，落实人才服务专员制度，与辖市区联动。持续推进集成人才安居、健康体检、惠老关怀等服务的镇江人才码，加强"人才特色银行"、开发"金山英才贷"等各类金融产品，构建青年人才全链条服务体系，实施"政策一本通""权益一码清""服务一窗办"的"三个一"服务落地举措。

（二）"筑巢引凤"盘活人才产业资源

1. 加强"产才融合"，突出产业引才

在持续擦亮"人聚镇江　才享荣光"引才名片的同时，更要逐步完善产业结构，加速产业升级和科技产业结构优化，突出产业引才重点。让产业和资本充分结合形成现实生产力，在此过程中，无论是谋求通过科教人才来拉动产业投资，还是谋求通过产业投资来进一步吸引科教人才，为持续优化镇江产业结构，可借助镇江"四群八链"产业吸引更多科教人才扎根。

2. 加强"以产聚才"，突出政策引才

在科教人才引进相关政策的制定上，要着眼于现有产业集群规划发展需求，强化人才引进、发展战略的顶层设计。利用《产业人才开发路线图》，开发《重点产业发展急需紧缺人才目录》，针对产业发展所处的不同阶段对应人才类型的不同需求，科学配比引进科教人才的类型和数量，及时与市场形成反馈机制，提高产才契合度和适配度。持续优化本土人才引进环境，政府与企业、高校发挥合力，拓宽科教人才引进渠道。

3. 加强"以才促产"，突出创新引才

政府持续发挥"注重引才，强化引智"的固定与流动、专职与兼职相结合的灵活引才机制，切实转变人才工作思维，利用行政手段持续深化市场经济产业环境，为科教人才导入与留存营造良好的环境。企业要创新产学研体制机制，打破科教人才仅靠政府手段引进的体制机制壁垒。政府以

企业为主体提升人力资源管理水平，扩大企业科教人才引进自主权，部分企业形成合理有序的人才培养机制，在科教人才的任用上构建公开透明的选人用人机制，加强企业内部人才梯队建设，让科教人才拥有充分成长的空间，实现人才与产业的良性互动发展。

（三）"架桥铺路"深化政校企合作

1. 通过机制完善促合作

针对在镇高校科研成果转化率不高、留镇人才总数偏低、产教"融而不合"、校企合作"不深不实"等现实困境，政府可通过完善机制促进合作。镇江人社、组织部、科技局等有关单位积极部署、精准对接高校和企业，推动政校企三方在成果转化、技术改造、人才培养、员工培训等各领域的深度合作，争取提高在镇科研成果转化率和利用率。如成立政校企三方派驻负责人的"合作联合会"，由党委统一领导，下设办公室或线上办驻点，对科研成果评估、人才供给需求信息等合作要求进行全方位统筹，实现产学研深度对接、协同发展。

2. 通过架桥铺路共享成果

政府可围绕"需求导向、政府搭桥、产教融合"的思路，搭建政校企合作平台，深化政校企需求精准对接；可采取定期举办研讨、论坛等形式，要求关键核心技术领域的院士、专家对"卡脖子"问题进行精准辅导；也可让企业家们走进学校，了解学校前沿科技成果和党校科教人才能力特征。同时，政府加强对各类科技创新主体的服务支持，建立科技创新服务网站和热线电话，提供政策咨询、项目申报、成果转化、资金补贴、人才培训等一站式服务项目。

3. 通过订单培养精准对接

党委政府可充分发挥政策优势，围绕重点领域和技术需求，以市级科技项目立项的形式积极给予支持。同时，党委政府通过政企合作共建等形式，以就业基地、见习基地等模式向校方多提供大学生就业见习岗位。高校可根据企业发展需要主动献智，企业可通过与高校共建专业等方式精准承接专业领域人才。如镇江丹阳市可通过精准把脉"眼镜产业"需求，完善丹阳中专、中北学院等高校在眼视光学专业所需人才类别，完成订单式培养。

(四)"创新驱动"构建良好留才生态

1. 激发人才活力

要完善科教人才评价激励机制,加大对科教人才的物质激励和精神激励力度,充分调动科教人才的积极性、主动性、创造性。要突出以能力为本、以贡献为准、以成果为重的评价标准,建立多元化、动态化、开放化的评价体系,实行分类评价、差别评价、梯度评价。要突出以需求为导向、以效益为衡量、以奖惩为手段的激励机制,建立合理化、多样化、长效化的激励体系,实行分类激励、差别激励、梯度激励。

2. 完善科技创新体系

镇江要加快实施创新驱动发展战略。一要优化创新平台建设,高标准建设重大平台,强化全市重大创新平台协同联动、错位发展;二要集聚力量进行原创性、引领性科技攻关,破解重点、关键领域"卡脖子"难题;三要增强镇江城市创新体系整体效能,加强企业主导的产学研深度融合,推动创新链、产业链、资金链、人才链深度融合,提高高校、企业在镇科技成果的转化和产业化水平;深化科技评价改革,培育创新文化,弘扬科学家精神,形成具有全球竞争力的开放创新生态。

3. 增强人文生态建设

持续用文化塑造城市神态,打造城市符号,把文化融入城市肌理。应特别加强西津渡、金山寺等历史文化街区、历史建筑等的保护和开发工作。抓住数字化经济风口,讲好镇江城市人才故事,以文旅产业提高镇江知名度。深化山水花园名城建设工作,在全社会营造爱才、重才的良好人才氛围。打造更具吸引力的人才服务环境,在精准化精细化服务上多动脑筋,帮助科教解决生活工作和创业过程中的堵点难题,不断提高科教人才的获得感、归属感,变"凤凰牌"为"永久牌"。

课题组成员: *程冰雪、谌 燕、茅惠芳*

产业强市背景下镇江市产学研合作平台建设研究

引　言

自 2004 年以来，镇江市不断加大科技创新投入，加速推进产学研深入合作的进程。为更快落实"科技创新 40 条"与"科技改革 30 条"等目标，大力实施创新驱动发展战略，进一步激发校企合作活力，推进产学研深度融合，镇江市委、市政府相继出台了一系列科技与人才政策：深化与驻镇高校产学研合作，探索适合高校的众创空间模式；引导企业加大对产学研合作的投入，优先支持本地企业与驻镇高校的合作；支持园区与高校院所建设新型研发机构；推出《镇江市产业链人才赋能计划》《镇江市青年人才"归雁"计划》《镇江"金山英才"计划》《大学生"聚镇"计划》等。镇江作为国家知识产权强市创建市、国家创新型试点城市，截至 2022 年 10 月，共建有企业院士工作站 5 家、新型研发机构 16 家、省级企业工程技术研究中心 226 家、省重点实验室 5 家。另外，镇江有国家级、省级科技企业孵化器 36 家，国家级、省级众创空间 36 家，省级众创社区 6 家，省级科技企业加速器 4 家。

近年来，产学研融合发展迅速，在一系列创新创业政策的支持下，镇江市产学研融合取得了一定成就：成立多家企业联合创新中心；建成全国首个百亿级航空教育小镇；建设中技所（镇江）绿色技术交易服务中心；建设多家技术转移机构；镇江市中船动力有限公司、江苏睿泰数字产业园公司、江苏科大汇峰科技有限公司 3 家企业入选江苏省第一批产教融合型试点企业。结合实地调研和文献梳理，课题组发现，镇江产学研合作在取得成就的同时也面临着一定的现实困境，主要包括产学研深入融合背景下创新人才培养质量与新时代经济发展要求的匹配度不高、驻镇高校与科研院所产学研实践与理论的适配性不强、校企合作动力不足、知识产权保护力度不够等。

因此，本文在产业强市背景下，结合镇江产学研合作的现状，首先对当前镇江市产学研合作的现状进行分析；其次对镇江市产学研平台建设现存的问题进行研究；最后提出建设镇江产学研合作平台的具体实现路径。

| 中 编 |

205

一、理论基础

增强科技创新实力、提升产学研合作效能、激发科技成果转化活力，引起了政府相关部门及学者们的广泛关注。近年来，研究人员主要从产学研合作模式、合作绩效、合作动机、主体利益分配等视角进行研究，所取得的成果较为丰硕。

(一) 产学研合作模式研究

王章豹等基于目标导向将产学研合作模式分为人才培养型、研究开发型、生产经营型、主体综合型；李焱焱等基于主体作用将产学研合作模式分为政府主导型、企业主导型、大学和科研机构主导型以及各方共同主导型；徐庆基于主体间合作的方式将产学研合作模式更加具体化，分为以项目合作为联系的"点对点"模式和以平台合作为依托的"面对面"模式；孙欣沛等立足江苏省科技发展实际，深度剖析了以项目合作、共建创新载体、人才交流与培养为纽带的产学研合作模式的亮点与不足，并提出了选择建议。

(二) 产学研合作绩效研究

金芙蓉等根据参与者的预期目标与期待收益建立了产学研合作绩效评价指标体系，并实例验证了其实用性。之后，学者分别从用户匹配度视角、合作开放度视角、合作诚信度视角、主体交互度视角等深入探讨了产学研合作的绩效影响因素，为提高产学研合作效率、实现产学研深入融合奠定了基础。

(三) 产学研合作动机研究

张金华分别对政府引导型、校企合作型、企业主导型和学校主导型四种合作模式下的企业动机作了分析，指出股份制是企业最稳定的合作方式，而追逐利益是企业产学研合作的动机。蒋兴华等分别从交易成本经济学、价值链、组织学习、资源战略观等理论视角对产学研战略联盟合作动机进行了分析，并以实例验证了动机的真实性。黄小瑜等对产学研合作参与主体进行了分析，认为必要性、互惠原则、效率、稳定性、合法性和对称性是促成产学研合作关系建立的主要动机。杨小婉等对产学研合作的不同阶段进行了深入剖析，认为以合作动机为起点，适度的资源投入和匹配的合作伙伴能更好地促进科技创新能力的提升。

（四）产学研主体利益分配研究

卢仁山的研究表明，在三种产学研合作模式下，学研方的利益分成占合作整体利益的比例均在三分之二及以上。从社会整体福利最大化的角度，产学研合作方采取紧密型合作模式，通过共同组建经济实体可以实现最终产品市场的帕累托最优；与松散型的技术转让方式相比，企业尽管在较紧密型产学研合作方式下的利益分成有所减少，但是可以实现更为重要的战略目标。

综上所述，现有文献从不同角度对产学研深度融合、产学研合作机制对接进行了研究，但多以定性研究为主，采用的研究方法、视角与指标也各不相同，研究结论的可比性、有效性、解释性及对实际工作的指导性略显不足。因此，如何进一步推动镇江市产学研合作平台建设、构建契合镇江现阶段发展的创新生态体系，值得深入研究。

二、镇江市产学研合作平台发展现状分析

（一）特色

多年来，镇江大力实施产业强市、创新驱动、融合发展"三大战略"，科技创新取得了明显进步。镇江着力提升创新资源聚集和配置能力，推动产业优化使用，完善科技成果转化机制，促进科技攻关与产业强市更好结合。为推进产学研合作，镇江市先后制定出台多项激励政策，取得了一些成效，主要体现在三个方面：一是校地合作意识强。科技部门与高校签订了长期合作协议，各辖市区、镇江新区长期聘请驻镇高校专家作为科技顾问，为科学决策提供智力支持；成立了联席会议制度，分管领导由市委、市政府和高校主要领导担任；定期会商议事。二是产学研合作形式多。镇江连续五年举办"高校院所走进镇江产学研合作大会"系列活动，目前已与160余家高校院所保持长期合作关系，组织产学研活动超150场，参与产学研活动企业4200多家；大力促进高校与企业需求对接，共征集企业技术需求1800多项。三是平台建设参与广。高校与镇江市企业共建企业院士工作站、国家和省级工程技术中心、省级重点实验室、科技公共服务平台超140个。

（二）资源

镇江市在教育资源上拥有丰富的可挖掘潜力。镇江市现有江苏大学、江苏科技大学等9所普通高校。以江苏大学和江苏科技大学为代表的高等院校具有较强的科学研究、人才培养、服务社会的能力，在省内处于较前位次。两所高校集聚了一批高层次人才，具有博士学位及副高以上职称人员超3000人，在读硕博研究生超18000人，有16个博士后科研流动站，90个博士、硕士学位授权一级学科。五年来，镇江市获得各类国家级科研项目超1000项。此外，镇江市还有北京交通大学长三角研究院等重要科研平台；与中国科学院大学、清华大学等20多家重点高校建成13个研发中心、10个专业研究院所。在学研方特色资源方面，江苏大学、江苏科技大学有多个专业在全国同等高校中处于领先地位，镇江市高等专科学校的"旅游与酒店管理"专业是全省高职院校7个品牌专业之一，且驻镇高校有实力较强的科研开发队伍，有比较宽裕的科研经费，有众多的科研开发平台，获有一批国家和省部级重大科研专项，形成了基础研究、技术创新、成果推广紧密结合的科研工作格局。江苏大学的流体工程技术研究中心是省级重点研究中心，江苏科技大学的船舶工程科技服务平台的服务项目遍及全国。在金融服务方面，镇江连续多年开展"科技金融进孵化器""科技领跑者计划""高企融资服务直通车"等活动，促进金融、社会资本投向科技创新领域。2022年，镇江累计为290多家科技型中小企业提供科技贷款超13亿元，促成6家银行金融机构为科技企业授信330亿元。

（三）成果

2022年，镇江市高新技术产业产值占全市工业总产值的比重达48.5%，科技进步贡献率达67%，在97个全国创新型城市创新能力评价中列第24位。全年获国家、省科技计划项目立项407项，增长18.3%。伴随长三角一体化、南京都市圈、宁镇扬同城化尤其是G312产业创新带建设等重大战略的实施，镇江市大力打造高端装备、新材料两大千亿级支柱产业，培育新能源、新一代信息技术、生物技术与新医药三大战略性新兴产业，走出了一条"专精特新"的发展道路，形成了一批特色优势高新技术产业集群。其中，航空航天产业在高性能合金、高性能复合材料及构件、空天信息技术等方面形成了独特优势，有200多项创新成果填补国内空白，涌现出40多个全国"唯一""第一"的产品。在高质量建设创新型省份背景下，镇江市把产学研合作摆在突出位置，大力推进协同创新、开放创新，加快构建以企业为主体、以市场为导向、产学研深度融合的技术创新体系，促进科技与经济紧密结合。作为宁镇扬一体化的重要一极，镇江市与中国科学院大学、南京大学、东南大学等40家知名高校的对接洽谈，为镇江市引智引才引成果，促成一批产学研合作项目，集聚更多高端创新资源，为推动镇江经济社会发展注入更多创新动能。镇江在推进产学研深度融合方面具有诸多优势，在各界力量支持下，多元化产学研的深度融合方案已成为镇江市全面落实新时代发展观的重要战略体现。镇江突出国家级重大平台创建，加强与宁镇扬高校科研单位的产学研合作，围绕产业链部署创新链、安排资金链，每万劳动力中研发人员数超160人，拥有研发机构企业所占比重超50%。

三、镇江市产学研合作平台现存问题分析

（一）企业创新主体作用发挥不足

不少企业存在创新意识欠缺或创新能力不足的劣势。企业在产学研深度融合过程中的主体作用主要体现在三个方面。一是企业在基础设施建设上的主体地位。企业具有逐利性，满足自身需求是创新的根本出发点。调查显示，大部分的产学研合作项目在基础设施建设中，企业的投入占比最大，且处于决策地位。二是企业在合作模式上的主体地位。大型企业的创新能力强，产学研合作经验丰富，水平较高。经过长时间的合作，产学研合作模式逐渐丰富，涉及金融、人才、委托代理等各个方面，但大多以企业需求为主导。三是企业在技术引进上的主体地位。企业的创新意识和创新能力逐渐增强，在通过产学研合作获得市场竞争优势后，企业从被动接受向主动寻求合作转变，对自身技术需求及创新方向有更加明确的认识，在产学研合作过程中占据更加主动的地位。

而镇江大多数中小企业却受制于自身技术力量的薄弱，在引进技术、转化成果方面缺乏"二次创新"能力，难以形成有自主知识产权的技术和产品，更无法打破高校、科研院所与企业之间的"沟通围墙"，形成生产一代、研发一代、储备一代的发展机制。这导致产学研合作不够深入，成果的转化率低；协同创新能力不强，大多数产学研合作只停留在条块的合作上，尤其是产业链性质的产学研协同创新明显不足；企业的合作意向不高，更没有做好长期合作的打算，合作成果难以实现，企业在产学研合作过程中的主体作用无法得到发挥。

（二）平台内相关配套服务体系尚未完善

科创相关配套服务体系为产学研创新生态系统中必不可少的元素，承载着服务、引导、完善等重要作用。一方面，镇江市出台相关政策促进相关配套服务体系的建立，但起步仍较晚，体系建设尚不完善。目前，镇江的科技中介机构普遍规模小、能力差、抗风险能力弱、服务眼界不够开阔、服务模式陈旧，未形成完备的服务体系。另一方面，政府在科技配套服务中参与过多。在产学研合作过程中，绝大多数的科技中介机构是"官方的"或"半官方"的，"政企不分"现象突出。地方科技部门成为配套服务的提供者，使商业化的配套服务受制较多，难以真正促进配套服务体系进一步向规范化、市场化发展。

（三）本土创新人才培育还未成熟

科技创新，根本在人，培育创新人才特别是本土创新人才，对创新能力的提升具有重要意义。本土创新人才对当地有着特殊的情感羁绊，是促进地方创新发展的持久动力，产学研合作育人也是本土创新人才培育的关键渠道。镇江市虽出台大量人才政策，但在产学研合作创新过程中对本土创新人才的培育方面还有所欠缺。人才培养目标逐渐发生转变，产学研合作方在此领域上并没有形成成熟的协同育人模式。镇江现有的育人模式比较单一，大多是站在高校的角度上谈协同，忽略了对高素质技能型人才的需求。在人才培养模式的构建上，产学研各主体协同性不足，从而导致院校与企业、科研院所等资源群体没有形成成熟的协同育人模式。

（四）产学研合作仍缺乏持续动力

双赢是企业与学研机构长期合作达成的前提。在产学研合作中，企业方可以凭自身市场优势为学研方提供其缺乏的创新必备的经济基础、设施基础和市场反馈等条件，学研方也可凭自身创新优势为企业方提供创新技术、创新人才和技术升级等资源，因此双方是相互需要、相辅相成的关系。而在现实产学研合作中，创新利益分配、创新损失承担、创新成本投入等因素制约着双方合作的达成。

由于企业规模的限制，目前镇江市产学研的合作多为短期合作，以技术转移和短期研发为主，多为单个企业对单个企业或单个企业对单个高校，且合作产品单一。因此，镇江产学研合作创新缺乏后续动力，这也是限制产学研深度融合发展的重要因素之一。

四、镇江市产学研合作平台建设

（一）多方联动机制

1. "学研、企、企"联动机制

在后工业化经济时代，技术的发展、劳动分工的加深和公司专门化已成为主要特征。针对目前镇江市学、企合作已经有一定发展，但企业间的合作还没有盛行，以及在有组织的经济活动中，技术发展与变革已经带来公司内部和公司之间劳动分工加深的状况，未来设计要开展企、企合作机制，帮助企业间扩大交流，创建企业联盟，加深产学研合作（图1）。

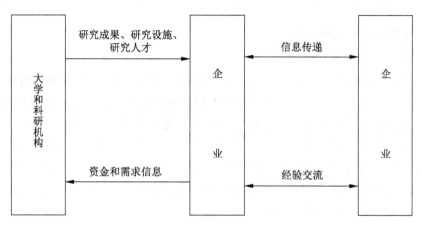

图1　校企合作模式

2. 战略联盟机制

战略联盟机制是产学研合作中的高级机制，具有长期性和稳定性。高校、科研机构、创新企业、配套企业从自身的创新需求和战略目标着手，结成战略同盟，并以股权或契约的形式约束各方。联盟以结合体的形式重点进行关键技术创新，各方开展创新技术合作，并通过联盟实现各方所拥有创新资源的合理配置，促使各方有效对接，旨在突破关键问题，实现产业技术创新发展。

目前，镇江市产学研合作多为单个企业对接单个学校，并未形成一定程度的产学研战略联盟，未来可在智能制造、新一代信息技术与新材料新能源等三大产业形成一定集群的产学研合作联盟，打造以主导产业为基础的战略联盟机制（图2）。

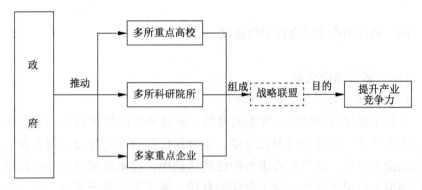

图 2　战略联盟机制

（二）配套保障机制

1. "品牌—中心"机制

制定品牌战略，参与产学研合作的多方主体协商建立产学研合作中心（见图3）。品牌效应是产学研合作方共同追求的目标，也是使产学研合作得以长期进行的重要因素。产学研合作中心充分调动各方参与创新的积极性，吸引合作方投入更多的人才、技术、资金等，扩大产学研合作规模。同时，产学研合作中心激励各方创新主体在合作中竞争，从而达到吸收、分解、整合、利用产学研合作中心中各方提供的创新资源，提高产学研合作效率，进一步促进产学研深度融合的目的。

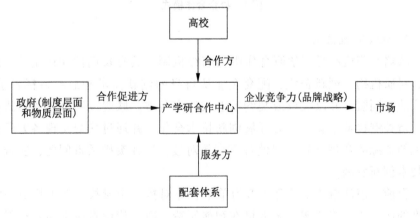

图 3　"品牌—中心"产学研合作模式

产学研合作中心从物质层面反映了校企间的合作，它也是模式构成的载体。通过校企间的合作，学校与企业间的技术合作与服务领域得到了拓展；双方在市场影响力方面都得到了拓展；将企业文化融入校园文化建设中，使得学生从踏进校门的那一刻起就与这些行业品牌一起成长，在走上工作岗位之前就了解到这些企业、品牌产品及技术，从而推动了职业素质教育的开展，推动了学校在人才培养模式方面的探索与完善。

2. 人才培养机制

人才是创新发展中的关键一环，培育人才也是产学研合作中的重要一环，因此镇江市需要根据城市产业定位培养人才，建立人才培育中心，立足镇江市产业需求现状，因地制宜地培育本土人才。

如图4所示，在"一主三导"人才培养机制下，人才培育中心是主体。但要实现培养技术应用型人才的目标，必须由政府主导（定方向）、市场引导（提需求）、企业指导（供技术）。因为定向才有具体目标，再从定向决定市场需求，根据需求培养技术人才，而技术是人才服务市场的手段，没有技术，如何服务？

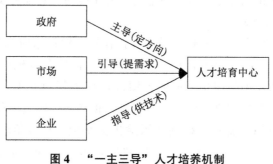

图4 "一主三导"人才培养机制

（三）持续发展机制

1. 利益分配机制

镇江产学研合作虽已有长足的发展，但还存在一些不足，如利益分配机制、创新失败责任划分等，需要建立综合保障机制，以实现产学研深度融合的长期健康发展。

企业方应充分发挥驻镇高校的科研优势，通过产业课题、项目链接等方式与驻镇高校达成长期合作联盟，企业不断对合作联盟提供经济支持，促进联盟的长期稳定发展。企业还可以与高校深度融合，建立技术研发中心，企业、高校分别使科研人才流入研发中心，为已完成项目提供持续性的技术指导；企业可根据自身需求选择研发方向，提供合作费用，充分发挥驻镇高校的技术优势，释放创新潜能。

建立合理的利益分配机制和创新失败责任划分机制。根据不同的合作模式约定收益分配比例，将技术入股、市场业绩等商业化的方式引入收益分配中，丰富分配方式，并在长期合作中随着成本、人员流动、市场反馈等因素的变化及时调整分配比例。根据创新项目的规模和各方投入的成本，协商约定创新失败责任划分比例，并及时根据研发阶段、市场阶段等不同阶段的特性调整责任划分。

发挥政府在产学研收益分配之间的作用，建立相关金融资金监管机构，使高校及科研院所的利益、企业的现实收益、所建立研发中心的利益、社会利益等利益关系达到平衡。

重视知识产权保护，应在产学研合作开始前缔约分配知识产权所属权，并约定各方知识产权维护费用出资占比，保障各方的知识产权利益。

完善监督机制，参与创新的多方主体商定设立产学研合作监督部门，对合作全过程和市场化全过程进行监督，并由政府考察监督实施效果。

2. 创新投入机制

政府在产学研合作中具有引导和支持作用，镇江市应当扩大科技投入，针对创新企业、高校、研究机构、科技中介、科技金融机构等创新主体多设专项资金，激发创新热情。同时，镇江市应加强对专项资金的管理、监督、考核，制定严格的创新成果验收机制，提高专项资金的利用率。

引入风险机构，建立科技创新风险担保基金，积极争取国家机关、外部金融企业的资金流入，逐步建立以政府投入为引导、企业投入为主体、银行贷款为支撑、社会集资和引进外资为补充的多元化科技投资体系。

通过调整科技金融投入的比例，政府可充分调动企业的创新研发积极性，推动企业创新。目前镇江市可先重点筛选一批具有一定创新研发能力、未来前景较好的企业进行投入，同时积极"走出去"，为与高校、科研院所合作建立的各级工程技术研究中心、企业院士工作站、新型研发机构、省重点实验室、国家和省级科技企业孵化器、国家和省级众创空间、省级众创社区、省级科技企业加速器设立专项资金。

四、总结

产业强市背景下，镇江市的产业结构转型升级节奏明显加快，高新技术产业的迅猛发展越来越依赖于科技与人才的支撑，各地经济高质量发展离不开科技的支持。本文分析了镇江市在产学研合作方面存在的相关问题，并进一步分析了镇江市现有产学研合作资源及成果，在分析国际现存较为成熟的产学研合作模式及合作机制的基础上，构建本市产学研合作平台。

（1）镇江市现有产学研合作已经形成相当规模。其航空特色小镇及各地打造的产学研合作交流项目为本地企业与学研机构提供了充足的交流渠道，且镇江本地拥有较为丰富的科研资源与科研人才，足以支撑产学研合作中技术的进一步开发，具有产学研深度融合发展的潜力。

（2）镇江市现有产学研合作体系存在一些问题。如企业创新主体作用发挥不足、平台内相关配套服务体系尚未完善、本土创新人才培育还未成熟、产学研合作仍缺乏持续动力。

（3）从镇江产学研平台建设的联动机制、保障机制、发展机制三个角度进行分析可知，要突出强调建立利益共享的地方与高校、企业与高校长效合作模式，在合作中注意分工明确，建立合理的利益分配机制，加强本土人才培育，各方相互配合，共同促进平台搭建与持续运转。

课题组成员： 刘　振、潘金彪、顾瑜婷、蒋春翔

提升南京都市圈地方政府合作互动水平路径研究

| 万建鹏 |

一、问题的提出

南京都市圈内部的空间格局可以概括为"一极两区四带多组团"。"一极"指南京辐射极,"两区"指宁镇扬和宁马滁两个同城化片区,"四带"分别是沪宁合创新服务中枢发展带、沿江绿色智造发展带、宁淮宣和宁杭滁生态经济发展带,"多组团"指各县城和重点镇。除此之外,南京都市圈内部还有宁淮特别合作区及江宁—博望、顶山—汊河、浦口—南谯跨界一体化发展示范区等合作发展区域,使南京都市圈的发展呈现多点开花的局面,最终提升都市圈的整体发展水平,使发展成果惠及都市圈全体人民。

通过检索中华数字书苑资源库收录的南京都市圈成员城市的日报、政府门户网站和政府部门网站,笔者得到 2020—2022 年每个政府与其他政府进行合作互动的信息,并分别汇总每个政府的合作互动情况,每一条信息记录包括参与合作互动的地方政府、日期、形式,以及具体进行合作互动的政府工作部门和内容。而地方政府之间进行的合作互动类型多种多样,现将它们归纳为考察交流(包括地方政府官员间进行的考察、调研、交流和学习等活动)、联合活动(包括联合执法、联合检查,以及地方政府官员共同出席仪式和新闻发布会等活动)、举行会议(包括各类会议、研讨会和论坛)、工作对接(地方政府间就某项具体工作的分工等事项进行商议)和签订协议等五种类型。

对数据进行搜集、整理后,我们能够对南京都市圈内每个地方政府成员在与其他成员合作互动中的行为做一个初步的描述。根据统计资料,笔者汇总了 2020—2022 年南京都市圈每个地方政府成员参加合作互动场合的总数,以及每个地方政府成员与其他地方政府成员进行合作互动的总数,如表 1 所示。

表1 2020—2022年南京都市圈地方政府成员参加合作互动场合及与其他政府成员进行合作互动总数

成员	参加合作互动场合总数（次）	进行合作互动总数（次）
南京	219	502
马鞍山	176	446
芜湖	164	436
滁州	155	423
宣城	127	387
镇江	106	376
扬州	97	368
淮安	90	346

在都市圈内进行的地方政府成员间的合作互动中，有的是双边互动，有的是多边互动（多边互动中可能会有非本都市圈地方政府），这样一来，参加合作互动场合次数较多的政府成员不一定与其他政府成员进行合作互动的次数也多，所以表1分别统计汇总了这两项数据。可以发现，即使分别按照参加合作互动场合总数和进行合作互动总数两项指标排序，其排序结果也是一致的，这意味着，参加合作互动场合多的南京都市圈地方政府成员也与所有其他成员有更多的合作互动总数。

综合2020—2022年南京都市圈每个地方政府成员参加合作互动场合的总数，以及每个地方政府成员与其他地方政府成员进行合作互动的总数两项数据来看，在3年的时间里，南京市政府进行的合作互动总数最多，而且排名第二的马鞍山市政府与南京市政府相比仍有不小的差距。安徽省内的4位都市圈地方政府成员较为积极，参加合作互动场合的次数排在第二到第五位。而对于江苏省内的南京都市圈地方政府成员而言，虽然南京市政府参与的合作互动场合总数最多，但其他三个政府排名靠后。

南京市频繁地出现在各种南京都市圈合作互动场合中，这主要有两方面的原因：一是南京都市圈内其他地方政府与南京在经济发展、社会事业、环境保护等方面有广泛的合作基础；二是南京在南京都市圈建设中起到"牵头"作用，需要经常联系、协调其他城市。南京都市圈各地方政府成员在参与合作互动场合的数量上差异明显，这意味着不同的地方政府成员对都市圈内合作互动的投入差异较大。要想在都市圈建设当中争取到更有利于自身的政策安排，在都市圈建设过程中有更多的话语权，与其他成员的经常性合作互动是必不可少的，怠于参与都市圈合作互动的成员有被边缘化的危险。

下面进一步具体分析南京都市圈每个地方政府成员之间进行合作互动的次数，以反映不同政府在合作互动对象选择上的偏好。对于这一数据，可以用一个矩阵简洁地呈现出来。表2所示矩阵表示的是2020—2022年南京都市圈地方政府成员之间彼此合作互动的次数，矩阵对角线的取值设置为0。

表2　2020—2022年南京都市圈地方政府间彼此合作互动次数矩阵

（单位：次）

城市	南京	镇江	扬州	淮安	芜湖	马鞍山	滁州	宣城
南京	0	82	63	65	58	101	81	52
镇江	82	0	66	47	46	48	43	44
扬州	63	66	0	57	48	45	47	42
淮安	65	47	57	0	43	42	50	42
芜湖	58	46	48	43	0	78	71	92
马鞍山	101	48	45	42	78	0	74	58
滁州	81	43	47	50	71	74	0	57
宣城	52	44	42	42	92	58	57	0

这是一个对称矩阵，意味着将A政府向B政府寻求的合作互动与B政府向A政府寻求的合作互动视为同一种合作互动，而忽略其中的方向。进一步讲，各地方政府在一段合作互动关系中的地位都是平等的，而不区分合作的发起者与接受者。根据表2可以发现，有4个南京都市圈地方政府将南京作为自己合作互动次数最多的对象，它们分别是镇江、淮安、马鞍山和滁州，这体现了南京在都市圈内的吸引力和影响力。对于扬州市政府而言，镇江是其最密切的合作互动对象，南京虽与其在合作互动上不是最密切的，却是第二密切的，且与镇江仅相差3次。同时也要看到，南京对于芜湖和宣城而言只是合作互动次数上排名第四的对象，这意味着南京作为南京都市圈的核心城市，在发挥辐射带动作用的均衡性上仍有所欠缺。另外，南京市政府以外的7个地方政府在合作互动上与南京密切程度最低的3个对象均来自省外，扬州、芜湖和宣城市政府更是把4个省外地方政府排在了合

作互动次数的后四位。这可以大致说明，虽然南京都市圈是跨省的，但大多数都市圈地方政府成员仍偏好省内的合作互动。对于这种情况，我们不能简单地将其归因于行政边界的限制，更深层的原因可能是都市圈成员基于合作互动的成本和收益。

二、南京都市圈特点

（一）跨越省域边界

都市圈是核心城市与其经济社会联系紧密且无行政隶属关系周边城市组成的城市空间形态，一般来说，它不会超出一个省的管辖范围。但是南京都市圈横跨苏皖两省，这通常是空间上更为广阔的城市群才有的特征。南京都市圈的跨省特征很大程度上是由南京市和安徽四市的发展需求促成的。

一方面，南京市土地面积相对较小，在我国 2022 年地区生产总值排名前 10 的城市中，南京的土地面积仅大于上海和深圳，而在地区生产总值排名前 50 的城市中，南京市的土地面积仅排在第 40 位。行政区面积的狭小一直是制约南京经济发展的一个因素，也不利于其省会首位度的提升。再加上通过调整行政区划获得发展空间的可能性过小，南京市有极大的动力与其他城市合作，寻求外部的土地资源。作为江苏省的省会，南京市处在江苏境内西南一隅，形状南北狭长，与其东面的常州、镇江和扬州市接壤，其北面、西面和南面则与安徽境内的滁州、马鞍山和宣城市接壤。安徽从三个方向环绕着南京，使得南京的大部分行政边界线与安徽的城市边界重合。所以，南京不仅仅要将获取资源的触手伸向东面的江苏三市，更要伸向北、西、南三面的安徽城市，与其相邻的安徽城市共建都市圈也就不足为奇了。

另一方面，常州乃至镇江和扬州受到超级城市上海的吸引，难以全力支持南京的发展，而安徽的城市，主要是马鞍山和滁州，则有更强烈的意愿承接来自南京的产业转移等福利，寻求与南京的对接并融入南京都市圈。常州是苏锡常都市圈的成员，且在上海大都市圈的空间范围之内；镇江连续三年（2018—2020 年）的最大投资来源地是上海；扬州和淮安在融入南京都市圈的同时也不忘积极争取上海发展带来的红利，明确提出主动对接上海。安徽省内的马鞍山和滁州二市则主动地谋求与南京的合作，承接来自南京的产业溢出，在参与南京都市圈的建设中也最为积极，倾心于南京甚于合肥。

（二）与其他都市圈重叠

长江三角洲城市群强市林立，是我国都市圈密集分布的地区，再加上南京都市圈大致位于长三角城市群地理中心，这使其不可避免地与其他都市圈有空间上的重叠，多个都市圈在空间范围上的重合意味着有些城市同时具有多个都市圈成员的身份。南京都市圈和合肥都市圈存在重叠现象，二者共同拥有芜湖、马鞍山和滁州，且作为合肥都市圈成员的蚌埠正在积极谋求加入南京都市圈；和苏锡常都市圈存在重叠现象，二者共同拥有常州市金坛区和溧阳市；和上海大都市圈存在重叠现象，二者也是共同拥有金坛区和溧阳市。2020年11月，宣城成为杭州都市圈合作发展协调会观察员城市，并且宣城市2021年政府工作报告明确提出"力争全市域加入杭州都市圈"，这说明南京都市圈未来极有可能与杭州都市圈重叠，届时宣城将会是两个都市圈的重叠地带。综合来看，南京都市圈面积的40%是与其他都市圈共享的。其中，南京都市圈与合肥都市圈重叠的范围尤其广阔，目前这两个都市圈重叠部分的面积分别占两个都市圈总面积的36%和37%。

其实，南京都市圈不仅与其他都市圈有地理范围上的重合，还与其他形态的城市合作结构相重合，如长三角G60科创走廊和宁杭生态经济带。多个城市合作空间结构纵横交错的现象也反映出长三角城市间存在广泛的合作利益。南京都市圈与其他都市圈的重叠在很大程度上有利于芜湖、常州等非都市圈核心城市从多个核心城市承接溢出的发展红利，增加了合作中的选择余地和谈判能力，这也是这些城市热衷于成为多个都市圈成员的原因。而且，这种重叠现象也有利于扩大城市的"朋友圈"，提高整个长三角地区的发展质量。同时也要看到，南京都市圈与其他都市圈的交叉重叠可能会使得南京与其他都市圈核心城市面临直接的竞争，增加不同都市圈之间协调上的困难和成本。

（三）有较多成员城市

南京都市圈成员呈现"8+2"的格局，即有8个地级行政区划单位和2个县级行政区划单位，涉及9座地级市、60个县（区、市）。相比之下，截至发展规划获国家发展改革委批复，福州、成都、长株潭和西安都市圈分别涉及4座、4座、3座和4座地级市，分别包括25个、35个、19个和25个县（市、区）。相应地，这些都市圈的面积和人口也无法与南京都市圈相比。即便在全国所有都市圈中，南京都市圈成员城市的数量都排在前列。南京都市圈成员城市的数量反映出南京市在一定区域内的辐射能级较高，作为都市圈地理位置的中心，南京市可以向外传递发展机会，能够带动多个城市。同时，长期以来南京周边城市对于融入南京都市圈保持着较高的积极性，甚至与南京并不搭界且距离南京较远的蚌埠市也要加入，从南京的发展资源中分一杯羹。

三、相关建议

南京都市圈经过近 40 年的发展，各个地方政府间总体上已经有了频繁的合作互动，不管是在都市圈合作互动网络的整体层面还是个体层面，都积累了一定的社会资本来助力城市自身及都市圈总体的未来发展。南京都市圈一方面存在一些与生俱来的特殊性，另一方面都市圈内地方政府在合作互动中也存在一些问题，所以只有形成地方政府间紧密的合作网络，不断提升合作互动水平，才能突破边界的阻碍，促进南京都市圈一体化高质量发展。

（一）增强政府间互信以加强整体性合作互动

南京都市圈各成员不管是在参加都市圈内合作互动场合总数，还是地方政府间彼此合作互动次数上，差异都较大，个别成员在都市圈合作互动网络中处于明显劣势。同时，南京都市圈内部还存在小团体现象，应该防止这些小团体割裂作为一个整体的南京都市圈。所以，为了实现社会资本的增长以支撑都市圈未来持续健康发展，南京都市圈中的各成员还要在提升合作互动水平上下大功夫，提高合作互动的频率。尤其是淮安、宣城这种在南京都市圈合作互动网络中的"悬挂"节点，更要积极主动地融入南京都市圈，争取更多的社会资本。

在都市圈建设中，信任能提升地方政府成员合作互动水平，增加社会资本最主要的原因就在于它可以降低合作互动当中的交易成本。一是组织层面，既要有协调南京都市圈地方政府合作互动的机构，又要有规范南京都市圈地方政府合作互动的制度，而且要形成稳定的合作互动机制。在这一方面，南京都市圈成员已做了不少工作，比如南京都市圈建设办公室、《南京都市圈发展规划》的制定和定期召开的南京都市圈党政联席会议等。在这些工作的基础上，接下来需要进一步完善的地方在于，根据《南京都市圈发展规划》制定各领域的具体规划文件，为具体领域的合作互动提供蓝本。此外，在南京都市圈合作互动网络中部分城市有相似的位置，如马鞍山和滁州、镇江和扬州，这加剧了它们之间的竞争，从而影响到两个城市的相互信任。为了克服这一点，各城市要实施差异化的发展战略，同时在南京都市圈合作互动网络中积极扩展新的关系。二是个人层面，主要指地方政府官员。地方政府之间的互动很大程度上表现为地方政府官员之间的互动，地方政府之间的合作离不开地方政府官员之间的相互信任。要增进南京都市圈地方政府官员之间的信任，离不开在官员之间建立良好的个人友谊，达到以非正式关系促进正式关系的目的。但是由于晋升锦标赛的存在，一省之内的地市级政府官员之间形成了竞争关系，这会影响官员互信。所以，还要继续改进对官员的绩效考核方法，同时在上级政府的协调下，多进行南京都市圈内地方政府官员之间的交流。

(二) 提升南京经济实力以发挥其带头作用

在大多数情况下，都市圈以单个城市为核心，整个都市圈的实力和发展状况很大程度上取决于核心城市。南京是南京都市圈无可争议的核心，其中心度超出其他城市一大截，在都市圈各成员中拥有最丰富的社会资本。同时不应该忽视的是，南京市政府与芜湖、宣城市政府进行的合作互动相对较少，其核心地位有待进一步巩固。要注意的是，不可因提高南京的中心度而使南京都市圈合作互动网络中心势被过分提高，即不能使南京都市圈内的资源过分向核心城市南京聚集，避免都市圈内的核心城市成为一种"政治景观"而对区域治理产生抑制作用。提高核心城市的中心度与保证所有城市间密切的合作互动，这两方面是可以并行不悖的。南京都市圈建设是为了推动区域一体化高质量发展，是着眼于区域整体，而不是为了一家独大，所以应在提升南京都市圈地方政府整体合作互动水平的基础上，适当提升南京的中心度，尤其要弥补其与芜湖、宣城在合作互动上的短板。

为了充分发挥南京的带头作用，最重要的工作是提升南京的经济实力。都市圈核心城市的地位不是靠处在区域的地理中心位置获得的，而是经济实力决定的，南京市要提高自己的中心性，根本上是要增强自身的经济实力。核心城市在经济实力足够强的情况下，才能更好地发挥溢出效应，才能更有效地带动都市圈的其他城市共同发展。南京不必追求广泛的产业布局，而应继续集中精力做大做强五大地标产业。在互联网经济时代，南京要做强民营经济，激发市场主体的创新精神，尊重市场在经济发展中的作用。在向周边城市转移产业的同时，南京也要认识到自己与国内一线城市的差距，积极主动地到上海、深圳等地招商引资，为自己的产业发展集聚力量。为了加强与芜湖、宣城之间的合作互动，南京可以着力增强自身南部区域的经济实力，提升溧水区、高淳区的发展水平，使它们的发展成果惠及芜湖、宣城。

（三）协调多个城镇空间形态以谋求整体区域和谐发展

首先，要规划先行。为了实现多个城镇空间形态间的协调发展，首先要做好规划工作，加强顶层设计，为它们的发展提供政策指导。相关规划文件需要省级或国家级政府部门来制定。一是针对都市圈的建设出台指导意见，如已经发布的《国家发展改革委关于培育发展现代化都市圈的指导意见》，明确了都市圈建设中的方针原则、重点任务和部门分工。二是针对更高层次的城镇空间形态制定规划文件。与南京都市圈共享成员的其他城镇空间形态都在长三角城市群的地域范围内，所以与长三角城市群规划相关的政策文件要重点解决其内部不同都市圈的协调问题。在这一方面，我国已经制定了《长江三角洲区域一体化发展规划纲要》《长江三角洲地区多层次轨道交通规划》等规划文件。但总的来看，目前我国在这两方面制定的相关规划文件不多，接下来要紧跟都市圈发展的脚步，制定出台相关文件，尤其是具体领域的规划文件。同时，这两个方面的规划本身不能相抵牾。

其次，要竞争有序。在都市圈分布如此密集的长三角地带，都市圈之间有竞争是正常的。都市圈之间的竞争主要还是体现为城市之间的竞争，这种竞争在同等级别的城市之间尤为激烈。都市圈之间的竞争不是问题，问题在于要做到有序竞争。政府有关部门要发挥监督、协调的作用，对各地方政府的不正当竞争手段要予以惩处。各都市圈要避免低水平的、重复性的建设，更多地依靠市场的调节作用，而不是过度依赖行政力量。只有实现各都市圈之间的有序竞争，才能共享发展的机遇，实现区域一体化高质量发展，把长三角城市群打造成世界级城市群。

最后，要协调联动。《长江三角洲区域一体化发展规划纲要》明确要求推进都市圈之间的协调联动，并特别提到加强南京都市圈与合肥都市圈协同发展，强化南京都市圈与杭州都市圈协调联动。针对南京都市圈与合肥都市圈的关系，有学者提出，双都市圈之间存在空间邻近效应和空间叠加效应，重叠地带的城市发展潜力巨大。可以看出，南京都市圈与其他都市圈不只有竞争，还有协同发展的空间，良性竞争加上协调联动才能更有效地激发各个都市圈的活力。为此，各都市圈要相互交流借鉴有益经验，同时依托发展改革委或都市圈建设办公室等相关部门，建立长三角都市圈间重大事项协调机制。各都市圈在编制发展规划相关文件时，要针对一些相关问题与其他都市圈提前沟通和协调，尤其是同属不同都市圈的城市，要根据自己的实际条件和需求平衡在不同都市圈中的精力投入，根据拟就的发展方针寻求合作，防止在不同都市圈中签订的合作协议条款相矛盾情况的出现。

(四) 严格新成员加入以控制都市圈规模

从南京都市圈的发展历程可以看出，其规模是处于动态变化之中的，在南京都市圈发展过程中不断有新成员加入，而且随着都市圈成员行政区划的调整，南京都市圈的范围也可能发生变化。受限于南京都市圈核心城市的辐射范围及都市圈成员之间的合作互动等因素，南京都市圈应该有其合理的范围，不能无限扩张。目前，需要考虑蚌埠和常州（全域）这两个城市在南京都市圈成员身份获得上的问题。

近年来，蚌埠一直在积极寻求加入南京都市圈。蚌埠市在自 2017 年以来的政府工作报告中均提到融入南京都市圈，且于 2019 年向南京报送了《关于申请加入南京都市圈的申请》。但是在查询地方政府间合作互动数据时，笔者发现，南京都市圈现有的各城市在 2020—2022 年与蚌埠市的合作互动极少。较少的社会资本意味着蚌埠即使加入南京都市圈，也难以有效利用都市圈的资源来发展自己。当然，加入南京都市圈这一举动本身会加强蚌埠与都市圈城市的联系，社会资本也会逐渐增长，但蚌埠的加入同时会降低南京都市圈合作互动网络的密度、中心势，与其他成员争夺南京的资源，所以蚌埠加入南京都市圈的时机还不成熟。

对于常州全域，南京都市圈应努力将其发展成自己的成员。一是因为常州市的金坛区、溧阳市已于 2020 年成为南京都市圈成员，但它们与都市圈其他成员在平时的合作互动较少，若常州全域加入南京都市圈，就能在横向上与都市圈其他成员形成行政级别上的平等，在纵向上减少协调的层次，从而提高合作互动的效率，增加社会资本；二是因为常州市政府与已有的南京都市圈成员，尤其是与同属江苏的成员有不少共同利益，形成了较频繁的合作互动，其加入南京都市圈后，不会明显降低都市圈整体的社会资本；三是因为常州是上海大都市圈的一员，城市倾向于向东与上海对接，若其也成为南京都市圈的一员，可以起到连接两个都市圈的作用，为南京都市圈的发展注入活力。

在南京都市圈的新成员问题上，还要注意以下两点：一是尊重所有成员意见。不可否认，作为核心城市的南京在新成员的加入问题上有很大的发言权，新成员对南京都市圈身份的渴望在很大程度上也是出于向南京靠拢的渴望。2019年5月，蚌埠市向南京提交了《关于申请加入南京都市圈的申请》，一个月后，蚌埠市发展改革委正、副主任赴南京市发展改革委，就蚌埠加入南京都市圈有关事项进行了商讨。但是，南京都市圈每个成员都有平等的发展权利，新成员的加入也必定会影响到每个成员，所以在扩展成员的问题上应听取并尊重所有成员的意见，以避免日后不必要的矛盾和摩擦。二是提早加强合作基础。良好合作互动关系的建立是一个长期的过程，所以想要加入南京都市圈的城市需在还没正式加入前就加强与都市圈成员城市的合作互动，而不应等到加入后才开启这方面的工作，以有充分的时间来积累社会资本；而且要注意与都市圈各个已有成员寻找共同利益，建立广泛的合作互动关系。加入都市圈本身不是目的，关键是要在都市圈的一体化建设中发展自己，并使其他城市享受到自己发展的红利，这就要求相应城市着眼于切实提升自身实力、扩大与其他都市圈成员的合作面。

（作者单位：中共镇江市委党校）

困境与解围：优化镇江市法治化营商环境的思考

| 中共镇江市委党校课题组 |

习近平总书记指出，"法治是最好的营商环境"。良好的法治化营商环境是镇江实施产业强市"一号战略"的重要保障，是助力镇江谱写"很有前途"新篇章的重要抓手。课题组秉承揭示问题—探究成因—对策建议的研究脉络，针对如何优化镇江市法治化营商环境，相继走访市司法局、市发展改革委等相关部门，在市委党校第 62 期县处班及第 24 期中青班开展问卷调查，在镇江江南化工有限责任公司、惠龙易通国际物流股份有限公司、丹佛斯动力系统（江苏）有限公司等 9 家企业进行访谈。课题组对困境背后的原因进行剖析，并集思广益提出优化法治化营商环境的路径参考，以期为镇江市高质量发展提供有价值的对策建议。

一、现实之困：镇江市优化法治化营商环境面临的问题

通过近些年的持续努力，镇江市法治化营商环境改善明显，但对照人民期盼，对标周边先进，还存在较大提升空间。课题组通过问卷调查和企业访谈，将镇江法治化营商环境的现实之困进行归纳。

（一）制度建设与市场主体需求的契合度不够

课题组在镇江市委党校第 62 期县处班及第 24 期中青班开展问卷调查，共收回 79 份有效问卷。其中，就"镇江在法治化营商环境的制度体系建设方面存在的问题"这一问题，51 份选择了"优化营商环境的制度不够精准，地域特点不够明显"选项，占比达 65%。总体上，营商环境相关制度的制定存在与地方特点及发展规划结合不紧密、针对性和操作性不强的问题：相关制度体系尚未完全建立，市场主体有因政策措施易变而产生的不安全感；制定相关制度时往往参照国家、省级层面规定，机械对标先进地区经验，"上有下要有""他有我也有"，没有全面考量本地市场主体实际需求，没有深入挖掘本地发展面临的深层问题；虽然有时制定相关制度也开展专题调研，但讨论主题较为固定，开放性欠缺，习惯就事论事。在制定涉企政策选择参与代表时，相关部门往往会考虑一些大企业、明星企业，而忽

视中小企业，难以客观、全面了解企业实际意愿。

（二）惠企政策存在诸多"卡点"

在与企业的访谈中，多家企业都反映政府部门出台了好的政策，但是有些政策却没有真正达到惠企初衷，尤其是在县、乡层面，有些政策还存在落地不实现象。出现这些问题有政策本身门槛设置不合理、政策宣传不到位、配套措施不完善等因素，如2023年5月，镇江市社会信用体系建设领导小组办公室联合市全面推进依法行政工作领导小组办公室、市司法局出台《镇江市证明事项告知承诺制信用管理办法》，其中的"证明事项告知承诺制"因配套的诚信体系不完善，在推行中受到阻碍；甚至还有政府部门机械式办公、专业化不强等因素，如企业在享受惠企政策时需要反复申报材料，导致政策执行走样。

（三）政务诚信水平有待进一步提高

良好的政务诚信环境可以净化政商关系、降低交易成本、提振市场信心。课题组在对企业的走访中发现政府公信力存在透支现象：政府部门制定相关政策时欠缺长远、整体的考虑和规划，影响政策的稳定性、连续性；政府部门是"信息优势方"，政府信息不公开、政策不告知使得"劣势方"企业难以打破信息壁垒困境；政府部门不及时兑现做出的承诺或签订的合同，甚至违约毁约；上任领导签订的协议，换了领导就需要重新签订，甚至之前的协议被推翻；等等。

（四）行政执法存在不规范环节

有企业反映存在行政执法不规范的现象；面对企业轻微违法行为，有部分执法人员不是从指导、帮助企业整改的角度去行政，而是直接简单粗暴地予以处罚；有企业反映，其在短期内多次受到行政执法检查，给其正常的生产和经营活动造成了一定影响。

（五）保护市场主体权益的司法保障力度不够

有企业直接表示，通过司法渠道解决问题的效率不高，耗费人、财、物，甚至胜诉后权益还是难以兑现，往往会考虑私下解决，这说明营商环境提供的法治保障不足；有企业反映，需要异地诉讼时，面对地方保护主义设置的障碍，企业无所适从且无能为力；在债务纠纷中，存在超标查封、将企业赖以运营的机械设备及厂房扣押等现象，严重影响了企业的生产经营；受传统"重公有、轻私有"的观念影响，还存在对不同所有制经济主体区别对待的现象。

二、问题之由：镇江市优化法治营商环境面临的四重困难

法治化营商环境现实之困背后深层次的原因可以总结为"四难"，这是镇江市高质量发展需要突破的难点。

（一）先进理念难以深入人心

优化地方法治化营商环境最大的障碍就是理念。一是法治的理念。现实中，一些公职人员习惯以"管理者"的身份营造营商环境；部分市场主体还未形成在法治轨道上参与公平竞争的思维。二是服务的理念。一些公职人员对服务保障优化营商环境的认识还未完全到位，一定程度上出现被动服务、选择服务、消极服务等现象。三是诚信的理念。实践中，个别公职人员的不诚信行为较大影响了政府公信力；加上目前镇江信用信息尚未实现全面互联互通，应用成效受到影响。

（二）指标体系难以科学构建

科学的法治化营商环境评估指标体系对地方发展有引领、导向作用。指标体系构建涉及政治、经济、社会等多领域，既要有稳定性、可操作性、系统性，又要有具体性、指导性、地方特色性，是一项较为复杂烦琐的工作。一些地区已经进行了实践探索。2020年4月，苏州市全面依法治市委员会在全国率先印发《苏州市法治化营商环境建设指标体系》。之后，江苏省徐州市、连云港市相继出台了法治化营商环境指标体系。镇江市当前将营商环境工作纳入全市高质量发展考核指标体系中，但还没有专门的法治营商环境评价指标体系。

（三）公共权力难以平衡配置

地方权力配置主要指地方立法权、行政权与司法权，以及地方政府内部职能部门之间的权力分配，其中以权力之间协调和调配的适度与平衡为基本要求。当前，包括镇江在内的全国各地大多呈现出"以行政权为主导，立法权与司法权配合"的模式。需要注意的是，在立法权和行政权的配置

上，若过多强调以行政规制为主，忽略立法的高位性规范，容易致使治理政策的稳定性、可预期性受到削弱；在司法权和行政权的配置上，若司法过于考虑地方经济发展，规范作用得不到发挥，那么司法公正会受到质疑。

（四）执行能力难以有效提升

执行是维护市场秩序、服务保障良好法治化营商环境的一道防线。现实中，政策不落地、制度不执行、承诺不兑现、权益不维护、违法不惩处、责任不落实等问题的存在，让政府公信力遭受质疑，让企业对发展和投资缺乏足够的信心，长此以往，营商环境将陷入市场主体不信任政府的恶性循环中。执行难，有制度政策本身设计的问题，有体制机制不顺的问题，但关键还是难在如何有效提升执行能力上。

三、破解之道：优化镇江市法治化营商环境的对策建议

法治化营商环境没有最好，只有更好。镇江要让法治成为营商环境的最硬内核，就必须正视问题，突破重围。

（一）更新先进理念，思维引导实践

理念是行动的先导。一要树立服务理念。政府不仅仅是"服务提供者"，更是"服务组织者"。要积极搭建平台，通过宏观调控合理分配资源，引导支持市场发展。通过部门联动、组织联盟、资源联享，为企业纾难解困。二要创新治理理念。党的二十大报告提出，要完善社会治理体系，健全共建、共治、共享的社会治理制度，提升社会治理效能。这就要求政府部门从管理转向治理，改进方式，用法治思维解决发展中的顽症痼疾，不断提升治理能力。三要培育诚信理念。以政府诚信为突破口加快诚信体系建设。加强公职人员的诚信建设，政务依法公开，公权力运行主动接受各类监督，针对政府失信不断完善惩戒和补救机制等，树立、维护政府诚信形象。

（二）构建指标体系，用好评价结果

建立具有逻辑层次性和可操作性的量化评价指标体系是当下镇江市优化法治化营商环境需要推进的一项重点工作。课题组认为，可以以立法、执法、司法、守法及法治化营商环境机制保障为基本框架设计镇江市营商

环境建设的指标体系。虽然一些地区就法治化营商环境评价指标体系的探索提供了有益参考，但各地经济水平、地域文化等因素存在差异，法治化营商环境指标体系设置不能照搬照抄。构建中，一要注意以企业和社会公众为评价主体。二要注意突出本地法治化营商环境建设实践需求。要对本地经济环境及发展需要，以及企业的具体需求进行综合分析，紧紧围绕市场主体关注的法治、成本、便利化等问题，梳理和总结市场主体需求，以"需求侧"为出发点，从执法部门、司法机关、政务服务等"供给侧"入手。三要在科学指标体系构建后用好评价结果。准确、客观、精细测评，及时了解立法、执法、司法等实际状况，改进不足，强化监督，把测评结果纳入绩效考核，不断优化法治化营商环境。

（三）合理分配权力，扩大合力效应

法治化营商环境建设不是通过单一的行政权运作就能完成的，它是一项系统性工程，需要立法、行政、司法及社会各方共同形成合力。一要平衡好立法需求与制度供应之间的实践关系。2023 年，《中华人民共和国立法法》修改，设区市的立法权限新增"基层治理"事项，并且"环境保护"调整为"生态文明建设"。镇江市应主动适应改革和社会经济发展需要，抓住契机，开展针对营商环境制度的立改废释工作，广泛听取意见，发挥基层立法联系点作用，利用现代信息化手段，畅通反映意见渠道，拓宽参与立法途径，了解市场主体意愿和诉求，拆除政策藩篱，打通体制壁垒。科学编制立法规划，涉及法治化营商环境的制度要优先考虑、重点倾斜，抓紧制定《镇江优化营商环境条例》。在国家法律法规引领下，镇江市应立足地方实际，借鉴基层实践中形成的好经验、好做法，推动地方立法特色化、精细化。二要处理好有为政府与有效市场之间的辩证关系。转变职能，厘清权力边界，深化机构改革，"简政放权、放管结合、优化服务"，充分发挥市场机制调节作用，帮企业减负，激发市场主体的活力。三要协调好司法审判与法律服务之间的统一关系。优化审判资源配置，加强司法队伍建设，提高司法效能。人民法院通过依法独立公正行使审判权和执行权等方式来履行保障和服务经济社会发展大局的职责。有先进地区为提升知识产权司法保护的效能，在法院设置专门的知识产权部门，该做法值得借鉴；通过对行政主体和司法机关的监督、审查，排除违法干预，净化司法环境，给遵纪守法的市场主体以信心和安心，推动法治化营商环境的可持续发展；健全多元化纠纷化解机制，积极探索诉讼纠纷解决机制与非诉讼纠纷解决

机制的有机结合。发挥人民调解委员会作用，引导和帮助市场主体节约司法资源，依法高效维护切身合法权益，推动社会治理创新；建立长效帮扶机制，搭建平台，整合资源，组建队伍，推动更多法治力量向引导和疏导端用力，增强公共法律的服务能力。

（四）提升执法水平，激发强劲动能

法治化营商环境很大程度取决于良法能否有效执行。一要抓住"关键少数"。公职人员要不断提高自身的法律修养，运用法治方式做好工作，争做尊法、学法、用法、守法楷模。选人用人方面要注重法治素养的考察，健全公职人员常态化教育培训机制，开展法治能力的专题培训和教育，以及定期的法律知识考核。二要规范履行职责。推行"行政执法公示、执法过程全记录、重大执法决定法制审核"三项制度，提升执法透明度；广泛运用说服教育、劝导示范、警示告诫、指导约谈等方式，坚持处罚与教育相结合，争取当事人对执法决定的理解、认同、支持；推行"企业行政合规指导清单"，将事后处罚向事前指导延伸，将行政指导融入涉企行政执法中。三要提升行政效率。"互联网+政务服务"，利用网上办事大厅推行"不见面审批""审批流程一体化"等，让数据跑路取代人民群众跑腿；"互联网+监管"，打破部门壁垒，数据整合，信息共享，构建起通力合作监管体系，提高监管的精准性、及时性、有效性。

课题组成员：蔡 欣、张 雯、吕 曼

数字法治体系建设重点领域高效协同机制路径研究

——以镇江为例

习近平总书记强调："要全面贯彻网络强国战略，把数字技术广泛应用于政府管理服务，推动政府数字化、智能化运行，为推进国家治理体系和治理能力现代化提供有力支撑。"数字法治体系建设重点领域高效协同发展趋势，将平台化、算法化、智能化等数字技术同步运用到法治体系过程，实现数字与法治高度匹配，从而达到法治治理的便捷、公正、高效，提高政府法治治理水平。《法治政府建设实施纲要（2021—2025年）》提出"健全法治政府建设科技保障体系，全面建设数字法治政府"。未来，镇江要探索数字法治体系建设重点领域高效协同路径，打好数字法治基础，确立数字法治为人民服务的理念，从而建成数字法治政府。

一、镇江数字法治体系建设重点领域高效协同路径

当前，各地城市规模日益发展，社会结构日趋多元，群众利益诉求复杂多样，政府治理难度不断增大。以数字法治为基础，打通基层治理的"最后一公里"，加速数字法治资源和服务向社区网格的精准覆盖，成为推动镇江数字法治体系和治理能力现代化的必由之路。

（一）基层数字法治体系治理更加精细

在城市向农村过渡的城乡接合部，城乡居民混居的小区越来越多，镇江利用5G网络，通过数字法治体系建成了一个个智慧社区，同时打造城乡数字融合平台，利用平台优势，助力社区法治治理。"以监控预警调度为例，平台能够实时监控陌生车辆进入、秸秆焚烧、垃圾乱堆等事件，第一时间预警工作人员。"政府数字化转型，云、网建设是基础。由点到线再到面，超万个移动5G基站几乎覆盖镇江全域，千兆光网"连接"多个小区和所有行政村。依托高速、移动、安全、泛在的信息基础设施，江苏移动持续建强电子政务网络的支撑能力，加快网络向基层、乡村和社区延伸覆盖，

促进基层治理精细化发展。镇江居民感受到江苏移动数智技术带来的改变——通过移动通信网络联动智慧门禁、安防监控、电梯阻控、和易充等智能设备,实现陌生人进出有记录、高空抛物"抓现行"、电动车进电梯有警报……让社区管理更高效有序,居民生活更安全便捷。

(二) 数字法治管理决策更加科学

政府法治治理涉及诸多要素,同时受环境和外部条件的影响,面临一定的不确定性,这是制约政府治理效能发挥的重要因素。通过将政府治理活动数据化,并对大量数据进行采集、聚合、分析和应用,可发现不同要素之间的内在关联性,为政府治理降低不确定性、提升效能提供了新途径。一个"驾驶舱",纵向上可有效追溯涉民服务工作的历史数据变化情况、变化原因及变化依据等内容,横向上则可与对应的政策环境、企业情况、人员变动等因素相匹配,从而实现养老、医疗等政务服务整体情况的直观展示,为政府决策提供精准的数据支撑。通过对政府数据资源的整合分析,江苏移动为镇江市政府打造政务服务驾驶分舱,助力政府构建丰富、安全、可用的数据资源池,推动政务工作高效开展。政务服务分舱的建设能够帮助政府实现以业务为主线的数据分析,对关键环节、关键指标进行有效监控,助力政务服务工作的精准管理、战略管控和风险预警。在城运指挥平台的城市治理版块,全市道路、多家商户通过 600 多路高清摄像头被统一纳入智慧识别管理……指挥平台针对识别发现的市容问题,以及百姓投诉、基层巡查等途径收集的问题,每日进行数学建模和研判分析,并根据前一天的数据自动生成当天值守和巡查路线,以数据要素支撑城市管理智能化运行。一直以来,江苏移动依托技术和资源优势,深入促进大数据、AI、云计算等数字技术与政府治理数据要素的融合运用,助力政府加强实时动态数据的决策判断与辅助支持,实现管理决策从主观的"经验决策"向客观的"科学决策"转型,提升科学决策能力。

(三) 数字法治公共服务更加智能

医保云智慧为全市各地市医保查询、医保报销、异地就医申请备案、医保关系转移、参保缴费等业务"一端通办"提供强有力支撑;数智化手段已接入全市 33 个停车场、19 条道路的超 8000 个停车位,帮助市民"停好车、好停车";"24 小时不打烊社区自助服务便民小屋"可办理生活救助、生活保障补贴申请等 12 项政务自助服务……当下,镇江正涌现出"秒批"无感申办""一件事一次办"等智慧政务新模式，既方便了企业和市民办事，又促进了政府职能转变，为中国式现代化江苏新实践提供了重要支撑。以前，孩子出生要跑好几个部门办手续，现在当天在医院就能办好出生证明和户口登记。江苏移动"5G随e签"电子签章功能在镇江数字政府政务中台全面上线，为江苏政务中台提供电子签章服务保障，助力实现"一件事一次办"，让群众办事省时又省心，推动政务服务提质增效。作为镇江数字政府技术中台建设的重要一环，"5G随e签"融合了国密SM2算法、TSA可信时间戳等多重技术手段，确保签约过程安全、签约数据不可篡改，为用户提供安全、可信、便捷的线上签字体验。当前，"5G随e签"已广泛接入卫健委、人社局等9个政务部门，覆盖"出生一件事"等27个场景，助力打通政务服务的"最后一公里"。江苏移动全面推进5G+AICDE等数字技术在公共服务领域的应用，不断延伸数字政府"触角"，赋能公共服务高效供给。聚焦营业厅、酒店、机场、高铁等大众日常生活使用高频场景，镇江市公安厅将"苏证通"电子身份存入超级手机卡，目前已有48.6万名超级手机卡用户开通了"苏证通"。镇江全力构建"连接+算力+能力"的新型信息服务体系，与社会各界全面服务镇江数字政府建设，努力为镇江治理体系和治理能力现代化作出更大贡献。

二、镇江数字法治体系建设重点领域高效协同的趋势

中国式现代化的进程，也是全面建成法治国家、法治政府、法治社会的进程。在数字化时代，更需要法治创新发展。人们常接到这样的电话："电商平台客服"以网购商品退款、理赔等理由，要求添加"客服账号"并共享屏幕；"金融平台工作人员"称"贷款逾期"影响个人征信，诱导转账消除不良征信记录；或是冒用熟人身份，请求"代充话费""治病借钱"……针对防不胜防的电信网络诈骗，2022年，中国境内一部专门为打击治理电信网络诈骗活动的法律《中华人民共和国反电信网络诈骗法》出台，从社会管理"微末神经"入手，全面构筑打击治理电信网络诈骗活动的法治保障。

近年来，全市政治机关置身数字法治改革全局，推进数字法治与社会治理同频共振并走在全国前列，数字法治建设更加整体有序，法律监督模式重塑变革更加持续强劲，数字应用建设更加务实有效，数字法治支撑更加扎实有力，但对照数字法治整体推进的新态势、数字时代对法律监督履职提出的新要求、智能化技术发展给数字法治带来的新动能，数字法治形势紧迫、任务艰巨，各级机关要进一步齐心聚力，实干争先，以更高站位、更高定位，切实凝聚纵深推进数字法治工作新动力。坚持以全面贯彻落实习近平总书记"敢于监督、善于监督、勇于开展自我监督"重要指示的更高站位，深刻认识数字法治是时代之势、改革之势，把循迹溯源与直面命题结合起来，通过运用数字手段强化法律监督来落实"敢于监督"，通过推进数字化协同和社会治理来落实"善于监督"，通过加强数字化案件管理来落实"勇于开展自我监督"。同时，深度融入镇江市数字法治的整体推进之势、先行引领之势，扎实有力推进法治的各项工作，承担起数字法治发展重要一极的责任；认真落实最高人民检察院对镇江为全国整体推进积累经验的要求和镇江市院党组关于持续领先、把数字法治作为工作常态的部署，增强工作使命感、责任感和紧迫感。

整体推进、聚焦重点，大力提升数字法治发展新能级。要聚焦赋能服务大局，紧扣大局工作中反映出来的重点问题开展数字类案监督，围绕涉企合规等大局重点事项积极推进工作线上协同，系统研究法治侧与镇江市平安建设、法治建设关联的数据指标，集成透出为全局服务。要聚焦赋能法律监督，坚持研究个案背后的规律性问题，进而运用数字化手段深化类案监督作为工作常态，在运用"一本账"推进专项监督的同时，善于运用专题推进会等形式，及时启动类案监督，凸显监督成效。另外，要把握"从案件中来、到案件中去"的工作方法，深入研究数字办案职能边界问题，切实依法能动履职。要聚焦赋能办案管案，深入研究和提炼办案规则，通过嵌入模块，在特定罪名证据审查、文书生成、异常数据异常案件发现等方面切实有效赋能，有力发挥数字法治对提升办案质效的辅助作用。要聚焦赋能法治服务，围绕更好满足服务需求点、更优提升服务友好度、更强推进服务集成性，大力迭代升级镇江法治 App。

要集成贯通、融合推进，不断优化数字法治发展新格局。大力推进集成贯通，"一本账 S2"子场景年前务必全部集成回来，不能集成的作"退账"处理；镇江市中级人民法院集成各地成果，全力推进贯通的"法治+"协同共治平台及法治建议场景、未成年人综合司法保护场景等，要加快本地化协同和应用。研究一批具备价值度、可行性、融合度的基层新探索，布置一批新的试点任务。大力推进融合基础上的智能化实践，把握智能化新趋势，推进数据、知识、规则、组件等数字化资源的沉淀与融合，推进法治能力中心与"法治大脑"能力共享和众创中心的融合，确保数字法治更为持续、更为强劲的动能。大力推进业务主导、技术支撑的融合工作模式，把需求研究提出、过程指导检验、最终复盘验收都落实在业务部门的工作职责上。建立权责明确、联动有力的有效运行机制，确保数字法治始终做到边界清晰、逻辑严密、价值凸显，切实形成数字法治融合发展新格局。

三、镇江数字法治体系建设重点领域高效协同的突出问题

（一）传统观念的突破

传统观念的突破是基层数字法治建设的第一个难点。政府机关（工作人员）目前的思维模式和工作习惯源自几十年的积累，受现行政务体制、政策法律、业务模式、社会经济发展水平、技术支撑能力等因素的制约，并非一朝一夕可以改变。基于公众是"生活"在互联网上的、社会治理不仅仅是政府的事、政府与公众对社会治理的期望和行为模式存在差异、总有路径和方法让政务模式变得更好等基本认识，需要进行以下 10 个方面的思维变革：让公众面对"一个政府"、政务办理要有互联网思维、推动利益相关方形成治理合力、努力利用和整合社会治理资源、将高科技手段与传统工作模式充分融合、不可无约束地获取和使用数据、数字化改革的核心价值取向是改变"既有"、通过"贯通"与"闭环"发现并解决问题、坚持创新与完善法治建设并行、构建新的基础理论体系。

政府机关内部的工作机制、业务流程与公众的习惯、期望、行为模式之间是存在差异的，在迈入数字化时代后，这种差异被急剧放大，数字法治建设要致力于缩小这种差异。因此，人们需要对政府机关内部的组织架构、业务机制与模式、政务信息化框架等作出与社会运作相适应的调整，而这首先需要在思维模式或观念上作出变革。当然，改变观念并不容易，观念不单纯是认识问题。如前所述，观念还与政务体制、政策法律、业务模式、社会经济发展水平、技术支撑能力等因素有关，但如果没有观念的突破，数字化改革很难深入。

（二）数字法治与法治建设同步

数字法治既非单纯的现有法治形态的数字化，也非简单的现有法治形态的延伸拓展，而是在全社会信息化高度发展的基础上，对现有法治形态的颠覆性改变，将会基于数字时代的特征构建起新的法治价值体系、规则

体系和运作形态。在这样的建设过程中，法治的行为与法律的支撑一定会出现不相适应的问题。从基层的实践中可以看到大量的创新，同样也可以看到因缺乏法律支撑而产生的无奈，甚至有违法治初衷的风险。当然，法治要求政府不能为自己赋权，公众利益不能因为政务办理需要而受损，数字法治建设创新形成的权力需求应该通过法律的完善来满足。如此，从政府的角度看，在推进数字法治建设中不可避免地需要获得新的授权；从公众的角度看，所有人和机构的言行都要接受新的法律约束；从社会治理角度看，数字法治建设中产生的创新需要用法律加以固化。鉴于数字法治建设在实践上远远领先于理论研究，而数字时代的法治建设还不够完善，因而数字法治建设与法治建设的同步就成为一个重要议程。

（三）小区域平安治理

小区域（如乡村、社区、工地、学校、医院、市场等）平安治理是基层数字法治建设最重要的切入点，但小区域平安治理却非常复杂，其中最为关键的影响因素是小区域平安治理中有众多责任不同或利益诉求不同的主体。以城镇社区为例，相关主体包括街道（镇）党政机构、公安派出所、社区党支部居委会、社区业主、业主委员会、物业公司、社区周边商业文化服务机构等。从责任上看，这些主体在社区平安治理中需要承担的责任是千差万别的，然而社区一旦出事，它们都会被牵扯进来并有可能被追责。从利益上看，一部分主体需要的是政绩，另一部分主体则需要具体的利益，两部分主体的诉求都合理但会有矛盾，甚至同一部分主体也会在利益上有不同诉求（笔者曾经与一位社区党支部书记进行沟通，她说有段时间自己最忙的工作是调解部分业主与业主委员会之间的矛盾，这表明社区业主与业主委员会的利益诉求也不一定相同）。

在一个区域里存在责任不同或利益诉求不同的治理主体时，很多工作是不容易做的。乡村、社区、工地、学校、医院、市场等小区域构成了家庭之上的基本社会单元，社会生活中众多复杂的矛盾都会在这些小区域里充分呈现出来，并可能向城乡全域辐射，而平安治理尤其是像矛盾纠纷调解、信访办理、诉源治理等基础性工作主要发生在这些小区域。不同类别的小区域由于主体与利益构成不同，在平安治理上也有各自的特点，甚至差异还很大。还有一个问题是，除了政府机构外，其他主体的治理责任很难界定和考评，而利益分配因诉求不同也很难妥善协调。此外，从大的环境看，当前仍存在着政府对公众需求和参与治理意愿等了解不够、社会贤达与非政府组织在社会治理中参与不足、公众权利意识不断提升的同时责任意识仍相对较弱、公共服务（如医疗、教育、安全、交通等）产品供给不能够完全满足公众个性化民生需求等问题。因此，利用互联网和信息平台沟通小区域平安治理的责任主体、利益主体，整合各种治理资源，确实是比较有挑战的。

（四）数据与技术的支撑

数字法治建设当然离不开信息技术的支撑和数据的应用。然而，社会治理的复杂性使得依靠信息技术构建的治理能力具有局限性，不仅存在理论不成熟、法律不健全、政策不配套、技术不完善、数据不充分等基础性问题，还可能存在人文、科技、政治等问题，当然还有对数字化的认识与实践不足的问题。特别是在平安建设中，许多问题的解决要发挥文化、习俗、道德等因素的作用，这些作用很难从数据和技术应用中获得支撑。这些问题导致现阶段社会治理中缺乏能够很好适应和融合信息技术进步的方法、手段、模式等，而在基层数字法治建设中仍可以看到传统政务信息化建设模式的深刻影响。在大量关于基层实践成果的描述中，我们都可以看到、听到类似"实现了数智化"的说法，但仔细分析可知，实际成果与"数"和"智"之间仍存在不小的差距。到目前为止，我们对社会治理中大数据应该怎么获取、怎么使用还没有成熟的思路和做法，至于像人工智能这样的技术在社会治理中的应用基本上还在摸索阶段。

信息技术的进步和数据资源的丰富为社会治理现代化提供了动力，但它们的局限性显而易见，"传统+科技"、人与机器融合协同等理念和实践在社会治理中仍是不可忽视的，数字法治建设中的制度设计必须考虑这一点。就数据与技术应用而言，诸如新技术的优势、适用性与发展前景等，新技术应用的业务场景、应用方向与应用模式，新技术应用的管理和配套业务机制，新技术应用的业务评价和风险防范机制，数据资源的规划、获取与应用模式等一系列问题都值得关注。

基层数字法治建设中或许还不只是上述这些难点，要想破解它们，尚需付出很大的努力。这也正是需要开展研究的理由。

四、提高镇江数字法治体系建设重点领域高效协同的对策建议

(一) 推进一网协同

在数字政府建设中,"一网通办""一网统管"是被提及最多的两个词汇。但在数字政府建设向纵深推进的过程中,"一网协同难"问题也在实践中变得越来越突出。镇江在基层数字治理中存在跨部门跨领域协同应用水平不高的问题,具体表现为多个市直部门均建有政务服务移动 App 或小程序,服务应用多、乱、杂,缺乏统筹管理。电子证照仅 6 家省直单位 133 类(国家发布 900 多类)与省统一电子证照系统实现互认互信,难以支撑政务事项"一件事一次办""全市通办"。

实际上,在数字治理过程中,政府主导建设的各类政务服务移动 App 或小程序中的跨部门协同问题长期存在,其原因是多方面的:首先,各政府层级、机关部门的数据化过程是持续变化的,其间存在断续状况,其相应的代码、格式、承压性、安全能力和界面友好性都各不相同;其次,涉及深层次的政府职责体系改革尚未完全到位的问题。

面对各类政务服务移动 App 或小程序林立的状况,最为主要的突破方向便是做好政府数字治理的顶层设计,循序缓释和消解治理体制机制中的点线面各环节存在的各种"梗阻",打通"关节"。要在清晰厘定政府角色、厘清政府职能、合理选择和组合政府工具的基础上,对政府服务流程和方式实施数字化的再造,以提升政府数字化公共服务的均等化、普惠性,以及法治化运作水平,同时在亲民友好的技术接入和使用方面进行更多人性化、精细化的分类治理。

发挥技术在提高跨部门、跨领域协同应用水平中的作用,利用数字技术的网格化管理模式,打破感知发现问题与处置解决问题脱节、"条块分割"等困局,做到凡事有交待、事事有回应、件件有着落,及时解决治理效率低下等问题,使分散的部门、社区、社会组织等多元治理主体协同共治。

(二) 深度融合应用场景开发

随着经济社会生活的数据化和智能化,公共服务的原时空形态、载体呈现、服务技术、界面交互、社会参与、过程监控及风险管控、绩效评价等领域均已出现重大变化。人口规模和经济体量也使得经济、社会、生活

和治理等各领域拥有大量且丰富的场景。在数字治理领域，目前很多地方都在创新数据赋能政务服务的应用场景。例如，在医疗、教育、养老等领域，不断拓展新的应用场景，希望通过数字技术赋能提高服务效率和质量。在数字治理实践中，存在大部分单位对政务数据共享的目标定位不高，以服务场景、业务需求为导向的共享做得不够，结合人工智能、区块链、物联网等新技术深化赋能运用不深，激活数字发展新动能的开拓性和创新性举措不多等问题。除了信息化技术跟发达地区相比还存在差距外，镇江在数字治理的应用场景开发上也存在一定的不足，应用场景的开发距离推进数字技术与经济、政治、文化、社会、生态文明建设"五位一体"深度融合还有差距。

除了政务数据应用场景开发不够外，在数字化应用场景建设中还存在其他难点和痛点。虽然镇江城市治理数字化应用场景建设在政务服务、城市治理、数据集成共享等方面已经取得明显成效，但也存在群众获得感不强、专业人才难支撑、体制障碍难突破、数据质量和数据安全难保障等一些值得重视的问题。在数字中国建设的大背景下，在基于基础设施支撑的情况下，需要把数据资源用活，开发出能够帮助政府内部提升效能的应用场景和为企业及群众提供公共服务的应用场景。目前，大多数开发出的应用场景对群众或企业来说尚不能真正"解渴"。在外部需求倒逼之下，怎么用好归集上来的数据，还需要付出更多的时间去探索。

（三）进一步理顺治理体制机制

在数字政府实践中，人们希望能够进一步理顺数字治理的体制和机制。也有人提出，数字政府建设当中依然存在系统不衔接、部门不协同、制度不完善、交互不畅通等问题。以平台为例，目前数字治理在体制机制上还存在一个很大的挑战，即各层级的职责划分还不是十分科学。即便中央相关部门大力推进一体化在线政府服务平台建设，但现实是，中央建中央平台，各个部门建部门平台，地方建地方平台。各层级分别建平台，除了存在重复建设的问题，也会导致数据的重复保存。虽然我国数字政府公共服务建设取得不菲的成果，但是数字政府公共服务能力提升依然存在不可回避的理论困境与现实瓶颈，主要表现在公共服务供给"职责同构"，在信息逐级传递、事权逐级分解、财政逐级压缩的过程中造成全国性公共服务供给效率低下，等等。体制机制不顺畅就会带来要素流通的不顺畅，这就容易造成数字治理相关要素的"无序融合"，从而导致治理效率不高。数字治理是一张网，当前迫切需要解决的、最重要的环节在于搭平台、建机制、促流通，通过挖掘社会资源，促进供需双方交易，达到减少公共投入的目的。在实际工作中，基于地图应用开发的环保应用系统，相关工作人员成功地将垃圾分类、污水管理、疫情防控等区分管理。针对"智慧环保"云平台数据指向的环境问题，可以通过该地图应用进行指挥调度，推进整改。正是通过理顺机制问题，才能够实现数据的充分利用和治理效率的提升。当前数字治理的难点主要在于如何转变观念、创新机制、形成共识，不能再以数据中心为中心，不能简单认为数据大就是大数据，要以人为本、以服务为中心、以监管为中心，构建通用性、延展性、拓展性、实用性、便利性都很强的服务管理平台。"这一地图应用实际上是一个交互式平台。与其说是融合，不如说是融通、共享和交流。跨部门、跨领域的数据融合难度很大，无序的融合只会导致效率越来越低。""世界是平的"，世界的互联互通，也道出了政府治理过程中需要政府端（G）、市场主体端（B）和社会个体端（C）的深度交汇。"只有理顺数字治理各种体制和机制，才能打造出全天候、立体化、无缝隙、零时差、有温度的'中央厨房式'政务服务管理模式。"

（作者单位：武汉大学弘毅学堂）

在服务中心大局中发挥政协民主监督作用

| 吴长燕 |

习近平总书记指出，"要加强人民政协民主监督，完善民主监督的组织领导、权益保障、知情反馈、沟通协调机制"。党的二十大报告再次强调，"完善人民政协民主监督和委员联系界别群众制度机制"。为进一步了解镇江市政协系统民主监督工作开展情况，调研组通过实地走访、座谈研讨和书面交流等多种形式进行了专题调研，现将调研情况报告如下。

一、总体情况

（一）民主监督的定位日益清晰

一是政治性。坚持在同级党委的领导下开展民主监督工作，政协党组充分发挥把方向、管大局、保落实作用，将重要监督议题纳入年度协商计划，报同级党委常委会审定后组织实施。二是协商性。坚持把协商贯穿于民主监督的全过程、各方面，持续深化民主监督有别于其他形式监督特有的协商性、合作性、非强制性等显著特点。三是合作性。坚持民主和团结两大主题，把加强思想引领、广泛凝聚共识贯穿监督工作始终，讲团结讲合作，不搞强制，不搞对立，使政协民主监督真正成为维护群众利益的有效方式。

（二）民主监督的体系逐步完善

一是组织周密的计划体系。紧紧围绕民主监督八大内容提前谋划全年民主监督工作，科学谋划选题，统筹监督方式，制定监督方案，动态调整实施。2023 年，镇江市政协"2+4+6+8"重点工作计划中的"4"就是民主监督内容。二是不断规范的程序体系。不同监督形式的做法已经摸索出一套成熟经验，特别是专题性监督"确定选题—前期调研—视察监督（专项监督）—会议监督—报送意见—办理意见"的整个程序已经基本规范。三是逐步完善的制度体系。以镇江市委《关于加强和改进人民政协民主监督工作的实施意见》为统领，调查研究、成果转化、协商规则等一系列制度文件都将民主监督作为重要内容进行制度规范。

（三）民主监督的闭环已经形成

各地相继出台了协商成果采纳、落实、反馈的相关制度文件，为消除"协商止于会议，成果止于批示"的痼疾提供了新的解决路径。各地因地制宜形成了以党政领导领办督办、政协领导领衔督办、专委会对口督办为核心的一批提案办理品牌，实现了提案督办全覆盖，提案件件"有人督，有人跟，有人推"，"答完未办完""年年提年年办"等问题得到根本解决，有效实现提案"件件有结果，事事见成效"的全闭环，推动提案真落实。例如，一位丹徒区政协委员连续多年提出《关于辛丰镇村公交 K307 线延伸至丹阳的提案》，2022 年通过丹徒区"五位一体"提案督办工作制度得到落实，获得省委巡视组肯定。

（四）民主监督的成效不断显著

各地积极将总结和创新相结合，着力推进民主监督深入开展，力求民主监督工作推陈出新。例如，丹阳市利用"丹阳政协"微信公众号设置民主监督"我要报名"端口，推动委员和议题双向选择，提升民主监督参与度。句容市探索"'数字化'协商+监督"的新形式，利用覆盖城乡的数字化协商议事平台，发挥网络在政协民主监督中的作用，开展常态化民主监督。润州区探索"商后监督"新形式，对协商议事达成的共识开展集中民主监督，持续跟踪问效，切实做好协商议事工作"后半篇文章"。

二、实存问题

（一）理论学习还不到位

第一，部分委员认为搞民主监督不利于团结和谐、联谊交友，不利于统一战线的巩固和发展，缺乏民主监督的热情和积极性。第二，部分被监督部门存在应付心理，认为民主监督可有可无，还有的部门认为民主监督增加了工作环节、影响了工作效率，缺乏接受民主监督的自觉性。个别党政干部甚至排斥监督，认为监督对党委政府工作中的不足和问题提出批评有损党委政府的威信。第三，部分群众认为政协委员只是一个荣誉、一个称号，民主监督的作用影响不大，从而对民主监督不抱有太大的期望。

（二）制度机制还不完善

人民政协政治协商、民主监督、参政议政三项主要职能之间的关系也是政协工作中长期纠缠不清的问题。社会主义协商民主提出以后，政协强调把协商民主贯穿履行职能全过程，三项职能之间的界限看似更模糊了。一些围绕协商议题开展的履职活动，既像政治协商又有民主监督意味，还都可以说是参政议政。推进政协民主监督职能建设，必须深刻把握各项职能之间的关系，明确各项职能建设的重点和履职着力点，尤其要突出民主监督的鲜明特征和显著优势。

（三）监督内容还不全面

镇江市委公布的《关于加强和改进人民政协民主监督工作的实施意见》中规定的八项监督内容，在民主监督实施过程中高关注度的是第二条、第四条、第五条、第七条，在经济发展、民生关切等方面关注的是第一条、第三条，包含对国家法律法规及国民经济发展计划执行情况等方面的内容。但其中对国家机关及其工作人员遵纪守法、加强作风建设、密切联系群众、开展反腐倡廉等情况，特别是参加政协的单位和个人贯彻统一战线方针政策、遵守政协章程、执行政协决议的情况关注得不够。

（四）沟通协作还不通畅

民主监督大多停留在旧有思路，单打独斗多，形成合力少，缺乏与被监督部门、辖市区政协的事前沟通合作，缺少知情明政渠道；缺乏与人大、行政、司法等权力性监督形式的合作，缺少民主监督刚性；缺乏与新闻、媒体等舆论监督形式的合作，缺少社会影响力；缺乏与委员、界别群众在监督中的有效沟通，不能最广泛和准确地收集和反馈社情民意、反映广大民众的呼声；等等。

三、意见建议

（一）加强理论学习，强化民主监督的自觉性

建立在共同政治基础之上、统一战线内部的有益批评和有力监督会在更大范围产生强大聚合力。在监督活动中，委员深入调研、发现问题、进行批评、提出意见，是一个同党政部门、各界群众相互沟通交流、增进理解的过程；党政部门虚心接受监督，对于各种监督意见作出答复，合理的加以采纳落实，不合理的加以解释说明，本身就是很生动有效的统战活动。

第一，政协委员不能因为统一战线强调联谊交友、团结和谐而不敢监

督、不愿监督，也不能因为它是协商式监督就片面地认为这种监督软弱无力、缺乏尖锐批评和斗争精神，从而奉行好人主义。第二，被监督部门要强化民主监督意识，对民主监督在国家治理体系和治理能力现代化进程中的价值和意义形成充分的认知，增强大局意识和全局观念，真心支持配合政协民主监督工作。第三，进一步加强对各界群众民主监督知识的学习培训，提高对政协民主监督重要性的认识，增强接受民主监督的自觉性，营造全社会重视支持政协履行民主监督职能的良好环境。

（二）健全制度机制，凸显民主监督的特殊性

加强政协民主监督制度机制建设，需要体现出它和政治协商、参政议政职能在发扬协商民主方面不一样的内涵和方式。民主监督可以着重发扬协商民主的理性批评精神，针对存在的问题、薄弱环节和不良倾向，以提出意见、建议和批评的方式开展监督，也可以从保障政协委员批评和建议权利的角度搭建平台，加强制度设计，增强民主监督实效。

第一，围绕两大特征设计制度机制。坚持问题导向和针对问题的建设性批评是民主监督区别于政治协商和参政议政的显著标志，也是民主监督的职能属性和特色，政协民主监督迫切需要能够鲜明体现其职能属性和特色的履职实现形式和制度机制。第二，完善组织实施机制。一是完善监督性调研组织机制，多到矛盾困难多、群众意见集中、工作难以推进的地方调研，注重开展网络背靠背、拉家常式座谈交流；二是完善委员权益保障制度机制，尊重和维护委员监督权利，增强委员监督积极性，鼓励委员有根据地提出有"辣味"、有棱角的批评性意见。第三，完善成果办理反馈机制。一是推动党政部门联合制定政协民主监督意见办理反馈的具体办法；二是建立政协跟踪督促监督成果采纳落实与政协主席会议或常委会会议听取监督报告办理情况通报机制。

（三）完善监督内容，确保民主监督的全面性

政协民主监督主要包括八大方面的监督内容。在具体工作中，应适当关注监督内容的全面性，既要有对事的监督，也要有对人的监督。另外，知情是前提，沟通是核心，反馈是民主监督的价值体现。监督方所需的信息大部分由被监督部门提供，应当确保信息的完整和客观，经过筛选的或不完整的信息会使监督定位不明确、效果不明显。

第一，适当关注对市级和县（区）机关和政协委员的监督。根据中共

中央办公厅和省委、市委相关文件精神，对国家机关及其工作人员遵纪守法、加强作风建设、密切联系群众、开展反腐倡廉等情况，特别是参加政协的单位和个人贯彻统一战线方针政策、遵守政协章程、执行政协决议情况给予适当关注。第二，畅通委员知情明政渠道。要保障委员在参加民主监督工作中的知情权，进而确保委员的参与权、表达权和监督权。只有如此，才能确保委员在选题上突出问题导向和效果导向，紧扣党政重点、民生热点和治理难点，找准政协民主监督与党政所需、群众所盼的结合点；才能对已完成的议事项目持续抓好长效管理，对推进中的项目努力抓好细节完善，对未完成的项目全力抓好后续攻坚。

（四）加强协调配合，提升民主监督的有效性

对标政协是党委政府的"好帮手"、人民群众的"连心桥"和委员履职的"新平台"要求，民主监督工作要站稳人民立场，深入调研是前提，充分协商是基础，成果落实是关键。针对监督力量分散、专业性不强等问题，政协要善于"借力"，深入开展内部与外部、横向与纵向等多方联动监督，实现由封闭式监督向开放式监督的转变。

第一，构建政协为主、多方联动的工作格局。一是积极争取把监督成果的办理落实纳入党政重点督查内容，增强监督工作的"刚性约束"。二是加强与省政协、县（区）政协的联动协作，聚焦重点监督课题开展协同调研、联合监督，完善监督信息共享、综合性议题合作办理机制，增强政协联动履职效应。三是建立与党政监督部门与人大监督、司法监督、审计监督、舆论监督等部门的联动机制，积极推进联动机制的制度化建设，及时总结构建联动机制的经验做法。第二，加强与被监督部门的沟通协作。顺应新时代镇江建设和发展需要，探索与尝试由政协主动向民政、卫生、教育等重点民生部门按需委派有较高政策理论水平、较强社会责任感、较大社会影响力的政协委员担任民主监督员。第三，加强宣传引导，汇聚监督合力。一是在市级媒体开设民主监督专栏，积极发挥社情民意信息的渠道优势，形成社会公众了解政协工作、关心民主监督的良好导向和氛围。二是注重整合外部资源，对专业性、技术性强的专项监督，可以充分发挥社会专业力量的作用，引入第三方机构进行调查评估，提出独立的专业意见。

（作者单位：中共镇江市委党校）

以"文"化"圈"引领现代化都市圈高质量发展

我国经济发展的空间结构正在发生深刻变化,中心城市和城市群正在成为承载发展要素的主要空间形式。随着现代交通体系的建立健全,城市间的空间联系正在发生变化。在都市圈的核心凝聚力当中,空间的距离感正在消失,文化的凝聚力明显增强。当下,都市圈的发展动力和核心凝聚力,正由"经济首位度"向"文化首位度"转型。只有城市间文化协同的高质量发展,才能让都市圈成为历史与时代、中国与世界对话的区域。传承历史、面向未来,在推进文化繁荣、建设文化强国、建设中华民族现代文明新时代等新的文化使命引领下,如何进一步以"文"化"圈"引领现代化都市圈高质量发展是当前的重要议题。

一、文化是现代化都市圈发展的重要思想和精神基础

(一)文化相通是现代化都市圈的共识基础

都市圈内部自古孕育了一种典型的"地域文化情愫",崇文重教、勤劳、雅致、文化繁盛、文人辈出、豪迈的家国情怀等在各种文学、历史文献中不断被深化,从而培育了一种中国本土文化体系中非常鲜明的都市圈区域文化。无论从空间还是从时间的维度来审视,都市圈区域的文化精神都与国家战略紧密相连。都市圈范围内集聚了丰富的文化资源,包括都市文化资源、工业文化资源、红色文化资源等。近几年,都市圈各城市在文化资源的保护、传承与利用上的优势逐渐突出,除了运用新技术对物质文化资源进行保护,实施文物信息化、数字化、网络化建设,建立文物博物馆、珍贵古籍信息数据库,还重视开发其相应的社会文化资源,结合主题旅游等项目形成文化品牌。在此基础上,城市间的非遗活化利用联动机制初步形成。跨区域、跨部门、跨专业的文物保护协调机制和管理体制正在探索和形成之中。都市圈文化资源丰富,从文化空间布局上看,已经形成了特色文化集群,通过相通相融又各具特色的文化输出,文化资源类型多样,并逐步成为城市形象提升的内涵支撑。都市圈内各城市在打造城市品牌中更加注重文化的优势,通过结合城市间优质文化资源互补,以增强各

城市文化地标的辨识度，扩大文化的影响力。

（二）文化引领有助于走出一条都市圈高质量发展的新路子

在文化资源成为重要生产要素、文化建设深度融入经济社会发展的背景下，大力探索和发挥文化的引领作用，有助于都市圈走出一条区域文化引领经济高质量发展的新路子。都市圈作为资本的聚集地、人才创新的高地、交通的枢纽、文化的中心，是未来我国经济增长的压舱石。回溯都市圈的城际关系演绎，都市关系可以或者应该被置于不同文明交往互动的角度来审视。对古代城市与今天的都市圈区域文化建设的内在联系机制和精神演进路径进行深入研究，对其文化起源、历史流变、近代转型、文化价值等展开探讨，客观揭示其在近现代发展历程中面临的矛盾困惑，积极探索构建文化引领区域和城市发展的新模式，可以为当代都市圈高质量发展提供科学发展参照，并为我国不同区域都市圈的文化与经济社会协调发展提供有益借鉴。打造区域都市圈文化品牌，是衡量其发展质量的重要评价尺度。区域都市圈文化代表了我国区域文化较高的审美和艺术水准，是符合马克思"人的全面发展"和"按照美的规律来建造"的本土思想文化谱系。以品质精美的区域都市圈文化为战略资源，建设新时代都市圈高品质城市文化与文明，对内有助于提高市民和社会文明程度，为人民提供更好的文化消费产品和服务，对外可利用区域文化在全球文化体系中的良好口碑和艺术魅力，全面提升都市圈在当今世界的文化影响力和文明竞争力。

（三）文化协作有助于解决都市圈内部无序竞争和激烈矛盾

城市是人的城市，人的思想、观念、行为和态度直接决定了都市圈发展的质量和境界。都市圈既是蓬勃发展的区域经济体，也是交流互融的文化艺术共同体。都市圈发展是世界城市化发展进程中的一般性规律和普遍现象。现代化都市圈的要义是构建合理层级体系和高效分工协作机制。由于客观存在的利益和矛盾，城市之间的激烈竞争从来不可避免。从文化和价值的角度看，以"二元对立"为基本特征的传统文明观和西方文明观，可以解释都市圈内部的无序竞争和激烈矛盾。为了破解"城市病"、城市间无序竞争等问题，党中央和国务院针对新型城镇化进程做出了一系列部署和决策。然而，从空间尺度和区域格局来看，都市圈这个环节一直缺失。就此而言，以天性友善、处世温和、考虑周全、做事精细为基本特色的都市圈区域文化，不仅在历史上成功处理过极其复杂的社会矛盾和人际关系，也完全可成为治理城市群内部矛盾、减弱其冲突和危害性的重要思想文化资源。

二、文化引领现代化都市圈高质量发展存在的问题

（一）文化协同的共时性有待加强

1. 都市圈范围内的整体文化建设规划相对较弱

相对来说，都市圈各城市规划中对文化建设及文化协同方面的统筹规划比较缺乏，目前文化建设和文旅产业发展还处于城市与城市之间的点对点的阶段。各城市侧重高新技术产业和战略性新兴产业等的协同发展，而对文化产业、文旅产业，包括对体育健康产业的协同推进缺乏整体的规划及相应的政策支持。另外，一些政策领域因存在跨区界溢出效应与行政辖区的边界冲突，影响了资源的合理分配，在文化建设尤其是公共文化建设的传播交流方面还未真正充分发挥市场、社会力量，文化市场开放、生产要素整合、文化遗产资源配置等方面还存在各种地方保护主义，一定程度上限制了文化建设和文化产业的做强做大。

2. 文化创新要素市场流动性不足

由于文化产业成为各地经济转型的重要抓手，各城市地方政府纷纷出台补贴政策或者建立投资基金来推动文化产业发展。一方面，出于对政绩的追求，这些行为往往具有短期化的特征，影响了生产要素的正常流动，造成要素资源的浪费；另一方面，各城市间虽然开启了区域协同创新，但在区域创新机制与创新规则等领域忽视了文化上的同根同脉，存在文化断层，致使各自创新资源与特色优势难以实现优势互补、功能互动。尽管都市圈中的各城市多年来有一些联动合作的举措，但是涉及城市间文化价值、区域文旅整体品牌层面的意识与实践还不够。都市圈各城市主导产业布局往往与主体发展期待相呼应，主要是为提高经济效益、品牌效益，装备制造、电子信息、汽车等项目集聚效应最为突出，而对于一体化进程中文化产业的协同考虑不够。

3. 文化产业对传统产业的融合引领作用发挥不充分

科学技术从文化产业消费端向生产端渗透不足是当前都市圈发展的一个突出问题。当我们在欣喜互联网爆发式的增长为"文化+科技"迅猛发展奠定基础的同时，却发现新业态还处于野蛮生长的阶段。所谓的科学技术对文化生产的作用，还处于概念创新阶段，实践效果并不明显。尤其是都

市圈内中小城市的文化产业大多规模小、能级低、增长放缓，并且缺少打响都市文化产业的品牌。

(二) "文化+"融合发展的深度和广度不够

一是都市圈各城市的文旅融合发展在资源、产品、市场等方面的发力后劲不足。基于文旅产业价值链耦合重构、文旅融合促进城市及都市圈功能提升的工作还远远不够，城市文旅融合一体化的精品供给欠缺。都市圈的文化资源具有互补性，文化产业的发展战略也各有特色，但是整体对于特色资源的挖掘不够深入，缺乏有效整合；没有将散落于各城市的海派文化、江海文化、佛教文化、海洋文化等资源串珠成链，推进融合互动及创新；基于都市圈的文化品牌体系没有系统性地规划、管理和运营。二是城市金融服务文化产业发展的效果亟待增强。目前来看，由于部分城市财政支持政策不符合产业发展规律，范围失当，效率低下，无法达到预期的资本支持效果。三是都市圈整体文化形象"走出去"水平还不够。中华文化的传播需要在对外开放的前沿与世界展开交流与合作。在对外交流与合作过程中，需形成都市圈的整体文化形象，以文化产品和服务为载体，讲述好中国故事，从而在文化碰撞中创新创造文化成果，把握"一带一路"建设契机，坚定文化自信，积极推动都市圈的对外文化贸易并传播中国文化。

(三) 文化资源转化为文化产品的水平较低

优质的资源要通过良好的产业途径变成经济效益。目前来说，都市圈内文化资源转化为文化产品的水平较低，这就要求我们必须正视存在的问题，审视从资源向财富转化过程中到底缺少哪些重要环节。一是缺少对优质文化资源的二度创作与创造，必须通过科技、创意等手段将资源真正变成产品；二是文化资源向财富转化过程中缺少企业，特别是缺少大型的、带动性强的龙头企业；三是缺少良好的商业运转模式；四是缺少懂管理、会经营的文化人才队伍。当前，我们要致力于"补链工程"，真正形成文化产业链条，加快文化资源向产业的转化速度，使文化产业成为都市圈内的支柱产业。

三、充分发挥文化在现代化都市圈高质量发展中的作用

(一) 坚持因地制宜

既立足本地实际，又与时俱进地丰富现代文化特色和优势，塑造具有国际品质、区域文化韵味的栖居典范，培育与活化遗产群，开发都市圈的文化之路。一是要构建传统文化传承弘扬新格局，建立起传统文化赓续展示、研究阐释、宣传传播、育人传承等协同发展体系。开发有都市圈特色的文化产品，精心打造融历史文明与现代文明为一体、融人文景观与自然风光为一体、融地方特色与世界眼光为一体的文化品牌，形成一批质量一流、适应时代需要的文化艺术精品和品牌工程。二是要加强优秀传统文化与旅游资源的深度融合。特别要加强对传统文化资源的宣传力度，高标准建设各级各类博物馆群，坚持创新驱动、文化引领、科技赋能，把传统文化资源优势转化为文化产业发展优势，推动都市圈旅游"传统文化"味道更浓。积极主动推动优秀传统文化同时代相适应，同现代化都市圈建设相协调。加强抗战文化、革命文化、统战文化、移民文化等创造性转化、创新性发展。三是要把推进实施国家文化数字化战略落到实处。运用大数据、云计算等技术，把都市圈优秀的历史文化资源转化为数字文化发展优势，推动文化文物的实景化存档、艺术化再造、数字化保护、立体化发展、可视化传播，实施非遗数字化传承工程，加强城市文化场景的数字化，实现都市圈历史文化的数字化蝶变。

(二) 坚持顺应新的文化消费趋势

着力建设国际品质服务设施群，提升新型消费基础设施和服务保障能力。一是构筑都市圈文化消费的平台。都市圈内会员城市协商合作，设立专门工作协调机构，进一步整合圈内城市文化资源，以整合文化资源黏合都市圈文化消费，实现资源共享、优势互补，整体联动发展，共同研究、指导和引领都市文化消费圈的建设与发展。要充分发挥自身的潜力与优势，更新对文化消费的观念与认识，高度重视文化消费对经济发展、社会进步的贡献，大力促进现代文化消费体系的建设，加快城市文化消费产业的延伸。二是畅通都市圈文化消费的渠道。强化对文化消费的公共服务，积极创造条件，促进都市文化消费圈的融合、形成与发展。增加对文化消费的基础建设投入，促进都市圈内更多的市民有能力、有意愿参与更多的文化

消费。三是创优都市圈文化消费的品牌。大力发展文化生产力,积极创建文化消费产业研发基地;积极做好公关宣传,强化对文化消费产品的营销策划,做好都市圈文化消费的联合促销,提高都市圈文化消费含量与附加值,加大文化消费比重,提升文化消费能力和水平,形成可持续开发的"文化产业链"。四是创新都市圈文化消费的路径。提升文化竞争力,就必须创新文化消费的发展路径,着力提高文化产品和服务质量。要充分利用信息产业和制造业优势,大力发展 IT 与电子、高精密机械制造、文化创意等新兴产业,抢占文化消费产业链的高地(文化消费也包括各种各样的文化设施消费)。重视社区和群众文化消费需求,增加基层公共文化产品与服务,大力发展以网络等现代科技为支撑的文化消费平台。

(三) 坚持顺应新的生产、生活方式

把具有区域文化韵味的镇村建设成新兴经济的载体空间、诗意栖居的理想家园,共建旅游与精品游线路,串联都市圈内的各类特色资源。必要时,发挥特色小镇在布局价值链上的功能,同时加强基础设施建设,实现互联互通。一是做大做强研学线路。面对竞争尤酣的旅游市场与研学市场的"一片蓝海",都市圈要通过资源互补、部门合作和平台共建,做大做强研学线路。研学不应该局限于周末或者寒暑假,应该与教育教学大纲及具体课程结合,用好周一到周五的时间,把课堂搬到具体的场景中。应该把研学资源融入中小学教育,编好研学课程,做成都市圈示范。二是加快各类特色资源创造性转化。加强文物单位文化创意产品开发,将丰富的馆藏文化资源转化成特色文化产品。促进乡土风情、特色物产等其他特色文化资源开发转化,大力发展乡村艺术、特色节庆、文创商品等文化产品和业态。积极完善文化和旅游创意产品开发名录。三是构建文化资源多维度开发体系。加强知识产权保护利用,调动都市圈社会力量,加快文化资源向文化产品转化。加强智能化文创业态开发,积极开发交互性强的文创产品。推动建立都市圈文创开发联盟,促进文化文物单位与国内外创意设计机构、知名设计师、高校文创院系、文化生产企业开展战略合作,遴选特色文化企业实施结对帮扶,提高文化资源开发效率和文化企业开发能力。四是打造特色主题旅游圈。将集中的文旅资源进行跨区域整合,培育多个旅游圈。通过旅游圈的建设,深化旅游合作,共同推广旅游品牌,强化客源导入,形成共建共享的旅游平台。每个旅游圈打造一个特色主题。可通过对旅游圈内资源要素的识别,提炼旅游主题,形成统一的文化形象、宣传标识、

整体风貌和纪念商品，共同培育面向世界的旅游品牌。同时，通过品牌培育、要素建设，与其他旅游圈形成差异化竞争，吸引都市圈内的高端游客群。

（四）坚持文化软实力提升与人才培育相统一

都市圈联合培养文化创业创意人才，发挥龙头企业人才溢出效应，搭建文化信息平台。一是完善艺术人才培养体系。不断完善艺术人才培养体制机制，建立都市圈各类艺术人才档案，建立领军人物、青年后备人才等系列人才库。利用网络教育平台，建立艺术人才网络培训制度。鼓励通过产教融合、团校合作、校企合作、团带学员等方式，实现产、学、研、演一体化人才培养。二是实施都市圈中青年艺术人才培养计划。组织"重点作品+重点人才"实践锻炼行动，利用艺术都市圈精品工程等平台，鼓励青年人才参加创作，加大对中青年人才创作项目的扶持。通过艺术沙龙、传帮带、名家传戏、量身订做等方式，搭建编导演汇集、老中青结合的创作交流平台。组织开展大练功、大比武等活动，全面提升青年艺术人才舞台表演水平，继续实施青年编导演人才培养扶持计划。三是加强文艺评论。加强文艺评论阵地建设和理论研究，健全文艺评论工作体系，搭建有影响力的文艺评论平台。结合重大展演、重点剧目开展评论，把群众评价、专家评价和市场检验统一起来，营造风清气正的评论氛围。发挥都市圈文艺评奖的导向作用。发挥文艺单位、艺术院团的文艺评论主力军作用，培育一批优秀文艺评论人才。加强新时代文艺理论研究，推进艺术学学科体系、学术体系、话语体系建设。

（作者单位：中共镇江市委党校）

为在建设中华民族现代文明上探索新经验贡献宁镇扬力量

| 盛玉全 |

2023 年 6 月 2 日，习近平总书记在文化传承发展座谈会上发表了重要讲话，他指出："对历史最好的继承，就是创造新的历史；对人类文明最大的礼敬，就是创造人类文明新形态。"习近平总书记在文化传承发展座谈会上发出新时代强音，标志着对中华文明演进规律的认识达到新的高度，身体力行推进文明再造的实践自觉达到新的高度。"中华民族现代文明"重大命题的提出在中华民族发展史上具有重要意义，它揭示了新时代新征程中国共产党的文化使命与政治责任。建设中华民族现代文明是推进中国式现代化的必然要求，也是历史必然。2023 年 7 月 5 日至 7 日，习近平总书记在江苏考察，赋予江苏"四个新"重大任务，其中之一就是"在建设中华民族现代文明上探索新经验"。宁镇扬三市地域相邻、文脉相融，都是历史文化名城。早在 2014 年，江苏省政府就印发了《宁镇扬同城化发展规划》。这些年来，同城化发展在各方面取得丰硕成果。宁镇扬三地不论在过去还是在当代，对中华文明都作出了重要贡献。作为具有丰厚历史文化"家底"的江苏城市，宁镇扬有能力、有责任按照总书记的要求，在认真学习贯彻习近平总书记视察江苏重要讲话精神上走在前、做示范，感恩奋进、砥砺前行，以高度的使命感和责任感，坚定文化自信，担负起新时代新的文化使命，发挥优势，充分认识中华民族现代文明的重大内涵，挖掘好丰厚历史文化"家底"，在建设中华民族现代文明上探索新经验、谱写新华章，贡献宁镇扬应有的力量，将宁镇扬打造成展示中华民族现代文明的重要窗口。

一、深刻把握中华民族现代文明的重大内涵

所谓文明，指的是在理性指导下人类实践的成果总和。文明创造和文明服务的主体都是人。人是社会性动物。因此，文明存在于相对应的社会共同体中，从而构成了文明体。文明是文化的进步状态。马克思指出："文明是实践的事情，是社会的素质。"一个国家的现代文明在空中楼阁上是不可能建立起来的，也不会从书斋中造几个概念就建立起来，而是必须从实

践中，在历史传统的基础上创造和发展。中华民族是人类社会最早进入文明阶段而且至今没有中断过自身发展的唯一文明体，中华文明具有旺盛生命力。

2022年10月，习近平总书记考察河南安阳市时首次提出"建设中华民族现代文明"的重要论断。2023年6月，习近平总书记在文化传承发展座谈会上全面总结阐述了中华文明的突出特性，深刻回答了把马克思主义基本原理同中华优秀传统文化相结合的重要意义，提出了建设中华民族现代文明这一重大课题，为我们在新的历史起点上铸就中国特色社会主义文化新辉煌指明了方向。推进中国特色社会主义文化建设、建设中华民族现代文明也是习近平总书记一段时间以来一直在思考的重大问题。宁镇扬三地作为江苏的重要组成部分和历史文化名城，要在建设中华民族现代文明探索新经验时搞清楚我们要建设的中华民族现代文明究竟是什么样的文明，充分认识中华民族现代文明的重大内涵。不弄清楚中华民族现代文明的重大内涵，建设就会偏离方向。绝不能孤立地看待中华民族现代文明，而是要在历史的宏阔视野中理解中华民族现代文明。中华民族现代文明不是从天上掉下来的，也不是别人恩赐的。中华民族现代文明有着丰厚的历史文化传统，从历史视角来看，它是中华传统文明在新的时代条件下向现代文明创新性发展的整体性表达，包括物质文明、政治文明、精神文明、社会文明、生态文明等文明的有机统一和协调发展，实现了从传统到现代的跨越。从现代化视角来看，中华民族现代文明是在中国式现代化基础上形成的文明。从文化视角来看，中华民族现代文明不是在资本主义文化或者其他什么主义的文化基础上形成的文明，而是在中国特色社会主义文化基础上形成的文明。除此之外，中华民族现代文明既不是封闭的文明，更不是"关起门来"的文明，而是主张不同文明交流互鉴，对世界文明兼收并蓄。因此，中华民族现代文明既是中国式现代化的文化形态，也是作为世界一分子的中华民族为世界贡献的人类文明新形态。

二、挖掘好宁镇扬丰厚历史文化"家底"

宁镇扬同城化是江苏省首个区域同城化发展规划。这些年来，三地同城化发展取得丰硕成果。历史留给我们的珍贵遗产，是我们安身立命、继续前行的基础。三市地域相邻，文脉相融，文脉绵长，人文景观独特，都是历史文化名城，有着丰厚历史文化"家底"。它们以城市文化与文明上的连续性，成为中华文化生生不息的经典城市。三地有责任也有能力为在建设中华民族现代文明上探索新经验贡献自己的力量。

三地要更好地贯彻落实习近平总书记的重要讲话精神，担负起新时代新的文化使命，在建设中华民族现代文明上探索新经验就不能单打独斗、一盘散沙，而是要牢固树立"一盘棋"思想，加强顶层设计和总体规划，强化宁镇扬之间的合作，组建调研团队，结合宁镇扬实际，切实做好三地相关资源的调查、搜集和整理工作，围绕在建设中华民族现代文明上探索新经验对各类资源的分类标准进一步细化，整合三地相关资源，对涉及的故居、珍贵文物、遗址、旧址、文献、纪念馆、人物、事件等各种形态的表现形式进行全方位普查，登记造册，建设好基因库，杜绝"人工色素"，充分挖掘宁镇扬丰厚的历史文化、人文禀赋和特色资源，保护好相关资源。深入合作制作宁镇扬相关资源地图，打造精品展陈，生动传播优秀文化，全景式展现相关资源情况，再现相关资源历史"原味"，充分挖掘相关资源背后的深层次内涵和时代价值。用好科技手段，把独特的历史和文化价值用现代化的方式表达出来，让人民群众能够获得沉浸式、互动式体验。进一步提高研究成果的转化，编写好相关教材，让宁镇扬成为承载中华文明的一个醒目坐标。

三、在奋力激活建设中华民族现代文明的"一池春水"上探索新经验

宁镇扬有着丰厚历史文化"家底"，但这并不意味着有了"家底"、摸清了"家底"就能自然而然在建设中华民族现代文明上探索新经验。宁镇扬还迫切需要进一步提高政治站位，全面贯彻落实习近平总书记对江苏工作的重要要求，深刻理解"两个结合"，坚定文化自信，勇担文化新使命，全面发力，用中华文明的五个突出特性观照宁镇扬文化的过去、现在和未来，更好彰显宁镇扬在中华文明时空坐标中的独特价值、突出贡献和时代意义，在奋力激活建设中华民族现代文明的"一池春水"上探索新经验，把鲜明特色变为成功实践，变成独特优势。

一是努力在推进"第二个结合"上探索新经验。文明是文化的内容，文化是文明的反映。文明的影响需要靠文化的传播，文明的延续需要靠文化的传承。中华优秀传统文化是中华民族现代文明的深厚底蕴。建设中华民族现代文明必须坚定文化自信，坚持走自己的路，植根于中华优秀传统文化的肥沃土壤，从中汲取丰厚滋养。不植根中华优秀传统文化的沃土，

中华民族现代文明就不可能根深叶茂。实践告诉我们，中华优秀传统文化只有与现代社会相适应、相融合，才能更好地焕发生命力。传承不是僵化的传承，而是要根据实践的不断深入与时俱进、勇于创新。所以，必须坚持古为今用，推陈出新，不断推动中华优秀传统文化创造性转化、创新性发展。从中华优秀传统文化中汲取丰富营养，把历史文化底蕴中具有当代价值、世界意义的文化精髓提炼、展示出来，唯有如此，中华民族现代文明才能不断前进。马克思主义是中华民族现代文明的"魂"。中华民族现代文明绝不是在中华民族传统文明基础上的简单"量变"，而是在中华民族传统文明基础上融入马克思主义这个思想内核的复杂"质变"。"第二个结合"巩固了中华民族现代文明的"体"，不仅为中华民族现代文明的产生奠定了思想基础，而且提供了演进动力，指明了前进方向。宁镇扬三市都是历史文化名城。南京是中国四大古都之一，有近 2500 年的建城史，史迹遗存众多。镇江有着 3000 多年传承的历史文脉，自古有"城市山林""天下第一江山"的美称。历代文人墨客如李白、杜牧、范仲淹、王安石、苏轼、陆游、辛弃疾等纷来寻幽探胜、寄情抒怀、耕耘风雅、播种斯文。扬州历史悠久、文化昌盛，有 2500 多年建城史，李白、杜牧、白居易、欧阳修、苏轼、郑板桥、朱自清等在此留下足迹。为在建设中华民族现代文明上探索新经验贡献宁镇扬力量，三地必须以习近平新时代中国特色社会主义思想为指导，确保在城市建设、改造及文化活动的全过程中保持清醒的认识和理性的态度，牢牢把握古代文明和现代文明，真正做到使二者的发展方向交相辉映，探寻历史文化的现代表述之道。加强合作交流，系统开展历史文化名城保护和有机更新，高度重视历史文化遗产保护传承利用，持之以恒推进文物、古籍保护传承和合理利用，让珍贵文物"活起来"，让经典古籍"火起来"，让其走进现代生活、融入寻常百姓家，在中国式现代化建设的伟大实践中提炼升华。要坚持不懈用新思想凝心铸魂，巩固壮大"奋进新时代"的主流舆论，培育和践行社会主义核心价值观，坚持社会主义先进文化前进方向，不断推动马克思主义中国化时代化，让宁镇扬在全国更有分量。让"里子"和"面子"同样出彩，彰显宁镇扬城市个性特色，让中华文明焕发出新的生机与活力。

二是在加强文明交流互鉴上探索新经验。文明的繁盛和人类的进步离不开求同存异、开放包容，离不开文明交流、互学互鉴。文明因交流而多彩，文明因互鉴而丰富。开放包容是文明发展的本质要求，也是中华文明发展壮大的文化密码。中华民族现代文明不是自我封闭的、"关起门"的文明，建设中华民族现代文明也不是搞封闭式建设。只有以文明交流超越文明隔阂，以文明互鉴超越文明冲突，以文明包容超越文明优越，我们人类文明才会有更加美好的未来。当前，世界正经历百年未有之大变局，化解人类面临的突出矛盾和问题，既需要依靠物质的手段攻坚克难，也需要依靠精神的力量诚意正心，需要共同做好人类多样文明交流互鉴这篇大文章，让中华民族现代文明同世界各国文明一道造福人类。自古以来，宁镇扬就在文明互学互鉴上作出过贡献。比如：明万历年间，以利玛窦为代表的西方知识分子在南京城中与焦竑、李贽、徐光启等人为代表的晚明思想家所进行的思想交流。赛珍珠在镇江生活了近 18 年，镇江是赛珍珠家族居住时间最长的中国城市，其地域文化对赛珍珠一生的文学创作、思想价值观和博爱精神的形成有深刻的影响。马可·波罗、崔致远、普哈丁等都曾在扬州留下行迹。新时代新征程，宁镇扬要在建设中华民族现代文明上探索新经验，更要在文明互学互鉴上作出宁镇扬贡献，要胸怀天下，具备广阔的国际视野，坚持不忘本来、吸收外来，学习借鉴好的做法促进外来文化本土化。同时也要"走出去"，宣传介绍好文化领域的"中国之治"宁镇扬篇章，让宁镇扬与时代贴得更紧，与世界融得更深，让特色鲜明的城市形象不断彰显，让文明之花在交流互鉴中绚丽绽放。

三是在全民共建共享上探索新经验。中华民族现代文明不是高高在上不接地气的文明，它既是全民共建的文明，也是全民共享的文明。为建设中华民族现代文明探索新经验贡献宁镇扬力量，三地必须聚焦立心铸魂、举旗定向的思想引领，让其更加有力，敞开胸怀拥抱现代化，找准在建设中华民族现代文明中的定位，贴近大众，聚焦惠民利民，排定"时间表"，明确"路线图"，加强联动，凝聚力量，拧成一股绳，同向发力。高度重视文明文化研究人才培养。联合开展培训，发挥育人优势，着力培养高素质人才。大力繁荣发展文化事业和文化产业，统筹规划升级各类文化体育设施，共同建设和共同运营，推进文化体育资源共建共享。推进文化体育资源信息服务平台建设，实现信息资源共享。把三地群众组织起来搭建多样的群众文化舞台，建设文化活动阵地，引导优质文化资源和文化服务向基层倾斜、延伸。擦亮三地城市品牌，营造新场景，打造新消费。让各项展览精彩不断，让各种历史文化的普及走到人们中间，和人们离得更近，更好地满足人民的精神文化需求，在潜移默化中进一步提升民众的文明素养，让向上向善的文明之风更加充盈。

（作者单位：中共镇江市委党校）

讲好镇江故事 铸就新时代城市风骨

| 何玉健 |

2023 年 7 月 5 日至 7 日，习近平总书记再次来到江苏考察，对江苏提出了"四个新"重要要求，其中之一就是"在建设中华民族现代文明上探索新经验"。建设中华民族现代文明不仅是传承，也是创新，是传统与现代的碰撞，是保护与运用的结合，是人文与经济的共生。讲好城市故事，铸就城市风骨，形成城市风貌，营造城市氛围，是加强社会主义精神文明建设的重要途径，同时也是文化与经济相融合、相促进的重要途径。讲好镇江故事，能够充分展现城市魅力和风骨，为全市高质量发展集聚资源、积累优势、激发力量，从而为江苏在推进中国式现代化中走在前、做示范贡献镇江力量。

镇江市委书记马明龙指出，要建设"有灵气、有温度、有活力"的新镇江，希望把镇江这座城市打造成一个有故事的城市，希望能够不断有美好的故事在这个城市传颂。2021 年，马明龙书记为"文化金山"微信公众号撰写的三篇千字文也引起了重要反响，饱含深情的千字文章表达了他对城市发展的关切，以及对历史人文价值的提炼。文章以文化和故事为底色彰显了镇江城市魅力和风骨，以文化和故事为牵引激发了镇江的英雄之气和争雄之志，为推动镇江高质量发展提供了强劲精神动力。马明龙书记的讲话与行动充分表明了市委、市政府对讲好镇江故事的高度重视，也充分表明了讲好镇江故事对未来镇江发展的重要意义。讲好一个城市的故事，是一座城市宝贵的无形资产，是文化软实力的重要体现，对进一步提升城市形象和知名度大有裨益。近两年，不少"网红城市"出圈，比如淄博、长沙，因此笔者在研究报告中立足这些"网红城市"的成功经验来分析讲好镇江故事、持续提升镇江知名度和影响力的时代密码。

一、讲好镇江故事的关键

近年来，讲好城市故事越来越受到地方的高度重视。如何讲好城市故事，首先需要把握三个前提。

第一，明确城市定位，回答好"我是谁"的问题。随着工业化、城市化进程的加快，高楼林立、钢筋水泥面孔的样板城市在现代化的流水线上不断生产出来，有的城市在发展中盲目扩张，甚至一定程度上破坏了文物资源，城市风貌"千城一面"的现象日益严重。中国城市的同质化是比较严重的，几千座城市可能有相似的广场、建筑、景点等，尤其是建筑类的旅游景区，景区建设往往千篇一律，缺乏个性和特色。回答好我是谁的问题，根本就是要摸清城市"家底"，包括城市的自然资源、人文资源、市民生活、特色产业等，这些都是讲好城市故事的鲜活素材。一个城市故事的叙述应该与城市的定位相关，是城市发展的一部分，同时又是服务城市发展的重要力量。

第二，明确城市发展战略，回答好"我到哪里去"的问题。在摸清城市"家底"、明确自身优势与短板的基础上，在对城市产业、文化、资源等要素进行梳理和整合的基础上，谋划城市发展战略，制定城市发展规划，明确自身发展方向。城市规划切忌贪大求洋，而是要切实做到务实、科学、长远，一个好的空间规划，能够连接城市的过去、现在和未来，一个独特的战略定位，能够成为与其他城市相区别的关键，包括主题定位、目标定位、个性定位、空间定位、功能定位、产业定位等，由此形成城市鲜明的品牌个性。其中，城市的产业发展尤为重要，一个城市影响力的彰显需要足够经济实力的支撑，同时优势产业也有助于城市品牌的打造，比如长沙被授予世界"媒体艺术之都"的称号，跟它发达的文创产业是密切相关的。

第三，加强城市形象的包装和宣传，回答好"如何让别人认识我"的问题。对于城市发展来说，政治、文化与经济需要相互作用才能擦出火花。在市场经济的环境中，城市需要经营，更需要推广，讲好城市故事是城市推广的重要方式。在宣传方式上，不仅要注重传统载体，更要注重微信、抖音、快手、微博等各种新媒体的开发与运用。在互联网时代，一首歌曲、一条视频都可能让一座城市迅速成长为"网红城市"，吸引四面八方的客流。在宣传内容上，在讲述独特性时，不能停留在宏大叙事的层面，必须有更加鲜活的故事，要引起群众的共情，并且要进行形象聚焦，多种定位反而易导致模糊不清、印象不突出。时间节点也是至关重要的，坚持平时宣传与重要节点宣传相结合，可以"蹭热点"、制造话题，有时会有意想不到的效果。

二、讲好镇江故事的现状分析

无论是历史文化资源，还是自然环境，镇江都有自己的独特魅力。很长一段时间以来，镇江城市的吸引力，尤其在旅游业方面，在全省都处于领先位置。近年来，镇江虽然也在"宜居""宜业""宜游"的赛道上拼命追赶，但是随着各地旅游项目的投入和市场竞争的加剧，镇江的"江湖地位"也发生了较大变化。

（一）讲好镇江故事的优势分析

第一，历史文化底蕴深厚。人杰地灵的镇江有神话、有传说、有典故、有诗词，这些都是讲好镇江故事取之不竭的宝藏。3000多年的建置史，留下众多历史遗存、诗文典籍和传说故事，是吴文化的重要发祥地，六朝文化、山水文化、宗教文化、运河文化等构成了镇江独特的地域文化。特别是诗词文化，《全唐诗》《润州唐人集》中与镇江有关的诗近2000首；宋朝有340余位诗人、词人在镇江留下名篇；镇江还是中小学课本诗词中地名出现最多的城市。《梦溪笔谈》《文心雕龙》《昭明文选》等巨著均成书于镇江，"甘露寺刘备招亲""白娘子水漫金山""梁红玉击鼓战金山"等故事广为流传。近年来，镇江市大力传承人文基因，弘扬文化内涵，加大文化遗产保护力度，精心举办苏台灯会、金山文化旅游节等文化旅游节庆活动，创作了一批高质量文艺作品，"书法之城"等城市名片影响力不断扩大，文旅融合初见成效，文化建设呈现繁荣景象。

第二，山水资源丰富。位于江河交汇处的镇江，素有"城市山林"的美誉，真山真水，得天独厚。大大小小的山体有235座，群山如黛，峰峦连绵，最著名的便是金山、焦山、北固山。坐拥群山的同时，镇江也因水得名，怀抱"天下第一江山"和"江南第一渡"，千年古运河穿城而过，碧波悠悠、舟楫不绝，留下无数传说、传奇。近年来，全市以美丽镇江建设为抓手，有序推进城市建设改造，坚决打好污染防治攻坚战，擦亮绿色低碳品牌，推动旅游产业发展，城市化率提升至73%，建成区绿化覆盖率达43.38%，城市的生态底色更加鲜明，城乡面貌持续改善，城市颜值更加靓丽。

第三，区位优势明显。镇江是重要的水路、陆路、铁路交通十字中心，京沪高铁、沿江高铁、连镇高铁交汇于此，境内高速公路众多，两小时内通达长三角所有城市。镇江还处于南京和上海两大都市圈交会处，叠加了长三角一体化发展、南京都市圈建设等重大战略机遇，交通便利快捷。

（二）讲好镇江故事的问题分析

近年来，相关部门不懈努力，持续扩大城市的吸引力和影响力，但是从效果来看不尽如人意，与周边城市对比也呈现追赶不及且差距越来越大的趋势，问题主要表现在如下几个方面。

1. "讲什么"需要进一步明确

镇江债务负担重，决定了其难以在项目上进行大规模的投入，新奇、有特色、大规模的品牌项目固然能够吸引人流，但是在资金短缺的前提下，镇江还是要将着眼点置于自身的现有资源。讲好镇江故事，并不是把镇江所有的故事资源向外传播，而是要挑选典型、有特色、能够鲜明代表城市形象的故事进行重点发力。镇江立足现有的城市资源，在打造知名度方面，一定程度上还是存在同质化现象严重、定位不清晰的问题：一方面，在历史遗存保护传承上尚未形成完善的文化保护体系，有些历史遗存遭到破坏；另一方面，镇江对历史文化和自然资源的独特个性和发展潜力还是研究不深、发掘不够。镇江拥有深邃灿烂的历史文化，有诗词资源、传说故事、美食和文化古迹，但没有把它打造成可看、可听、可体验的旅游资源，也没有深入研究这些故事资源与周边城市相比特色在哪里、有哪些优势，文化建设步伐较周边城市打造的文化产业高地稍显落后，"一手好牌"没有打出应有的效果。

2. "谁来讲"需要进一步明确

讲好城市故事不是政府的独角戏，而是政府、市民、游客、企业、媒体、组织、相关从业者等各方面主体共同推动的结果。镇江城市发展中缺乏相关利益者的参与，未充分发动其他相关主体的参与热情，主要还是由政府主导。第一，市民的认可度有待加强。人民群众既是故事的创作者，也是故事中的角色。但是在文化共建中，由于受经济、文化、地理位置、城市面貌等多重因素的影响，镇江在文化设施分布均衡性、产品品种丰富性和服务高质量上，难以满足新时代城乡居民多样化、多层次的文化需求，导致市民对城市的认可度不高。第二，企业的参与度有待加强。镇江有特色鲜明的企业，比如恒顺，也因此荣获"中国醋都"的称号，但是镇江企业在文创产品创作、"网红食品"创新等方面对游客的吸引力不强、影响力不大，更多还是引进全国连锁的"网红店"，缺乏城市特色。来到镇江，哪里必打卡，有什么美食和特产，这些问题要深入思考，要让游客引得来、留得住、带得走，还需要企业深耕市场，进行持续创新。第三，相关从业者的积极性有待加强。俗话说，"祖国江山美不美，全看导游一张嘴"。导游是城市故事讲述、城市形象宣传中的重要一员，同时也是冲锋旅游行业一线、对旅游发展中存在的潜在问题感知最为敏锐的一个群体，但是镇江目前一定程度上对导游群体的权益保护、讲解技能提升、问题反馈渠道畅通等方面仍需进一步探索。

3. "如何讲"需要进一步明确

镇江目前存在"什么都有，但什么都不突出"的典型问题。首先，品牌建设效果不够彰显。镇江现有的精品线路、品牌线路市场认可度和知名度不高，无法在消费者中激发消费欲望，这与镇江的设计理念、设计内容、推介重点和周边城市相比错位不明显有关，镇江资源的独特禀赋没有得到张扬。比如，茅山的道教音乐、金山寺的水陆法会等都是金字招牌，但真正见过听过的人少之又少，还处于"养在深闺人未识"的尴尬状态中。其次，营销缺乏新意，手段陈旧。全员推介、全媒体推介，内宣和外宣、线上和线下联动的格局并未充分形成。因在传统媒体和新媒体中的曝光率不高，镇江在旅游发展上与其他城市的差距在逐渐拉大。比如跟扬州相比，2018 年镇江实现旅游总收入 934 亿元，位列全省第五，收入规模比排在第六的扬州市高 17 亿元；但是至 2020 年，扬州实现反超，并且差距也在逐渐拉大。2022 年，拥有千万粉丝的旅游达人房琪及直播带货平台"东方甄选看世界"专场直播走进扬州，相关话题多次登上抖音热搜榜、同城榜，这必然能够带来很高的曝光率和关注度。最后，旅游配套服务和设施有待跟进。因为长期有效投入不足，产业基础设施相对落后，镇江市的高档次景区数量、星级酒店甚至景区配套停车场、厕所等设施与周边城市相比都处在落后位置，这些都极大影响了游客的出行体验。

三、讲好镇江故事的对策建议

当下，各城市都在大力发展旅游业，互联网成就了不少"网红城市"，比如长沙、淄博等，网上流量在线下变成了"留量"，有效带动了城市旅游业的发展。这些城市都有鲜明的标签，长沙"东亚文化之都"的品牌之所以响亮，是因为长沙围绕文化形成了完整的产业链，并延伸到了消费领域，带动了消费的火爆，也带动了更多人才创新创业、安家落户。淄博的烧烤也吸引了众多人流推动城市旅游、消费的升级。镇江有山有水有故事，丰富的故事资源是镇江的先天优势。近几年，镇江在发掘城市故事、展现城市魅力和风骨上付出了诸多努力，但是与周边城市相比，与居民对美好生活的需求相比，仍然存在一定差距，讲好镇江故事仍需要进行诸多探索，我们在长沙、淄博等"网红城市"爆火的成功经验中或许能够得到些许启示。

（一）做好形象聚焦，突破"讲什么"的瓶颈

讲好镇江故事，要特色鲜明。近年来，镇江不断探索讲好镇江故事的新路径，举办了很多活动，但是都不温不火。讲好镇江故事，前提就是要明确"讲什么"的问题，不能时下什么火爆便一拥而上，这不仅会固化我们的思维，同时也难以触动游客的心灵，更难以吸引人才在镇江落地生根。

一是要摸清"家底"。充分挖掘镇江故事资源的深度，界定、分类要清晰，找准卖点。加强与江苏科技大学、江苏大学、南京师范大学地理科学学院、镇江技师学院等高校，以及中共镇江市委党校的合作共建，以挖掘旅游文化为抓手，对镇江故事进行深入研究、分类梳理，搜集整理故事素材，充分彰显镇江三千年悠久的历史文化底蕴和独特的城市文化个性，从中甄选出最能代表项目实质、最能提升项目价值的文化元素，在此基础上结合市场需求、现代游客的主流价值观等进行修整、加工、再造，最终通过实物化、情景化、体验化等多种手段对项目的文化进行活化，方便游客感知或者体验。比如镇江的名山名寺，在进行挖掘、活化上不能仅限于"点"，而是要尽可能发现名山名寺的自然特点、文化特色，着眼于其独特个性和发展潜力，尤其是发生在这里的有趣故事，讲究一石一草一木，让整个文化资源立体、生动、可亲、有趣，才能打动人的心灵。

二是要形象聚焦。在摸清"家底"的基础上，聚焦镇江的特色资源，完善相关政策与配套措施，进行重点发力。讲故事，要善于从大家感兴趣的话题入手。共情性是对外传播的一个重要原则，尽管各地区文化不同、观念各异，但人们对美好事物的向往总是能引发共鸣，比如说美食、美景、人情、人性、爱情等，这些更容易被人接受，能够达到共振传播。镇江的特色资源实际上还是比较多的。

比如，宜居城市。镇江周边城市大都经济实力强、生活节奏快、房价水平高，镇江与这些城市在经济水平、产业发展、大的品牌项目等方面可能难以追赶，但是相比之下，镇江生活节奏慢，是典型的"房价洼地"，人民生活宽裕，幸福指数高。根据 2021 年《人民幸福指数研究报告》，镇江在全国一般地级市中排名前十，而且基础设施完善、交通便捷，教育、医疗条件也不错，这在强市林立的长三角地区是很难得的。对于很多想要逃离北上广、追求慢节奏生活但又追求生活品质的年轻人来说，镇江的吸引力是比较大的，目前很多年轻人选择在镇江居住主要就是这个原因。慢节奏、生活成本低、幸福指数高，这或许是镇江差异化竞争的突破口。讲好宜居城市的故事，有很多文章可做，可以聚集众多"宜居"的元素，比如最近比较火的"city walk"便是元素之一，还可讲述一个个生动的日常惬意生活的故事，吸引人才定居镇江，吸引游客放松身心，吸引周边城市居民休闲小住、生态康养。

比如，**爱情之都**。镇江是众多广为人知的爱情传说的发生地。只是镇江的知名度有限，"白娘子水漫金山寺"的故事大家耳熟能详，却很少有人将其与镇江这个地方联系起来。目前镇江境内还留存了与"天仙配"传说相关的遗迹，"梁山伯与祝英台"的雏形便是发生在镇江新区姚桥镇华山村的华山畿传说。此外，刘备甘露寺招亲、梁红玉和宋代抗金名将韩世忠在镇江缘定三生等皆为传世佳话。这些是镇江的独特资源，要进一步进行延伸和打造，加入现代、科幻等元素，与发生在这座城市普通人的爱情故事相结合，把它作为讲好镇江故事的重要切入点，激发人们的共情，以及感性层面的期待与向往。

比如，**中国醋都**。"一座美得让人吃醋的城市"，这句广告语很好地诠释了镇江的醋文化，以及这座城市与香醋的不解之缘。要持续放大"中国醋都"的品牌效应，保护好，发展好，与旅游相结合，形成融企业发展、文创产品、科普宣教、体验互动等为一体的城市名片。

除此之外，还有很多资源都是人无我有、人有我优的特色资源，需要深入挖掘，使其成为镇江的显著标识，可以作为讲好城市故事、打造城市品牌的重要切入口。在形象聚焦的基础上，便要久久为功，在城市规划、建设和管理中，就要充分彰显地方的城市特色，将文化融入城市建设，形成鲜明的地域识别度，将镇江打造为真正名副其实的特色品牌。

(二) 激发共同参与，解决"谁来讲"的问题

讲好镇江故事，不是文旅、宣传部门等的"独角戏"，而是由政府主导，企业、市民、相关从业者、组织等进行的"大合唱"。没有一座城市的火热是完全由政府造就的，比如淄博的爆火，当地政府的政策、执行力是

出圈的重要推手，但是当地市民的热情、从业者展现的良好形象，也赢得了公众的好感，共同留住了"人心"与"流量"。

第一，以政府为主体。讲好城市故事，需要职能部门的"顺势而为"，这个"势"的根本就是人心，而其重点在于服务，能否有效抓住话题、能否提供便捷优质的服务、是否完善旅游配套、是否做好监督管理、能否有效应对舆情并抓住人心，这考验的是政府的治理能力和应变能力，根本是顺应人心、拉拢人心。讲好城市故事，让这个城市更加丰满、更有亲和力，政府作为公众了解这座城市的重要窗口，所展现的形象至关重要。2023年4月，淄博文旅局长亲自在高铁专线为游客服务，投送各种零食和礼物的视频在网上广泛传播，赢得网友的点赞，这让山东淄博政府的亲和形象火爆出圈。所以，政府要站在市民、游客的角度，想他们之所想、急他们之所急，树牢以民为本的服务理念，放下架子，深入其中，才能真正有所突破。

第二，以企业为主导。企业是讲好城市故事的重要推手。一方面，优质的特色企业能够吸引源源不断的客流。比如长沙采用的是"政府搭台、企业唱戏"的经营模式，以"茶颜悦色""文和友"为代表的新消费品牌，为城市形象提供了具象符号，也为城市带来了更高的知名度和更多的附加值。企业作为城市文化精神的经济载体，是城市营销的推动者，更是直接的受益者，要充分调动企业的积极性。比如，恒顺香醋就是镇江的特色品牌，在"中国醋都"的加持下，要进行延伸打造，不断进行技术创新、产品创新、品牌创新、经营模式创新和文化创新，推出一系列受大众欢迎的衍生产品、文创产品、情境体验等。

第三，以相关从业者为重点。相关从业者包括导游、司机、专业人才等相关从业人员。建立文化旅游专业化人才培养机制，多渠道培养人才，形成符合地域发展规律的人才培养模式，打造一支高素质、能力强的文旅团队。在教育层面，整合镇江重点高校文化产业、艺术管理和旅游管理等专业力量，在高职院校增设文化旅游专业或方向，增加镇江休闲旅游通识课。在运营层面，注重在工作实践中提高旅游从业者的专业素质，培养专业休闲旅游城市导游服务人才队伍。在社会层面，统一编撰镇江休闲旅游城市宣传材料，引导社会服务行业（出租车司机、公共服务窗口人员、营业员、酒店服务员等）通过通俗易懂的解说宣传镇江休闲旅游城市形象。在宏观层面，各级政府机构人员要进行休闲旅游城市知识的学习，同时要围绕各单位职责推进休闲旅游城市建设，自然资源和规划局、发展改革委和文广旅部门要统筹引进休闲旅游城市建设的专业人才，高起点、全方位地进行休闲旅游城市的规划、设计、开发，让专业人才提升镇江休闲旅游品质。

第四，以公众为重要补充。公众既指城市市民，也指外来游客。对于城市市民来说，城市是人的城市，一个城市的品位和精神，是通过城市中的人传达出来的。城市的发展由人民共享，但是更需要人民来共建。一座城市发展得好，对本地市民来说有百利而无一害，因此要充分汲取市民智慧，激发市民爱城市、宣传城市的积极性，推动其积极为城市发展建言献策。另外，对外来游客来说，游客的体验感就是最好的宣传。"烧烤"可以说是每个城市都有的美食，为何"淄博烧烤"成功出圈，一个非常重要的原因就是游客在网上传播关于"淄博烧烤"的一个个温情故事，吸引了越来越多的网友在网络上共情、评论，引发一个个热点话题，话题、故事接连成串，构建起一个丰满、温情、好客的城市形象。之前，镇江中学生在西津渡讲解的视频在网上爆火，就是从游客的视角在网上进行传播的，这就是一个很好的例子。当然，形成品牌效应的前提在于政府做好相关配套政策措施，企业提供周到服务，相关从业者热情宣传、积极配合，公众展现良好形象，高度重视游客体验，以游客为中心构建旅游格局，从而让游客愿意来、留下来、好再来，游客的口碑慢慢积累，终将转化为城市发展的强劲动力。

（三）丰富宣介方式，应对"如何讲"的挑战

在互联网背景下，新媒体的作用日益凸显，政府也要紧跟潮流，过于官方的宣传方式很难成为吸引流量的密码，要不断丰富宣介方式，精心制作宣介内容。

第一，丰富宣介方式。要加强城市传播能力建设，构建线上和线下一体的现代文化传播新格局。一方面，依托江苏发展大会镇江行、国际道教论坛、国际低碳大会等重要活动载体，全方位、全媒体讲好镇江故事，唱响镇江声音，向世界展现一个真实、立体、全面的镇江；另一方面，利用本地的历史传承、文化特色、旅游景点、明星企业，通过短视频、广告等各种线上媒体手段提高知名度，尤其要充分利用互联网这个高效传播载体。淄博的城市营销无疑是成功的，社交媒体传播、平台网红参与、主流媒体助力、游客现身说法、政府联动运作、广大消费者亲身印证的多维立体的传播方式，使淄博热情好客、诚实守信、真诚周到等良好形象深入人心。

第二，精心制作宣介内容。在讲述城市独特性时，不能停留在宏大叙

事的层面，必须有更加鲜活的故事，要吸引眼球、抓住人心。可以遵循这样几个原则：一是小切口。城市的形象是个体综合感受形成的集合印象。构成城市形象的故事，必须鲜活而具体，要从小切口出发，以普通群众为故事主体，挖掘能够反映当下镇江人民生活状态和精神风貌的故事题材，从故事中见鲜活的人物、酝酿真实的情感，从而展现真实立体、内涵丰富、充满温情的镇江。二是激发好奇心。可以从景点、城市环境、美食等方面激发公众的好奇心。比如，重庆作为"魔幻山城"，很多游客走在重庆街头完全分不清东南西北，重庆轻轨在楼里穿行，这样的奇特景象能够激发游客好奇心，引来很多游客前来打卡。镇江虽然没有这样显著的奇特景象，但是也可以在一些小的景点和事物上做文章。比如镇江的河豚，传言宋代大文豪苏轼曾留下"拼死也要吃河豚"的故事，那河豚到底有多美味，即使有毒也要拼死品尝？如今，河豚已成为镇江餐桌上人人可尝的美味，扬中的河豚相对其他地方来说又异常鲜美，在好奇心上，河豚也许可以成为一个比较好的吸引点。三是传奇色彩。比如镇江的爱情故事，"白蛇传""天仙配""梁山伯与祝英台""孟姜女"等故事都与镇江有关，这些故事都具有较高的知名度，可以把这些爱情故事发生地串联成线，重点打造。镇江很多景点都有传奇色彩，比如"白龙洞"，洞内的石碑上刻着"民间传说由此可通杭州西湖断桥"，据说许仙就是从这"白龙洞"钻到杭州西湖找白娘子的。镇江可将这些具有传奇色彩的故事进行挖掘，深化打造、推广介绍、组织改写和提升镇江景区的导游解说词，培养高素质的导游团队，放大镇江的资源优势，给游客呈现一个有趣、丰满、传奇的镇江形象。四是制造社交话题。不得不承认，"蹭热点"有时会取得意想不到的效果，可以抓住一些与热播电视、热门话题等相关的镇江元素，在坚守政治立场的前提下，果断抓住时机，采用生动活泼的方式，制造话题来"蹭热点"，比如之前轰动一时的电视连续剧《琅琊榜》，剧中的琅琊城原来就在镇江句容，但是由于宣传力度不够，鲜为人知。

第三，明确宣介对象。精心塑造主题品牌，从景区推介转向城市营销，针对不同人群制订个性化营销方案。首先，抓住"年轻人"这个最活跃的群体。青年群体朝气蓬勃、自带流量、激情四射，有着强烈的创新求异心理，接受新生事物的能力强，不甘寂寞，喜欢尝试探索。同时，他们擅长使用"两微一抖"等新媒体平台，传播表达能力极强，可以说，年轻人关注什么、追捧什么，流量自然就到哪里，是网络宣传不二"主力军""急先锋"。因此，如何打造出时尚活力和青年友好的城市形象、如何紧紧抓住青年人这一能引发城市爆火的流量群体，是打造网红城市的关键所在。其次，抓住"亲子游"群体。随着消费观念、育儿理念的升级，家长更重视"寓教于乐"，亲子游、研学游、亲子农业等行业蓬勃发展，因此镇江也要抓住契机，创新研学课堂、研学线路，建设研学旅游示范基地，补齐亲子游乐产品供给短板，打造承接镇江及周边亲子游市场的重要载体。最后，抓住"老龄"群体。旅游已成为老年人的重要休闲方式，市场需求巨大，镇江应对接老龄群体需求，有序构建生态康养旅游产品体系。

讲好镇江故事并不仅仅是讲"故事"，也不是相关职能部门的"独角戏"，而是需要政府、企业、组织、相关从业者、专家、公众等的共同参与，将镇江的故事资源与镇江的景区景点、餐饮美食、文创产品等相结合，让镇江这座城市更丰满、更亲和。总体来说，"人心就是流量"，讲什么样的故事，让谁来讲故事，如何讲故事，要遵循"接地气""共情"的原则，激发大众亲身了解这座城市的欲望，同时更要久久为功，做好配套服务，完善基础设施，营造良好环境，让大众有优质的城市品牌体验，这是留住人心、留住流量的根本所在，也是让镇江故事口口相传、城市魅力人人称赞的关键所在。

（作者单位：中共镇江市委党校）

习近平文化思想视域下的镇江醋文化的延伸与突围

| 殷亚伟 |

习近平总书记在新时代文化建设方面的新思想、新观点、新论断，内涵十分丰富，论述极为深刻，是新时代党领导文化建设实践经验的理论总结，丰富和发展了马克思主义文化理论，构成了习近平新时代中国特色社会主义思想的文化篇，形成了习近平文化思想。习近平文化思想强调着力赓续中华文脉，推动中华优秀传统文化创造性转化和创新性发展，坚定文化自信，秉持开放包容态度，坚持守正创新精神，实践习近平文化思想，为镇江地区醋文化的进一步传播和发展开拓了创新的空间。

一、坚定文化自信，讲好醋的故事

醋都镇江滨江临河，清新秀丽，特色鲜明。镇江的自然禀赋得天独厚，物华天宝，山清水秀，环境优美。镇江香醋作为镇江的城市名片，凝结和承载着镇江的文化血脉，也建构了镇江的文化底蕴，是提高知名度、提升城市形象、提高区域竞争力的重要抓手，是建设城市先进文化的宝贵资源。在悠久的历史文化长河中，镇江香醋历久弥醇，通江达海，迈向全球，形成了独特的文化体系。

镇江因文而兴，文化底蕴引领城市精神。醋文化牵动城市美食。镇江是历史文化名城、美食之乡，镇江人对饮食有着独特的解读，用来做菜的材料、烹饪方法、饮食习惯都颇具地方特色。江南人的灵秀赋予醋一种性格，镇江香醋将此体现得淋漓尽致。镇江"三怪"之一的肴肉，在品其味时加上香醋，拌上姜丝，非常美味。醋文化引领城市记忆。常闻醋香已经成为镇江人的习惯，过年打醋是镇江的年俗之一。每年春节前夕，人们都会看见这样一幕场景：镇江恒顺酱醋厂门市部门口人头攒动、热火朝天，众多镇江市民携家伴友，带着大桶小桶、瓶瓶罐罐来到恒顺酱醋厂进行节前采购。万人排队打醋的壮丽景象是镇江的一道亮丽风景，更是文化品牌信仰的真实写照。

醋文化带动镇江发展，提升城市形象。香醋是镇江的城市名片，香醋产业是镇江的地标产业之一。镇江香醋产业在技术、产品、运营、渠道等方面不断创新突破，年产量已达 50 万吨，占全国总产量的 20% 以上；拥有全国最大的食醋生产基地及一批全国知名食醋配套企业；产品远销全球 170 多个国家和地区，占全国食醋出口总量的 60% 以上。2020 年，中国轻工业联合会和中轻食品工业管理中心联合授予镇江市"中国醋都·镇江"称号。大爱，是一座城市的温度。在传递大爱精神的征途上，镇江人行侠仗义、扶危济困、崇德向善、一呼百应，精神文明建设品牌如雨后春笋，丰富城市的内涵，彰显城市的温度。恒顺的众生文化，造福百姓，作为国有企业，在发展壮大的同时，它始终不忘身上肩负着回报社会、服务人民的使命，在大爱镇江、文明创建之路上积极践行使命担当。

二、秉持开放包容，塑造醋的品牌

清道光二十年（1840 年），丹徒人朱兆怀秉承恒顺众生的经营理念创立"朱恒顺糟坊"酿制销售百花酒。此酒气味清香、口味芬芳，曾是宫廷贡品。后其以百花酒酒糟为原料，引入传承千年的镇江古法酿造技艺，酿造出口味纯正的食醋，这便是最早的恒顺香醋。据《丹徒县志》记载，"京口黑醋，味极香美，四方争来货之"。恒顺香醋由于其香浓酸甜的独特口感广受消费者的喜爱，加之镇江水资源丰富、航运发达，恒顺香醋通过古老的西津渡销往长江南北。清宣统二年（1910 年），清政府在南京试办中国历史上首个世界级博览会——南洋劝业会，历时半年，吸引了众多中外宾客参会，展品众多。朱恒顺酱醋糟坊老板朱彻五，携恒顺系列酿造产品参加博览会，朱恒顺酱醋糟坊产的醋获博览会金奖。恒顺香醋由此名声大振，逐步打开了走向全国、走向世界的大门，开始遍销长江流域，并远销南洋一带。1926 年，"朱恒顺"更名为"李恒顺"。恒顺以调味品为主打产品也是在李家接管恒顺之后。掌门人李皋宇调整生产布局，以生产酱醋为主。酱坊、醋坊、酒坊进行专业分工，生产工人各专一门，以提高技术水平。1928 年，李皋宇向民国政府全国注册局申请以镇江"金山"为恒顺产品商标。在全国同行中，恒顺产品领先注册，并推动酱醋产品包装上市，走出镇江，走向全国，走向国际。新中国成立后，镇江市委、市政府决定将全市酱醋行业的制造车间归并于恒顺厂，这一决策给镇江酱醋业带来了生机活力。20 世纪 60 年代，经镇江市政府批准，恒顺成为国有企业。20 世纪 80 年代，"以罐代缸制酒、以池代缸制醋"的新工艺使恒顺香醋年生产能力达万吨。同期，恒顺从意大利引进了全国食醋行业第一条自动化流水生产线，自此恒顺香醋进入现代化大工业生产阶段。进入 21 世纪，恒顺成为中国食醋行业首家上市公司，并开启资本化、多元化、规模化发展的探索。伴随着改革开放的步伐，恒顺已经从一家传统作坊式生产企业发展成为跨区域、跨行业的现代企业集团。

百年的栉风沐雨是城市文化的浓缩。百年恒顺的发展是我国传统调味酿造产业和民族工业成长壮大的缩影，具有极强的历史价值和代表意义。据《中国医药大典》记载："醋产浙江杭绍为最佳，实则以江苏镇江为最。"如今，这一产品拥有中国驰名商标、中国名牌、国家免检产品、原产地域保护产品、绿色食品等众多荣誉，成为镇江市的城市名片。1980 年，"镇江香醋"获国家银质奖；2007 年，镇江香醋地理标志商标被成功注册；2012年，"镇江香醋"地理标志商标被评为江苏省著名商标；2020 年，中国轻工业联合会和中轻食品工业管理中心联合授予镇江市"中国醋都·镇江"称号；2022 年，根据国家知识产权局发布的《关于 2022 年国家地理标志产品保护示范区筹建名单的公示》，"镇江香醋"地理标志保护示范区成功入选。根据中国轻工业联合会官网公布的《中国轻工业特色区域和产业集群共建管理办法（2022 年版）》，轻工业特色区域和产业集群称号的授名分为都、基地（城、园、区等）、乡（镇、街等）三级分类，按行业进行专业分目。其中，"都"是指在该区域产业优势、区域特色突出，产业链较完整，行业或产品综合，龙头企业带动作用强，主导产品产量、销售量居全国同行业前三名；或该地区主导产品出口居全国同行业前三名，或以具有传统特色的特别著名品牌产品为核心，对国内外市场具有重要影响，对轻工行业发展贡献特别突出的地区。镇江食醋生产规模年产达 50 万吨，全国市场占有率超过 10%，是全国食醋品类最丰富、出口量最大的城市。镇江香醋的品牌价值高达 458.92 亿元，在国家地理标志保护产品中位列第二，龙头企业恒顺的食醋产销量连续 25 年位居全国第一。在打造品牌方面，镇江市持续发力，2008 年镇江建成中国最大的醋文化博物馆，是国内首个专业性醋文化主题博物馆，集文化遗产保护、科普教育、工业旅游等功能于一体。2016年，作为全国首个对食品行业进行地方立法的城市，《镇江香醋保护条例》经江苏省人民代表大会常务委员会批准实施。恒顺在 180 余年间几起几落、化茧成蝶，靠的是一股百折不挠的奋斗伟力，镇江要把这种永不服输、敢于争雄的城市精气神激发出来，实现新路超越，争得城市荣光。

镇江醋文化的品牌发展仍需突破瓶颈。第一，产业规模较小，镇江香醋文化品牌虽已有长足的发展，但文化产业的总量和规模都偏小，还存在经营分散、能力不强等弱点。从文化视野角度看来，随之而生的镇江醋文化衍生产品也不尽如人意，影响力度欠缺。目前，镇江的文化产业发展还处于初级阶段，文化品牌的影响力也明显落后于其他发达城市。整个镇江香醋市场面临着品牌繁多但影响力度不高的困境，亟待产业的整体升级。第二，镇江香醋作为镇江旅游商品之一，蕴含着丰富的文化属性，但是开发进度却相对落后，品种单调、包装不精，严重影响文化规模效应的发挥，妨碍了突破式的跨越发展。追寻镇江香醋文化的发展轨迹，我们急需一条从醋旅游商品塑造醋文化品牌，到完善镇江文化产业链的发展之路。

三、坚持守正创新，延伸醋的产业

（一）提升传播能级

塑造文化品牌，讲好镇江醋文化故事。镇江香醋作为一个本土文化品牌，蕴涵着深刻的价值内涵和情感内涵，凝聚着镇江人的价值观念、生活态度、审美情趣、个性修养、时尚品位、情感诉求等精神象征，让人们在心灵深处形成了潜在的文化认同、情感眷恋和精神寄托。塑造镇江醋文化品牌显得尤为重要，应依托醋文化品牌创造出一种人文氛围，将其融入整个社会的主流氛围，成为历史见证和现代文化的完美结合。毗邻恒顺工业园区，中国醋文化博物馆建成开放。央视《舌尖上的中国》《走遍中国》《走进非遗》等大型栏目曾先后来到醋文化博物馆，拍摄传统饮食文化及非遗文化。醋文化博物馆与江苏卫视联合打造以"爱情、吃醋"为主题的相亲节目，成为地方媒体重要共建单位；醋文化博物馆还为国际食醋论坛、中国工业文化和遗产保护论坛等重要行业内大型活动提供实地学习、讨论、观摩场地等，并积极参加大运河博览会、老字号博览会等有重要影响的文旅及行业内活动。2021 年，醋文化博物馆被江苏省文化和旅游厅认定为首批江苏省非遗旅游体验基地。

（二）创新文旅业态

镇江恒顺全面启动"醋文化旅游区建设项目"，计划建设包含历史讲述、传统工艺展示、现代工艺展示、高规格接待、餐饮体验、互动学习、参观式工厂等内容的文旅项目，旨在用高水平的建设、高水准的服务弘扬家乡味道、宣传保护传统文化。走进博物馆，人们可以了解自有酸性物质以来的醋文化发展史，可以亲自动手参与非遗保护的手工制醋全过程，可以呼吸有着微微的酸、丝丝的甜的健康空气，可以品尝到最纯正的手工陈酿醋，还可以制作一瓶专属于自己的私人订制醋。在博物馆中，人们能够感受"醋"这古老的东方调味养生佳酿的前世今生，还可以购买到种类齐全的醋、酒、酱及衍生产品，把健康带回家，是一次新颖独特、寓教于乐的绝佳体验。自 2019 年开始，博物馆通过对独特的非遗传统酿造技艺的深入挖掘，结合醋、酒、酱文化体验旅游区，工厂体验区，以及恒顺国家研发中心，全力打造特色博物馆商务交流活动、恒顺企业大课堂和中小学生教育研学活动、"小百花"研学课堂；先后与东南大学商学院、江南大学、上海戏剧学院、江苏大学、江苏科技大学等高校共建交流基地，目前已成为全国中小学生质量教育基地、爱国主义教育基地、社会科学普及基地等；与上海戏剧学院合作，打造博物馆沉浸式戏剧《坛中酿山河》，以恒顺在 20世纪的发展为故事主线，讲述了民族企业家的爱国精神，该剧在博物馆实景演出，让游客深入参与其中，体验不一样的博物馆之旅。

（三）延伸相关产品

作为国内唯一集国家级非遗和国家工业遗产传承保护为一体的工业旅游博物馆，醋文化博物馆利用恒顺较强的设计开发能力，针对不同群体，开发特色文创产品，打造别具匠心的非遗旅游伴手礼。它还首次尝试将非遗国粹、剪纸与同为国家级非遗的镇江恒顺香醋酿制技艺融合，在改进产品包装的同时，积极研发新品，打造国潮产品，弘扬传统文化。近年来，雪糕和地方历史文化碰撞出文创的火花，文创雪糕几乎成为各大名企及博物馆的打卡标配。2022 年，恒顺推出文创雪糕，在造型上融入恒顺的历史文化元素，将恒顺具有代表性的 20 世纪 60 年代老厂门与醋文化博物馆的造型设计相结合，让消费者更多地了解恒顺历史文化。酱油芝士、香醋和黄酒三种口味也映衬了恒顺酱、醋、酒三驾马车同步发展的理念，文创雪糕一经面世就受到消费者追捧。面对国潮消费浪潮和机遇，百年恒顺将实现上下游和产供销的有效衔接，构建新发展格局，并积极发掘老字号文化内容内涵与时代接轨的沟通方式，展现老字号传统文化与现代潮流元素的融合，以演绎老字号跨越百年的魅力，探索老字号国潮文化，展现醋文化产业蓬勃焕新的发展之路。

（四）融合线上渠道

除各场网络直播活动外，镇江醋文化博物馆还借助高科技手段，创新智慧旅游形式，在公众号上推出了"VR游醋博"板块，用虚拟现实技术将博物馆"搬"上网络平台，配以AR智慧讲解，突破了传统博物馆展示时间、空间上的限制，使游客能够随时随地参观、了解博物馆的各个展区，让线上虚拟展示成为线下博物馆最有效的补充与延续，满足了不同游客的多元需求。紧跟互联网发展的趋势，企业从自身宣传发展需要出发，利用博物馆平台，努力打造并运营线上"云游"。博物馆先后开通抖音官方账号、微信短视频号等，组织拍摄"云游"活动数十场，制作短视频近百条，形成了以"小刘带您游醋博""了不起的工匠，制醋大师乔贵清""制酒大师赵和云"为主的博物馆系列内容，线上累计观看达百万人次，所拍视频多次登上江苏省及镇江市文旅等官方平台。博物馆还组织策划了"云游醋博"线上直播活动，宣传"中国醋都"招牌，推介恒顺企业文化，让游客足不出户就能体验镇江香醋文化和非遗工艺。恒顺利用线上销售平台进行活动参与，线上下单线下送货，在主会场（西津渡）和分会场（醋博馆）同步进行活动直播，吸引了数万网友的关注，线上线下活动如火如荼，并行发展。

（五）发展产业集群

（1）引入战略投资，培育醋文化产业集群。镇江根据发展定位，紧密围绕"山水花园城市"的总体目标，全面实施镇江醋文化品牌战略，遵循"政府主导、企业参与、市场化运作"的原则，合理采取文化品牌提升、龙头企业拉动、资源整合和合理布点的文化品牌培育措施，不断完善镇江香醋特色酿造工艺和旅游文化基地建设，带动镇江醋业向集原料基地、制曲酿曲、旅游文化于一体的企业集团发展，形成"恒顺"醋业龙头与其他小型醋业企业良性竞争的发展格局，构建特色餐饮、红色旅游、传统工艺、影视创作等文化品牌竞争力强的产业集群。（2）业务触角延伸，高质量多元化发展。镇江市工信部门围绕"保护、传承、发展"这六字方针，重点做好两方面的工作：一是以做大做强食醋产业为目标，抓大促小，实施产业整合；二是以"规模化""智能化""绿色化""高端化"为目标，顺应"互联网+"发展趋势，积极探索新零售模式，推广食醋产品个性化定制，实现提质增效。百年恒顺，推出了一系列新品，除了与醋相关的产品，还包括小包装酱菜和复合酱料包。镇江的醋产业正在不断延伸业务触角，力图走出一条在传承中创新的高质量多元化发展之路。

（作者单位：中共镇江市委党校）

"四千四万" 精神的扬中表达及其新时代传承

| 中共镇江市委党校、中共扬中市委党校联合课题组 |

习近平总书记强调："精神是一个民族赖以长久生存的灵魂,唯有精神上达到一定的高度,这个民族才能在历史的洪流中屹立不倒、奋勇向前。"改革开放之初发轫于江苏大地的"四千四万"精神,对推进江苏经济发展发挥了重要作用。虽然现在的创业模式和形态发生了很大的变化,但是"当时那样一种筚路蓝缕、披荆斩棘的创业精神,是永远需要的"。镇江扬中作为苏南乡镇工业的重要发源地,也是"四千四万"精神的诞生地之一。

迈上新征程,镇江发展正面临前所未有的战略机遇,同时也面临着前所未有的风险挑战。机遇稍纵即逝,挑战迫在眉睫。面对新一轮的变革和发展,镇江肩负着新征程的使命与梦想,亟待挖掘"四千四万"精神的核心内涵,弘扬时代精神,传承精神力量,奋力谱写中国式现代化镇江新实践的崭新篇章。

一、"四千四万"精神的核心要义

改革开放初期,"四千四万"精神在江苏多地生根发芽,虽然提法略有差异,但内涵是一脉相承、高度一致的,是对苏南地区乡镇企业艰难创业、异军突起、大力创新精神的提炼概括,也揭示了改革开放以来苏南地区经济率先发展、快速发展的重要精神密码。

(一)"四千四万"精神蕴含着"敢为人先的首创精神"

敢为人先的首创精神,本质上是一种开拓进取、勇于创新的精神,是一种始终站在历史和时代发展潮头的精神。20世纪50年代,先于周边县市创办社队工业,在一个完全陌生的经济领域,扬中克服重重困难,避开体制观念约束,逐渐培育并形成最初意义上的"五匠","外勤"成为那个时代推销员的专用代名词。改革开放初期,扬中县委、县政府提出"主攻工业"的发展战略,形成有利于改革和建设的舆论力量和社会环境。扬中人走南闯北,先行先试,以敢为人先的首创精神,开启了村村点火、户户冒烟、遍地开花的乡镇企业发展新征程。20世纪90年代以来,面对市场经济和对外开放的滚滚大潮，扬中人消除了满足现状、无力进取的发展"极限论"，消除了画地为牢、故步自封的封闭意识，突破了传统发展空间。扬中县（市）委、县（市）政府建强发展"硬""软"环境，修建了大堤、大道、大桥，优化了营商环境，为建设现代化产业体系打下了坚实基础。党的十八大以来，面对转型升级、区域发展、数字经济的发展大势，"四千四万"精神成为新一轮跨越发展的精神引领，扬中人自强不息、奋发图强的精神财富在一系列重大机遇的时代背景下逐步凸显。"一带一路"倡议、长江经济带、长三角区域一体化发展战略成为中国式现代化扬中新实践的催化剂，扬中正向"扬中创造"阔步迈进。

（二）"四千四万"精神蕴含着"善于突破的开拓精神"

善于突破的开拓精神是指在困难面前努力进取、敢于冒险、勇于开拓、艰苦探索的精神状态和高贵品质。改革开放前，扬中党员干部有担当、敢作为、善作为，实现了社队工业的从无到有，为扬中乡镇企业的"异军突起"奠定了物质基础，准备了人才资源。改革开放初期，扬中县委贯彻以经济建设为中心的发展方针，培育和扶持"供销员队伍"成长。以徐广福、唐本荣、常本贵、朱康洋、王学斌、王禄宝、匡锡和等为代表的第一代乡镇企业家，敢闯敢试，先人一步，从"工匠"转变为"厂长"。正是他们"苦干""实干""巧干"催生的"供销员经济"为扬中乡镇企业崛起立下奇功。进入 21 世纪，以徐翔、沙正勇、严荣飞、蒋文功、周桂根、季忠银等为代表的企业家迅速成长，他们接续弘扬"四千四万"精神，大力发展科技型、集约型、开放型经济，实现了扬中产业结构的完美蝶变。新时代，以王艺澄、陆瀚、高勇、张群、朱雪松、王炎等为代表的"创二代"，在危机中育先机，于变局中开新局，在信息技术、新材料新能源、5G 技术、人工智能等战略性新兴产业中书写出属于扬中发展的"岛城奇迹"。

（三）"四千四万"精神蕴含着"自强不息的进取精神"

自强不息的进取精神就是在任何困难和风险面前不放弃、不退缩、不止步，为自己的前途命运而奋斗的精神状态。"自胜者强，自强者胜。"1954 年，扬中遭遇历史特大洪水，扬中党委政府组织民工全面修筑江港堤，保证了扬中人的生命和财产安全。1991 年和 1998 年，扬中再次遭受特大洪水。为了改变防洪的被动局面，从 1998 年 11 月开始，扬中开始"江堤达标土方工程大会战"。自此，一座庇佑全岛生命财产安全的水上长城巍然屹立在万里长江之中。1994 年 10 月，扬中一桥的竣工让"天堑孤岛"成为历史，扬中"桥时代"一旦开启，"历史命题"便不再难解。2004 年、2012 年、2014 年、2018 年，扬中二桥、泰州长江大桥、扬中三桥、西来桥新幸福大桥先后建成。自此，扬中"一环两纵""一岛五桥"的路网格局初步形成。

（四）"四千四万"精神蕴含着坚韧不拔的拼搏精神

坚韧不拔的拼搏精神是指面对挫折和困难时不畏惧、不气馁、不退缩的人格魅力和精神品质，在困苦的环境中或者迈向胜利的道路上体现出的百折不挠、勇于奋进、不怕牺牲的精神状态。改革开放初期至 20 世纪 80 年代末，扬中率先解放思想，较早较快较好地发展了社队企业。当时，不足 30 万户籍人口的扬中，常年有万余名供销员奔波在全国各地，甚至漂洋过海，业务延及欧亚拉美，"供销员经济"应运而生，"四千四万"精神天然形成。基于此，扬中快速跨进江苏经济发达县市区行列。1992 年，邓小平发表"南方谈话"后，扬中抢抓外向型经济发展机遇，实现了内向型经济向外向型经济的转变。1987 年，扬中第一家外资企业镇江吉扬电子有限公司成立。自此，扬中"三资"企业如雨后春笋般发展壮大起来，助推扬中进入全国县域经济百强行列，昂首跨入江苏先进县市区第一序列。党的十五大后，扬中率先在全省完成集体经济改制，发展潜能全面迸发，造就了一大批活力十足的民营企业，工业园区建设渐成规模，三大主导产业渐显雏形，智能电器、光伏新能源全产业链开始形成。在抢抓区域融合发展机遇的过程中，面对风云变幻的国际国内形势，"四千四万"精神让扬中敏锐地抓住了"区域融合发展"的窗口期，"4+X"产业体系逐步定型，"项目发展"成为高质量发展主基调。

二、"四千四万"精神的新时代传承

回望过去，在"四千四万"精神的推动下，镇江民营经济的发展取得了一系列令人瞩目的成就。当前，镇江正处在高质量发展爬坡过坎的关键时期，需要赓续"四千四万"精神，以"四千四万"精神激发"四敢"动能，为中国式现代化镇江新实践注入强大的精神力量。

（一）传承"四千四万"精神，鼓励干部敢为能为

干部干部，先干一步。推进中国式现代化镇江新实践，急需一批善抓

发展的"干将"、勇于改革的"闯将"、坚韧不拔的"猛将",用"干部敢为"引领发展突破,为镇江经济社会发展保驾护航。一是激发一往无前的责任担当。牢牢抓住主题教育契机,推动党员干部感悟思想伟力、汲取奋进力量,为奋进新征程、建功新时代提供坚强有力的政治引领和政治保障。组织开展"重走习近平总书记视察路"行动,沿着总书记的视察足迹开展实境学习,让党的创新理论入脑入心入行。二是培养敢为会为的能力本领。解决能力问题的关键是学习和实践。要增强专业培训精度,以解决干部知识弱项、能力短板、经验盲区为重点,坚持发展需要和干部需求对接、专业训练和实践锻炼对接,围绕推动高质量发展、树立正确政绩观等开展专题培训。要强化斗争精神和斗争本领养成,有计划加强对干部的政治历练、专业训练、实践锻炼,尤其是推动干部到招商引资和项目建设一线经风雨、见世面、强筋骨、长才干,不断增强敢为的底气和能为的本领。把"学过什么、干过什么、干成了什么"作为干部选任的重要依据,提升各级领导班子中专业化干部比例,推动干部业务水平一专多能、全面提升。三是树立选人用人的正确导向。坚持凭实干实绩提拔使用干部,让想干事、能干事、善成事的干部拥有舞台,让不干事、不想干事、干不成事的人失去机会。用好无任用考察、蹲点式考察等方式,着重考察干部防风险、迎挑战、抗打压的能力,真正选树一批素质过硬、能服众的正面典型,引导广大干部做到"平常看得出来、关键时刻站得出来、危难关头豁得出来"。围绕完整、准确、全面贯彻新发展理念,全面优化综合考核实施办法,坚持看显绩更看潜绩、看数量更看质量、看数字更看口碑,强化现场评估与群众满意度评价,真正把群众的"好差评"作为干部的"正衣镜"、政绩的"度量衡"。

(二) 传承"四千四万"精神,推进地方"敢闯"保障

赓续江苏"敢闯"的优良传统,在新的征程创造新的荣光。一是凝聚齐心"敢闯"的劲头。"敢为人先的首创精神"意味着要涉足新领域,走别人没走过的路。要鼓励各地在顶层设计的框架内大胆试、大胆闯、大胆干,样样争第一,事事走在前。组织各县级市(区)在市内开展"擂台赛",瞄准省内先进地区开展"对标赛",不断营造八个板块生龙活虎、争先奋进的火热局面。各县级市(区)要进一步拉长长板,选准既体现自身特色又符合未来方向的重点产业、重点领域,用各自的比较优势铸就镇江的整体优势。要进一步补齐短板,逐条逐项破解发展问题和瓶颈。要进一步筑牢底板,切实扛起维护产业链供应链安全稳定、加强社会治理、防范化解风险

隐患等方面的职责使命，牢牢守住安全稳定底线。二是激发争先"敢闯"的动力。"勇于突破的开拓精神"意味着必须不断打造"人无我有、人有我优、人优我特"的核心竞争力。要立足镇江交通便捷、资源相对丰富、历史文化厚重等独特优势进行差别化探索，用超常规的举措谋发展、推改革，瞄准"创新创业福地、山水花园名城"的城市愿景，让自身的发展特色更鲜明，势头更强劲，成果更丰硕。要聚焦高质量发展中心任务，优化完善高质量发展综合考核体系，更加科学合理设置共性指标和个性化指标，既比总量，也比单项。对于在重点产业项目、重大外资项目实现突破的，在经济发展、生态环保、文化繁荣等各项工作闯出成功新路、取得突出成效的，在高质量发展综合考核中应予以正向激励，真正考出差异、考出干劲，不断营造比学赶超的浓厚氛围。三是完善鼓励"敢闯"的保障。要厘清市区两级各自职能，推动市级权限应放尽放、能放则放，最大限度为地方减负赋能，让地方"敢闯"、迈开步子、放开手脚。力戒形式主义、官僚主义，规范各类督查检查，更大力度精简文件简报、会议活动、考评创建等，引导基层强化"责任思维"，克服"避责思维"，真正为基层减负松绑。

（三）传承"四千四万"精神，激发企业创新创优

企业作为经营主体，是经济的力量载体。启航新征程，传承"四千四万"精神，最重要的一条就是激发企业创新创优。一要激发企业家勇立潮头的发展信心。要传承好"四千四万"精神，不断激发企业家勇立潮头的发展信心，在企业家敢想敢拼的带领下，企业始终走在产业发展前沿，赢得市场认可，保持基业长青。要给企业"减负"，为企业"蓄能"，拿出最大努力呵护企业发展的信心，稳定企业预期，促进企业立足镇江、投资镇江、深耕镇江。企业家要打破"小富即安"的思想，把追求卓越作为永恒的目标，努力在更大范围、更广领域、更高层次上参与行业合作与竞争，持续提升企业的品牌价值和影响力，打造更多领军龙头、"单打冠军"。二要培育企业勇于创新的发展能力。创新是推动企业高质量发展的第一动力，更是企业敢干的具体体现。要提升科创浓度，推动创新链和产业链深度融合，加大新型电力装备、航空航天等新兴产业领域和绿色食品、新型建材等传统领域技术攻关力度。要用好江苏大学、江苏科技大学等在镇高校院所的创新资源，发挥镇江新区、镇江高新区等开发园区的创新主力军作用，打通科技成果转化链条。要大力开展"百企引航""千企升级"活动，接续实施制造业"智能化改造、数字化转型""外资提量扩质、外贸扶优培强"

等专项行动，推进"三帆两金一甘露"金融服务落地落实。三要厚植企业做大做强的发展环境。优渥的成长环境是企业做大做强的基础保障。要强化"人人都是营商环境"的理念，一体推进政策、市场、政务、法治、人文"五个环境"建设。接续利用"镇合意"优化营商环境，做"加法"增强要素保障，做"减法"精简流程环节，做"乘法"突出改革赋能，做"除法"解决顽瘴痼疾，持续擦亮"镇合意"品牌。属地和相关部门要主动对接、持续跟踪，大兴调查研究，深入基层问所需、解难题，为企业高水平发展提供支持。

（四）传承"四千四万"精神，引导群众创新

群众的智慧是无穷的。面对风高浪急的国际环境和艰巨繁重的改革发展任务，必须发挥人民群众的创新精神。一是营造弘扬创新精神的浓厚氛围。把创新作为引领发展的"第一动力"，提升科创浓度，提升平台高度，大力培育创新文化，优化创新生态，健全创新服务保障体系，形成人人崇尚创新、人人渴望创新、人人皆可创新的社会氛围。要大力发扬劳模精神、劳动精神、工匠精神，引导各行各业劳动者立足岗位发挥聪明才智，大胆创新实践。要加大舆论宣传力度，大力总结推广基层创新创造的好经验、好做法，不断培育敢创新、想创新、善创新的社会新风。二是做优施展创新才干的广阔舞台。深化人才"镇兴"行动，放大"人聚镇江 才享荣光"品牌效应，优化完善"1+2+3+N"人才政策体系，持续举办招才引智"镇江日"等系列人才活动，推动形成近悦远来、人尽其才的生动局面。要统筹推进创新人才、专技人才、技能人才、乡土人才建设，最大限度地把各方面优秀人才汇聚起来。要持续深化人才发展体制机制改革，以最广阔的空间、最高效的机制、最贴心的服务促进各类人才创新活力充分涌流。三是打造激发"首创"意愿的优良环境。不断提升城市的承载力和服务功能，健全常住地提供基本公共服务制度，加快实现"老有颐养、弱有强扶、病有良医、幼有优育、学有善教、劳有多得、住有宜居"。建设更加令人满意的好房子、好社区、好街区、好城市，让更多人爱上镇江、留在镇江、为镇江贡献首创智慧。要把握信息经济开放共享的特征，积极探索众创、众包、众扶、众筹的新平台、新形式、新应用，推动各类要素资源集聚、开放、共享。

课题组成员：朱定明、孙文平、于 江、戴 惠、郭 渝、
钱吕军、周 健、庄广雷、华 露、李 霞

基于苏颂"天人合一"科学精神的
镇江历史文化名城风骨研究

| 镇江市高等专科学校课题组 |

一、研究苏颂"天人合一"科学精神的时代背景

党的二十大报告指出，坚持和发展马克思主义，必须同中华优秀传统文化相结合。只有植根本国、本民族历史文化沃土，马克思主义真理之树才能根深叶茂。中华优秀传统文化源远流长、博大精深，是中华文明的智慧结晶。天人合一思想是贯通中国传统哲学的根本思想，也是中西文化差异的本本水源。解读"天人合一"涵指的自然与社会双重意蕴，不仅能挖掘其与绿色发展、马克思主义理论、社会文明及中国式现代化的密切关系，还能会意中国哲学所特有的一体化、整体性思维范式，从而坚定历史自信、文化自信，实现古为今用、推陈出新。

定居镇江多年的苏颂是中国古代科技史上的耀眼人物，李约瑟对苏颂不吝赞誉之词，说他是中国古代和中世纪最伟大的博物学家和科学家之一，是一位突出的重视科学规律的学者。

系统观是系统观念和系统思维的统一。党的十九届五中全会把"坚持系统观念"作为我国"十四五"时期经济社会发展必须遵循的重要原则。习近平总书记指出，"系统观念是具有基础性的思想和工作方法"。秉持系统观念，在研究和解决实际问题时具有现实意义。所谓系统思维，在拉兹洛看来，是"一个具有高度应用价值的、富有启发性的概念框架。这个概念框架，就是系统哲学的价值理论"。系统观念和系统思维是有机统一的思想和工作方法，可用于指引具体的理论研究和实践工作。从系统观的视角看，苏颂的科学精神中饱含"天人合一"的宇宙观，这种宇宙观不仅深深地影响了苏颂主持建造的水运仪象台这种综合性科技设备，还潜移默化地蕴含在苏颂的诗文著作中，融入了中华民族浩瀚的科技海洋和人文世界。当代人对前人的科学创新和务实精神应有充分认识和自信，从而更好地向世界展现中华民族的科学精神和文化自信。苏颂的科技与社会相结合的实践依然符合当今时代要求，符合社会需要，从这点上看，研究与弘扬苏颂

"天人合一"的科学精神，有利于呼唤科技工作者立足社会，以实践为指导，将科研工作与社会发展相结合，塑造历史文化名城镇江的人文风骨软实力。

二、弘扬苏颂"天人合一"科学精神，提升城市软实力的现实意义

（一）苏颂"天人合一"科学精神的当代意义

北宋科学家苏颂（1020—1101），作为在镇江定居多年的世界级科技达人，以《本草图经》、"水运仪象台"等科技成就著称于世界科技史，受到李约瑟等人的高度评价，在天文历法、医药经典编撰等领域的成就影响深远。尤为宝贵的是其"天人合一"的科学精神和系统观指引下的创新精神，至今仍可滋养城市风骨。苏颂所取得的成就得益于多方面，包括前人的积累、时代条件、自身的系统性思维和科学求真精神等，苏颂的系统性思维奠基在其"天人合一"的宇宙观之上，对宇宙自然的不断求索和对世间法则的努力求真是其强大的内在驱动力。

研究苏颂"天人合一"的科学精神中蕴含的中国哲学所特有的一体化、整体性思维范式，可以坚定历史自信、文化自信，实现古为今用、推陈出新，并能在镇江城市文化品牌推广传播的进程中，在镇江城市科技创新的征程上，为更好地弘扬镇江历史文化名城风骨添砖加瓦。苏颂的科技与社会结合的实践依然符合当今时代要求，符合社会需要。从这点看，弘扬苏颂的科学精神，有利于呼唤科技工作者立足社会，以实践为指导，将科研工作与社会发展相结合，更好地塑造城市软实力。

（二）"天人合一"科学精神与城市软实力的关系

"天人合一"科学精神是中国哲学中整体性思维范式的形象化概括，在各领域均可找到对应的案例与实践支撑。"天人合一"体现的是尊重宇宙自然、尊重人类本我、倡导和谐统一的发展理念。

在城市发展的进程中，既需要硬实力的支撑，也需要软实力的浸润。宽阔平坦的交通大道、强大的科技工业是一座城市硬实力的体现，而软实力相对含蓄，是城市凝聚力和创造力的重要源泉，深植在城市风骨之中。

以历史文化名城镇江为例，长期以来，它以"城市山林""江河交汇""真山真水"的独特自然资源禀赋与人文资源遗产著称于世，是集中体现"天人合一"的鲜活的城市范本。镇江市委书记马明龙指出，山水赋予了镇

江崇实雄浑而又灵动隽秀的气质。山水自然与人文资源的交相融合是"天人合一"的直观体现，生活在此的居民和游玩至此的旅人都可以耳濡目染这种"天人合一"的有机交融，体验和谐之美的乐趣。

在保护好自然山水的同时，对丰富的人文遗产进行整理研究，对历史先贤的精神遗产进行继承与发扬，也是提升城市软实力的重要任务。苏颂等古代先贤的科学精神和科技求索经验是优秀传统文化的宝贵财富，我们研究先贤的科学精神，可以从中汲取创造力，借鉴宝贵经验，进而弘扬优秀传统文化。苏颂晚年定居镇江，此地的山水自然之美与其"天人合一"的科学精神完美契合，亦是镇江城市自古以来独具特色的佐证。

在飞速发展的今天，我们在提升城市硬件设施水平的同时不能忽略城市的软实力建设，在提升科技产业水平的同时不能忽略人与自然和谐共处的"天人合一"的科学精神。"天人合一"的科学精神不仅存在于审美层面，也与科学研究、科技发展、科学教育等方面有机相关，不可或缺。

三、苏颂"天人合一"科学精神的内涵与价值

新系统哲学是认知复杂系统与应对复杂问题的哲学回应，主张思维方式从一般关系到具体实践关系、从所谓客观系统实在论视角到本体论和认识论相融合视角的转换。在苏颂"天人合一"科学精神中，系统性思维首先建构在宇宙观上，然后物化为具体的实践行为和实践结果，集中体现在其主持建造的"水运仪象台"上，也蕴含在其组织编撰的药物学典籍中，同时内隐在其多年官宦生涯的中庸之道中。归根结底，苏颂的系统性思维依靠其毕生旺盛的求知欲驱动，以"求真"的科学精神为目的，以"天人合一"的和谐之道为最终境界，并与之融为一体。

从传统视角看，苏颂的宇宙观就是"天人合一"观，用现代语言表述，就是朴素的系统认知观。在苏颂所处的时代，宇宙学理论"盖天说""浑天说"和"宣夜说"都已经出现，且各说之间论争已久，成为天文学史上的一大奇观。苏颂受"浑天说"影响较大，其"水运仪象台"也建立在"浑天说"之上，但他并不排斥其他学说，而是博采众长，融于一体，这就得益于苏颂"天人合一"的系统观。苏颂在《咏庄生观鱼图》中说，"至人冥观尽物理，……合则一理散万殊"，这是他对"天人合一"思想的形象表述。

《新仪象法要》中明确指出，水运仪象台不仅仅是一台科学仪器，更是

治国者理政之器，"为人君南面而听天下，视时候以授民事也"。可见，苏颂从俯仰天地、观察宇宙出发，借鉴诸家学说，造观天报时的水运仪象台，是为治国者施政抚民提供参考，为国为民。从天地宇宙观出发，最终落根于为天地众生，这是真正的"天人合一"。

（一）苏颂"天人合一"科学精神的内涵

从系统目的性的角度切入，可以更好地理解苏颂系统观的内在联系。"目的性是系统动力特性，可用吸引子概念刻画整体涌现性。"苏颂科学精神的本质目的就是求真，卢嘉锡说苏颂"探根源，究终始，治学求实求精"。从求学求知看，苏颂秉持传统治学之风，求真务实，注重积累，藏书万卷，仍好学不倦，终身保持旺盛的求知欲，始终对宇宙自然保持探索精神，探索未知是其目的。从学以致用看，苏颂并非穷首皓经者，虽然擅长编撰典籍，但不是一味埋首书中，而是致力于实践应用。得益于对天文和历法的精心研究，苏颂主持建造水运仪象台，将宇宙观化为实物，并用于治国理政，可见将知识用于造福百姓是其学以致用的目的。从编撰《本草图经》看，苏颂不仅仅是为了完成职责所在的任务，更是要为后世留下可资借鉴的传世典籍，为医师提供真实可信的药物识别和使用依据，这项工作既要无愧世人，也要无愧天地自然，唯有真诚可信赖者才能做到。从为政进退看，苏颂似乎善于明哲保身，而从其多次得罪皇帝的经历看，一个只顾自身官位的人不会如此行事。苏颂忠君爱国，却不是愚忠，他考虑的是朝廷法度和百姓福祉，政令得失的考量有多个角度，苏颂站在百姓视角，唯其如此，苏颂才没有卷入党争，也没有恋栈相位，得以流芳青史。

从系统的内在逻辑看，苏颂的治学、为文、为官、科技实践和家学家风是有机统一的。苏颂治学严谨、好学不倦，在掌握了丰富的知识后，他积极投身实践，在"求真"信条的指引下，先后在药物学和天文机械制造上有所成就。在其政治生涯中，他身处朝堂时不卑不亢，秉持礼法律令，外放地方时为民谋利，从水利工程到争取政策，苏颂始终都本着"求真"之心，为国为民。竺可桢将现代科学精神和中国传统文化联系起来，将科学精神归纳总结为"求是"这两个字。苏颂的"求真"与"求是"内涵是一致的。

（二）苏颂"天人合一"科学精神的价值

从系统的整体过程看，苏颂在药物学、天文学等领域的实践均表现出

"求真"的科学精神。在编撰药物学经典《本草图经》时，苏颂要求实物与文字图片一致，反复核实后才落笔，而不是人云亦云、敷衍了事。存疑待考的设定更是从另一个角度验证了苏颂"求真"的科学精神。在绘制星图时，苏颂表现出求取第一手资料数据的极大热情。事实上，到苏颂所处的时代，前人已经积累了不少观星数据，但苏颂严谨求真的作风驱使他获取更新的数据。管成学认为，"勤于实验，勤于观测，使苏颂绘制的星图都是元丰年间新测的数据，这使他的星图更具科学性。科学与技术要求勤于实验，苏颂的思想正是在从事科研工作中而不断得到升华的"。正是如此，李约瑟才不吝赞誉之词，说苏颂是中国古代和中世纪最伟大的博物学家和科学家之一，是一位突出的重视科学规律的学者。受到所处时代的限制，苏颂的著述和作品并非全是精华，但苏颂系统性的科学精神所蕴含的"天人合一"的和谐宇宙观、旺盛的求知欲、科学的求真精神，以及其开放的胸怀、发展的眼光，依然有着积极的意义和借鉴价值，值得与"水运仪象台"和《本草图经》等成就并存。

四、苏颂"天人合一"科学精神与镇江城市软实力结合的具体实践

苏颂"天人合一"科学精神是镇江城市灵魂的重要组成部分。受到国际天文学界和科技史学界高度赞誉的苏颂无疑是名城镇江的一张靓丽名片，将苏颂"天人合一"的科学精神与镇江城市软实力提升工作相结合，可以实现传承苏颂科学精神和提升城市软实力的双赢。

(一) 古为今用，弘扬镇江"天人合一"的山林城市特色

苏颂的诗文作品中充满着"天人合一"的思想，折射了其对宇宙、自然的思考与认知。王密密在其硕士论文中这样写道："他对于诗中所要描绘的事物甚至能具体到特定时空下的形态、方位、数量，无一不渗透着极为严谨的创作态度。"苏颂诗歌的一大特点便是多时令之词，如"乘震司春令，先天布政经"等。建立在时空思考基础上的宇宙观不仅为苏颂主持建造水运仪象台这样的天文报时装置奠定了系统观基础，也使得他的诗歌创作严谨务实，充满返璞归真之趣。宇宙观影响着入世观，苏颂在世间一直脚踏实地，读书治学讲求点滴积累。入仕为官后，苏颂坚持依理而行，他在《次韵王伯益同年留别诗》中就通过"惠爱于民此最亲"之句直抒胸臆。以其《石缝泉诗》为例，"湖山空在望，车马难屡历"说明此前山泉不曾下

引的缘由，一个"空"字使得百姓翘首以盼泉水的心情跃然纸上；引水之后，"万口得盥涤"写出引水后的效果。平白如话的诗风将引水工程的来龙去脉交代清楚，将施工过程娓娓道来，如同施工方案一般。勘探水源、指挥引水、选择引水材料等步骤，苏颂在诗中一一列明，事无巨细。正如王密密所言，"苏颂以深厚的科学功底为基础，融科学原理入诗歌……闪烁出熠熠夺目的科学光辉"。

苏颂在镇江这座山林城市留下了其对宇宙自然的思考印记，其《和俞仲素太博游茅山二首·宿明真观》中有"更想真游成不寐，坐听松韵到黎明"之句，写出在茅峰下夜宿道观的独特韵味，野趣盎然，有飘飘然出尘之意境。但结合其另一首《和俞仲素太博游茅山二首·马上初望茅峰》："三士隐沦地，上林句曲前。竭来思访道，属望赋游仙。松引飞轮路，云收积玉巅。华阳不知远，趣驾似行天。"便会体会到作者脚踏实地、心游天外的超然之境。

千百年过去，山林城市镇江焕发出新的生机与活力，在旅游产业发展的过程中，在城市品牌形象宣传时，可以结合苏颂"天人合一"的科学精神，挖掘并弘扬自然山水与人文历史交融背后的"天人合一"的和谐系统观。

（二）立足镇江，以"天人合一"的科学精神促进科技发展

苏颂具有世界性的社会影响力和号召力，是城市的品牌和IP，是发展聚合资源、加速城市建设、提升城市的特有文化气质。"名人文化既是城市文化软实力的一种展现，更是增强城市文化竞争力的重要途径"。对苏颂等科技巨匠进行研究、对他们的科学精神和风骨情怀进行宣传介绍，有助于提升增强城市文化的软实力。

苏颂研究一直是中国传统科技文化向世界传播的重要途经之一，苏颂研究立足中国，向东亚的日本、东南亚的马来西亚及印尼等国家和地区辐射，欧洲的李约瑟研究所、瑞士的欧米茄钟表博物馆也一直高度重视苏颂的研究，其他关注苏颂科技文化的专家学者则散布于欧美多国。例如，爱丁堡大学天文系安迪·劳伦斯教授评价纪录片《中国故事》时特别说道："这部纪录片非常有意思，像是跟着主持人在中国旅行，我对第三集中提到的宋代科学家苏颂很感兴趣，很想去看看他发明的水运仪象台。""水运仪象台"是苏颂在天文学方面成就的集中体现，经李约瑟等人传播，"水运仪象台"在天文学和机械钟表制作史上的意义已经为世界所共知。"水运仪象

台"的整个建造过程充满系统性。最初，精通历法的苏颂在检查太史局的浑仪之后，发现旧的仪器不能满足使用要求，于是在元祐二年（1087年）八月提请"置局差官"，并组建"详定制造水运浑仪所"，负责此事的苏颂系统规划了整个项目，从团队人员到各步骤管控，皆亲自操办。按照浑仪制造系统所需，苏颂四处寻觅专业人才并招揽至浑仪所，如精通《九章算术》与天文历法的韩公廉、擅长仪器制造的王沇之等。浑仪制造过程也是经过系统考虑，主要仪器包括图样文书的绘制、模型制作、模型实测、小样呈验，由翰林学士许将等试验鉴定。至元祐四年（1089年）三月，许将奏报木样机轮"与天道已参合不差"，苏颂方才启动新仪器的正式制作，前后历时三年零四个月，步骤严谨、环环相扣。更加可贵的是，苏颂不仅用铜材制作了水运仪象台，还留下了宝贵的图样说明供后世借鉴。绍圣初年（约1094—1096年），苏颂绘制水运仪象台总体图样和各部件绘图，并附上说明，著成《新仪象法要》，该书绘制了有关天文仪器和机械传动的全图、分图、零件图等50多幅，绘制机械零件150多种，多为透视图和示意图，这是我国也是世界上保存至今最早最完整的机械图纸。

苏颂在其"天人合一"科学精神的驱动下，系统组织并完成了水运仪象台的建造，其科学精神中的宝贵财富具有划时代的价值与意义，值得传承与发扬。

（三）数字运用，以先进技术传承传统文化和科学精神

名人文化是城市文化的深刻印记，在城市发展中借助名人文化资源的特色优势，有利于弘扬城市人文风骨，展示历史人文丰碑，建设名人文化品牌，有助于挖掘名人文化资源的内涵与内在价值，吸收前人智慧，提升城市文化气质，增强城市文化软实力和综合竞争力。在当代提升城市文化竞争力视域下持续推进名人文化品牌建设研究具有重大的理论意义和现实意义。秉承因地制宜的工作思路，围绕现代化、数字农业平台建设、数字经济发展、惠民服务水平提升、信息化融合发展、数字网络文化、名人旅游 OTA 接入覆盖等方面，镇江充分调动旅游行业上下游各界力量，奋勇前进，开拓创新，探索符合镇江实际的名人旅游数字化转型发展模式。以苏颂为代表的先贤名人在镇江留下了许多有价值的史料和不朽的诗篇，挖掘这一内涵，以数字化的新形式、新载体传承与弘扬苏颂的科学精神，有利于提升镇江名城形象。同时，苏颂"天人合一"科学精神的宝贵内涵，对以"城市山林"著称的镇江的文化旅游产业有着独特的存在价值。

近年来，镇江本地的苏颂研究会在政府的大力支持下举办了多次交流活动，文献梳理、文稿交流内容丰富，但主要还是以传统形式进行整理。今后，可以考虑以数字形式的载体整理苏颂研究的相关材料，以新媒体形式的载体传播苏颂的科技成就和科学精神。

（四）国际交流，弘扬"天人合一"的和谐理念

2012 年 8 月 19 日至 8 月 24 日，第 23 届世界力学家大会（ICTAM）在北京国家会议中心举行，几乎同期进行的还有 8 月 20 日至 8 月 31 日举行的第 28 届国际天文学大会（IAUGA）。会议期间，中国科学院国家天文台和清华大学负责研制的水运仪象台模型在展厅陈列，直观的模型震撼人心，起到了很好的传播效果。开展苏颂科技成就和科学精神国际传播交流活动，有利于促进国际科技交流。以中医文化为例，在德国、日本等发达国家，中医药及中医治疗技术都深受欢迎，无论官方的专家派遣交流，还是民间的医疗团体互访，都在一定程度上加快了中医药走向世界的步伐。当然，不同于西医的体系，中医传播时在许多概念、药物特性的解释说明方面有着自身的特点，此时系统性典籍的优势就得以凸显。苏颂编撰的《本草图经》、李时珍编撰的《本草纲目》等具有历史地位的中医药典籍中蕴含着中医草药系统分类的思想，对这类典籍的成就和编撰者为之所付出的艰辛和所秉持的求真务实的科学精神进行宣传介绍，有利于进一步弘扬中医药文化。2018 年 10 月 22 日，习近平总书记在广东考察珠海横琴新区粤澳合作中医药科技产业园时指出："中医药学是中华文明的瑰宝。要深入发掘中医药宝库中的精华，推进产学研一体化，推进中医药产业化、现代化，让中医药走向世界。"中医药产业走向国际，必然带动中医药文化走向国际，中医药文化中"天人合一"的科学理念和辩证思想也将随之走向世界。

（五）教育宣传，传承城市山林"天人合一"的精神内涵

教育宣传是文化得以传承和持续发展的关键所在。对于城市软实力升级的相关路径而言，战略思维是要点。城市软实力升级要立足于城市文化、城市精神、自身特点，同时设立中长期战略锚定目标，分阶段实施，并依据具体实际及时调整，着眼于"天人合一"科学精神的教育和宣传工作必须贯穿始终。

向世界传播苏颂是传播中国传统科技文化的可行路径之一。除传统学术层面的交流传播之外，镇江还可以与海外的孔子学院合作，在中国传统

文化课程中加入关于苏颂科技成就和科学精神的内容，也可以举办苏颂专题讲座、开展苏颂主题交流活动等，通过孔子学院这个桥梁，向世界推介镇江历史上的优秀科学家和科技文化。

在中国制造类的贸易博览会、中国科技方面的宣传活动现场，可以设置苏颂专题的介绍展板和宣传资料。以水运仪象台为例，吕变庭认为，从本质上看，水运仪象台把科技思想与人文理念有机地结合在了一个新的物品里，这是一种属于精神层面的意蕴，本身就具有相当大的宣传价值。

（六）"天人合一"，打造可持续发展的城市软实力

党的二十大报告对"推动绿色发展，促进人与自然和谐共生"作出重大安排部署，强调必须牢固树立和践行"绿水青山就是金山银山"的理念，站在人与自然和谐共生的高度谋划发展。正确处理好生态环境保护和发展的关系，是实现可持续发展的内在要求，也是推进现代化建设的重大原则。党的十八大以来，习近平总书记多次强调和阐述"绿水青山就是金山银山"的理念，指明了实现发展和保护协同共生的新路径。

山林城市镇江拥有绿水青山的天然自然资源禀赋，在城市发展的进程中，具备践行"绿水青山就是金山银山"理念的独到优势，回望悠久历史，苏颂等先贤对宇宙等宏大命题的思考留下"天人合一"科学精神等宝贵遗产。面向未来，如何将"天人合一"的和谐发展理念融入城市规划、产业布局和商业链条，是值得深入研究和思考的重要课题。文化旅游产业方面，西津渡商业板块将休闲产业与原有的老建筑、滨江带、古诗词有机结合，成功打造了山水人文有机统一的旅游样板，值得其他景点借鉴。商业发展方面，如何将城市山林与健康颐养等领域结合，让绿水青山焕发新的生机，值得各方面研究探讨。领悟"天人合一"的科学精神，打造可持续发展的城市软实力，是一项长期工程。

课题组成员：鲍旦旦、于海根、宋　超、张永刚

统一战线服务乡村振兴研究

——以镇江市为例

| 龙海峰 |

党的十九大正式提出乡村振兴战略，推动农业农村取得历史性成就、发生历史性变革。党的二十大报告再次强调，全面推进乡村振兴，坚持农业农村优先发展，实现中华民族伟大复兴，最艰巨最繁重的任务仍然在乡村。实现乡村振兴，需要广泛的社会参与，需要发挥统一战线的力量。习近平总书记指出，"统一战线是党的事业取得胜利的重要法宝，必须长期坚持"。

现阶段，学者们在统一战线助力乡村治理方面的研究逐年增加，研究视野越来越开阔：从二者关系研究，到二者在某个领域发挥作用，再到二者全面发挥作用。如范景鹏认为，乡村振兴战略与基层统战具有辩证统一关系，统一战线能在推进乡村振兴战略中发挥法宝作用，乡村振兴战略为加强和改善基层统战提供了工作主题；金伊始认为，统一战线可以进一步通过发挥人才、沟通协调及宣传优势，为乡村振兴增强实力、减少阻力、增添动力，同时在发挥其优势服务乡村振兴时应该更加注意整合各种资源，进一步提升服务乡村振兴战略的质量，侧重点在人才上；丁芳盛则认为，统战工作践行模式本质上是一种助力模式，即依据乡村振兴战略，以及全域旅游的理论体系和实践经验，提出契合统战工作性质、用于解决农旅融合发展问题的通用组织管理、资源配置及科技或经济帮扶行为方式，重点在经济建设层面；刘腾飞根据湖南省株洲市的具体实践，认为强化统战思维应聚拢振兴乡村的统战工作对象，优化工作机制，形成振兴乡村的统战网络，创新统战方式，提升振兴乡村的统战能力；卿秋军通过分析桂林的做法提出推动统战机制、统战资源与产业、统战智慧与人才、统战优势与文化、统战作为与生态、统战力量与组织等融合助力乡村振兴。笔者在文献检索中发现，2018 至 2023 年，以统一战线、乡村振兴为主题的文献发表数量从 20 篇每年上升到 50 篇每年，研究不断增加。但同时也要看到，相关研究仍然处于起步状态，亟须深入探究。

本课题旨在更加深入探究统一战线服务乡村振兴，通过总结镇江经验，提出了提升统一战线服务乡村振兴的建议，为统一战线服务乡村振兴提供案例借鉴。

一、统一战线服务乡村振兴的内涵及意义

统一战线是我国革命时期取得胜利的三大法宝之一。新时代，党的十九届六中全会审议通过的《中共中央关于党的百年奋斗重大成就和历史经验的决议》中明确提出，坚持统一战线是中国共产党百年奋斗的历史经验之一。用统一战线服务乡村振兴，需要了解统一战线服务乡村振兴的内涵及意义。

（一）统一战线服务乡村振兴的内涵

1. 统一战线的含义

广义而言，统一战线是特定历史时期为了同一目标组成的政治联盟，联盟包含的主体是多样的，包括阶级、阶层、政党、集团，甚至是民族、国家等。现在所使用的统一战线的定义是指中国共产党领导的、以工农联盟为基础的，包括全体社会主义劳动者、社会主义事业的建设者、拥护社会主义的爱国者、拥护祖国统一和致力于中华民族伟大复兴的爱国者的联盟。

2. 统一战线服务乡村振兴的内涵

乡村振兴战略的实施，根本是为了人民生活富裕。其中，重点是产业兴旺，关键是生态宜居，同时还需要依托乡风文明，有效治理。统一战线服务乡村振兴的内涵体现在统一战线，团结一切可以团结的力量，调动一切可以调动的积极性因素，发挥统战功能，以联络机制为保障，以教育培训为抓手，以社区营造为依托，以关系链接为主轴，发挥新的社会阶层人士的协调、组织与牵引作用等，助推乡村产业、人才、文化、生态和组织的全面振兴，实现人民生活富裕。

（二）统一战线服务乡村振兴的意义

统一战线是党在革命时期总结出来的重要法宝之一，助力党和国家取得一个又一个胜利，中华民族伟大复兴离不开统一战线，国家要复兴，乡村必振兴，可见统一战线服务乡村振兴具有重大意义。

1. 实现中国梦的必然要求

习近平总书记把中国梦定义为实现中华民族伟大复兴，中国梦中包含了对国家、社会、人民的美好愿望。党的二十大报告指出，全面建设社会主义现代化国家，最艰巨、最繁重的任务仍然在农村。因此，要实现中国梦，乡村必须振兴，而统一战线服务乡村能够促进乡村快速发展。从经济层面看，招商引资、发展特色产业可以增加农民收入，缩小城乡收入差距，为中国梦的实现奠定物质基础；从文化层面看，挖掘传统文化、地域特色文化，促进社会文化传播，可以助力社会主义文化大繁荣；从组织层面看，发挥监督优势，可以提升乡村治理效果。可见，统一战线服务乡村振兴，推进乡村现代化是实现中国梦的必然要求。

2. 完善统一战线的必然要求

统一战线是包括不同阶级、阶层、政党等的政治联盟。一方面，人们由于各自背景不同，在思维方式、行为方式上往往会存在一定的差距，乡村振兴战略为统一战线提供了一个共同的目标，能够有效利用统一战线成员优势，增强凝聚力，形成向心力，使其心往一处想，劲往一处使。从历史的角度来看，社会或者国家目标越明确，统一战线发挥的作用就越大。另一方面，乡村振兴战略的实施不是一蹴而就的，而是需要政府、企业、社会各界持续关注和出力。乡村振兴战略的主体多样性就意味着统一战线能够吸引更多人员参与乡村建设，尤其是港澳同胞、台胞、华侨，需积极投身到我国的乡村建设，扩大统一战线联盟。此外，研究统一战线服务乡村振兴战略，有助于拓展社会各界和人民群众对统一战线工作的规律性认识，增加统一战线的理论内容。

3. 社会高质量发展的必然要求

首先，我国农村人口占了总人口的近一半，"三农"问题一直是我国研究的重要课题，尤其是改革开放以来，社会快速发展，城乡差距不断扩大，社会发展呈现出不平衡的趋势，实现高质量发展必须统筹城乡建设，加快乡村振兴步伐。其次，农村建设有利于推进城乡融合发展，形成城乡互补、区域协调的局面，符合高质量发展要求。再其次，乡村振兴最终会实现农业现代化、农村产业现代化、农村社会现代化。社会高质量发展以城市化、工业化为指标是片面的，农民收入增加、农村产业实现转型，才符合社会高质量发展的要求。最后，乡村振兴是农村全面振兴（产业振兴、人才振兴、文化振兴、生态振兴、组织振兴），乡村振兴会推进农村社会的医疗、教育、社会保障等迈上一个新台阶，这是社会高质量发展的应有之义。统一战线在历史的不同时期都是紧紧围绕中心、服务大局，为社会主义建设作出重大贡献。当下，统一战线继续发挥其独特的功能，服务乡村振兴，就是推动社会高质量发展。

二、统一战线服务乡村振兴的镇江实践

镇江始终坚持充分发挥统一战线重要法宝作用，为镇江现代化建设凝心聚力，在服务乡村振兴战略上取得了一定的成绩。

（一）重视品牌建设，打造镇江特色

牢牢把握"同心共富工程"，镇江始终坚持和发展最广泛的爱国统一战线，完善大统战工作格局，坚持大团结、大联合，积极动员社会各阶级人员围绕实现中华民族伟大复兴的中国梦贡献智慧。早在 2011 年，镇江市委统战部就坚持"同心"思想，在茅山镇袁相村设立了"同心工程"实验区，积极打造"同心"品牌，助力老区脱贫，实现乡村振兴，如引进新品种、改良种植技术、规模化经营的"同心米"。扬中新坝镇创建"红石榴家园""红石榴广场"，为村中少数民族议事提供了平台，得到了村民的认可。句容市委统战部成立全省首家"聚融·同心红"统战联盟，联盟主要着眼于乡村振兴，在具体实践中提升统战工作的组织引领力、产业发展力和共富带动力，"聚融·同心红"统战联盟持续发力，当前已成为句容市的特色统战品牌。

（二）承担社会责任，维护社会稳定

在统战服务乡村振兴过程中，镇江统战部门积极探寻统一战线承担社会责任的方式方法。例如，句容茅山镇统战部门搭建平台，鼓励商会积极承担社会责任。新冠疫情期间，茅山镇商会党员向商会会员发出倡议书，动员全体会员捐物资，主动扛起社会责任。此外，商会还服务地方经济建设和基础设施建设，得到了广泛认可。又如，扬中新坝镇在少数民族群众定居处搭建了平台，为少数民族提供便利，为少数民族解疑答惑、提供生活指导。笔者在调研中发现，政府搭建平台，村民是受益者，村民反哺乡村振兴事业，壮大了统一战线的力量。在进行乡村基础设施建设中，村民反映愿意出钱出力；在节日期间，平台展示民族文化，丰富乡村文化生活，助力乡村建成新时代文明阵地。

（三）强化关键支撑，推动产业发展

发挥统战力量，积极为乡村产业振兴赋能。一方面，探索村村联营模式。首先，坚持党建引领，成立乡村振兴联合体党委，由挂村领导担任书记，统筹社会资源，成立合作社支部，增强农村合作社核心竞争力；其次，探索村村联营产业、村企联合共建项目、村政联结帮促，利用互联网成立"E"联盟，如珥陵镇为了打破"就村抓村"的孤立发展模式，依托冈田智能、汇能重工、丹和醋业和丹凤工业园等企业探寻延长产业链的方法，招引一批上下游配套企业，增强产业集群的竞争力；最后，依托"E"联盟红色直播间，拓宽农产品销售渠道，让特色农产品卖向全国各地。另一方面，利用统战力量打造特色产业体系。如袁相村打造"千亩榉树林""同心稻米"项目，构建种、产、销一体化生产基地；合作探索旅游产业发展模式，创建景区"朋友圈"。由于茅山风景区地处镇江句容与常州金坛之间，开发受到一定限制，为了打破行政区划的壁垒，延陵镇与句容茅山风景区管委会、金坛茅山旅游度假区管理办公室共同签订"大茅山旅游发展战略"合作协议，充分运用旅游资源，提升茅山景区影响力。

（四）"三精做法"，整治居住环境

镇江坚持统一战线，解决乡村突出的环境问题，实现生态环境的共治共建共享。"三精做法"指精心部署、精准宣传、精细举措。具体而言，吕城镇将统一战线与党建结合，凝心聚力，整治乡村居住环境。精心部署，发挥示范引领作用：镇村两级党员干部牵头，组建包含各行业的志愿者队伍，对乡村的房前屋后、交通要道、池塘沟渠进行全方位治理；精准宣传，增强群众爱护环境的意识。一方面，在村头巷口张贴、悬挂宣传标语，通过广播强调乡村生态的重要性，通过网格群进行宣传，发布环境整治前后的照片；另一方面，志愿者每周对乡村环境进行一次检查，将乡村环境整治活动长期固定下来，让群众自发加入乡村生态振兴的队伍。

（五）"统战+"模式，助力人才振兴

乡村振兴，离不开人才振兴。一是积极宣传。句容把统战助力乡村振兴宣传工作列入市、镇、村三级重要议事日程，成立36个"同心红"服务分团，打造22个统战助力乡村振兴基地，在各乡镇常态化开展"迎老乡、回故乡、建家乡"系列活动，吸引在外乡贤回归，助力乡村振兴。二是成立"统战+人才+产业"模式，举办句容市"福地'句'才"海外人才发展

大会，推动高层次人才与相关板块和需求企业结对合作，全方位配套支持重点项目落户各乡镇，吸引人才回乡创业发展；丹阳市委联合电子商务商会面向社会各阶层开展电子商务培训，培育出一大批懂技术、精业务的乡村振兴人才。三是"统战+乡贤"，如丹阳市司徒、皇塘、吕城等乡镇走访乡贤超120人次，延陵镇柳茹村乡贤引入延陵农副产品直销馆项目，为该村带来约10万元收益；句容"同心红"统战联盟自成立以来，组建了25个"同心红"分团，设立了"同心红"专项资金，动员了数千名统战爱心人士开展同心助爱活动，利用乡贤"小公益"形成"大同心"。当前，镇江乡贤回归乡村建设的人数呈上升趋势，群众对乡贤的认可度逐年提高。

三、统一战线服务乡村振兴的现实思考

在新的历史时期，我国社会阶层有了新变化。知识分子队伍不断壮大，工人阶级越来越稳固，整个社会的素质快速提升，统一战线在巩固工农联盟的基础上，将各阶层、各阶级的新兴力量聚拢起来，集资集智推进乡村振兴。

（一）坚持党的领导，发挥政治优势

《中国共产党统一战线工作条例》的第二条明确指出，统一战线是中国共产党领导的爱国者的联盟。从条例看，发挥统一战线服务乡村振兴的前提是坚持党的领导。具体而言，党建引领是全面推进乡村振兴的根本保障，依靠基层党组织，统一战线应着眼于从参政议政、政治协商、民主监督三个方面服务乡村振兴。一是民主党派与乡村合作共建基层组织，这是社会发展的需要，也是中国共产党领导下的多党合作的需要。成立基层组织能够直接将一批教育工作者、科技专家等与乡村振兴事业联系起来，民主党派可以在建设中吸纳人才进入各自党组织。二是参政议政，建言献策。通过参政议政、建言献策，统一战线能够深入了解中国共产党的主张，增强政治认同、理论认同、情感认同。操作层面，举行"同心议事会""建言直通车"，为乡村振兴战略的实施提供有益见解。三是民主监督。党的十九大正式提出乡村振兴战略，党和国家投入大量人力、物力、财力，统一战线，特别是民主党派发挥民主监督职能，对农业农村局、乡村振兴局等相关单位进行廉政监督；对乡村振兴政策的落实情况进行评议，党组织收集统一战线反馈意见，进而压实乡村振兴工作。

（二）宣传乡村振兴战略

从历史上看，农业农村一直是我国的立国之本。到了近代，中国共产党成立以后的革命实践证明了中国革命的基本问题就是农民问题，要把农民从苦难中解救出来。当前，习近平总书记强调，要坚持把解决好"三农"问题作为全党工作的重中之重，举全党全社会之力推动乡村振兴。要实现中华民族伟大复兴，必须实现乡村振兴。2021年是我国进入"十四五"规划的第一年，作为开局之年，乡村振兴工作的重要性不言而喻，这就要求统一战线发挥优势，积极宣传好乡村振兴战略。一是统战干部要提升统战工作能力。习近平总书记指出："现在有不少同志不熟悉统战工作的特点，不善于团结党外人士，拿着海龙王的法宝不会用。"统战干部要清楚统战工作的重要性，善于同各阶层人员打交道、做工作，学习乡村振兴是什么、怎样实现乡村振兴，深入思考在乡村振兴战略中统战干部可以做哪些事，以此提升认识水平，再通过日常工作，发挥统战优势，向爱国统一战线解读、宣传乡村振兴战略，让社会各阶层的优秀人才积极投身乡村振兴事业。二是树立典型。在统一战线服务乡村振兴过程中，会涌现出一批优秀的个人、企业或组织，可通过线下会议、活动，以及线上网络平台（微信群、公众号、短视频等）宣传具体事迹，给个人、企业或组织颁发证书。三是注重当地外出人员作用，拓宽宣传范围。外出求学、创业、务工者等一般身处大城市，视野开阔，创造力更强。向外出人员宣传乡村振兴战略，一方面可以增强其对家乡的认同感，吸引其回乡建设；另一方面外出人员可成为次传播者，扩大统一战线，让更多的人参与到乡村振兴建设中。

（三）产业帮扶，提升乡村"造血"能力

习近平总书记在延安考察时强调，要认真学习贯彻党的二十大精神，全面推进乡村振兴，把富民政策一项一项落实好，加快推进农业农村现代化，让老乡们生活越来越红火。习近平总书记十分关心民富，而民富离不开乡村产业振兴，这就要求统一战线服务乡村振兴，要把乡村产业发展放在一个重要位置。要深化产业帮扶，打造"统战+"模式。如"统战+合作社+电商"，打造产销一体化农业基地，改变农产品品质优但规模小、受众广但销路窄的局面，推动特色优质农产品扩大种植规模，打开市场。如"统战+旅游+教育"，开发地方特色旅游资源。茅山是旅游景点，同时也是红色教育的教学点，可通过游学延长产业链，增加附加值，如"统战+企业+村民"。村民是乡村振兴的主体，乡村振兴需要村民的广泛参与。统战助

力乡村产业振兴，需要"输血"，更需要"造血"，可通过打造乡村投资平台，吸引企业投资，村民广泛参与，增加乡村产业活力。如"统战+示范"，打造乡村产业振兴样板。与企业、专家学者、村民座谈，听取其意见，科学谋划，将样板村打造成产业发展好、可复制性高、社会评价好的示范村。首先在每个区进行打造，再以点连线，以线成面，推动镇江乡村产业全面振兴，向省甚至全国辐射。

（四）发挥统战人才优势

乡村振兴离不开人才振兴，统一战线的一大优势就是联系广泛、知识密集。首先需要对统战人才进行分类，可以将其分为统战干部、本土人才、科研院所工作者、非公企业家和志愿者。对于统战干部，可以挑选一批工作优秀、责任心强的干部到基层挂职，一方面可以夯实基层统战基础，另一方面可以通过干部自身参与，使其清晰认识统一战线服务乡村振兴战略的不足之处，完善统一战线工作。对于本土人才，要充分利用各自特长，引导其在乡村经济建设、乡风文明、生态环境等方面发挥作用，在乡村振兴中发挥带头示范作用。对于科研院所工作者，要注重发挥其对乡村振兴的"智力支持"作用，邀请科研院所工作者到乡村调研，找问题，提对策。特别是一些农技专家，可以因地制宜推进当地农业发展，通过座谈会的形式，提出可操作的建议，加速乡村振兴。对于非公企业家，可以通过"万企兴万村"吸引企业家到乡村投资建厂，为其提供良好营商环境，在审批、税收等方面实行宽松政策，鼓励企业家参与乡村集体经济，带领村民致富。志愿者是统一战线服务乡村振兴不可或缺的部分。成立全市统一的志愿者服务队伍，每个乡村配备一名志愿者。通过志愿者队伍，继续培育乡村本土志愿者，打造志愿者本土品牌，形成地方特色。

（五）积极参与乡村治理

乡村治理是乡村振兴的重要保障和基础，这就要求统一战线要积极参与乡村治理。乡村治理体系主要指乡村自治、法治、德治相结合。在村民自治中，存在村民民主意识淡薄、自治能力不强、基层政府行政指导不足、乡村自治过程新技术应用不足等问题。提高村民自治意识、健全村民自治制度，以及发挥基层政府指导作用、完善民主协商制度成为统一战线工作的突破口。统一战线能够为民主协商提供平台、落实协商主体、明确议题和程序，还能够通过议事会等形式让村民参与乡村社会建设，提升其主人翁意识，增强乡村自治内生动力。乡村是法治建设的薄弱地带，统一战线可以发挥"智"的优势，安排法律工作者定期到乡村开展普法行动，协助乡村编制村规民约。统一战线能够有效防止乡村德治主体缺失、道德失范，发挥德治效能。如发挥乡贤作用，重塑乡村道德，抵制拜金主义、享乐主义文化侵袭，挖掘和弘扬乡村优秀文化，多主体共同加大对乡村优秀文化的保护力度；通过搭建村民公共文化服务中心，打造村民闲暇时间的文娱中心，集聚村民，增进交流，重塑公共精神；邀请乡镇、县区专业文艺团到村演出，促进乡风文明建设。此外，乡村生态环境也是乡村治理的重要内容，统一战线能够提供人力物力支持。如安排志愿者清理乡村垃圾，定期检查乡村环境治理状况，对河道、池塘除污清淤，实现"看得见山、望得见水、记得住乡愁"。

四、结语

民族要复兴，乡村必振兴，推进乡村振兴是必须深入研究的课题。统一战线作为中国共产党的三大法宝之一，对乡村振兴战略的实施、乡村振兴的实现有重大意义，如何在乡村振兴中最大限度发挥统一战线的作用，让人才汇集农村、产业落在农村、优秀文化在乡村盛开等，需要更加深入的研究，也需要更多的补充案例。

（作者单位：中共镇江市委党校）

镇江提高城市安全韧性和宜居度研究

| 中共镇江市委党校课题组 |

"十四五"规划和 2035 年远景目标纲要提出，建设宜居、创新、智慧、绿色、人文、韧性城市。韧性城市理念从此被纳入国家战略规划，也进入大众视野。党的二十大强调："实施城市更新行动，加强城市基础设施建设，打造宜居、韧性、智慧城市。"这是以习近平同志为核心的党中央深刻把握城市发展规律，对新时代新阶段城市工作作出的重大战略部署。随着镇江城镇化进程的加快，镇江面临的不确定因素交织叠加，火灾、疫情、洪涝等灾害和风险类型更多，导致致灾速度更快、造成损失更大、影响范围更广，对韧性城市建设提出了更为急迫的要求。2022 年，镇江市政协重点专题协商会围绕"谋划推进城市有机更新"开展专题协商活动；2023 年，镇江市政协再次开展"建设韧性城市，优化安全发展环境"专题协商活动，突出显示了提高城市安全韧性和宜居度研究的重要性。如何深化对城市更新的认识，贯彻党的二十大精神，统筹发展和安全，紧盯城市建设新趋势，提高镇江的安全韧性和宜居度，成为新时代镇江高质量发展的重大课题。

一、镇江提高城市安全韧性和宜居度的重大意义

（一）提高城市安全韧性和宜居度是从"国之大者"高度推进城市发展的务实之举

城市发展是一个自然历史过程，有其自身规律。韧性城市是一种城市类型、城市运行模式和城市发展的思维范式。城市不断发展，对运行模式的探索也在不断深化。虽然都强调应对灾害，但与传统防灾理念相比，韧性城市由研究单一灾害转向研究多种灾害，由工程性防灾转向避灾、减灾、防灾与容灾综合应用，由预测致灾因子风险转向研究承载体——也就是城市本身的多系统复杂性。更重要的是，现代城市中各个系统紧密相连，任一节点遭到灾害破坏，都有可能带来严重后果。在这种情况下，韧性城市理念对城市发展具有积极意义。目前，中国已有部分城市从顶层设计角度点明了建设韧性城市的重要性。北京、南京、成都等地的政府工作报告、城市总体规划中均可见到相关说法。此外，还有地方建立城市风险账本，

为城市"体检"、提前排查各种风险，并据此对现有基础设施、社会组织等加以改造升级。目前，城市数量由增量转入存量阶段，提升城市韧性不仅仅要体现在新建城市中，也要对已建成的城市各项基础设施补短板、强弱项，将新理念全面融入当前工作，唯有如此，城市生命力才会更加可持续。镇江全市上下要深刻把握韧性城市建设的重要意义，充分认识韧性城市建设是从"国之大者"高度推进城市发展的务实之举。打造宜居、韧性、智慧城市，有利于更好地认识、尊重和顺应城市发展规律，推动城市从粗放型外延式发展向集约型内涵式发展转变，从源头上促进经济发展方式转变。

（二）提高城市安全韧性和宜居度是践行人民城市理念的题中之义

在中国式现代化的宏大叙事中，人民是永恒的逻辑起点，为民是不变的价值落脚点。城市是人民的城市，必须坚持人民城市人民建、人民城市为人民的理念。衡量一座城市的品质，既要看"天际线"，也要看千家万户所扎根的"地平线"。打造宜居、韧性、智慧城市，有利于增强城市的整体性、系统性、宜居性、包容性和生长性，不断满足人民群众对美好生活的需要，让人民群众在城市生活得更方便、更舒心、更美好，真正让城市品质更有温度、更接地气。

（三）提高城市安全韧性和宜居度是绘就"六个更加"中国式现代化镇江图景的内在之需

随着城市人口的快速集聚，城市既有精密性、高效性，又存在着一定的脆弱性，城市安全的不确定性也在日益增加。建设具有较强风险抵抗能力的韧性城市，充分保障百姓的生命财产安全，是建设中国式现代化城市的应有之义。城市是风险防控的重要领域，城市发展必须把生态和安全放在更加突出的位置。打造宜居、韧性、智慧城市，有利于统筹城市发展的经济需要、生活需要、生态需要、安全需要，并据此建立高质量的城市生态系统和安全系统，提高城市全生命周期的风险防控能力。对于镇江来说，建设韧性城市，优化安全发展环境，是必然之举，也是必需之举。建设韧性城市，是城市发展的新契机，只有统筹好韧性城市建设和安全发展的诸方面，才能走出一条具有时代特征、镇江特色的现代化城市发展道路。

（四）提高城市安全韧性和宜居度是推进以人为核心的新型城镇化的必由之路

新型城镇化的主要特征是以人为核心。近年来，随着顶层设计的逐步完善与地方的积极探索，镇江城镇化水平和质量明显提升，推动农业转移人口市民化成效显著，城镇化空间格局持续优化，城市可持续发展能力不断增强，城乡融合迈出新步伐。但是，镇江的城镇化仍然存在发展空间不均衡、城乡融合发展程度不高等问题，今后迫切需要在促进城镇化布局形态优化、增强城市发展动力、提高城市安全韧性、推动城市绿色低碳发展、推动城乡融合发展等方面持续发力，全面推进新型城市建设，助力城镇化提质增效。通过建设宜居、创新、智慧、绿色、人文、韧性的城市，新市民可全面融入城市社会，成为合格的新市民。

二、镇江市安全韧性和宜居度建设存在的问题

（一）基础设施体系韧性不足

城市的基础设施体系是现代社会赖以生存和发展的基石，对保障城市运转和居民生活起着至关重要的作用，是城市的"生命线"体系。当前，镇江重要基础设施体系韧性不足主要体现在两个方面。

1. 部分基础设施建设老化

当前，镇江市面临基础设施建设和人口结构"双老化"的挑战，重要基础设施体系运行维护压力显著增大。经过多年高速、大规模建设，城市的市政、交通、通信等诸多子系统错综复杂，积累了不少风险隐患，地下管线老化、底数不清等问题突出，城市内涝等事故多发，迫切需要更新改造，推进新型城市基础设施建设。

2. 城市基建系统之间互相高度依赖

镇江市的交通、水利、电力、能源、通信等基础设施网络相互依存，社会—经济—自然系统深度耦合，在自然灾害、安全事故等灾害中呈现出明显的脆弱性，系统间易产生连锁反应，扩大灾情范围，给城市安全和居民生活带来严重的风险和威胁。

（二）城市经济韧性不足

城市经济韧性是城市与宏观经济层面的相互依赖程度，它能够反映城市经济各部门、各层次、各要素之间有机结合下的整体变化形式、规律和

内在动力，其发展与城市协作、城乡合作、科技创新、文化吸引等方面密不可分。当前，镇江推进城市经济韧性建设面临一些制约。

1. 产业集聚度不高

"四群八链"产业链条不长，内部关联度不紧密，产业集中度相对较低。现有"链主"企业在行业内影响力、控制力不强，对上、下游产业链的牵引力不足，产业链企业之间融通发展水平不高。比如，镇江北汽现有270余家配套企业，但在镇江配套企业仅有7家。

2. 产业规模偏小

对标先进地区，镇江"四群八链"总体规模偏小，整体竞争力不强。"八链"中没有一条产业链销售超千亿元，销售超200亿元的企业仍是空白。

3. 创新能力不强

镇江"四群八链"企业多处在产业链的中下游，60%以上属于零配件配套生产，产品附加值低，自主创新能力弱，同质化竞争严重，缺少在全国叫得响的地标性产业。

另外，驻镇高校、科研院所与"四群八链"企业开展产学研合作的深度、广度不够，科技成果转化率不高。

（三）城市社会韧性不足

城市社会韧性是城市社会治理的重要诉求，表现为城市在抗击风险、走出困境时团结互助的共同体意识，以及运转和谐有序的治理体系和治理能力。当前，镇江推进城市社会韧性建设面临一些制约。

1. 应急管理格局体系初建，仍需完善

一是部分地区对应急管理宣传工作的重视度不够，宣传报道不够，安全宣传教育缺乏针对性、实效性，微信公众号没有运行。二是部分地区对应急管理工作的统筹落实还不到位，赴基层开展工作调研与考核不充分，基层应急能力标准化建设还需加强，统筹安全生产、应急救援和防灾减灾工作不够均衡。三是部分地区对安全生产的综合监管仍需加强，监管体制未全面理顺，监管责任未能层层压紧压实，安全监管能力有待提升，综合协调职能没有充分发挥，担当作为有待加强，督促指导和协调保障作用还有欠缺。

2. 干部群众应急能力和防灾避险自救知识存在不足

一是领导干部和工作人员缺乏应急培训，新任职领导干部未组织应急业务学习教育，或者培训流于形式、效果不明显。二是全社会层面的防灾避险知识宣传教育不到位。三是风险区需转移人员排查登记不到位，重点人群登记造册、转移包保责任落实不到位，紧急情况下转移受威胁群众相关工作组织不到位，转移安置后人员管理缺失、转移安置群众擅自返流现象偶有发生。

（四）城市生态韧性不足

城市生态韧性是指当自然性、灾害性的不确定因素，如洪水、暴雨、干旱、风暴、病毒等对城市造成冲击时，城市适应并自我修复的能力。城市生态韧性建设与经济、社会等韧性建设共同组成城市系统健康运行的基本保障，是城市系统韧性的重要组成部分。以前，我们的城市建设往往缺乏"韧性"思维，设计太过机械，功能分区太过明显，交通模式太过单一，影响其应对自然灾害的弹性。比如，过去镇江应对暴雨是依靠其与长江、太湖等相融的水系——城市水韧性的背后是以强大的自然系统作支撑的。我们现在的城市依赖钢筋水泥和管道系统，所有的水系统都取直硬化了，导致其失去水韧性，一旦雨水超过管道所能承载的水量，就会出现内涝问题。当然，在应对城市内涝时，将管道加粗，或是增加管道数量，也能从物理层面提高其抗涝能力，但带来的结果是更大的资金投入和持续的修缮，与当下提倡的可持续发展理念是相违背的。

三、镇江提高城市安全韧性和宜居度的路径探索

（一）提升城市基础设施韧性

1. 规划引领，统筹推进，完善城市基础设施韧性建设的制度保障

将韧性理念融入城市规划编制与实践，是国内外城市推动韧性建设的共同经验。为了有效应对城市面临的内外部风险与挑战，加强城市防灾减灾能力，镇江市应将提高和强化城市韧性的理念纳入城市总体规划，从防震减灾领域入手，逐步建立起城市基础设施韧性建设的政策协同体系，确立整体性框架。

2. 坚持"让""防""避"的原则，优化城市硬件空间布局

在城市重要基础设施布局方面，要为防控高灾害风险"让"出空间；完善防灾分区、开敞空间，预留应急和留白用地，统筹布局公共安全设施，形成"防"的格局；建设立体疏散救援通道，强化大型体育场馆等公共建

筑平战功能转换，推进综合型应急避难场所建设，做好"避"的准备。在划定战略留白用地的同时，通过设置规划人口服务保障系数，形成基础设施的冗余量预留，预留应急基础设施接口，保持"冷启动"状态。

3. 数智赋能，场景牵引，构筑城市基础设施韧性建设的监测预警体系

大数据、物联网等新兴技术的发展与运用，有助于持续提升灾害监测预警能力，为基础设施韧性建设提供了赋能工具。镇江市要以推进城市"一网统管"建设为基础，集成各领域各行业已建的监测预警系统及监控资源，完善城市安全监测感知预警体系，实现对燃气、供排水、热力、综合管廊等城市生命线安全风险的实时监测。构建地下燃气管网、非居民用户、居民家庭用户的全方位燃气监测预警体系，建立"前端感知—风险定位—专业评估—预警联动"城市安全精细化治理的创新模式，为基础设施韧性管理、预警预报和辅助决策等提供有力支撑。

（二）提升城市经济韧性

1. 适度超前推动数字产业化发展

数字产业化对城市经济韧性具有提升作用，政府及有关部门应超前开展数字产业基础研究和关键核心技术攻关，紧跟前沿领域培育人工智能、高端芯片、区块链、基础软件等数字经济核心产业，助力城市经济韧性的增强。同时，政府需引导平台企业规范化发展，借助互联网、区块链等数字技术优势，增加创新研发投入，推进中小企业、平台企业间资源共享，不断优化数字产业发展新生态，赋能城市经济韧性提升。另外，商务部门应前瞻性布局数字贸易高质量发展战略，适当放宽数字经济新业态准入，建设数字口岸、国际信息产业和数字贸易港，推动城市经济韧性增强。

2. 推动产业数实融合

城市产业结构优化能够提升城市数字经济竞争力。从产业结构角度出发，应充分发挥数字经济对产业优化升级的促进作用。在数字经济新兴产业快速崛起的节点上，从国家层面到各级政府都应充分认识到数字经济发展的重要意义，通过政策法规等有效手段，为数字产业的发展提供有力支持，进一步丰富镇江市产业的层次结构。有关部门也应利用数据的生产要素带动作用，促进资源在区域间有效流动，从而促进产业结构优化。企业要加快推进数字技术在农业、工业、服务业中的整合应用，通过渗透效应、重组效应和关联效应实现数字经济与传统产业的融合发展，进而引起新一轮生产变革，推动城市数字经济发展水平的提升。此外，必须加大新型数

字基础设施建设投入，从国家战略层面布局数字产业，制定有效措施加速产业数字化转型，以促进镇江市现代化产业体系的不断完善。

3. 加快数字产业协同集聚

数字产业集聚可以显著增强数字产业韧性。因此，政府应加快数字产业协同集聚发展，为强化城市经济韧性赋能。一方面，紧盯数字前沿领域，定向支持和培育高科技产业。政府要立足系统思维，充分挖掘数字产业内部资源，聚焦同数字产业联系最密切的高端技术领域，优化数字产品生产全流程，推动数字产业逐渐形成集聚形态，提高城市经济韧性。另一方面，设立专项资金，追赶国际先进水平并实现反超。政府应设置专项数字产业扶持资金，推动一批具备成长性的数字企业发展壮大，促使数字产业逐渐向集群化状态转变，实现数字技术赶超，在化解数字产业整体大而不强问题的同时，为强化城市经济韧性注入动能。各级政府应积极出台相关扶持政策打造数字产业集群，发挥数字经济在生产要素配置中的优化与集成作用。宏观政策方面，政府应强化数字产业集聚区财政及税收优惠政策配给，鼓励各产业依托信息网络、数据资源及人力资本组织生产并实现数字产业集聚。配套政策方面，有关部门需积极构建研发创新扶持、知识产权保护等领域的集群政策体系，构建数字产业集群治理模式，继而推动城市经济发展韧性的提升。

（三）提升城市社会韧性

1. 弘扬价值创造和风雨同舟的精神

充足的物质资源是应对风险挑战的基础，也是城市保持韧性的根本。通过有效的措施，在全社会弘扬价值创造和风雨同舟的精神，鼓励人们互帮互助、同舟共济，有助于进一步增强城市韧性和生命力。志愿服务是社会文明进步的重要标志，是广大志愿者奉献爱心的重要渠道。各级党委和政府应为志愿服务搭建更多平台，更好发挥志愿服务在社会治理中的积极作用，进一步弘扬奉献、友爱、互助、进步的志愿精神，推进志愿服务制度化、常态化，为韧性城市建设奠定更坚实的社会基础。

2. 充分利用数智技术的优势

城市借助数智技术提升能力和韧性，是推动城市治理优化升级、提升居民获得感、幸福感、安全感的重要手段。仅仅通过基础设施投入实现城市各个系统和部门间的信息化和数字化联结是不够的，还需要利用大数据和人工智能技术对与城市运营和发展相关的多模态数据进行分析，提升决策质量和效率。同时，要清楚地意识到，技术虽然能为搜集数据提供极大的便利，但搜集什么数据、在哪些情境下搜集数据、怎样使用数据等问题事关个人隐私乃至公共安全，亟须制度化、规范化。另外，也不能将数字技术当作简便的管控工具，更不能过于依赖数字系统而变得懒政、脱离群众和远离实践。

3. 建立提升社会韧性的教育体系

从本质上讲，组织良好运转的关键在于人，以人为本是培养城市韧性的立足点。个人和社会的韧性来自应对危机的能力与素质，因而建立增强社会韧性的教育体系、提升公民风险防范能力尤为必要。第一步，通过素质教育让每个以自我为中心的自然人转变为考虑公共利益的社会人。第二步，通过职业教育让人们从遵守社会规范的社会人转变为组织人，即在组织里遵守组织制度、规则和工作流程。第三步，通过专业培训使人们从组织人转变为专业人，以更好地应对各种风险挑战，提高组织绩效，为社会作出贡献。

4. 营造良好的营商环境

镇江市要精准定位，树立标杆，补齐短板，着力优化营商环境。其一，营造公平竞争的市场环境，多措并举优化融资环境，保障市场主体融资需求；提升研发投入和专利保护力度，以创新引领产业转型升级；完善公平竞争制度，改革监管体制，加强行业自律；降低资源获取成本；努力打造种类齐全、分布广泛、功能完善的现代中介服务体系。其二，营造高效廉洁的政务环境，积极构建"亲""清"新型政商关系，加强对企业的关怀力度；深化"放管服"改革，提升政府服务效率和能力；加快建设廉洁政府、透明政府。其三，营造公正透明的法律政策环境，保证司法公正、公开；打通司法服务"最后一公里"；加强知识产权保护；完善社会治安防控体系，维护安定有序的社会治安环境。其四，营造开放包容的人文环境，坚持对外开放、互利共赢；培育和弘扬企业家精神，完善社会信用制度，提升城市人文魅力。其五，找准城市战略定位，发挥城市特色和比较优势，以城市群和都市圈为依托，实现资源共享、优势互补、共赢发展。

（四）提升城市生态韧性

1. 完善城市生态环境

在基础设施体系完善的基础上，结合基于自然的解决方案，无须过多干预城市生态系统的运转，实现城市结构功能韧性的提升。例如，城市中的小型绿地、小型湿地公园，一方面能给人们带来好的感官体验，另一方面能起到滞留和吸收污染颗粒物的作用。具体来说，路面被雨水冲刷后含有很多氮硫磷元素，是污染物，但对于植物的生长来说反而是一种营养物质。所以说，如何结合城市的基础设施去更好地提升整个城市的韧性，是提升城市整体生态环境的重要部分。要从根本上进行能源结构的改变，包括大力支持光伏发电、风力发电等，使清洁能源逐步替代一部分燃煤发电。光伏、风电、水电都是非常宝贵的能源和资源，也是一种战略资源，它们都可以在一定程度上替代传统的燃煤发电模式。更好地开发新能源，对改善大气环境很重要。

2. 改善乡村生态环境

一方面，对于秸秆等较好的生物质能原料，传统的处理方式是直接燃烧，这造成了严重污染。可以通过生物质能的方式，将其转化为新型能源，用来供给农村农户取暖用能等。另一方面，在水环境方面，对于江河的治理，目前成效显著。深入"最后一公里"，聚焦小微水体的治理，对改善我们的人居环境非常重要。其中，因为农村有很多坑塘，而且基础设施不完备，所以农村小微水体污染的现象更为严重。以农村地区的厕所为例，下雨之后粪便集中到小的坑塘，很容易造成污染。因此，更好地完善乡村地区的基础设施，对传统污染物的资源化利用是很重要的一部分。例如，沼气池就是农村实现资源重新利用的一个重要手段，一定程度上减少了水体污染与土壤污染。

课题组成员：高　亮、姜　华、何玉健

市域社会治理现代化：现实困境与提升之路

| 臧璐衡 |

近年来，市域社会治理逐渐成为社会热词，发挥着重要的桥梁和纽带作用。党的十九届四中全会提出了"加快推进市域社会治理现代化"的行动目标。党的十九届五中全会审议通过的《中共中央关于制定国民经济和社会发展第十四个五年规划和二〇三五年远景目标的建议》，再次明确指出"加强和创新市域社会治理，推进市域社会治理现代化"，进一步体现出市域社会治理的重大意义。

步入新时代，社会主要矛盾发生变化，中国正在开启全面建设社会主义现代化国家新征程，社会治理任务也变得越来越繁重。面对城市治理中存在的诸如"碎片化"难题、信息数据共享难题、公共服务供给难题等现实困境，亟须探索全新的新时代市域社会治理现代化的实施途径。本研究将从理论与实践相结合的角度出发，进一步分析当前市域治理方面存在的短板，探索优化和完善市域社会治理的实践路径，努力提高市域社会治理的能力和水平。

一、市域社会治理现代化的内涵与功能定位

（一）市域社会治理与市域社会治理现代化

总体来看，学术界关于市域社会治理现代化的研究成果日渐丰富，有很多新观点、新论断。其一，从市域社会治理的概念来看，市域社会治理是以城市范围为基础依托，由政府部门、企业、社会组织、市民等多元主体共同参与，通过彼此间的合作、协商，共同提供公共服务，以达到城市范围内公共利益与私人利益相统一。它以全要素、全周期管理为重点，运用系统思维，整合市域范围内各类资源，以满足市域城乡居民的多元化需求，提高其获得感、幸福感和安全感，是市、县（区）、镇（街道）政府职能体系和竞争关系的"新再造"，是信息网络时代数据化治理的"新探索"。其二，从市域社会治理现代化的内涵来看，市域社会治理现代化主要包括三个方面，即治理理念现代化、治理体系现代化、治理能力现代化。追溯传统的社会治理理念，可以发现该理念主要建立于官僚权威基础之上，存

在诸多矛盾关系，而治理理念的现代化要求政府转变传统理念，即着眼于整个市域层面，由官僚权威理念向服务型政府理念转变，由消极被动转向积极主动，同时强调治理理念的整体化和协同化，以政治、法律、道德和技术等手段建立、调整和约束社会关系，维护社会秩序，形成有机的社会纽带，防止治理资源分散化、治理过程碎片化。治理体系现代化要求政府转变职能，推进行政管理体制改革，构建科学的治理机制，横向层面注重整合部门职能与资源，统一公共服务，纵向层面注意权力下放和机构下沉，促进形成多元协同治理模式。治理能力现代化要求政府明确职能目标，提高服务能力和服务水平，及时引入新兴技术提高治理效率，不断改进治理方式，倡导全社会积极参与公共治理，以构建共建共治共享的参与型社会，使市域社会治理的制度设计适应新时代面临的问题和挑战。

（二）市域社会治理现代化的功能定位

市域社会治理现代化关系到社会治理能力和治理水平的提高。其一，市域社会治理关系到顶层设计的落地。市域社会治理不仅仅要贯彻落实国家的相关政策规定，更要结合市域范围内的实际来展开具体工作，推动社会治理重心向基层下移。要推动市域社会治理现代化的实现，就需要从政策层面发力，出台市域内长期、短期规划及相关经济扶持政策，以推动社会治理工作更好地开展。其二，市域社会治理现代化能够防范重大风险，促进社会的和谐稳定。市域社会治理的现代化表明社会治理体系基本完备，社会治理能力实现了质的飞跃，能够缓解基层矛盾，防范和化解重大风险，积极有效应对重大突发公共事件，维护城市和国家的长治久安。当前，在市域社会治理过程中仍存在治理理念有偏差、基层矛盾突出、民众诉求表达机制低效等问题，推进市域社会治理现代化将有效缓解矛盾，解决现存难题，促进社会治理取得更大成效。其三，市域社会治理现代化能够推动自主创新的实现。创新是推动社会向前发展的重要力量。在诸多创新实践中，市域社会治理具有较大的探索空间和较完备的工作机制，能够进行试点创新，从而为社会治理现代化提供新的实践经验和方案，整合各类资源力量，完善公共服务供给，不断提高社会治理效能。

二、市域社会治理现代化的现实困境

2019 年，中央政法委召开全国市域社会治理现代化工作会议，并在全国范围内开展试点工作。虽然各地市在试点过程中取得了一定成效，但也暴露出一些问题，从实践来看，主要存在如下困境。

（一）条块分割：市域社会治理的"碎片化"现状

市域社会治理涉及的参与主体较多，缺乏信息交流和沟通将造成"条块分割"的碎片化状态，影响社会治理的效能。其一，市域社会治理主体的多元化。政府有多个部门共同参与市域社会治理，但不同部门的职责存在差异，社会治理过程中存在明显的"条条"分割现象。各部门缺乏交流和沟通，对市域社会治理采取的方式各不相同，导致治理的成效存在很大差异。其二，市域社会治理资源的分散化。政府、企业、社会组织所拥有的治理资源各不相同且各有优势，资源的分散化增大了区域优化配置的难度，难以实现跨域整合与共享。其三，治理主体的利益复杂化。各治理主体都根据其主体职能参与社会治理，提供不同资源，但是在资源供给过程中往往存在利益交织。科层组织的专业化分工可以提高效率，但往往会导致部门利益和部门之间的竞争，利益的复杂化使各主体之间难以建立信任关系，资源共享和互信机制也难以达成。

（二）部门林立：存在信息数据共享难题

目前，国家对于数据权属及如何依法保护还没有明确的法律界定，市域社会治理数据共享有待深化。一方面，政府各部门之间的数据共享程度低。社会治理涉及众多领域，关系多个部门，但是各层级资源整合困难且部门之间沟通不畅，政府内部的数据共享机制仍未建立。另外，各个部门的信息数据涉及系统有所不同，"一网统管"仍未落实，加之政府跨部门协同治理的能力有限，因此如何按照统一的标准将各部门的数据有效融合，提高各类数据的利用率，仍是现存难题。当前，大部分城市都未形成跨界协同治理机制，都是各管一块，各部门之间信息沟通不畅，共享意愿不强，甚至存在冲突，竞争性治理凸显。另一方面，各主体之间信息共享能力不足。从客观条件来看，大数据技术能够实现有效的信息共享，但是在技术应用方面，仍然欠缺相应能力，可能造成数据采集登记重复、部分数据未能有效利用等现象。从主观层面来看，有些主体对数据共享存在顾虑，担心出现数据资源产权纠纷，对数据隐私安全方面存在疑虑，这都是影响数据有效共享的因素。

（三）供需失衡：市域公共服务存在供需矛盾

公共服务供给是市域社会治理的重点工作之一，提升公共服务水平、做好公共服务供给工作有利于提高人民群众的获得感和幸福感。目前，城乡社会治理资源配置仍存在不充分不均衡问题，空间公共服务供需矛盾突出，且存在明显的供给导向。在未来社会，单靠政府一方力量已经难以满足公众越来越广泛多样的公共服务需求。在大数据背景下，公众的社会需求不仅越来越多样化，其变化也越来越快，政府部门供给导向理念如何适应大数据背景下公众不断变化的多样化需求成为制度设计的核心内容。然而，市域公共服务供需信息不对称，无法获取实时精准需求，加上各类社会资源缺乏有效的协调与统筹，导致供需不匹配、供给效率低下，这也进一步制约了市域社会治理现代化水平的提高。

三、协同高效：镇江市域社会治理现代化的新形态

镇江市作为全国第二批市域社会治理现代化试点城市，坚持全市一盘棋，从头做起打基础、从小抓起补短板，创新开展社会治理现代化先进镇、街道创建工作，从 2021 年到 2024 年，镇江每年滚动创成一批先进镇和街道，确保到 2024 年实现全市 61 个镇、街道（园区）创建全覆盖。2022 年9 月，镇江市市域社会治理现代化指挥中心正式挂牌运行，该中心整合了原有四个中心的职能，整合力度最大、设置功能最全。

（一）坚持党建引领，建立"四全"模式

近年来，镇江市深入贯彻落实全国城市基层党建引领基层治理相关会议精神，全面启动"党旗'镇'红、一线建功"工程，扎实推进城市基层和谐善治先锋行动，积极探索党建引领城市基层治理工作路径，着力构建党政群企"全参与"、为民服务"全天候"、急难愁盼"全回应"、先锋作用"全感受"的全域党建"四全"模式，努力把党的政治优势、组织优势转化为基层治理优势。通过深入走访、开展调查研究，镇江市进行专项整顿，着力解决现存难题，明确十项重点任务，全面完成集中走访、换届"回头看"、综合研判等，形成市（区）、镇（街道）、村（社区）三级党组织 794 份综合分析研判报告，形成比较完善的基层党组织基本数据库。2023年 7 月，中心共梳理解决群众"急难愁盼"问题 1.1 万个，兴办实事好事4100 多件。如润州区开展"百人万里行"体验式调研活动，全区组工干部、

中青班学员和街道社区党员志愿者分别成立体验小组，深入快递员、外卖配送员、货车司机、网约车司机等群体，以谈心谈话、实地考察、沿途暗访等多种方式，从不同视角近距离了解当前行业发展现状、企业党组织运行，以及新就业群体当前生活状况，同时注重发现党建工作的突出问题，打破传统思维模式和刻板印象，精准收集诉求，精细研判分析，实现撰写一份调研实录、提出一些对策措施、形成一套调研汇编、解决一批集中诉求、制定一项制度文件等"五个一"调研成果，为分层分类、做细做实、新业态新就业群体党建引领和凝聚服务工作奠定坚实基础。

（二）坚持问题导向，着力补齐工作短板

首先，在工作制度层面，镇江市委平安办专门制定出台《先进镇、街道创建工作实施方案》和《评选标准》，指导推动各地针对性解决短板弱项、提高工作质效。推动镇江市所有镇、街道社会治理现代化（平安建设）领导小组全覆盖，并实行常态化运作。在党建领域，以清单制管理为载体健全基本制度。2022年以来，镇江市出台制度性文件15项。建立任务清单，将"党旗'镇'红、一线建功"工程分解为7张任务清单、160项具体举措；建立责任清单，构建"五责联抓"工作体系，出台6个工作指引；建立职责清单，出台行业主管部门"抓行业、行业抓"党建工作指导意见，健全"八项机制""十项责任"；建立专项清单，在全市开展典型标杆样板专项培育工作，培育一批典型，把全市组织体系建成"运行好、活力强、有温度"的有机整体。其次，从人员安排来看，制定细化政法委员履职清单，加强对综治中心的工作统筹、政治指导；开展市级政法机关优秀年轻干部专项挂职活动，每年选派一定数量的优秀年轻干部专职协助党委政府和政法委员开展工作，努力按照"市抓镇街、县抓村社"的总体思路，在全市范围形成"下抓一级、齐抓共管"的工作局面。最后，从治理方式来看，推进网格化服务管理中心与为人民服务中心一体化、标准化建设，统筹各类基层资源和力量，搭建基层社会治理实践平台，引入新兴技术，加快新一代技防建设应用，全面达到全域覆盖、全程可控的要求。比如，润州区重点深化城市基层全域党建"四全"模式，打造"党建共同体"，构建联动系统，推动服务资源下沉，促进基层治理取得新成效。

（三）坚持系统推进，提升社会治理法治化水平

镇江市政法系统始终把"群众利益无小事""我为群众办实事"的要求

贯穿党史学习教育和政法队伍教育整顿全过程，推进普惠均等，聚焦快捷便民，创新打造"镇法同行，助企惠民"服务品牌，不断加强和创新基层治理。其一，全面贯彻总体国家安全观，推进国家安全人民防线网格化服务工作机制，加强政治安全领域风险排查、评估、监测预警和化解处置。将总体国家安全观理念深入企业、社区，强化政治防线，把守政治底线。其二，积极推进平安村居建设，联合相关部门并利用多种方式开展宣传工作，确保平安村居覆盖率达100%；加强出租房和流动人口服务管理，尤其是对社区矫正对象、吸毒人员等进行重点管理。其三，坚持和发展新时代"枫桥经验"，扎实推进矛盾纠纷多元化解，逐步实现"最多跑一地""最多访一次"，最大限度降低群众"访累"；深入开展"无诈"创建，开展全覆盖、无死角反诈宣传，夯实打击治理电信网络诈骗犯罪的基层基础。如镇江茅山风景区管委会整合网格服务管理中心、司法所、调解委员会的职能，成立茅山风景区政法综治中心，有效增强了基层公共法律服务能力，提升了社会治理法治化水平。镇江市政法系统聚焦加强和创新基层治理，让群众切身体会到"法律温度"，最大限度消除不和谐、不稳定因素，确保人民安宁、社会安定，为建设现代化新镇江创造更加安全稳定的社会环境。

（四）坚持多元共治，打造共建共治共享社会治理新体制

镇江市多重赋能，进行网格创新。2022年，丹阳市严格落实"村村到、户户进、人人访"要求，32名市"四套班子"领导带头，4877名镇（区、街道）、村（社区）干部、党员骨干、网格长等共同参与，通过"一本一卡"（民情记录本、民情联系卡）记实管理的方式，进一步畅通联系服务群众渠道。润州区全面激活先锋作用。创新建立新就业群体赴街道社区"一对多"报到、网格员与新就业群体"1+N"服务联系机制，将每年6月16日确定为社区集中报到日，推行"街社吹哨、小哥报到"，选聘113名兼职网格员、28名社区兼职委员和红色物业监督员，常态参与城市管理、治安巡防等事项，参与协商议事9场，在疫情防控和文明城市创建中开展爱心配送等志愿服务65次。京口区实施"家门口党建"，295个综合网格党组织应建、已建率100%，394名社区工作者"人在网格走、事在网格办"。扬中市深入开展全国党建引领乡村治理试点工作，深化"党小组+"，推动318个城乡综合网格和832个农村党小组"红色网格"深度融合，强化"三长融合"，推动党小组长、网格长、村（居）民组（楼栋）长协同参与乡村治理，2万多名党员主动挂起"共产党员户"门牌，打通联系服务群众"最后一米"。高新区组建联勤执法队伍4支，聚焦治理难题，每月开展1次联合巡查执法行动。依托"我为群众办实事""主题党日""网格联动服务日"等载体，开展"菜单式""上门式""点单式"服务，聚焦组织共建，推动部门联动服务进小区。总之，镇江全市共同发力，根据实际情况探索创新不同类型的社会治理方式，将各项工作职能分类装进"网格"，坚持人民至上，鼓励全民参与社会治理，致力于打造共建共治共享的社会治理新格局。

四、智慧治理：市域社会治理现代化的提升之路

近年来，社会治理改革不断深化，全国各地结合地方实践开展了各有特色的市域社会治理实践并取得一定成效，但是随着大数据、云计算、区块链等新技术的层出不穷与飞速发展，各市更需要创新治理方式，推动市域社会治理工作实现新的飞跃，以精细化治理推动市域社会治理的协同高效，并构建"智慧治理"共同体，加强联动治理，提高治理能力和治理水平。

（一）强化党建引领，健全市域社会治理的领导体系

要坚持发挥党总揽全局、协调各方的领导核心作用，把加强党的领导贯穿于市域社会治理全过程，将党建引领作为市域社会治理的"主心骨"，发挥基层党组织在市域社会治理中的引领作用和战斗堡垒作用，共绘社会治理"同心圆"。一是整合社会资源。按照"1+8+N"模式优化治理能力，统筹社区大党委、党建联盟单位，联合N类志愿者队伍、居民代表等组成党建协作联盟，构建人人有责、人人尽责、人人享有的社会治理共同体。二是突出制度引领。构建街道"大工委"、社区"大党委"联建机制，将居民多样化需求库与共建共治单位资源库常态对接，形成区域统筹、条块协同、上下联动社会治理新格局。不断完善党组织建设、优化党组织架构，增强其工作效能、扩大其覆盖范围、发挥其传统优势，把党组织建设成宣传党的主张、贯彻党的决定、领导基层治理的坚强战斗堡垒。三是强化内外互动。积极创新基层治理体制机制，提高党组织书记抓党建的能力，推进党群服务中心标准化建设，以党建带群建，并建立党群联席会议制度，推动各单位参与社会治理的积极性。用好各社区"有事好商量"协商议事平台，搭建"援法议事"平台，通过常态化举行"民主协商""援法议事"，开展"微心愿"认领活动，实打实为居民解决急难愁盼问题。

(二) 打破"信息孤岛"，建设"智慧治理"共同体

步入信息社会时代，大数据、云计算、区块链等新兴技术的应用越来越普及，将新兴技术与市域社会治理有效融合也成为推进市域社会治理现代化的重要目标。因此，在利用新兴技术的同时，要注重打破"信息孤岛"，建设"智慧治理"共同体，形成"党委领导、政府主导、多方参与"的社会治理体制，构建共建共治共享的社会治理格局。其一，坚持党委领导。"智慧治理"的首要原则就是坚持党的领导。要坚持党建引领，搭建数字化平台，凝聚多元力量，化解多元行动主体的利益和冲突，传播互惠共享理念，推动各类服务资源的整合。其二，坚持政府主导。政府应当完善顶层设计，充分利用大数据技术，加强市域基础设施建设，积极推动构建良性互动平台。同时，加强公民信息安全管理，在"智慧治理"的过程中注重保护个人隐私，做好网络安全防御工作。其三，鼓励多方参与。一方面，对于企业而言，应当充分发挥技术优势，立足技术核心，以创新技术引领推进市域社会治理，为市域社会治理提供技术和人才支撑。另一方面，对于社会组织而言，要充分发挥桥梁和纽带作用，发挥专业化服务人员在智慧治理中的作用，促进信息与资源的共享、衔接与整合，利用多方人力资源，开展更加深入细致的服务工作，及时将获取的公众需求反馈给政府，传递与表达民众诉求。

(三) 加强"联动治理"，创新市域社会治理结构系统

新时代市域社会治理要求坚持系统性与整体性，充分利用多元主体的优势，加强"联动治理"，从而推动市域社会治理结构系统的创新。一方面，政府各部门要转变治理理念，主动打破部门间的数据壁垒。从技术层面来说，要善于运用协同分析技术，整合多部门的数据进行分析处理，并及时反馈到大数据平台，要注意克服大数据共享所涉及的管理、法律层面的问题，确保共享的合法化。从非技术层面来说，政府部门要主动建立部门协调机制，创新大数据共享机制，引导各主体积极主动沟通协调，推动线上技术与线下服务的有机结合。另一方面，要加强制度层面的条块联动。针对当前垂直管理出现的多头管理、部门各自为政现象，要推动"条块部门"充分发挥各自优势，取长补短，实行属地化条块联动管理模式。在横向协同层面，要着眼于供给主体合作和服务产品的组合优化，建立跨部门协同机制，对不同主体集聚的资源要素发挥比较优势，推进横向智慧化供给。政府与各利益相关者应当进一步共享数据信息并进行互动，以提供更

高效的养老服务。

（四）增强"智治"支撑，不断提升治理能力

提升市域社会治理能力是市域社会治理现代化的重要保障，因此，应当不断提高各项能力，包括社会化能力、专业化能力及智能化能力，补齐能力"短板"。首先，要提高社会化能力。政府部门要积极牵头建立民主协调机制，以人民为中心，在社会治理的过程中深入群众、深入基层，满足人民群众日益多元化、多层次的需求，不断提高群众工作能力，促进多元参与格局的形成。其次，要提高专业化能力。专业化能力包括风险防控能力、舆论引导能力、信息处理能力等各个方面。要提高预测各类风险的能力，安而不忘危，强化风险意识，落实问责制；提高舆论引导能力，坚持党管媒体原则，把控各类社会舆论的主阵地和话语权；提高信息处理能力，及时筛选有价值的信息应用于社会治理当中，去伪存真，不断提升信息处理专业化水平。最后，要提高智能化能力。在社会治理的过程中，要不断提升智慧治理的能力和水平，善于运用高科技手段，吸引专业化、复合型人才参与社会治理，使智能治理思维、手段、模式覆盖市域社会治理全过程，打造"城市大脑"云平台，构建数据采集、研判、决策、治理一体化智能城市管理新模式。继续推进市域信息基础设施建设，建立健全市域信息化管理平台，不断提高信息平台的整体效率，推动构建共建共治共享的社会治理新格局。

五、结语

步入新时代，市域社会治理将发挥越来越重要的作用。市域社会治理有利于防范和化解社会风险矛盾，建立有效社会体系，提升组织和公民的积极性与参与度，打造共建共治共享的社会治理格局。市域社会治理是市域范围内党委、政府、群团组织、社会组织、经济组织、公民等多元行动主体共同开展的社会行动。新时代，推进市域社会治理现代化必须坚持党建引领、政府负责，善于运用大数据、云计算等现代技术，建立智慧治理共同体，增强"智治"支撑，创新社会治理体制，完善社会治理方式，提升社会治理能力，最终实现市域社会治理的制度化、规范化和程序化，这将成为加强和创新社会治理新的突破口，也是对"中国之治"的有效探索。

（作者单位：中共镇江市委党校）

城市社区应对复合风险的对策思考

| 中共镇江市委党校课题组 |

近年来，随着城镇化进程的不断推进，社会治理重心不断向基层下移，城市社区治理重心地位愈发凸显。社区作为城市居民生活的基本单元，联系群众最紧密、服务群众最直接、组织群众最有效，是我国实现治理体系和治理能力现代化的微观基础。镇江紧扣党的二十大提出的"推进国家安全体系和能力现代化"的任务要求，深化市域社会治理现代化试点城市创建，注重基层社会治理，不断完善社会治理体制机制，取得了较好的成效。2022年年底的相关数据显示，群众安全感达到99.4%。但是面对公共安全、自然灾害等各种复合风险多发的挑战，如何能使社区在受到冲击后快速回到平稳状态，为居民生活提供根本保障，是当前镇江创建市域社会治理现代化试点的重点任务。

一、镇江城市社区治理面临新形势与新挑战

（一）多元主体协调机制仍需完善，协同发展的合作韧性尚未形成

镇江2022年底有255个城市社区，居住在城镇的人口为2550827人，占79.45%；全市常住人口中，0~14岁的占11.89%，15~59岁的占64.55%，60岁及以上的占23.56%（其中65岁及以上的占17.51%）。由于城市社区居民成分复杂、流动性大，在没有完善的协调机制和监管机制的情况下，居民之间难以建立充分互信，缺少信息交换和情感交流空间，"陌生人社区"内部容易出现矛盾冲突。"一老一小"成为社区治理参与主体，年轻群体、社会团体的参与积极性不高。与此同时，社区工作人员素质参差不齐，也影响了居民参与社区治理的积极性。在应对各类风险，尤其是洪灾、地震、台风及公共卫生事件等外部风险时，社区治理仍然以社区工作人员为主，较多采取自上而下的运动式治理方式，协同发展的韧性合作尚未真正建立。社区、物业企业、社会组织、居民等多元主体不能充分发挥作用，社会力量参与不足，应对效果欠佳。比如新冠疫情防控时，社区聚集人员最多，但志愿参加抗疫的人却不多。以句容市宝华镇两轮疫情防控为例，社区防控方面共投入人力6500余人，其中主动参与抗疫的市民仅

有 600 余人。

（二）公共服务供给机制尚未健全，基础设施建设韧性不足

2021 年，镇江市统计群租房近 1100 个，寄递物流网点 1300 余处，存在一定的安全隐患。一些老旧小区虽经改造，但是管网老旧、路窄车多、楼道堆放等情况或多或少存在，应急避难场所、应急物资储备场所等基础设施建设水平高低不齐。这些关系到社区安全的公共服务需要更加精细化的供给，单靠社区的力量远远不够，迫切需要将市场化机制引入其中，建立对参与社区服务的个体、企业和专业机构有利的收益保障运营模式。作为社区重要参与者的社会组织发育不健全，呈现出"多、小、散、弱"的特点。镇江市 3A 及以上社会组织占比不足 10%，在数量质量、社会服务等方面与社区治理的需求存在较大差距，导致社区非常态治理的效果不佳，甚至无法有效应对复合风险的冲击。

（三）数字赋能浮于表面，韧性治理工具未能发挥最佳效能

受制于政府化债压力，镇江市"雪亮工程"技防建设投入普遍不足，整体落后于江苏省平均水平。有的基层干部反映，"大数据+网格化+铁脚板"到了基层只剩下"铁脚板"，客观说明大数据推送存在不全、不准、不及时的问题。技术赋能社会治理的运行逻辑是统筹多元主体、创新应用场景、缩减治理时效。但在实际运行中，存在治理平台过多、程序烦琐、群众知悉度不高、使用率较低等问题。同时，治理共同体间信息量级不对等、信息共享不充分、数字资源浪费闲置，"互联网+"、网格化治理一定程度上流于形式。城市社区治理中的数字场景应用受到人手不足和技术壁垒的双重限制，无法实现高效便民，离"一网管所有"的治理理念还存在差距，导致城市难以高效应对复合风险带来的"困境"。比如，在电子政务系统办公方面，社区录入各类信息系统有十余个，各职能部门分别开发、管理和应用，平台之间无法贯通，居民基本信息分散在各个系统中，往往造成多头重复填报，既增加了社区工作负担，也容易导致底数不清、数据"打架"。

二、以韧性治理破解城市社区应对复合风险的难题

韧性治理倡导的是组织系统主动维持和提升调适能力，有效对抗外部风险对系统整体的冲击，并在事后能够快速恢复秩序，为人民生产生活提

供基本保障。韧性治理主要体现在技术韧性（基础设施韧性）、经济韧性、空间韧性、社会韧性等方面。镇江可将韧性治理的理念融入城市社区建设中，打造有弹性、恢复快、适应强的创新社区，破解城市社区应对复合风险的难题。

（一）增加社区空间冗余，增强基础设施韧性

一要完善城市社区各类基础设施建设规划。建立健全应对各类风险的事前处置机制。如做好火灾、洪涝、疫情等镇江城市社区易发且常见的突发风险应急设施的规划，对社区各主体的应对模式和行动方案做出整体规划部署。要充分考虑空间功能的多样性、可转换性，推行"规划留白"，当面临类似新冠疫情等重大风险时，城市社区须能够实现快速新建或快速转换存量空间，以公共空间韧性保障社区安全度过危机状态。二要绘制并用好基于韧性视角的社区风险地图。社区应急预案要摒弃"事后治理""重稳定轻预防""重补救轻防控"的理念，根据自身特点（包括基础设施、应急物资和技术条件等）开展韧性测试，绘制基于韧性视角的社区风险地图，标注社区风险点位，向居民告知本社区主要风险及注意事项、社区应急资源信息、社区紧急事件联系方式、常见突发事件处置流程、防灾减灾常见标识符号及社区疏散路线，提高居民应对风险的基本常识。三要开展生命线补短板工程。在镇江全市范围内，对所有存量生命线工程系统（城市供排水系统、供气系统、通讯系统和电力系统）进行全方位大排查，找准脆弱点，针对破损、陈旧、低标准的设施管线、防洪设施等，开展"补短板、强弱项"专项行动计划，全面提升城市社区生命线系统对城市发展的承载力和对不确定性风险的抵御力。

（二）激发社区自治活力，增强危机应对治理主体韧性

一要加强业主委员会建设。社区居民是应对复合风险的最大主体，为了使更多社区居民主动参与应对复合风险，应帮助小区业主委员会加强自身建设，发挥好自治作用。可从社区选派"两委"班子成员通过法定程序进入业主委员会任职，同时，鼓励和发展业主委员会主要负责人加入中国共产党并兼任业主委员会党支部书记。试行业主代表议事制度，积极推选党小组组长和党员楼道长担任业主代表，构建起同频共振、同向发力的治理共同体。二要发展社区支持网络。在日常社区治理中，要重视对社会组织与热心市民的培育，鼓励居民自救互救、互帮互助，增强社区自治力。

通过网络将"陌生人社区"转变为"半熟人社区"，建立可信任的邻里关系，调动社区资源，凝聚社区人群，利用社区内小交际圈的特性，加强人性化管理，增强社区居民的理解、认同与支持。还要强化社区居委会、业委会、物业、社会组织的多方联席互动，平时做到无事早议，遇到危机和风险时做到有事速议、议完速决，一定要快速有效。三要加强社区群众动员。"说教百遍，不如演练一遍"。要注重应急预案的操作性和有效性，创新风险防控体验机制和演练机制。推进风险防范知识进家庭、进社区、进单位、进学校，全面提高居民对复合风险的防范技能。留意、挖掘社区中的骨干及专业人才，建立群策群力的志愿者群，用时可召、召来可用，弥补应对风险时的人力短缺。同时，也要孵化培育一批社区社会组织，帮助其更好地承接政府职能。

（三）实施技术赋能战略，增强城市社区治理工具韧性

一要强化技术供给的统筹规划。继续深化市域社会治理现代化试点城市建设，针对条块分治、各有网络的情况，明确数据采集标准与共享机制，将社区居民信息、潜在危险源、基础设施及救援力量等数据以标准化格式整合到统一平台中，最大限度地挖掘数据在预测、控制及消解风险方面的效能，提升社区风险治理的精准性与智慧性。二要提升数据应用力。推动建立平安稳定指数、矛盾纠纷预警等智能研判专题模型，为主动预警预测预防提供技术支撑。健全城市风险应对的"无缝高效联动、数据瞬时共享"机制，逐步整合基层填报数据和部门共享数据，重点攻坚数据壁垒难题，推动公安、司法、行政、民政、卫健、城管等社区治理相关部门数据实时共享，促进各级部门数据反哺基层，助力网格员精准高效开展工作，提升应对复合风险的及时性和有效性。三要强化社区工作人员技术培训常态化机制。大数据、区块链等新智能场景深度嵌入人们的生产生活，对社区治理各方提出严峻考验，社区工作人员只有不断加强数治思维和数治能力，才能确保社区解决问题和应对风险时将技术资源的效能发挥出来。

课题组成员：司海燕、孙文平、蒋莉翔

让城市对青年更友好 让青年在城市更有为

—— 镇江建设青年发展友好型城市的路径建议

| 中共镇江市委党校课题组 |

青年强，则国家强。青年是中国式现代化建设的重要主体。党的二十大报告指出，全党要把青年工作作为战略性工作来抓。对于一座城市来说，青年群体是城市未来发展的中坚力量，城市发展前景和青年发展前途息息相关，如何让青年与城市共成长是城市谋划高质量发展的重要问题。当前，镇江正围绕"山水花园名城、创新创业福地"城市定位大力实施产业强市战略。如何吸引大批青年人加盟镇江未来发展，如何打造更具活力、更优质态、更高能级的青年发展友好型城市，是镇江在新一轮发展浪潮中领跑争先的重要课题。

一、镇江建设青年发展友好型城市面临的问题和挑战

（一）在镇高校毕业生留镇率低

高校毕业生一直是城市增量人力和人才资源的"蓄水池"。镇江拥有8所普通高校和6所中职学校，在校生10万余人，具有较强的人才"储备势能"。但在镇高校毕业生留镇率仅为21%，远低于南京超30%、苏州41%的留当地率。原因主要在于两方面：一是工作岗位的低匹配度。无论江苏大学还是江苏科技大学，就业量最大的专业均为制造业。而镇江当前的科技产业相对薄弱，制造产业集成度不高，企业规模总体偏小，留在镇江很难找到专业对口的工作。除了机会比较少，镇江与周边城市相比，招聘企业开出的薪酬也并不算高。二是城市生活的低参与度。目前，镇江大学城已入驻6所高校，集聚近10万师生，但在产才城教融合发展方面还存在不足。大学城距离市中心远，驱车要半小时左右，而大学城公交线路只开通了3条，仅有86路到万达商圈且末班车为晚上七点半。大学城近10万人缺乏与镇江历史人文、城市生活产生交集的机会，无法有效建立对镇江的情感寄托。

（二）人才政策吸引力不足

当前，镇江在人才政策上可以说拿出了较多的财力，但是与大城市相比，镇江"家底"有限，人才政策的"含金量"和吸引力远不能与之相提并论。而与周边城市相比，镇江人才政策平平无奇，缺少足够的闪光点让镇江"出圈"。比如扬州打出人才"组合拳"：来扬求职面试、参加人才交流活动的大学生可享受 1000 元面试补贴；打造"扬州青驿"，为求职面试的高校毕业生免费提供一年两次短期住宿机会；到扬州求职的大学毕业生可获得一份青年人才旅游券，在瘦西湖、个园、何园体验"园林景区免费游"。这种细节感满满的政策释放了城市的温度，给前来求职的青年人留下很高的印象分的同时，对城市形象也是一种优质宣介。

（三）政策的平衡性和精准性有待提高

目前，镇江的人才政策存在唯学历论、唯户籍论问题。比如青年人才"归雁"计划，只有镇江籍的大学生回乡创业就业才能享受到生活、租房、购房补贴，这无形中会对社会公平与流动性造成损害，对本地户籍人才的优惠政策和补贴措施可能会破坏其和外地户籍人才之间的利益平衡，重内轻外的举措无形中会导致外地户籍人才流失，有损社会公平。人才政策设置的学历门槛也不完全符合当前镇江的实际用工需求。目前，镇江结构性用工矛盾突出，技术技能人才短缺问题愈发凸显，高技能人才求人倍率达 1.9 以上，预计技能人才缺口 1 万余人，人才政策应该从镇江实际产业需求出发。

（四）城市品质难以满足青年人需求

历史文化底蕴深厚是镇江的魅力，但如果不能进行创造性转化和创新性发展，就会让大多数青年人向往或认同的生活方式与这座城市显得格格不入，进而难以对他们产生足够的吸引力和凝聚力。比如，在生活方面，青年人乐于接受新鲜事物，渴望丰富的文化和娱乐选择，目前镇江"网红"潮流商店比较少，品质也一般，难以满足青年群体的时尚消费需求。在居住方面，除了租金、住房价格可承受之外，青年人也希望居住环境能满足基本的社交需求，目前镇江的青年群体住房政策仅提供货币补贴，在居住环境和场所的搭建上投入不足。对于刚入职的外地青年来说，大多数人只能选择居住在租金低廉的老旧小区，生活舒适度和城市满意度必然降低。镇江与周边城市相比亦有差距，比如，扬州在"运河十二景"之一"七河

"八岛"的核心区域打造现代化的扬州"人才之家","拎包入住+管家服务+平台赋能"的创新模式受到青年人才的青睐,成为来扬青年人才的"最佳栖息地",让年轻人有"归属感",能够扎根当地。

二、镇江建设青年发展友好型城市的路径建议

镇江想要从众多城市中脱颖而出,成为青年群体的"创新创业福地",党政部门要进一步树立"青年优先发展理念",把促进青年高质量发展摆在城市整体规划中去谋篇布局,着力打造涵盖青年人住房信贷、创业就业、休闲娱乐、生活保障等全方位、各方面的"服务大餐",不断提升青年群体的参与感、获得感、安全感、幸福感和归属感。

(一) 营建青年立业城市,赋予青年成就感

发展平台和就业机会是一座城市吸引人才的首要前提。镇江市可从以下几个方面改变现状:(1)优化产业结构。要紧紧围绕高端装备制造、数字经济等"四群八链",加快产业集群和转型升级步伐,加大生产性和生活性服务业引进培育力度。培育和壮大具有青年特质的创新创意类产业,发挥产业对青年群体的"磁场效应"。实践证明,凡是高新技术产业、互联网行业、现代服务业、创意产业、金融产业、时尚产业、文旅休闲等行业发达的城市,都更加容易吸引青年人,比如文化创意产业发达的"网红"城市长沙、成都、洛阳等。(2)优化就业环境。鼓励企业与高校共建大学生实习基地,给予用人单位实习补贴,加大驻镇高校毕业生留用力度。发放青年来镇"见面礼",对参加人社部门集中开展招聘面试的非镇江籍本科及以上学历应届毕业生,用人单位可申请按照每人500元的标准发放"来镇体验券",用于补贴餐饮、交通等费用。开发城市攻略"伴手礼",提供政策解读、就业信息、生活资讯等综合性服务。(3)优化创业生态。在楼宇、商圈和园区中合理布局一些众创空间与科技孵化器,为青年创业者提供创业培训、就业见习、创业辅导和孵化等服务。提高对青年人才创业扶持力度,放宽青年人才创业无抵押贷款担保额度。对青年群体开办的企业,做好惠企政策的"归集、解读、推送、兑现"工作,全方位、全要素、全链条解决青年人才创新创业的后顾之忧。

（二）构筑青年安居城市，实现青年归属感

安居才能乐业。住房需求是青年人扎根城市的刚性需求，针对青年住房痛点，镇江要抓紧出台面向不同青年群体的多元住房援助政策体系，以帮助青年获得可负担的"适宜住房"。一是打造"青年驿站"。联合相关人才公寓、酒店，在全市建设"青年驿站"，为来镇求职大学毕业生提供"7天以内免费住宿"服务。例如，深圳在全国率先建设"青年驿站"，将其打造为集短期免费住宿、就业帮扶、创新创业辅导、求职信息供给、人才政策咨询、城市融入和法律服务等于一体的"青年综合人才服务平台"。二是形成"青年社区"。在产业集中区配建一定数量的"青年公寓""青年社区"，为青年人才提供良好居住条件。建设租赁型人才公寓，优先提供给来镇就业创业的青年人群，且规定年度租金涨幅不超过一定幅度，以缓解青年的住房困境。三是组建"青年之家"。在市—区—街道分级广泛布局"青年之家"，以音乐、跳舞、健身、阅读等活动丰富青年社会休闲，拓展青年社交"朋友圈"，为青年融入本地城市、建立家庭、参与社会活动创设便利条件。比如，成都市提出要构建"线上线下广覆盖"的青年社交场景体系，在"15分钟生活服务圈"广泛布局1000个"青年之家"，以丰富青年兴趣爱好、婚恋交友等社交活动。

（三）打造青年活力城市，提升青年幸福感

青年在"用脚投票"选择定居城市时，首先关注的是城市的环境品质和公共服务供给等。要以青年需求为开发导向，全面提升城市的"现代气息"、"时尚气质"和"活力指数"。一是打造新业态消费场景。瞄准青年消费需求，改造提升西津渡古街、第一楼街等步行街，策划推出时尚景点、活力街区、精品书店、网红美食"打卡"等系列活动。倡导城市综合体、大型购物中心延长夜间营业时间，打造特色商业街区，组织"一月一主题"的逛街日活动，促进夜间消费。城市综合体、创业园区、高等院校、大型购物中心、娱乐场所增开夜间班车，推行夜间公交专线。二是丰富城市演艺赛事活动。借助金山文化艺术节、长江音乐节等重大活动，打响一批有影响的文化IP，在深度融合文旅与创意中汇聚更多的青年目光。每年面向青年策划推出时尚节会、文创市集、城市音乐节、广场文化艺术节、青年歌手大赛、青年街舞大赛、青年摄影大赛、青年短视频创意大赛等主题活动，打造文旅活动之城。三是布局青年文娱场所。依托西津渡、金山湖、世业洲健康岛等资源禀赋，打造一批独特的城市文化地标。建设综合性青

年活动中心，为青年提供公共文化活动空间场所，常态化开展青年喜闻乐见的文化活动。在城市商圈、创业园区、大型购物中心、城市社区等青年聚集场所设置影音娱乐、运动健身、文艺生活等功能区域，并对青年免费开放。

（四）建设青年守护城市，保障青年安全感

要切实解决青年人才在生活中的"急难愁盼"问题，增强其在城市的生存和发展能力。一是健全青年社会保障体系。设计制作一本青年发展服务手册，联合推出一张青年综合服务卡。逐步健全以青年民生为重点的住房、医疗、就业、养老保障体系。扩大青年医疗保障的覆盖面，增强青年的健康保障感。二是开展青年就业精准帮扶。完善城市青年就业保障与帮扶机制，设定大学毕业生最低年薪标准，发放生活补助、见习补贴，保障和缓解青年免于受到人生起步期个体财务不足所带来的生存和发展压力。加大就业培训，全面提升青年的就业能力。三是维护青年合法劳动权益。规范劳动市场，加强对企业或组织各类"弹性"工作制、休假制、补充协议、劳动补偿等的监管与审查，遏制部分企业强迫或变相强迫青年员工加班现象，维护青年劳动者依法休息休假的权利与依法获得加班报酬的权利。

（五）创建青年有为城市，增加青年融入感

通过平台建设发挥好青年的主动性、积极性和创造性，让青年在城市舞台中贡献青春力量，实现青年在城市治理中的主动参与。一是畅通参与治理渠道。引领青年有序参与社会治理，比如常州开展"城市唤青"计划，邀请青年设计团队参与老旧小区改造、"口袋公园"设计，让青年群体参与社会治理、共享发展成果，增强对城市的精神归属感。二是畅通诉求表达渠道。及时回应青年的政治利益诉求，提升青年的政治效能感，激发青年的政治参与热情。面向全市不同行业领域青年群体开展青年座谈活动，组建青年发展智库平台，听青年声音，解青年难题，促青年发展。邀请部分优秀青年代表列席市党代会、人代会、政协会等，畅通青年诉求表达渠道。三是畅通志愿服务渠道。创设一批符合社会需求、青年乐于参与的志愿服务项目。依托社区和行业组织，大力发展青年志愿者队伍，注重与高校等基层团组织建立长期结对机制，提高青年注册比例。建立青年志愿服务人才库，吸纳更多法律、心理、医疗、教育方面的专业青年加入志愿者行列。

（六）发展青年普惠城市，给予青年公平感

打造包容性青年发展政策，形成兼顾各类青年的适度普惠型青年福利体系。一是一视同仁提供服务。青年发展型城市建设过程中更应该注重提升底层青年群体的保障与帮扶机制，制度化、常态化、动态化地倾听不同青年群体的声音，了解不同青年群体的服务诉求。不仅为高精尖青年量身定制吸引和保障支撑政策，也要对支撑整个城市发展的青年产业工人、新业态从业人员、低端服务业等其他领域青年的发展需求，提供有针对性的青年政策和公共服务。比如北京海淀区关爱新业态就业青年群体，依托贝壳找房、链家门店等打造了专门服务快递小哥的"小哥加油站"，让青年均等享受城市发展带来的红利。二是不拘一格吸纳人才。改变引进人才的心态，不设定学历、户籍、职称等硬性门槛，集中力量用优势资源引进某些关键领域的人才，比如"四群八链"急缺的创新人才、技术人才，让这些紧缺性人才在镇江这片创新创业的热土上大展所长，实现人才发展与城市建设的双赢互动。

课题组成员：戴　惠、孙文平、于　江

以"枫桥经验"推进镇江基层社会治理现代化路径研究

| 强可鉴 |

在中国式现代化道路进程中,基层社会治理水平体现了国家治理体系和治理能力现代化成效,是整个社会结构有序、运转稳定的基础,是人民安居乐业、国家长治久安的保障。"枫桥经验"作为我国政法综治战线和社会治理的"金名片",60 年来不断丰富发展,始终以提升我国基层社会治理质效为目标,不断创新推动基层社会治理现代化的理论和实践,开辟了"枫桥经验"的新境界。新时代"枫桥经验"彰显出在尊重人民主体地位的同时,坚持党的领导、"三治融合"、共建共治共享的中国特色社会主义制度优势,契合了基层社会治理的实践逻辑,为不断迈向"中国之治"的更高境界提供有效路径。

一、历久弥新的"枫桥经验"

"枫桥经验"源于浙江诸暨枫桥干部群众的伟大创造和政法工作的生动实践,经历了"管制—管理—治理"三个发展阶段,以行之有效的治理方法,激发基层社会治理的内生动力,化解人民内部矛盾,形成了内涵丰富的新时代"枫桥经验"。

"枫桥经验"诞生于 1963 年。20 世纪 60 年代初期,我国面临着复杂且严峻的国内、国际环境,在这特殊的时代背景下,如何化解消极因素,巩固新生的人民民主政权,成为当时全党和各级政法机关的重要课题。根据党中央部署,诸暨县枫桥区在 1963 年初开始了社会主义教育运动。同年 6 月,中共浙江省委会同宁波地委抽调省、地、县三级干部和一批大学生组成社教工作队赴诸暨开展试点工作。1964 年 1 月 14 日,中共中央将浙江省委工作队和中共诸暨县委共同总结完成的《诸暨县枫桥区社会主义教育运动中开展对敌斗争的经验》分发至各个地区,"枫桥经验"由此推广至全国,开始了其长达几十年的社会治理之路。

改革开放以后,我国进入了社会主义现代化建设新时期,人口、财物开始大量流动,整个社会由静转动,社会治安出现了许多新情况、新问题。面对日益严峻的社会治安形势,枫桥的干部群众始终坚持在党的领导下依靠全党和全社会的力量，运用"枫桥经验"的基本精神，实行综合治理，形成了社会治安综合治理思想并建立了社会治安综合治理体制机制。1991年1月，全国社会治安综合治理工作会议明确提出，解决社会治安问题，必须从国情出发，坚持专门工作与群众路线相结合的方针，同时指出综合治理方针是我国维护社会稳定的一个长期的基本方针，是在改革开放的新形势下，具有中国特色的、广泛依靠群众解决社会治安问题的新路子。同年2月9日，中共中央作出《关于加强社会治安综合治理的决定》，明确提出各级党委和政府要结合实际情况，把推广典型经验和重点治理结合起来，使全国的社会治安综合治理工作向前大大推进一步。随后几年，枫桥的干部群众不断创新发展"枫桥经验"，使"枫桥经验"坚持发展和稳定并重，探索出了"四前工作法"和"四早四先"工作机制。2003年，时任浙江省委书记的习近平同志指示，要充分珍惜"枫桥经验"，大力推广"枫桥经验"，不断创新"枫桥经验"。从此"枫桥经验"开始向更高水平治理转型。

在新的历史时期，面对新课题，枫桥镇党委政府和广大干部群众始终坚持牢固树立并切实践行执政为民、发展富民、稳定安民、和谐乐民的理念，通过创新发展"枫桥经验"的载体和形式，使"枫桥经验"在维护社会稳定、创新社会管理的过程中有了新的拓展，以加强基层基础工作为主线，强化领导责任，坚持标本兼治，实行综合治理，最大限度地把各类矛盾和问题化解在基层，为经济社会又好又快发展创造和谐稳定的环境。党的十八大以后，又基本形成了"矛盾不上交、平安不出事、服务不缺位"的"新枫桥经验"。2017年，党的十九大报告中提出，要"坚持以人民为中心，打造共建共治共享的社会治理格局"，并提出要"健全自治、法治、德治相结合的乡村治理体系"。2022年，党的二十大报告提出"在社会基层坚持和发展新时代'枫桥经验'，完善正确处理新形势下人民内部矛盾机制"。"枫桥经验"在创新发展中为基层社会治理提供了契合发展的方案，同时每次创新发展都赋予其新的历史价值。从对敌专政为主到处理人民内部矛盾为主，从公安工作专群结合到社会治安综合治理，从就地改造"四类分子"、帮扶教育违法人员到就地化解矛盾纠纷，从政府基层治理到社会协同治理，"枫桥经验"始终充分发挥社会主义制度的优越性，充分发挥党的领导的政治优势，始终与以人民为中心的发展思想相契合，与中国特色社会主义法治理论和社会治理理论的现代治理理念相契合，引领基层社会的治理方向，定分止争，解决矛盾。

二、新时代"枫桥经验"是基层社会治理的"金钥匙"

党的十八大以来，中国特色社会主义进入新时代，中国经济社会发展取得空前成就，同时也带来了新的挑战，基层社会的矛盾也展现出新的面貌。从社会的实际情况来看，社会资源分配不均、贫富差距、价值观多元化、信息传播扁平化、经济领域矛盾及社会心态焦虑等问题变得越来越明显；观察当前的国际形势，由于内部和外部环境的转变，社会治理在国家安全和社会稳定方面面临着新的实际需求。因此，基层社会治理需着力解决三大核心问题，首先是如何提升社会公共服务的质量，通过提供更多、更优质、更均衡的公共服务产品来改善民众的生活质量和生活水平；其次是如何平衡和调整各种复杂交错的社会交往关系，营造稳定且有序的社会氛围；最后是如何迅速而有效地解决各种社会矛盾，并从根本上防范社会治理中的各种潜在风险。

面对如此多的挑战，我们迫切需要加强和完善基层的社会治理结构，以提高其治理效果。基层治理覆盖了基层社会事务的各个方面，而新时代的"枫桥经验"并不是唯一的解决方案，之所以得到了广泛的认可和推广，正是因为它能够充分和有效地满足基层治理的核心需求。其包含的党的领导机制、法律保障机制、合作共治机制和情感连接机制，与基层社会治理的逻辑非常契合，有效破解了基层治理中碎片化、单一化、陌生化的难题，抓住了基层治理的"牛鼻子"，从而使得基层社会治理变得更加高效。同时，"枫桥经验"始终坚持与时俱进，积极应对社会主要矛盾的新变化并不断赋予其新的时代内涵。半个多世纪以来，"枫桥经验"经久不衰，就在于它始终与时俱进，体现着"变"与"不变"的辩证统一。"不变"的是始终坚持依靠群众、发动群众，发现矛盾、化解矛盾这一基本规律；"变"的是，结合各个时期的背景、任务，积极顺应发展之需，不断创新发展赋予"枫桥经验"以崭新的时代内涵。为此，我们要用好"枫桥经验"这把创新基层社会治理的"金钥匙"，不断丰富发展其时代内涵，始终坚持以人民为中心、坚持党的领导、坚持与时俱进，充分发挥"枫桥经验"的引领作用。

三、镇江"枫桥经验"的实践成果

历经 60 年的风雨历程，"枫桥经验"在党的领导下逐步发展为"新时代枫桥经验",在全国范围广泛应用且成绩斐然,为基层社会治理的有效性奠定了坚实基础。新时代背景下,镇江始终坚持以党建引领、以人民为中心的根本原则,以多措并举为路径,将矛盾化解在基层的运行机制践行"枫桥经验",寻找新的突破点,拓展新的服务模式,加快基层治理现代化步伐,以此造福人民群众。

(一) 始终坚持党建引领和以人民为中心的根本原则

"枫桥经验"自诞生之日起,始终秉持以党的建设为核心导向的原则,并高度尊重人民的主体地位。近年来,镇江在面对基层社会治理领域各种新问题、新矛盾时,始终坚持人民主体地位,协调处理好党群关系,加强党建引领,支持各类项目落地实施,持续增强基层民众与党员干部之间的凝聚力和向心力。

始终坚持党建引领。镇江在运用"枫桥经验"推进基层社会治理时,始终将基层党组织的建设放在关键位置,鼓励党员发挥先锋模范作用,从而不断增强基层党组织的活力。例如,润州区以城市基层"全域党建"引领基层善治。通过跨越层级、跨越领域,深化"区级指导委—街道'大工委'—社区'大党委'"红色主轴,推动党建融合共建,协力开展党建攻坚;融合空间、融合力量,建强阵地体系,实行"定制化"服务,将党群服务阵地整合升级与提质共享一体推进,构建起全城闭环服务。通过完善规划、全域统筹、引领示范,不断增强党在基层治理中的号召力、凝聚力、影响力。

始终坚持以人民为中心。党的二十大报告指出,"推进以党建引领基层治理","建设人人有责、人人尽责、人人享有的社会治理共同体"。镇江始终坚持问题导向,找准基层组织建设、社会治理工作的共同薄弱点——末梢,针对基层各类风险隐患,向最末端发力,进一步打通党与群众联系的"最后一公里",开启区域社会治理现代化建设新篇章。例如,镇江新区开展末梢疏通工程,发动广大党员、群众积极参与,对综合执法、安全生产、社会治安、民生服务、生态环保五大领域实行重点监管,每一个信息点定人定责,为基层治理最末梢安装"探照灯""报警器";并对基层矛盾诉求、问题风险实行三级办理机制,使得基层的各类矛盾诉求、风险隐患可以被第一时间发现、上报、处置,群众安全感、幸福感得到显著提升。

（二）多措并举化解矛盾于萌芽阶段

实践证明，基层社会矛盾的核心问题始终是人民群众内部的矛盾。面对这些内部矛盾，镇江一直致力于将治理重心下移，通过多种手段和途径解决人民群众之间的矛盾。镇江出台《关于加强诉源治理推动矛盾纠纷源头化解的实施意见》，推动构建多元预防调处化解综合机制；实施"精网微格"工程，细化设置微网格1.5万余个，并依托网格开展矛盾纠纷"大排查、大调解、促和谐"专项行动，取得了良好的效果。新区以"五加"工作法不断提升人民群众的法治满意度，将人民调解与红色党建、部门联动、司法确认、法律援助、援法议事等举措相结合，在党建引领下，做到能调则调、应援尽援，矛盾纠纷"一窗口受理、一站式调处、一条龙服务、一揽子解决"，实现高质量为群众排忧解难。润州区总结出"勤、心、情"三字"服务经"，结合当地实际，以"勤"字当头，纠纷调解"零延时"；用"心"服务，联系群众"零距离"；"情"系万家，调解力量"零违和"，切实做到源头管控排查、多元化解矛盾、零距离服务群众，千方百计为群众排忧解难。新坝镇因地制宜探索实施"一二三四"工作法，通过聚焦"一个中心"，强化政治、组织、先锋引领；坚持"两网共建"，推进"网格""网络"贯通、"线上""线下"衔接，打通基层治理最后一环；深化"三治融合"，推动法治自治德治融合统一，集聚治理动能；统筹"四安同创"，以家安、业安、校安、心安，不断提升群众的幸福感、安全感。

可以看到，近几年镇江在推进和深化"枫桥经验"方面，尤其是在基层社会治理方面已经取得了显著成效。然而，随着城市规模逐渐扩大，基层社会治理仍然面临着一系列严峻的挑战。一方面，基层治理中的组织职能、利益追求、治理资源和观念的碎片化导致了一些问题的出现，如权责界定模糊和行政组织的功能不明显等。另一方面，基层的治理方式与治理的主体之间缺乏有效的双向交流。目前，政府通常是治理的核心参与者和主导力量，而城市基层治理的主体大多由志愿者、服务队等自治组织组成，参与基层社会治理的对象过于单一，同时也缺乏各类人员共同参与基层社会治理的有效途径，更多的声音无法被听见，更多的建议无法被采纳，治理主体的单一性、力量不整合的弊端日渐展现。因此，我们需要寻找新的突破点，解决碎片化和陌生化等问题，以不断提升基层社会治理的效能。

四、以"枫桥经验"推进镇江基层社会治理现代化路径

时代赋予"枫桥经验"的内涵和历史使命势不可挡。创新发展"枫桥经验",推进基层社会治理,实现政府治理和社会协调、居民自治良性互动已成为社会发展趋势。我们必须深刻认识和准确把握新时代"枫桥经验"在创新基层社会治理格局实践中所体现和遵循的社会治理基本规律和要求。要坚持以人民为中心,坚持党的领导,坚持"三治融合",创新"智能化"治理,构建最强引导、最大参与、最佳融合的多元化新机制,实现基层社会治理全域升级。

(一)坚持初心不改为人民的底色

中国共产党之所以取得革命和建设的伟大成就,最重要的原因就是始终坚持"从群众中来到群众中去"的群众路线。"枫桥经验"作为浙江诸暨的精神遗产,其最具活力和可借鉴的优点在于:能够充分激发人民群众在基层社会治理活动中的主动性、积极性和创造性;坚持群众观点,走群众路线,依靠群众、发动群众、凝聚群众;始终坚持"以人民为中心",坚持"为了群众依靠群众"。这是其精神内核,也是其不断创新发展的基本点,更是"枫桥经验"历久弥新、久盛不衰的核心原因。坚持和发展新时代"枫桥经验",就是要尊重人民的主体地位,大力加强基层基础建设,将人民群众的根本利益放在首位,将矛盾纠纷化解在萌芽状态,以社会稳定发展为目的,以人民群众的美好生活为最终目标。在基层社会治理中,既要强调党和政府在社会治理中的主导作用,又要尊重广大人民群众的主体地位,把政治优势转化为治理优势。要按照"群众想到的,大家都做得到"的要求,努力解决人民群众最关切、最迫切的问题,真心实意为群众办实事、解难事,在维护群众权益中获得群众支持,切实打牢社会治理的民心基础,这不仅是党群关系不断重塑的过程,也是考验党引领和组织社会能力的过程,更是打牢社会治理民心基础的过程。只有依靠、发动、组织人民群众开展社会治理,才能更有效地预防和化解各种矛盾纠纷,实现基层社会善治目标。

(二)强化党建引领作用,加强基层组织能力

"枫桥经验"是党领导人民群众创造的一整套行之有效的社会治理方

案。坚持党建引领，充分发挥基层党组织的战斗堡垒作用，是"枫桥经验"的政治优势，也是其不断创新发展的根本保证。实践证明，"枫桥经验"的实际效果和基层治理质量与基层党组织的领导能力有着紧密的联系。基层社会治理的根本要点是通过强化基层党的建设，让党的领导落实到基层，在人民群众中根深蒂固，并将党的建设贯穿基层社会治理全过程，延伸到基层事务的方方面面，照顾到细枝末节，使基层党组织建设与基层社会治理实现良性互动。为此：一要不断提升党在基层社会治理中的组织领导能力，创新党的基层组织形式和活动方式，扩大基层党组织的社会活动覆盖面。二要将基层党组织建设放在首位，一方面加强对基层党员干部教育管理的针对性、有效性；另一方面通过引导自治组织、社会组织、群团组织的共建互融，不断增强基层党组织的生命力。三要引领党员发挥先锋模范作用，始终以群众需求为先，延伸基层服务触角，完善党建引领网格治理模式，营造"群众有需要，党员来报到"的良好氛围，切实发挥"领头雁"在基层社会治理中的核心作用并将模范带头作用融入社会建设。四要注重基层党组织人才的选拔和培养，充分发掘人才并高度重视基层党组织人才的政治理论教育和业务能力提升工作，明确教育主题、拓宽学习方式，形成"有计划、有规范、有趣味"的常态化学习氛围，为实现基层社会善治提供有力保障。

（三）构建自治、法治、德治相结合的基层治理体系

党的十九大报告提出"健全自治、法治、德治相结合的乡村治理体系"，这不仅是实施乡村振兴战略的内在要求，也是新时代"枫桥经验"创新发展的重要方向，更是新时代提升基层社会治理效能的有效路径和根本遵循。坚持自治、法治、德治相结合，就是要鼓励群众对涉及切身利益的基层社会治理问题"说事、议事、主事"。首先是自治，"思想是行动的先导，认知是行动的前提"，在健全自治、法治、德治相结合的社会治理体系进程中，自治是最基础、最核心的一环。社会治理不仅仅是党委和政府独自承担的任务，更需要广大人民群众的广泛参与。必须最大限度地利用社会和群众的共同参与，通过建立"多元参与、协商共治"的基层自治模式，鼓励基层组织和民众有序参与社会事务，实现从"为民做主"向"由民做主"的转变。其次是法治，法治不仅是自治和德治的基础保障，也是实现国家治理体系和治理能力现代化的关键支撑。要充分发挥法治建设在基层社会治理中的保障作用。一方面，要充分发挥法律法规在矛盾纠纷处理中

的定分止争功能，通过监督规范执法行为，切实维护群众的合法权益，让人民群众感受到社会的公平正义。另一方面，要加强全民法治化教育，建设社会主义法治文化，提高全民遵纪守法的意识，树立社会主义法治理念。最后是德治，德治是激活良好社会秩序的"密码"。要发挥道德在规范社会行为、维护社会秩序中的基础性和先导性作用。将培育良好的社会公德作为基层社会治理的基础性工程，促进讲秩序、强责任、守诚信、重包容社会风尚的形成，塑造理性平和、与人为善、积极向上的社会氛围，弘扬美德义行，将社会主义核心价值观、社会主义道德要求贯穿于生活、工作中。

（四）提高基层社会治理智能化水平

在互联网时代，社会治理的智能化水平迅速提升，以"智慧城市"建设为核心，汇聚智慧管理、安防、应急、服务于一体的综合信息平台已见雏形，社会治理智能化势在必行。近年来，"枫桥经验"也从早期的乡村治理经验逐步延伸到城市治理，不断融合新时代发展特色，智能化水平的提升使其更具张力与活力。当下，面对社会治理的突出问题和瓶颈，我们要运用大数据、云计算、互联网等技术，创新推动治理方式革命性的变革，通过更加精准的智能化社会治理方案，最终实现差异化治理。一是创新智能化矛盾化解新方案。利用新资源、新平台、新技术，研究并开发网络研判、网络调解等多种矛盾纠纷调解平台，以此提升预防、分析和解决矛盾纠纷的能力。二是推动智能化与公共安全相结合。整合资源力量，结合计算机、通信、测控、大数据和云计算等先进技术，创新公共安全的预防措施，构建一个"社会参与、前置关口、下沉重心"的公共安全管理框架，以此提升公共安全管理的智能化程度。三是促进智能化与公共服务融合。利用智能化技术打破公共服务"碎片化"难题，推动各行政部门之间的互联互通，将"群众跑腿"转变为"信息跑腿"，让智能化串联起各部门，让协同办理成为打通为群众服务的"最后一公里"的"助推器"，不断提升公共服务效率。

艰难方显勇毅，磨砺始得玉成。"枫桥经验"在不同的历史时期肩负着不同的责任与使命，创新贯穿发展始终，引领着基层治理蓬勃向上。社会治理没有终点，基层善治也没有统一的范式或模板，凭借无数奋斗者的辛勤努力，国家治理、社会治理、基层治理定会百尺竿头更进一步。

（作者单位：中共镇江市委党校）

镇江市"双减"政策实施过程中的博弈困境与优化路径研究

| 江苏科技大学课题组 |

"减负"是我国教育领域持续关注和讨论的话题。新中国成立以来,为了解决中小学生学业负担过重的问题,国家先后颁布了数十份"减负令",但是由于"应试教育"和升学率的影响根深蒂固,历次减负政策收获甚微,效果不尽如人意,我国中小学生学业负担过重的问题依然是基础教育痼疾,并没有从根本上得到有效遏制。为深入贯彻新时代素质教育发展理念和要求,有效破解我国中小学生学业负担过重等人民群众高度关注的热点问题,2021 年 7 月,中共中央办公厅、国务院办公厅印发了《关于进一步减轻义务教育阶段学生作业负担和校外培训负担的意见》(以下简称"双减"政策),这是中华人民共和国成立以来最高级别的义务教育减负令,从国家层面正式拉开了"双减"改革的大幕。"双减"是针对义务教育减负问题的一记"重拳",意在减轻学生的学业负担,促进学生全面发展、健康成长。"双减"政策的出台,体现了党和国家对我国义务教育工作的高度重视。

一、"双减"政策实施取得的成效

"双减"政策是党中央站在中华民族伟大复兴的高度对教育事业发展的重要部署,旨在减轻中小学生过重的学业负担。在中共中央办公厅、国务院办公厅的"双减"政策引领下,我国各地根据实际情况积极贯彻落实,纷纷出台相应的具体实施细则,保障"双减"政策有效落地。"双减"政策实施以来,取得了一定成效,在一定程度上满足了人民群众对教育的诉求,涌现出一批具有可推广性的新举措、新经验,进一步完善了政策体系,促进了"双减"的有效实施,为镇江市义务教育治理提供了新的思路,推动了"双减"政策长效机制的构建,营造出和谐共建的教育治理新格局。

(一)校内外教育环境不断优化

一直以来,中小学生处于学业负担过重、校外培训压力巨大等不良成长环境之中,这严重影响了中小学生的身心健康成长,破坏了良好的教育生态环境。"双减"政策的出台被赋予减负厚望，受到了广大人民群众的高度关注。"双减"旨在进一步深化育人方式改革，优化作业设计，整顿校外培训机构，开展课后服务，不断提升课堂教学质量，以发展学生兴趣和特长等为着力点，从多个层面联合发力，推动义务教育高质量发展，回归教育本真，使得校内外教育环境不断优化。优化主要表现在以下几个方面。

1. 校外培训机构行为明显规范

校外培训机构治理是我国"双减"治理的关键抓手和重要环节，更是"双减"新政治理的难点。"双减"政策出台后，各地市、区积极开展校外培训机构整顿治理工作，校外培训机构行为明显规范，众所周知的培训机构新东方，在新政的实施下也不得不转型进行直播带货，可见此次的"双减"新政力度之大。据调查，有95.26%的家长认为，"双减"政策实施后，校外培训机构行为在教学、管理、收费等方面更为规范，仅有4.75%的家长认为校外培训行为较不规范。这说明"双减"政策实施后，校外培训机构的行为进一步规范合理。

2. 学校课后作业得到优化

在"双减"和"五项管理"政策背景下，全国97.1%的义务教育学校建立了校内作业公示制度，学生课后作业普遍减少。各地政府陆续出台了作业管理办法和作业设计指导方案，不断优化作业设计的针对性、有效性，提升作业设计的专业化水平，从而达到减负的效果。例如，镇江市金山湖小学以"个性化作业设计"打破以往单一文本化作业形式、布置个性化创新作业，实行"按需激励性作业模式"，成为学校优化作业管理的一大特色。任课教师根据学生实际情况，认真分析学生现有学业水平和可能的发展水平，给优秀生布置有难度、有挑战的作业，给后进生布置一些基础性的过关作业，照顾不同层次学生需求进行个性化设计，挖掘学生潜能，从而实现以"增"显"减"的成效。

3. 课后服务质量有效提升

中小学课后服务是全面贯彻落实"双减"政策的重要环节，各地不断拓宽课后服务渠道，丰富课后服务内容，打造特色化课后服务课程体系。例如，镇江市中山路小学另辟课后服务新路径，变"延时"为"适时"，变"服务"为"引领"，并整合周边资源，拓展学校的半径，实现"校内+校外"学习融合，助力儿童全面发展。目前，镇江市203所义务教育学校100%开展课后服务，参加学生占在校生比例达93.03%。全国基础教育"双减"工作监测平台数据显示，镇江市学生对课后服务工作满意度为

97.84%，家长满意度为 97.95%。

4. 建构保障政策与制度体系

在中共中央办公厅、国务院办公厅"双减"政策引领下，各省市区纷纷出台相应实施细则予以落实减负政策，建构保障教育环境健康发展的政策和制度体系，以保障"双减"真正落地生效。例如，为了全面落实"双减"工作部署，切实减轻学生学业负担和校外培训压力，2021 年 11 月，镇江市教育局出台《关于进一步减轻义务教育阶段学生作业负担和校外培训负担的实施方案》，全力打造"双减"工作精细样本，与其配套政策形成组合拳，把"双减"工作摆到突出位置来抓。

（二）教育教学质量逐步提升

"双减"旨在将多年来追求的中小学生"减负"目标真正落到实处、做到细处，使基础教育回归学校、课程学习回归课堂，从根本上实现教育回归生命原点的本真追求，还学生一个幸福、快乐的童年。在"双减"实施过程中，各地区以优化课程内容、完善课程评价、提升作业质量等为切入点，有效提升课程教学质量。例如，镇江市江南学校、镇江实验学校和镇江市外国语学校等积极开展"研学课堂"的创新实践，通过"研"中"学"、"学"中"研"，创新学习方式，使学生达到应当具备的学科核心素养水平和学业质量水平，不断创新实践举措提高课堂教学质量，持续推进"双减"工作走深走实，助推"双减"落细落实。

（三）家长教育焦虑有所缓解

家长"教育焦虑症"指对子女教育的过度焦虑。家长是教育的重要利益相关者，家长的主动参与和行动支持是"双减"政策有效落地的关键环节。在"努力办好人民满意的教育"使命驱动下，国家出台"双减"政策，有效减轻了学生和家长的心理和经济负担。据调查，"双减"前，家长教育焦虑比重为 58.97%，"双减"政策实施后，家长教育焦虑水平下降了 7.83%，80.6% 的家长表示教育焦虑有所缓解。"双减"政策对家长教育焦虑的缓解有显著的正向作用，且对家长的教育变革焦虑、教育参与焦虑在很大程度上均有显著的缓解作用。由此可见，"双减"政策是纾解家长教育焦虑的重要举措，各地也涌现出一批比较有代表性的创新做法，助力学生全面发展。

二、"双减"政策实施过程中的博弈困境

"双减"作为"史上最严"减负政策，是国家为切实减轻学生学业负担过重等问题采取的一项重大举措和民生工程，体现了党和国家深入实施新时代人才强国战略的决心。在"双减"政策引领下，各地纷纷出台相应实施细则，全面落实"双减"工作部署，全力打造"双减"工作精细样本，与其配套政策形成组合拳，把"双减"工作摆在突出位置来抓。近两年，"双减"政策实施取得了一定成效，但仍面临诸多挑战，给持续推进"双减"政策有效落地造成较大的阻力，最终影响"双减"实施效果。

（一）家长的教育功利焦虑居高不减

1. 家长的教育获得焦虑水平偏高

家长是教育的重要利益相关者，其参与和支持是"双减"政策落地的重要保障。据调查，"双减"政策实施后，家长的教育获得焦虑为 62.5%（宁本涛，2022），焦虑水平仍然偏高。长期以来，受传统"学而优则仕"的社会评价观念影响，以及"再穷不能穷教育"的社会共识，家长把一切希望都寄托在孩子的身上，试图通过教育改变命运。尤其受"唯分数""唯名校"等思想观念的影响，家长对优质教育的需求更加强烈，导致"教育内卷"现象严重。"双减"政策实施后，学校布置的家庭作业量减少，学生获得校外教育的机会降低，这对家长的教育获得心理产生了很大的影响。家长担忧学生的作业总量和时长减少，孩子的成绩会因为减负而下降，从而影响孩子的升学结果。校内的提质减负未能满足家长对优质教育的需求，这使得家长的焦虑居高不下，给"双减"政策实施带来极大的阻力。

2. 家长的教育观念仍未转变

在"双减"的利益冲突中，家庭是"双减"阻力最主要的利益相关方，家长的传统教育观念将直接影响"双减"实施的成效。虽然"双减"政策大幅度减轻了学生的学习负担，但是家长的教育观念并没有因时代的发展而与时俱进。据调查，家长对"双减"政策的认知度只有 57.2%（丁亚东，2022），很多家长并没有领会"双减"政策的精神实质，仍然用传统的教育观念教育孩子。很多家长在"双减"实施后，依然给孩子报各种学科类培训班，并且年级越高需求越强烈，以致"双减"后，"一对一家教""住家教师"等隐蔽培训供不应求，给"双减"政策的实施带来了极大的阻力。

究其原因，主要是忽视了家庭对优质教育的需求。

(二) 学校的教育服务供给亟待改进

1. 优质教育资源配置偏差大

在公共服务上，区域内校际教育优质资源配置不均衡，导致"择校热"盛行，加重了学生的学业负担，也让教育"内卷"成为一种普通现象。在优质资源配置不均衡的情况下，家长就会采取自主行动、用社会资源为孩子"加餐"的方式，来提高孩子的学业成绩。

2. 课后服务资源供给难度大

课后服务是一项重要的民生工程，承担着育人、服务和减负等教育使命，是贯彻"双减"政策的重要措施。但相关研究表明，现有条件下，学校课后服务内容序列化不足，服务资源有限，且服务主体的价值观偏差难以满足学生个性化、多样化的需求（郭圣东，2023）。当学校优质课后服务教育资源缺位，无法满足学生需求时，家长就会产生教育恐慌心理，进一步加重焦虑。

3. 课堂教学质量有待提升

课堂教学是落实"双减"的关键环节，"双减"政策对课堂教学设计和备课等提出新的要求，强调要提质增效。但大量的事务性工作挤占了教师的工作时间，导致教师没有时间和精力去思考。此外，课后延时服务延长了教师的工作时间，增加了教师的工作负担和心理压力。调查发现，76.82%的教师认为，"双减"政策实施后其工作量增加，75.50%的教师认为，其工作压力增加（宁本涛，2022）。由于工作压力和负担加重，教师的职业吸引力和幸福感受到一定影响。

(三) 社会的教育改革期望仍需引导

1. 科学合理的人才观未完全建立

针对人才的选拔和录用标准，"唯分数""唯学历"的倾向依然严重助推"应试教育"风气。当前企事业用人单位依然把"学历"作为衡量一个人"水平"高低的唯一标准，将学历等同于能力、"文凭"等同于工资，而不看实际工作能力。这种选人用人机制，直接导致学生和家长片面追求成绩、学历和名校，一定程度上助推了"应试教育"之风，给"双减"政策的实施带来了一定的阻力。

2. 良好的教育生态尚未完全落实

"双减"聚焦新时代素质教育发展的新理念和新要求，进一步深化育人方式改革，助力教育高质量发展。然而，与素质教育相适应的考试招生制度尚在探索实践中，良好的教育生态尚未完全落实到体制机制上。比如，中考后的教育分流制度和普通高中的分层办学模式，使初中毕业后有一半左右的学生被分流到中等职业教育学校，而中等职业教育并没有被社会接受，相反，上重点高中才是家长们心目中的理想目标。这导致家长为了让孩子进入普高尤其是重点高中，在子女的教育问题上丝毫不敢懈怠和疏忽，更加重视文化课考试成绩。这种以单一的文化课分数为主要录取标准的中高考招生制度与学生的全面多样、个性化发展产生了矛盾，阻碍了教育生态的改善，使得"双减"政策的落实困难重重。

（四）政府的制度供给机制有待加强

1. 常态化监管机制乏力

"双减"政策实施后，校外培训机构虽有所规范，校外补习风气有所缓解，但多数培训机构"隐形变异"，由"地上"转为"地下"运营，甚至有些培训机构的教师跳出培训机构，私下开设补习班，利用周末违规开展各类学科培训。

2. 经费保障机制尚未健全

"双减"政策的落实需要相关制度为其提供原动力，但"双减"在具体实践过程中存在制度供给不足等问题。教育部规定，课后服务经费由政府财政补贴，但调查显示，12.7%的学校反映，教师未获得任何经费补贴。特别是乡村教师，由于保障条件不完善，与之相对应的教师津贴补助、工作量化和绩效实施等方面没有得到完全匹配，部分参与课后服务的教师报酬较少甚至无偿劳动，严重挫伤了乡村教师开展课后服务的积极性。

3. 对"双减"认识存在偏差

"双减"旨在将"减负"目标真正落到实处、做到细处，使基础教育回归学校、课程学习回归课堂，从根本上实现教育回归生命原点的本真追求（刘冲，2021）。但由于对"双减"的认识和实施落实存在偏差，一些教师单纯地从时间、数量和形式等方面减少作业量、课后任务等，忽略了学生综合素养提升的内隐因素。教师对政策的认同度与执行能力在一定程度上影响着"双减"政策的执行，认同度低、执行资源缺乏且自身能力不足，容易出现执行偏差。

三、"双减"政策实施的优化路径

"双减"政策虽好,但其在具体实施过程中涉及多方博弈,产生博弈困境,影响"双减"实施效果。因此,必须找准问题、突出重点,提出有效的优化路径,才能破解"双减"政策执行过程中的阻碍,促进"双减"政策的有效实施,进一步为我国的义务教育治理提供新思路,助力"双减"行稳致远。

(一) 树立正确的教育观念

1. 加强社会建设,缓解教育焦虑

教育对家长而言是关乎家庭命运和孩子未来的重大问题。近年来,受高筛选、强竞争的基础教育生态等因素影响,教育获得焦虑已经成为家长的群体性心态。家长不切实际的教育期望和功利化观念是产生教育焦虑的直接诱因。因此要想从根本上消解家长的教育焦虑,政府应采取多种形式加强"双减"政策宣传,帮助家长深刻理解"双减"政策内涵。教育主管部门应积极搭建平等沟通平台,倾听家长心声,了解家长对教育的诉求,广泛收集家长对"双减"政策的意见。同时,学校要全面提高学校的教学质量,与家长的需求达成共识,将个性化教学落到实处,满足学生个性化、多层次的发展需求,以缓解家长的教育焦虑。

2. 加大宣传力度,营造良好氛围

加强教育引导,转变教育观念。政府应加大"双减"政策宣传的广度和深度,营造"双减"浓厚氛围。充分利用多媒体、网络平台,加大"双减"政策宣传力度,阐释"双减"精神,总结推广好经验好做法、充分挖掘先进典型,引导家长转变观念,共同营造良好的教育氛围,不断健全协同育人机制,共同凝聚减负共识,防止出现学校"减负"、家长"增负"的现象。学校应充分利用家长开放日、家长会等,有针对性地开展"双减"政策宣传,消除家长的顾虑,营造良好的校园实施环境。

(二) 推进优质资源均等化

1. 推进优质教育资源均衡发展

教育资源决定着一所学校的发展活力,而不同质量的教育资源也是不同学校教学水平存在差异的主要原因。要想实现优质教育资源的均衡发展,

首先要加快标准化建设。加强区域内优质资源统筹，全面提升区域内教学装备、信息化标准的统一，使每个学生都能够享受到更加优质的教育服务，缓解家长在"学区"方面的忧虑，从而实现教育公平，推动教育的和谐发展。其次，要加快提升底部学校办学水平，推动教师交换轮岗制度，缓解区域内优秀师资力量的失衡。根据学生实际不断优化课后服务质量，为学生提供个性化、差别化教育，丰富服务内容和形式，从而发挥学校教育教学主阵地作用。最后，各级政府部门要为弱势群体子女提供更多、更优的教育帮扶支持，尤其要为后进生提供充分的学业帮扶，根据学生知识掌握程度和作业完成情况进行不同类别的分层指导。

2. 提高课后服务质量供给需求

课后服务质量供给是全面落实义务教育"双减"工作，满足学生个性化、多样化的需求，发挥学校主阵地作用的重要环节。针对中小学校课后服务内容序列化不足，以及服务主体的价值观偏差难以满足学生个性化、多样化需求等问题，应优化课后服务混合供给机制，健全课后延时服务考评和激励机制。加强资源统筹，加大专项资源投入，尤其要重点帮扶农村偏远地区、薄弱学校，引进校外优质资源参与课后服务机制，不断丰富课后服务资源和服务形式，构建高质量的课后服务课程体系，以满足学生个性化、多样性的发展需求，确保课后延时服务可持续和高质量发展，助力"双减"行稳致远。

3. 赋能课堂教学提质增效

全面落实义务教育"双减"政策必须深化教育教学改革，赋能课堂教学提质增效，从根本上提高课堂教学质量。首先，不断强化教育教学管理，从改革课程体系、备课机制、教学方式上做强做优免费线上学习服务。其次深入探索数智化教学新模式，利用信息技术手段助力高效课堂，把先进信息技术与教育教学深度融合。最后，确保教师备课时间投入，借助集体备课提质增效。教师参与课后服务应本着自愿原则，切实落实弹性上下班制度，对参与课后服务的教师给予适当物质和精神奖励，以此赋能课堂教学提质增效，助力学生全面发展。

（三）畅通人才培养渠道

1. 树立科学合理的人才观

人才是推动科技进步的基本力量，教育培养的人才必须适应社会需要。因此，全面落实义务教育"双减"政策需要更新人才培养观念，树立科学合理的人才观，改革社会人才评价制度，倡导以能力和业绩为导向的用人理念，重视社会用人能力化。坚决破除"唯学历""唯分数"的用人制度，彻底打破门第身份偏见，倡导能力本位的用人观，将人尽其才、才尽其用、终身学习的理念真正落实到社会人才评价制度中，健全科学合理的用人评价体系，打破僵化的评判标准，破除"唯学历"倾向，正向牵引教育生态。

2. 深化考试招生制度改革

首先，改革考试招生制度。积极探索分类考试、综合评价和多元录取升学考试制度，强化考试育人功能，深化考试内容改革，克服"一考定终身"的弊端，缓解教育竞争压力。其次，破除"唯分数论"。扭转唯考试成绩、唯升学率的片面教育政绩观，深化综合评价、多元录取改革，将学生综合素质评价纳入招生录取考核范围，畅通创新人才发展和高素质技术人才选拔通道。最后，要多渠道引导家长调整教育期望，改变"唯有上好高中、好大学才能改变命运"的想法，使其更加重视教育促进人全面、可持续发展的本体价值，追求更"适合"自己孩子的教育。

（四）全面加强制度供给机制

1. 健全常态化监管机制

校外培训常态化监管应构建多元主体协作监管体系，采取"政府主导、协会自律、社会监督"的路径，细化职责分工，强化责任落实。利用大数据和人工智能技术，探索建立数智赋能中小学生学业负担动态检测机制，建立常态化监管平台。校内与校外、显性与隐性相结合，定期开展减负调研，重点调查校外培训机构违规招生、补习等问题，不断推进校外培训机构监管法治化进程，以确保"双减"落地落实。

2. 建立经费保障机制

各地政府应优化义务教育课后服务保障政策，拓宽经费来源渠道，实行"财政拨款+合理收费"的保障机制。拨专项经费用于中小学课后服务教师绩效工资分配，加强全过程质量监督管理。学校应构建"基本托管+素质拓展"的课后服务模式并落实财政补贴，按公益普惠原则收费，进一步挖掘校内外延时服务师资队伍，不断丰富延时服务课程。

3. 增加对"双减"的认可度

教师是执行"双减"政策和"减负提质"的主体，教师对政策的认同度、执行能力影响着"双减"政策的执行。因此应赋权学校和教师，提高他们对"双减"政策的认可度，提供课后服务的充足资源保障，增强"双减"政策执行过程中目标群体之间的互动，强化课堂主阵地作用，切实提高课堂教学、课后作业和延时服务质量，使"双减"政策真正落到实处，切实减轻学生的学业负担，造福中国的未来一代。

4. 完善协同育人机制

"双减"作为一项系统工程，其本身具有长期性和复杂性的特点，需要家校社政协同推进，凝聚共识，创新多元协同育人机制。学校应加强政策解读，采用家访、家长会和专题讲座等形式，增强教师和家长对"双减"政策的理解，凝聚"双减"改革共识；社会层面要加大政策宣传力度，提升政策认同感；地方政府应紧紧围绕家庭教育的重难点，搭建多媒体服务平台，供给优质资源，促进减负共识的形成，实现家校社政协同育人，共谋学生的全面发展和教育生态的良性循环。

四、总结

综上所述，减负是一项系统工程，具有长期性和复杂性等特点，很难通过一项政策改革而"毕其功于一役"，必须发挥政府的引导作用，全社会长期协同治理，搭建协同育人平台，共谋教育生态的良性循环，助力教育高质量发展，交出让人民满意的教育新答卷。

课题组成员：吴凤堂、翟纯纯、谭海波、薛　瑜、
李文达、席　娟、李福来

镇江高校毕业生就业意向及对策调研

| 吴建强 |

为深入了解 2024 届应届大学生的求职意向，调研组对 1392 名应届毕业大学生、6 所驻镇高校和相关部门开展了专题调研。调研显示，2024 届毕业生就业态度总体较为积极，就业意向相对理性。受经济下行压力、供需匹配度较低和毕业生规模不断扩大等因素叠加影响，大学生就业压力仍然较大，部分镇江高校促就业工作需持续提质增效，促就业政策需加大宣传推广。

一、调查样本分布

院校及学生数量分布情况：此次共调研 6 所驻镇高校，包括江苏大学、江苏科技大学、镇江市高等专科学校、江苏农林职业技术学院、江苏航空职业技术学院、金山职业技术学院。此次调研共涉及 1392 名学生，其中江苏大学占比 24.9%，江苏科技大学占比 23.0%，镇江市高等专科学校占比 16.7%，江苏农林职业技术学院占比 14.1%，江苏航空职业技术学院占比 14.4%，金山职业技术学院占比 6.9%。

调研对象中，男生占比 53.4%，女生占比 46.6%。

学历及专业分布情况：调研对象中，大专学历学生占比 61.2%，本科学历学生占比 32.1%，研究生或以上学历学生占比 6.7%。在高职（专科）院校读书的学生占比 52.1%，在普通本科院校读书的学生占比 47.9%。经管类专业的学生占比 15.4%，文史哲类专业的学生占比 8.3%，理工科类专业的学生占比 43.0%，医科类（护理类）专业的学生占比 5.2%，其他专业的学生占比 28.1%。

二、毕业生就业意向

（一）大学生总体认为就业形势严峻

在学生对自身所学专业就业前景的感受的调研中，53.68% 的同学认为，就业形势严峻，就业较难；32% 的同学认为，就业形势有点严峻，但比低学历人群就业要容易；14.32% 的同学认为就业形势较好，就业相对容易（图 1）。

| 中国式现代化镇江新实践 |
346

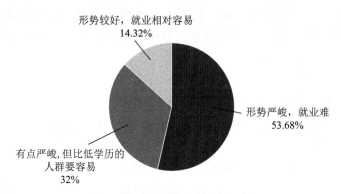

形势较好，就业相对容易
14.32%

形势严峻，就业难
53.68%

有点严峻，但比低学历的
人群要容易
32%

图1 毕业生对就业前景的感受

（二）优选"先就业再择业"，升学仍受青睐

当前，镇江高校毕业生在就业态度方面较为务实。调研中，95.4%的学生反映毕业后会就业或考虑就业（含继续升学，见图2）。

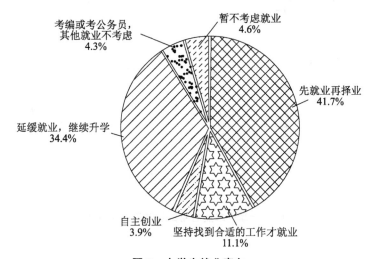

考编或考公务员，
其他就业不考虑
4.3%

暂不考虑就业
4.6%

先就业再择业
41.7%

延缓就业，继续升学
34.4%

自主创业
3.9%

坚持找到合适的工作才就业
11.1%

图2 大学生就业意向

在求职态度方面，41.7%的受访学生反映会先就业再择业。一些应届毕业生认为，当前就业形势不尽乐观，先找到一份工作最重要，至于是否专业对口、是否符合自己的预期等会在找到第一份工作后再考虑。专升本（专转本、专接本）、考研、考博等成为应届毕业生延缓就业的重要选择。调查中，34.3%的学生会选择继续升学。调查的专科生或高职院校毕业生中，27.1%的学生会选择专升本；调查的本科毕业生中，选择考研的学生比

例高达 61.7%。学生普遍反映，选择专升本或考研主要是因为他们对自己当前的学历、院校或专业不太满意，想通过继续升学来增强未来就业竞争力，以期找到满意工作。

（三）就业方向较多元，"求稳"心态增强

调查显示，为提高就业机会，毕业生选择的行业较为广泛。毕业生就业首选单位当中，政府机关、事业单位、各类企业、科研院所和部队等均在其列。在首选就业方向单位中，倾向于国企、政府机关、学校及科研院所、其他事业单位、外企、民企、部队和自主创业的学生比例分别为 38.7%、12.7%、8.3%、14.7%、6.5%、8.6%、3.9% 和 6.6%。调查显示，毕业生大多青睐"体制内"就业。此次调研对象以理工类、农科类学生为主，但许多毕业生宁愿选择更为稳健的"金饭碗""铁饭碗"。学生毕业后希望从事的行业中，政府机关和事业单位的占比高达 49.2%（见图 3）。

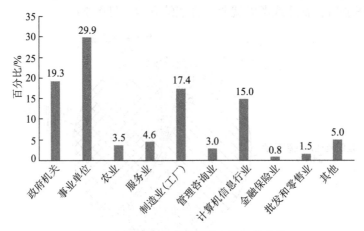

图 3   大学生毕业后希望从事的行业占比

（四）求职信息来源广，校招最受欢迎

在求职信息方面，毕业生获取就业信息排在前四位的途径分别是：69.3% 通过学校推荐，62.1% 通过参加现场招聘会，51.6% 通过熟人介绍，43.3% 通过网络招聘。此外，分别有 21.2%、17.0%、15.6% 和 13.4% 的应届毕业生通过各级公共就业服务机构推荐、报刊电视等媒体发布招聘信息、公司工厂路边张贴招工广告和职业中介或劳务公司发布招聘信息获取就业信息。校园招聘会仍是最受毕业生欢迎的求职渠道（见图 4）。

调查中，40.2%的学生认为最好的求职方式为学校举办的校园招聘会，选择比例排在首位。此外，分别有 21.0%、14.3%、13.0% 和 9.8% 的毕业生反映，他们最喜欢的求职渠道是社会关系或熟人介绍、企业举办的校园宣讲会、求职招聘类网站和人才市场举办的人才交流会，这也是学生比较认可的求职方式。

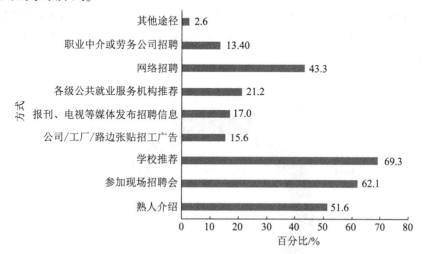

图 4　大学生获得招聘信息的途径占比

（五）工作地点明确，留镇意愿较弱

调查显示，毕业生毕业后更倾向于将发达地区城市或者家乡作为就业目的地。调研中，64.7% 的学生反映毕业后去一线城市或周边发达地区就业，47.6% 的学生反映毕业后回家乡就业，此二者选择比例远高于其他目的地。部分学生反映，考虑到收入水平、经济发展水平和个人发展规划，如果镇江本地没有特别满意的工作，第一份工作他们更希望去大城市"闯荡"。此外，还有 15.7%、11.2% 和 3.5% 的不留镇学生去向为无目标地自主创业、中西部地区就业和其他就业。

（六）月薪期望理性，工作崇尚自由

多数学生对月薪的期望较为理性、中肯。对于第一份工作的期望月薪，18.89% 的学生认为为 3001~5000 元，34.3% 的学生认为为 5001~8000 元，19.7% 的学生认为为 8001~10000 元，25.2% 的学生认为为 10000 元以上（见图5）。

调查显示，灵活就业和自主创业等自由度高的职业日渐受到毕业生重视。调研中，选择毕业后灵活就业的学生占比28.4%，选择自主创业的学生占比5.0%。部分学生反映，考虑灵活就业主要是因为此种就业方式比在企业坐班自由度高，自己当老板，可以从事自己想干的工作。

多数学生期望有正常的工作时长。分别有23.0%和52.4%的学生希望单个工作日的工作时间为8小时以下和8小时，期望工作后每月实际休假时间为8天及以上的占比44.0%。当谈及"996"时，大多数学生普遍不认可这种模式，觉得不够人性化。

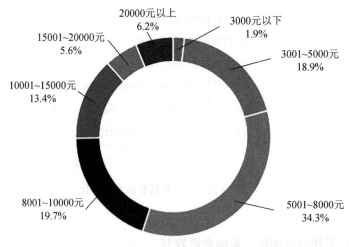

20000元以上 6.2%
3000元以下 1.9%
15001~20000元 5.6%
3001~5000元 18.9%
10001~15000元 13.4%
8001~10000元 19.7%
5001~8000元 34.3%

图5 大学生对第一份工作的期望月薪

三、毕业生就业工作存在的问题

目前，除经济下行压力影响之外，毕业生就业工作还面临以下主要问题。

（一）本地就业意向总体偏低

调查中，仅有20.4%的应届毕业生表示毕业后会在镇江就业，表示不会留镇就业的占比31.9%，表示不确定的占比47.7%。大学生对镇江就业环境的总体评价偏低。调查中，仅44.5%的学生对镇江就业环境表示很满意或较满意。对于毕业后不愿留在镇江就业的原因，有44.5%、43.8%和43.2%的学生认为城市吸引力不足、个人发展受限、工资薪酬与周边城市相比较低是他们不留镇就业的主要原因。此外，分别有 30.5%、23.6%、21.0% 和 14.4% 的学生认为对口专业岗位不足、生活不够便利、担心未来子女上学及家属难安置、对象比较难找是其不留镇就业的重要原因。

（二）毕业生就业观念亟须转变

毕业生就业观念陈旧保守，对自身认识不足、定位不准，缺乏社会责任感，尚未形成良好的就业择业观和职业价值观。

一是部分学生择业观、就业观较狭隘。调查显示，毕业生当中"缓就业""不就业""不将就""啃老"等现象日益增多，片面就业观念增强，影响就业进度和速度。分别有 11.1%、4.3% 和 4.6% 的学生择业就业的态度是坚持找到合适的工作才就业、只考编或考公务员和暂不考虑就业。

二是制造业、服务业、民营企业和外（合）资企业受到轻视。毕业生毕业后最希望就业的行业选择中，选择希望到服务业企业和制造业（工厂）工作的学生比例分别为 24.1% 和 17.4%，远低于对体制内行业的选择。在企业性质选择方面，分别有 12.1% 和 16.0% 的毕业生首选的企业资本类型是民营企业和外资（合资）企业，而首选国有企业的比例为 71.9%。

（三）学生主客观均存在短板弱项

客观因素方面，缺乏经验、信息、技能和人脉是就业难的主要原因。调查中，分别有 76.4%、59.3%、43.1% 和 38.4% 的学生认为社会实践经验不足、专业不对口、缺乏有效的招聘信息和缺乏社会关系是找不到合适工作的主要原因。

主观因素方面，待遇要求高、对自身定位不准确及能力素质存在弱项是就业难的重要原因。调查中，分别有 56.1% 和 53.5% 的学生反映对薪酬期望过高和对自身及社会形势不了解是其找不到合适工作的主要原因。调查还显示，多数大学生对自身没有明确的职业规划，有详细规划的仅占 19.5%。

（四）学校促就业效果有待提升

在就业指导方面，学生普遍反映存在以下三方面问题：一是高校就业指导缺乏实用型知识，部分毕业生反映就业教导多于指导，缺少实用型"干货"；二是就业指导缺乏系统性，学生反映学校往往在学生临近毕业时对其进行密集突击指导，"临阵磨枪"对就业促进效果较为有限；三是学校举办的网上招聘会，形式大于内容，效果不明显。

在就业实习方面，学生留实习单位就业情况不佳。56.9%的参加过实习的学生反映不会留实习单位就业。学生留实习单位就业情况不佳的原因主要有三点：一是企业提供的实习环境无法满足学生需求。分别有55.0%、55.3%、41.1%、32.0%和31.7%的学生认为薪酬低、个人成长空间不够、工作内容单一、工作时间过长和生活工作环境差是其不选择留在实习单位就业的主要原因。二是学生实习率相对偏低。34.3%的学生反映从未参加过学校安排的相关实习，部分学生甚至反映自己仅仅是在实习单位"盖了章"，证明有了实习经历，但并未有深度的实习体验。三是部分高校对学生实习重视程度不足。一些学生反映学校不重视学生的实习落实，推荐的实习企业存在需求专业单一和优质企业缺乏等问题，学生跟高校反映实习状况、提出意见建议，有时存在无人过问等情况。

（五）就业政策方面仍需完善

一是大学生对就业政策知晓度低。调查显示，多数学生对政府出台的促进大学生就业的相关政策知之甚少或知之不明。调查中，39.7%的学生表示对就业政策基本不了解，46.3%的学生表示对就业政策只知道大概。部分毕业生反映，大学生留镇就业扶持政策存在宣传密度较小、宣传渠道不畅、宣传效果较差等问题，造成学生不了解相关政策。二是大学生对用人单位就业歧视缺乏有效应对。本地高校学生普遍反映，很多知名央企、国企和外资企业特别注重甚至只招聘"985""211""双一流"高校毕业生，而镇江高校普遍缺乏该类头衔，导致本地学生就业竞争力较弱。三是校地联动促就业效果仍待加强。部分学生反映，大学生有就业刚需，企业也有招人刚需，但由政府部门联合高校举办的招聘会数量和效果还不够，校地联动促就业还需要提升广度和深度。

四、毕业生缺乏留镇意向原因分析及对策

（一）原因分析

1. 毕业生对镇江的认同度不高

调查显示，一个地区的人文、自然环境和经济发展水平是影响毕业生选择就业去向的重要因素。而镇江市无论在苏南五市还是在沿江八市中，其知名度和美誉度均不高。加上大学生平时与外界接触不多，对镇江经济社会发展的进步和改善感受不深，对镇江认同感不强，因而他们择业时往往往会选择其他城市。

2. 产业对人才集聚吸纳能力不足

镇江企业在总量规模、发展速度、发展质量、创新能力、外向度等方面，与南京、苏锡常等周边发达地区相比均存在一定差距。并且镇江市产业集成程度不高，一些新兴产业成点不成链，高端装备制造、新材料等主导产业链条不长，新业态、新技术、新模式发展较慢，产业对人才的承载力不强，吸纳聚集大学生的能力不足。

3. 企业与驻镇高校对接效率不够

近年来，企业招聘需求总体上升，但供需匹配难度加大。虽然镇江市出台了许多人才政策，但学生知晓率不高，同时镇江市对专科层次学生的扶持政策不多，对专科学生缺乏吸引力。当前，中小微企业是人才需求最为活跃、需求量最大的群体，但实际上它们很难吸引毕业生的关注。此外，镇江市企业目前主要还是采用"校园招聘""人才市场招聘""人才网招聘"等传统招聘方式，虽已尝试"人才夜市"等招聘模式，但效果不佳。

4. 政府高校企业合力形成不到位

近年来，镇江市人才办、人社局和团市委等部门深入驻镇高校开展政策宣传和专场招聘活动，相继开展大学生创业大赛、优秀创业项目遴选和"创业明星"评选活动，着力营造促进大学生就业创业的浓厚氛围。但从工作的实际效果来看，服务大学生就业创业工作的手段还比较单一，不能完全满足大学生多样化的就业创业服务需求。资源整合力度不够，尚未形成全社会共同参与、整体推进的局面。

（二）工作对策

1. 主动融入地方人才需求体系

把学校事业发展、产学合作和就业创业有机融入地方产业发展与人才需求规划中。对镇江市产业结构和技术技能型人才需求状况开展专题调研，紧密围绕镇江市产业结构，打造"镇江民生事业的服务型专业""镇江市智慧型专业""镇江智能制造工业的生产型专业"三大组合升级版。根据镇江市两大主导产业和三大新兴产业人才需求及时调整专业设置和人才培养取向，跟踪产业升级的特点和社会人才变化的轨迹调整和拓展相应专业设置，适应地方经济社会发展。实现学校专业对镇江产业的全面覆盖、全过程对接、全周期服务，以产业板块带动专业组合，以专业组合优化人才方阵，提高专业设置与地方主导产业的对接度和关联度，真正实现专业设置与地方发展同频共振。

2. 主动融入地方人才交流体系

为实现毕业生在镇充分就业，学校将主动与镇江市（县区）人才服务（交流）中心、镇江市大学生就业指导中心建立长期友好合作关系，与镇江市人社局共同举办"百家企业进校园""企业 HR 进校园"等活动。与镇江市大型企业，如北汽、力信能源、吉贝尔药业等举办"订单班""冠名班"，举办专场招聘会，建立镇江市企业人才需求信息库，帮助毕业生在镇江充分就业创业。

3. 助力学生创业项目落户镇江

主动联系地方，开展形式多样的"送政策进校园"活动，与税务局合作为学生办理税务登记证，协调学生创业税收减免政策落实等。与镇江市工商行政管理局京口分局合作，为学校孵化基地工作室的注册和创业团队办理营业执照提供全方位服务。与镇江市大学生创业指导中心共建大学生"创业苗圃"，加快推进"镇江市大学生就业创业指导站"建设。为服务就业创业学生，开展"项目遴选、项目入驻、项目管理监督、公司注册、导师配备、法律咨询、融资接洽、校外孵化推介、专利代理"等九个模块的全方位服务。

五、促进大学生就业的对策与建议

（一）就业对策

客观地说，毕业生就业工作是一项系统工程，需要多方联动、协同发力，才能有效推进学生高质量就业，才能有效提升毕业生就业率。高校在促进大学生就业方面占主导地位，必须主动作为。

1. 统筹协调多方联动，形成就业工作合力

要想实现学生的高质量就业，高校必须实现"招生、培养、就业"全链条协同联动。各分管校领导要切实为联系学院想办法、出实招、跑资源，要从人才培养、专业设置、校企合作、校友对接、就业教育、就业指导和就业服务等方面，围绕学生就业做好相应工作，并结合所联系院校，为学院做好就业工作出谋划策，帮助学院解决实际困难。各部门要结合职能，为就业工作制定政策、制度，全力为学生出口做好服务。各学院要切实增强就业工作的"主业"意识，树立和强化"就业导向"，主要领导要带头抓、亲自管，层层传导压力，加强毕业生思想教育、就业指导和就业帮扶，多方联系用人单位，为企业推荐优秀毕业生。就业创业部门要努力为学院、

学生做好服务工作，有效开展毕业生就业状况跟踪调查，及时反馈毕业生发展现状，为学校人才培养和招生计划调整提供依据，深入挖掘优秀毕业生就业创业典型事例，充分发挥典型引领作用。

2. 科学调整专业设置，改革人才培养模式

各高校教务处、各学院要深化教学改革，专业设置应契合社会发展，以社会需求为引领，以市场需求倒逼教学改革，优化人才培养规模、结构和质量，在保持专业设置自主性、相对独立性的同时，积极进行适度调整。要加强就业监测和预警，健全就业与招生、人才培养的联动机制，建立毕业生就业情况反馈招生计划、专业调整和人才培养，将招生计划调整与毕业生就业质量相挂钩。尤其重要的是，要将毕业生就业质量、就业率作为各学院和各专业招不招生、停不停招生、撤不撤这个专业最硬的指标，对就业质量不高、就业率不高的专业进行"一票否决"。

3. 加强就业基地建设，强化校企深度合作

各高校就业处要协同各学院加强就业基地建设，每个学院建设 3 个以上紧密型的就业基地。在基地选择上，企业应具有一定吸纳毕业生的能力。产教融合处要加强与企业的联系，积极开拓校企合作市场和学生见习、实习基地，共建共享研发基地、实习基地，合作开展项目教学和生产性实训等。积极开展订单式人才培养，学校与企业共同制订人才培养方案，企业参与教学全过程，不断提高毕业生就业质量，为企业输送"量身定做"的专业人才。党政办公室要牵头与校友企业进行联系，进一步加强高校与校友企业的交流与合作，积极举办校友专场招聘会，欢迎校友企业从母校选聘优秀毕业生作为企业发展的储备人才，助力高校毕业生实现高质量就业，形成母校、企业与学子三方共赢局面。各学院也要充分挖掘校内教师企业资源，优先吸纳和招聘毕业生就业。

4. 加强就业政策宣传，系统开展就业指导

高校应积极构建"政府、学校、家长、社会、学生"一体、协同发力的高质量就创业工作体系，推动大学生就创业教育、指导、服务的全程化。就业创业部门要组织开展学生"就创业政策解读""企业 HR 进校园""校友大讲堂"等系列活动，加强就业政策宣传，切实为毕业生明明白白就业提供全面支持和服务；要完善课程体系，将就业指导和创业教育作为必修课，纳入教学计划和学分管理，让就业创业课程贯穿人才培养始终；要主动与企业加强联系，主动挖掘企业招聘需求，并通过"91job 智慧就业平台""镇江高专学工在线公众号"和学院班级群等，及时将招聘信息传达给

每位毕业生。各学院要加强对学生的就业教育，积极引导学生转变就业思想观念，树立"先就业、后择业"的观念，不断提高个人就业能力，培养吃苦耐劳、团结协作等精神。同时，各学院须及时了解掌握毕业生思想动态和心理状况，教育毕业生认清复杂多变的就业形势，引导毕业生合理调整就业预期，不能等待观望、贻误就业机会。

5. 加大政策扶持力度，激励学生自主创业

就业是民生之本，创业是就业之源。就业创业部门应建立健全和完善大学生就业创业扶持政策体系。要大力实施毕业生创业引领计划，开展毕业生创新创业青年选培行动，对休学创业的大学生和毕业生开辟"绿色通道"，鼓励支持大学生自主创业，在政策、资金、场地、办证等各个方面对其进行扶持。对于有创业意愿的大学生，要免费组织他们参加培训，帮助他们拟定创业计划，为他们寻找合适的创业场所，指导其办理证照手续，甚至提供部分资金，让学校成为大学生的创业乐园。

6. 用心用情关爱学生，切实落实就业举措

高校各学院在就业工作中处于主体地位，要主动做好就业分析研判工作，面向全院学生开展调查摸底和分类汇总工作，学院、班主任、学生层层对接，精准摸排学院应届毕业生的就业情况，做到心中有爱、眼中有生、心里有数。它们要根据调查情况，对毕业生进行分类指导，为他们提供个性化的就业服务：对有就业意愿的毕业生，尽力为其提供充足的就业岗位信息，并优先向用人单位推荐，确保其及时实现就业；对因个人原因暂不就业或没有就业意愿的毕业生，要做好教育引导工作和职业生涯规划指导；对有创业意愿的毕业生，要安排专人对其"一对一"辅导帮扶，积极落实相关创业优惠政策，切实在创业项目、场地、资金、办证等方面做好指导和服务；对有意向入伍的毕业生，要及时做好征兵入伍政策宣传与政策解答工作，全过程帮助入伍毕业生顺利参军。各学院尤其要重视建档立卡毕业生的就业帮扶工作，开展建档立卡毕业生"一对一"精准指导，做到工作有计划、帮扶有进度、过程有记录。对于现阶段就业率偏低的学院，要及时调整思路，多管齐下，迎头赶上；各学院党总支书记要把就业工作作为当前头等要务，切实把工作做细做实，用心用情到每一个学生身上。

7. 加强就业工作督查，确保完成就业目标

高校纪检部门要通过巡察反馈的方式督导教务处、就业处、产教融合处等部门，各学院须认真贯彻落实党中央、国务院、教育部、江苏省及有关学校关于就业工作的各项决策部署。高校纪检部门要加强学院走访，对

各学院就业工作的开展情况进行跟踪检查、督查，对就业工作不力的学院党政主要负责人实施约谈，对未完成目标任务的学院予以通报，考核结果应与年终考核、资金安排及评先评优等相挂钩，以充分调动相关部门人员的工作积极性。

（二）工作建议

据了解，大部分高校采取"$X+1$"学制（X年在校，1年实习），多数用人单位通常会在9~12月秋季招聘会完成下一年度的招聘工作，秋季是大学生就业的黄金季。但也有高校实施"$X.5+0.5$"学制（$X.5$年在校，0.5年实习），春季同样是大学生就业的黄金季。

调研显示，及早推进和落实就业的学生，其就业质量相对较高。因此，高校、部门及用人单位要抓早抓实，积极做好大学生就业工作。

1. 高校要创新举措，不断提升管理助就业

一要建立健全就业考核体系。将就业促进成效纳入考核，实施"一把手工程"，建立校—院—系—班四级联动机制，推动各级定期推进、督导和通报就业进度和质量。

二要创新就业工作方式方法。积极探索和推广定制就业，鼓励有条件的高校主动对接用人单位需求，如相关高校可以联合北汽麦格纳公司定制"麦格纳班"，联合镇江船厂等知名船舶企业定制"镇江船厂班"，定制"冠名班"要注重实效，真正落地。

三要深入推进就业指导工作。将学生职业规划纳入教学范畴，引导学生树立合理的就业观；加强校企合作，关注实习学生的期盼诉求，加大推荐就业和实习就业力度；因时因势而变，持续优化专业、课程设置，增强学科的就业针对性；不断完善就业指导体系，加强就业指导队伍建设。

2. 政府要完善市场，积极优化政策保就业

一要保持就业信息渠道通畅。产业主管部门经常性组织征集各类企业就业岗位信息，及时发布用人需求，不断开展送信息、送岗位进校园活动；努力做好牵线搭桥工作，推动企业与高校、与毕业生精准对接；积极构建基于大数据的大学生就业监测体系，动态掌握毕业生就业总体进度和质量。

二要提供高质量的就业岗位。适度扩大本地国有企业招聘高校毕业生规模，加强与驻地央企的招聘事项联络交流，各级机关事业单位适度提高专项招聘高校毕业生比例；持续加大招商引资工作力度，加快产业投资项目落地达产，创造更多优质就业岗位。

三要健全完善就业创业政策。完善就业配套政策和协同机制，加强教育、人社、财政和高校等在就业推荐、权益保障等方面的联动，鼓励各类企业吸纳高校毕业生就业；支持高校毕业生自主创业，为参加灵活就业的毕业生提供岗前培训和技能提升培训；严防就业歧视，保障大学生享有公平的就业权；深入高校，持续加大镇江城市、产业和人才留镇政策宣传，增强毕业生对留镇就业和生活的信心。

3. 用人单位要转变观念，不断改革机制促就业

一是全面整治招聘歧视行为。禁止机关事业单位和企业在招聘广告中提出只面向"985""211"和"双一流"建设高校毕业生的招聘要求，反对学校和学历歧视；探索开展对机关事业单位用人情况的第三方专业机构独立评价，将其纳入新的人才生态政绩考核。

二是积极革新选人用人机制。对于部分服务型岗位积极推广聘任制用人办法，要降低学历、学校和职称标准，降低机关事业单位人力成本，提高机关事业单位的行政效率；继续统筹实施"三支一扶"计划、"特岗计划"和大学生志愿服务西部计划、苏北计划等服务项目，鼓励普通高校毕业生到基层、到西部、到苏北从事支教、支农、支医和帮扶乡村振兴等工作。

三是企业主动加强校企联合。企业要创新用人机制，从"引进成熟人才"向"自我培养人才"转变，深度参与大学生培养过程，积极探索"定制培养""定向培养"新模式；与高校共建产学研基地，增加课题研究、见习、数字化零工等灵活实习实践方式，提升毕业生人力资本；逐步提高大学生的福利待遇，不断改善大学生就业和生活环境，增强大学生在企业工作的获得感和成就感。

（作者单位：镇江市高等专科学校课题组）

镇江实现碳达峰 SWOT 分析及其对策研究

中共镇江市委党校、镇江市发改委、镇江市生态环境局联合课题组

实现碳达峰碳中和是立足新发展阶段、贯彻新发展理念、构建新发展格局、推动高质量发展的内在要求，是党中央统筹国内国际两个大局作出的重大战略决策。碳达峰指二氧化碳排放量在某一年达到最大值后进入下降阶段；碳中和指一段时间内，特定组织或整个社会活动产生的二氧化碳，通过植树造林、减污降碳、海洋吸收、技术封存等自然和人为手段被吸收和抵消，最终实现人类活动的"近零排放"。其中，碳达峰是实现碳中和的前提条件，碳中和是最终目标，碳达峰实现越早，碳中和的压力越小。作为国家低碳试点城市，镇江要积极稳妥推进碳达峰碳中和工作，把"双碳"工作纳入生态文明建设整体布局和经济社会发展全局，协同推进降碳、减污、扩绿、增长，确保"双碳"目标如期实现，在推进中国式现代化中走在前、做示范，作出镇江应有的贡献。

一、镇江市实现碳达峰 SWOT 分析

SWOT 分析法，即态势分析，就是将与研究对象密切相关的各种主要内部优势、劣势和外部的机会和威胁等，通过调查列举出来，并依照矩阵形式排列，然后用系统分析的思想，把各种因素相互匹配起来加以分析，从中得出一系列相应的结论，而结论通常带有一定的决策性。

据研究，城市作为人类活动的主要场所，其碳排放量占全国总量的70%以上，是实现碳达峰的关键环节。为此，研究碳达峰问题要以城市为基点进行系统分析，探讨实践路径。下面运用 SWOT 分析法对镇江碳达峰进行分析，即从优势、劣势、机会、威胁四大影响因素进行系统分析，为实现碳达峰提供决策依据。

（一）优势

近十年来，镇江通过推进低碳城市建设，积极探索生态低碳发展路径，为实现碳达峰奠定了良好基础、创造了有利条件。2012 年至 2021 年，全市单位 GDP 能耗下降了 37.7%，单位 GDP 二氧化碳排放下降了 46.3%。镇江

| 中 编 |
359

在全国率先建设城市碳排放核算与管理平台，举办五届国际低碳大会，既提升了城市影响力，也为全球气候治理提供了"中国方案"，生态低碳已成为城市发展新名片。

（二）劣势

1. 竞争压力加大

《中国城市碳达峰碳中和指数（2020—2021）摘要报告》首期评价涉及110个重点城市。镇江碳达峰碳中和指数排名第39位，虽处全国中上游，但在苏南地区面临较大压力。苏州作为国家级低碳城市试点，以碳排放强度目标下降为中心，以产业低碳转型升级为主线，持续推动经济结构优化、节能减排、能源效率提高、森林碳汇增加等，多措并举应对气候变化。无锡在国内率先提出"零碳城市"目标，成立零碳科技产业园。张家港发布江苏省首个县域"碳达峰、碳中和"行动方案。

2. 产业结构偏重

从工业结构看，镇江的重工业总产值占规模以上工业总产值的比重为80%左右，工业应税销售"百强企业"中，近一半为造纸、化工、机械等传统产业。从产业层级看，产业结构整体处于价值链中低端，绿色低碳产业规模较小。

3. 能源消费单一（偏煤）

从能源消费结构看，镇江市煤炭消费占一次能源消费比重超过70%，远高于57%的全国平均水平；非化石能源占能源消费总量的比重仅为5%左右，远低于15%的全国平均水平。从污染排放情况看，由于电源结构以煤电为主，谏壁、高资、句容华电三大电厂的污染排放占比达70%~80%，减污降碳的难度较大。

4. 技术创新偏弱

与长三角发达城市相比，镇江的高层次创业人才和高端创新团队紧缺，人才吸引力不足；高新技术企业、技术研发机构、孵化器数量较少，制约了科技创新能力。尤其缺乏掌握低碳、零碳、负碳技术的高端人才，影响了"双碳"产业的发展。

（三）机会

从国际发展趋势看，碳达峰、碳中和是应对全球气候变化、实现可持续发展的必由之路。根据欧盟"能源转型委员会"研究预测，为实现欧盟

2050年碳中和目标，2021年到2050年需要约28万亿欧元的投资。中国研究机构预测，到2060年，为实现碳中和目标，需投资约136万亿元。

从国内发展趋势看，实现碳达峰、碳中和是一场广泛而深刻的经济社会变革。这将有力推动经济社会向资源高效利用和绿色低碳发展全面转型，催生一批新技术、新业态、新模式的产生和发展。

（四）威胁

实现碳达峰、碳中和是党中央作出的一项战略决策，是全面建设社会主义现代化国家的一项重要任务。未来城市之间竞争压力将进一步加大，与"双碳"相关的产业、政策、资金、技术、人才等流向、要素集聚将发生重大变化。对镇江而言，能否抓住发展机遇，避免在多重区域战略叠加下发生虹吸效应，是需要重点考虑的问题。

二、镇江市实现碳达峰的对策建议

根据镇江市2009—2021年的统计数据分析，12年来全市经济增长与能源消费量呈紧密相关关系，镇江以年均3.97%的能源消费增速支撑了年均8.11%的经济增长。全市能源消费随经济增长总体呈现波动式上升趋势，说明经济增长与能源消费依然"深度捆绑"。目前，镇江的经济发展与碳排放尚未脱钩，全市碳排放尚未达到峰值。因此，镇江要落实好碳达峰碳中和"1+N"政策体系，积极稳妥推进"双碳"行动，确保"30·60"目标实现，为全国实现"双碳"目标探路，贡献镇江力量。

（一）制定科学达峰规划，提高城市发展品质

科学规划是城市发展的先导。一是研究制定《镇江市2030年前碳达峰行动方案》，明确城市碳达峰目标、实施方案和保障措施，并与城市"十四五""十五五"规划有机衔接，协同推进。二是积极稳妥推进碳达峰行动。确定"双碳"目标，既不是设置发展的"天花板"，也不是拧开用能的"水龙头"，而是要找到经济发展与生态保护的"最佳平衡点"。要在保障能源安全的前提下先立后破、稳妥推进。三是完善低碳城市发展规划，系统考虑经济发展、工业结构、能源结构、碳排放量和强度、空间规划、绿色交通、绿色建筑、绿色社区等目标，增加低碳因子在城市经济社会系统中的占比，引导低碳发展，提高城市品质。

（二）改善能源消费结构，控制化石能源消耗

加快能源消费结构调整。研究表明，1 吨标准煤完全燃烧产生的二氧化碳大概为 2.5~2.7 吨。控制煤的消耗总量是实现城市碳达峰的关键。要持续减少以煤炭（含焦炭）为主的化石能源消费，深挖重点行业企业节能降碳潜力，严格控制高碳行业产能增长，减少化石能源消耗总量，提高能源利用效率。优化可再生能源开发布局，加快构建新型电力系统，大力提高光伏、风能和生物质能装机容量，提高可再生能源利用效率。扎实推动能耗"双控"行动，促进能耗"双控"逐步向碳排放"双控"转变。

（三）建立激励约束机制，促进社会绿色转型

从正向激励和反向约束双向发力，推动全社会绿色发展转型。运用财税、金融等政策工具，激发各类主体节能减排、减污降碳的内生动力。引导金融机构加快推出"低碳"绿色金融产品，运用金融资本支持绿色低碳企业发展。生态环境部提出，"达峰行动有关工作将纳入中央生态环境保护督察，并对各地方达峰行动的进展情况开展考核评估"。因此，必须强化约束性政策，倒逼企业主动承担减污降碳、节能环保的责任。另外，要密切关注国际国内碳市场、碳税政策的变化，做好应对国际绿色贸易和国内碳市场交易的准备。

（四）加大"双碳"领域投入，增加绿色发展含量

瞄准"双碳"投资新领域，加大工业、能源、建筑、交通、农业等各行业、各领域的绿色投资，抢占"双碳"发展新赛道。常州早在"十三五"时期布局新能源产业，现在被称作"中国新能源之都"。如今，常州启动建设氢湾，规划面积约 2 平方千米，启动区为 1000 亩，其中 360 亩作为创新孵化区，开始抢占氢能产业新赛道。学习常州经验，镇江要提早布局，加大"双碳"领域的投资。一是加大对光伏、生物质能等非化石能源投资，二是加大对低碳、零碳、负碳等技术投资，三是加快运用低碳技术改造提升传统产业。要以镇江优势产业为基础，把"双碳"产业和"四群八链"产业结合起来，促进低碳绿色产业和人工智能、区块链、5G 通信、工业物联网等新技术的融合发展，通过强链延链补链提升产业链现代化水平，增加绿色产业占比，推动产业高质量发展。

（五）加快科技研发合作，增强科技创新能力

科技创新是实现碳达峰的重要支撑，要紧跟科技发展前沿，加快技术创新步伐。一是加快智能电网、储能、动力电池技术研发，提升电气化水平。二是加快深度脱碳技术的研发与示范，降低能源消费对化石能源的过度依赖。三是加快工业、能源、交通、建筑等领域节能降耗、零碳技术、负碳技术的研发、示范和应用，提高能效，减少污染。四是加强与国家重点实验室及国外技术的合作与研发，突破相关核心技术和关键技术，开展低碳/脱碳技术集成示范，增强科技创新能力。

（六）提升生态固碳能力，挖掘生态产品价值

实现碳达峰既要做好减法，也要做好加法。在实施减污降碳的同时要开拓新思路，探索新方法。一是大力增加生态碳汇。加强生态系统保护和环境修复，改善自然生态系统整体质量，发挥绿地、森林、河流、湖泊、湿地等自然生态系统的碳吸收作用，提升生态固碳能力。二是挖掘生态产品价值。借鉴湖州、丽水等地的做法，以世业洲为试点，探索生态产品价值实现机制，把世业洲打造成碳达峰碳中和示范区、样板区。进一步挖掘镇江的生态优势，探索绿水青山转化为金山银山的实践路径，真正把生态优势转化为经济发展优势，为实现"双碳"目标贡献镇江力量。

课题组成员：孙忠英、朱　华、冯　斌、何玉健、高　亮

镇江市"无废城市"建设研究

| 中共镇江市丹徒区委党校课题组 |

一、问题的提出

近些年，随着经济的发展和人口的增加，日常生活及生产产生了大量固态废料，环境污染程度持续加深。据统计，中国每年制造大约 20 亿吨的城市垃圾、50 亿吨的农村废品及 33 亿吨的工业废料。因此，有效解决这些固态废弃物的处置问题并确保生态保护和社会经济的长久稳定已成为当务之急。我国提出的"无废城市"概念，继承和发展了"零废物"理念和实践经验。无废城市是一种新的城市发展模式，是在以习近平新时代中国特色社会主义思想为指导，统筹推进"五位一体"总体布局、协调推进"四个全面"战略布局背景之下的一种先进的城市管理理念。

2018 年 12 月，《"无废城市"建设试点工作方案》出台，开启了中国无废城市的建设进程。根据无废城市提出的国际背景，推进"零废弃"城市建设已成为全球共识。2022 年 4 月，生态环境部发布《"十四五"时期"无废城市"建设名单》，镇江市名列其中。这是对镇江市近年来持续提升垃圾综合处置能力的肯定，标志着镇江正不断向"无废城市"迈进。

二、选题的意义

（一）利于解决城市固体废物污染问题，提高城市生态环境质量

建设"无废城市"，可显著改善城市及其周边生态环境，有效提升城市生态环境质量。提到垃圾站，大多数人的头脑中会浮现出气味刺鼻、脏乱不堪的场景。固态废物的生成速度快且未得到有效处理，导致"垃圾围城"现象愈发严重，这不仅会对环境造成污染，从长远角度看也会对空气和水的质量及人类的健康带来不利的影响。而这种现状与人们对于美好生活环境的需求存在矛盾。因此，推动"无废城市"建设能鼓励整个社会降低固态废物的生产量，提高城市中固态废物的管理效率，加速解决那些长久以来悬而未决的固态废物污染问题，持续改进城市的环境品质，进一步增进

民众的生活福祉。

（二）有利于推进固体废物管理制度改革，探索建立综合管理制度

一直以来，我国固体废物减量化、资源化和无害化的制度设计和实施的刚性不足，激励与约束机制不完善。党的十八大以来，党中央、国务院把固体废物污染防治摆在生态文明建设的突出位置，持续推进固体废物进口管理制度改革，加快垃圾处理设施建设，推行生活垃圾分类制度，固体废物管理工作取得扎实进展。推进"无废城市"建设，是从城市整体层面继续深化固体废物综合管理改革的重要措施，为探索建立分工明确、相互衔接、充分协作的联合工作机制，加快构建固体废物源头产生量最少、资源充分循环利用、非法转移倾倒和排放量趋零的长效体制机制提供了有力抓手。

（三）有利于助推"双碳"战略，推动城市全面绿色转型

"双碳"目标是中国履行全球合作共赢责任使命、满足持续发展需求的关键战略选择。加快推进"无废城市"建设，被视为达成"双碳"目标的关键步骤。"无废城市"理念与"双碳"目标高度契合，二者从不同的切入点整合经济体系中的资源流与废物流，减少原材料使用和废物产生，降低环境风险。固体废物治理既关乎减污，又关乎降碳。化工、建材、畜禽养殖场等既是固体废物的主要产生源，也是碳排放主要源头。所以，推动"无废城市"建设将有力地促进"双碳"目标实现，推动城市全面绿色转型。

三、镇江市"无废城市"建设现状

2022年7月，镇江市政府办公室印发《关于成立镇江市"无废城市"建设指挥部的通知》，成立"无废城市"建设指挥部，形成了"高位推动、上下联动、部门协作、齐抓共管"的工作格局。同时，镇江市政府办公室编制完成《镇江市"十四五"时期"无废城市"建设实施方案》，为镇江"十四五"时期"无废城市"建设确立了路线图、时间表，计划在"十四五"时期，围绕工业固体废物、农业废弃物、生活垃圾、建筑垃圾和危险废物等五大领域，布局51个项目。镇江"无废城市"建设指标涵盖固体废物源头减量、资源化利用、最终处置、保障能力、群众获得感和自选指标

6个方面，共计59项。其中，国家、省规定的必选指标37项、可选指标17项，镇江自选指标5项。

近年来，镇江市基本完成分类投放、分类收集、分类运输、分类处理的全链条体系建设，在改善城市环境、提升社会文明、促进资源节约、完善城市功能等方面取得明显成效。在前端，镇江市认真开展垃圾分类达标小区建设，在部分条件成熟区域推行"撤桶并点"，实施"居民源头分类，定时定点收运"试点。目前，全市公共机构基本实现垃圾分类全覆盖；建成垃圾分类投放设施覆盖居民小区1085个，覆盖率达90%以上；其中，建成"四分类"小区387个，含省级垃圾分类达标小区325个。在中端，镇江市按照"不同人员、不同车辆、不同要求、不同去向"的收运机制，共购置、更新分类运输车1292辆。在末端，镇江市大力推进生活垃圾无害化处置终端项目建设，所有生活垃圾填埋场均已进行规范化封场。目前，镇江市共有3家生活垃圾焚烧发电厂，生活垃圾日焚烧处理能力3150吨，超过日均3000吨的产生量，在全省率先实现生活垃圾全量焚烧、日产日清，生活垃圾无害化处理率达到100%。同时，镇江建立了农村生活垃圾分类收运网络，在条件成熟的乡镇建设了可回收物分拣中心和易腐垃圾处置设施。镇江全市累计建成垃圾分类示范乡镇19个（含省级7个），并实现35个乡镇垃圾分类设施全覆盖，覆盖率达85%。

在餐厨废弃物处理方面，2014年8月，镇江市获批国家第四批餐厨废弃物资源化利用和无害化处理试点城市，随后建成全国首家按照餐厨废弃物与生活污泥协同处置技术路线实施的项目。目前，全市餐厨废弃物日处理能力530吨，随着镇江市餐厨二期、句容市餐厨处置项目的陆续竣工，镇江全市餐厨垃圾收运范围将进一步扩大，在覆盖机关、院校、企事业单位基础上，将逐步延伸至街巷小餐饮店。"十四五"期间，镇江市将重点放在发展生态循环农业、实现农业废弃物高值利用上，组织编制《镇江市生态循环农业试点村建设方案》，开展生态循环农业试点村建设，持续完善秸秆收储网络建设，建立粪污还田资源化利用长效机制，完善废旧农膜和农药包装废弃物回收处置体系。

四、镇江市"无废城市"建设面临的问题和挑战

虽然镇江市在"无废城市"建设方面取得了一定成效，但仍然存在一些问题和挑战，主要表现在以下几个方面。

（一）工业固废综合利用率有待提升

观察镇江市的固体废物产出及处理状况后可发现，一些当地企业的制造技术相对陈旧，清洁生产意识薄弱，导致工业固体废物产量居高不下。当前，一般的工业固体废物处理设施的能力已不足以满足生产需求，大量的工业固体废物仅被简单地储存或堆积，过去遗留下的问题也很多，如违法倾倒和随意抛弃等现象时有发生，这也导致每年发生的各类环境污染事件、环保投诉和信访案件数量不断增加。

处理大型工厂产生的垃圾具有一定的挑战性，且其整体回收效率偏低。许多公司使用过时的、落后的工艺来实现这些垃圾的再利用，而焚烧和填埋是工业垃圾的主要处理方式，这也是大部分工业垃圾处理的方式。尽管政府已经实施了一些激励性的指导方针，但是多数公司的驱动力仍然不足以推动大规模的工业垃圾再生利用，因此有必要制定针对此类垃圾的强制性奖惩制度。

许多企业对自身责任缺乏认识，往往忽视"谁污染谁负责处理"的原则。大多数生产废物的企业都倾向于混合排放工业废料和生活垃圾，并且没有采取有效的分类回收措施。此外，它们在执行标准化的处理方式上也表现出不足。有些企业为了追求个人私利而故意规避环保监督，通过转卖、倾倒或丢弃固态废物等违法的方式破坏生态平衡和公众健康。

（二）危险废物精细化监管效能有待提升

一些企业在执行危险废物管理任务时，采用的管理方式过于简单化，并未采用细致化的策略来进行管理。管理过程中的随机性和无序程度较高，特别是在运输环节，既无法提供充分的安全保障，还可能发生危险废物流失的问题。此外，在储存危险废物的过程中，相关企业并没有按照科学的方式对其进行分类，许多危险废物被混入其他垃圾，而且没有任何明确的标识，这使得处理工作变得杂乱无章。同时，在储藏危险废物的时候，部分储藏设施出现了损坏，不能够提供足够的保护措施。由于组织结构的不完善和工作人员数量不足，缺乏有效的管理工具，危险废物监督系统的基础显得较为脆弱，影响环境保护工作的顺利推进。

对固态垃圾的危害特性识别是执行危险废物安全处理的关键步骤，然而由于时间限制及化学物理属性等原因，确定有害物质的确切类型具有很大的挑战性。目前，镇江市基层环保部门仍然面临技术人才短缺和对有毒物品辨识能力欠缺的问题。当危险废物突发环境事件发生时，它们往往只能被迫应对，无法有效采取主动措施加强监管，缺乏执行力。

一些企业未能妥善管理其危险废料场地，存在记录信息混乱、标识与标牌未遵循规定的情况。镇江市面临着对没有使用价值或有较低使用价值的危险废料处理能力不足的挑战，而其对有较高使用价值的危险废料则可能出现过度处理的问题。此外，一些企业在选择合适的地点建设危险废料处理设备时也会遇到困难，原因是附近居民对此表示极大抗议。因此，如何有效地应对"邻避反应"并成功推进危险废物处置设施建设项目实施成为核心问题。

（三）医疗废物规范化管理能力有待提高

在镇江的部分医疗机构中，医疗废物从产生到后续收运和储存的过程都暴露出一些问题，如管理规定缺失或模糊，以及不合理的处理方法。例如，一些医疗机构经常出现混合了医疗废物的生活垃圾，包括一次性的医用物品的外包装、病患家庭剩余的食物残渣等；另外，它们也有可能把用过的棉棒、纱布等医疗废物与日常生活的垃圾一起处理掉。此外，还有一部分医务人员对各类医疗废物的分拣标准并不清楚。同时，我们也发现，许多医院并没有按照规定的程序来打包医疗废物，而是选择普通的黄色垃圾袋作为容器，甚至有时候会直接使用纸箱或塑料袋代替专门的锐器回收桶来放置有伤害性的废弃物。分类收集设施放置位置不合理、标识不清晰，包装袋或利器盒装载超标，封口不严密，这些都极易造成医疗废物混装或遗撒。医疗机构还普遍存在台账记录不全、交接记录不完善等问题。大部分小型医疗机构，特别是以盈利为主的私人诊所，往往存在私下自行处理、随意丢弃废弃物等问题。

首先，主管部门监管责任不明确。卫生和生态环境部门虽分管不同工作，但实际职责相互交叉、相互影响，难以明确区分，导致各部门具体分工不明确，相互推诿，形成监管漏洞，缺少沟通协作，无法形成监管合力。其次，监管力度不足。对医疗卫生机构和处置单位的监督检查频次较低，部分检查会事先通知、流于形式，发现问题大多以批评教育为主，处罚力度小，很难形成对违法行为的有效震慑。最后，医疗废物管控范围不全面。随着家庭医疗废物量显著上升，家庭医疗废物缺乏有效监管，并且近年来我国动物诊疗机构数量和规模不断扩大，但其医疗废物集中处置工作推进较慢。

(四) 城市垃圾分类处置能力有待提高

尽管镇江市内已设立垃圾分类箱并实施相关措施以提高回收率、减少环境影响，但实际效果却并不理想。一方面是缺乏完善的生活废弃物运输及管理体系；另一方面是市区街道路面基础设施建设不完备（如过少或分布不当），导致分类垃圾箱数量配置不合理且密度过小，这不仅使原本应有的环保理念沦为空谈，也让市民们对"绿色"生活的期待落空。当前阶段，城市居民日常生活中产生的各种固体废物最后多半还是采用传统的掩埋法处理，而非用燃烧发电等更先进的技术手段，因为前者成本相对较低，操作起来较为简单易行。不过这种方法也存在局限性和缺点，即占用土地资源较多且能耗较高，所以长远来看，应该积极寻求新的解决方案，以更好地保护生态环境。

来自餐厅和厨房的大量废物通常会进入居民的生活垃圾处理设施或者作为畜牧业的食物来源，如果不对其进行有序收集和妥善管理，可能会引发进一步的环境污染问题。然而，目前镇江的餐厨垃圾并未得到有效的分类回收，而是混杂于其他垃圾中一同被处理，这无疑加剧了城市的环保压力。随着电子商务、快递服务及外卖等新经济模式的发展，塑料制品污染问题日益凸显。由于这类包装材料方便快捷且价格低廉，在人们的日常生活中被普遍使用，但用完后往往被随意抛弃，产生了"白色污染"现象，给生态环境带来极大伤害。建筑垃圾总量也随着建筑行业的持续发展呈增长趋势，大多数建筑废弃物并未经过任何处理就直接被送到城市边缘或乡村地区丢弃或掩埋，对建筑废弃物的再利用并没有得到足够的关注。特别是在旧城区改建过程中，大量的废弃物被任意地倾倒在道路边或农田附近，导致建筑材料及土壤资源无端消耗，同时也提高了清理运输这些废弃物的成本。

五、镇江市"无废城市"建设的对策和建议

(一) 加大政策引领力度，提升工业固废资源使用率

强化对策指导的深度，基于现有的《国家工业固体废物资源综合利用产品目录》，进一步精确并优化出适合镇江市的相关规定及规范；同时积极倡导政府公用工程率先采用这些再生材料制造的产品以增强市场的推广力量。在此基础上，镇江市继续推进落实《工业固体废物资源综合利用评价管理暂行办法》，并尽快制定适用于镇江市的实施细则，以便推动固体废物

资源化进程。比如通过财政税收优惠和政府综合利用补贴政策，降低企业在资源化综合利用中的成本，实施环境保护税免征政策，减免增值税、所得税等相关优惠政策等，使企业能够获得利益平衡，进而促进工业固废综合利用。按照污染者负担的原则，镇江市通过合理征收工业固体废物排污费等经济手段，引导企业大力开展清洁生产，努力推动固体废物的减量化和资源化。

当制定具体实施细则时，需要清晰界定企业的职责与义务，以确保企业的行为符合规定。各相关部门应当加强对工业固体废物的标准化全程监控，严惩产废企业非法倾倒、转移或填埋，以及废物经营企业不达标排放或偷排漏排、非法收集加工利用废物及露天焚烧固废等违反固废管理法律法规的行为。针对涉及刑事责任的情况，相关部门应该优化案件交接流程，增强执法力度。另外，有关部门还需增加财政支持，推动经济性和科技性兼具的技术的应用，从而减少固体废物的生成数量，实行分类收集和运输，提高资源化利用率。同时，镇江市应大力推崇领先的固体废物处理方法和设备，以达到经济收益、环保效果和社会利益的有效统一。

广泛宣传，提升社会参与度，防治一般工业固体废物污染，增强人们的环境保护意识，这需要每一位公民的积极参与和配合。具体可采取的对策有如下几个方面：构建有效的公共监督体系，完善信息公开制度；借助政府官网、新闻传媒等多种渠道来大力推广宣传活动并普及相关知识，从而使公众更深入地了解固体废物所带来的威胁及其处理的重要性；通过市民热线或环保热线等方式，激励更多的人去揭发那些乱扔垃圾或者不当处理工业固体废物的行为。

（二）提高处理危险废物的水平，加强监管力度

根据危险废物的特征、危害程度等进行严格的分类，确保分类的精细化；对危险废物按照具体类别存放，做好防护措施，贴好标识；一般废物不能与危险废物同放，工业与生活废物要分开存放；不同形态的废物也要做好分类存放。存储的设备或者场所也应该符合标准。首先存储区域需硬化，并在四周设置好围墙、搭设雨棚。如果是液体，也要保证存储设备具有抗腐蚀性和防蒸发功能。在存储期间要做好检查工作，避免设备损坏导致泄漏事故的发生。治理整顿危险废物利用小、散、乱现象。针对那些生产规模较小、分布广泛且数量众多的工业园区，可以鼓励它们采用专业的服务机构，如专门负责危险废物分类收运、分类储存及预先处理等的一站

式解决方案。

重视危险废物排放的申报登记，加强危险废物的排放与监管，详细了解所有涉及危险废物产生的企业的实际产量、类型及其流向，确保信息的精确性。建立基本数据库和信息共享平台，提升危险废物的再利用率。充分运用互联网技术，如使用镇江固体废物交换网等方式，加强产废企业的信息化管理，同时可以借助第三方来校对相关数据，以进一步提升数据的精确程度，全面实施危险废物的全程跟踪监管。危险废物的管理需要具备较高的专业技术水平，这对固体废物的管理和执法队伍的能力提出了新的要求。固体废物管理机构应充实管理技术人员，加强人员的培训，提升其技能水准，充分运用现代科技手段来推动危险废物的规范化管理。构建环保、公安、交通、安监和卫生等部门的多方协作体系，共同应对危险废物违法转移、利用和处置行为。建立针对危险废物的应急处置区域合作和协调机制，增强危险废物突发事件的处理能力。

不定期对企业管理人员进行危险废物法律、法规、标准的宣贯，提高企业诚信守法意识，让企业法人知法、懂法、守法。行政管理部门可以举办研讨会、实地考察、发放宣传画报等形式多样的活动，宣传学习如下内容：改进生产工艺，降低危险废物的产生；危险废物贮存场所的设置（包括标识牌、分类存放、"三防"设置等）；危险废物应急预案的制定和应急演习的实施；危险废物的运输管理；等等。

（三）推进医疗废物处置能力建设，完善监管机制

为提升医疗废物产生和处置单位的管理水平，医疗机构及处置单位应成立专门的医疗废物管理委员会或小组，细化各部门职责分工，确保医疗废物管理各环节都有明确的部门及人员负责，避免因责任不清而出现管理漏洞；结合本单位实际，制定细化、可操作、通俗易懂的医疗垃圾管理规章、办法，使医务、保洁、转运、处置等相关人员有规可循，减少人为主观判断的失误；建立绩效考核制度，将医疗废物管理的执行情况与单位整体绩效、部门绩效、个人工资相关联。

加强医疗废物源头减量化，减少一次性医疗用品使用，提高医疗废物分类正确率，避免生活垃圾及非感染性输液瓶等非医疗废物混入。对职工进行专业技能的培训，并向病人及其家属进行宣传和引导，同时加大资金支持力度。配备充足的医疗废物收集、储存、转运和处理设备及用品，预留应急储备资金。健全医疗废物收集处置体系。科学设计并合法建立医疗

废弃物转运站，实现就近收集且覆盖所有医疗机构，确保所有医疗废物都能被妥善处理。优化医疗废物转运相关规定，防止在转运过程中出现医疗废弃物管理混乱或丢失的情况。探索建立家庭医疗废物收集体系，推动动物诊疗机构医疗废物规范化处置。通过实施税收优惠等政策，推进废弃输液瓶（袋）回收再利用产业发展，激励回收和利用企业的整合。

加大监管力度，创新监管方式，建立分工细致、合作联动的监管体系，合理划分卫生、生态环境、农业、财政、交通、价格等相关部门职责，建立责任追究机制；运用"互联网+"技术，搭建医疗废物管理信息共享和沟通机制，加强部门协作与联合执法，避免出现监管漏区。加大监管力度，将医疗废物管理纳入政府绩效考核体系；卫生、生态环境等部门建立医疗废物管理评价考核细则，对医疗机构和处置单位进行定期考评，使考评结果与其经济利益挂钩。加强对医疗机构和处置单位的培训及业务指导，加大定期与不定期检查力度，及时纠正医疗废物管理中的违规行为，并通过联网登记、公开通报等方式予以警示；对于性质严重的违法行为，严格执法，加大违法处罚力度。创新监管手段，通过媒体、宣讲会等途径普及医疗废物知识，公开医疗废物管理处置信息，建立举报奖励机制，引导社会组织、媒体、个人等社会力量积极参与医疗废物管理监督。

（四）实现垃圾源头减量，增强垃圾分类收集和处置

实现垃圾从根源处减量，既能节约大量资源，又能缓解后期处置压力。约束一次性产品的应用，规定商品包装行为准则，避免过度包装，提高现有包装的再利用率，减少由一次性消耗品引发的垃圾产生。大力推广净菜进城，降低生活垃圾中的易腐有机物含量。

实施垃圾分类收集，根据处置方法分门别类，确保垃圾分类收集与分类处理相融合。鼓励居民在废弃物产生源头进行分类，提升其环境保护观念，降低收集费用。构建一个在分类收集基础上的分类运输及分类处理体系，实现资源的循环利用。针对餐饮业等场所产生的食物残渣，采取固定时间段、固定地点的方式无偿集中清理，由相关企业安排专门人员把食品垃圾预先放置到规定的垃圾接收位置，等清洁车收取，清洁车按规定时间抵达指定垃圾接收站点清理。在收集餐饮垃圾过程中，对城区环卫处工作人员实行全程监督。提升餐厨垃圾、厨余垃圾综合利用技术，提高资源化利用效率。全方位推进塑料污染全链条治理，涵盖塑料生产、流通、使用、回收和处置的每个环节，同时涉及科学和技术支持、生产管制、消费指导

和执法监督等各个层面。针对所有领域开展全面审查，禁止违规生产和销售塑料产品，零售餐饮服务实施限塑举措，加强农业农膜覆盖管理。同时，在公共场所、社区及乡村推行生活垃圾分类试点项目，提升塑料废物回收容器数量，加强对各类可回收物品（包含塑料）的收集和处理力度。

创办特别行动督查小组，对塑料产品的生产、销售、使用等进行监督并限制；加强城镇交界处、道路水域等地段的废物管理；监测在控制塑料污染方面取得的进展，包括回收和处置塑料废物，收集和运输生活垃圾，以及处理非正规废物。在市场监管体系中，应规范邮政包裹的包装使用。提倡引入建筑垃圾处理设备，将建筑垃圾分类筛选后，把废渣碎块粉碎，按1∶1的比例与标准砂拌合作为细骨料来满足建筑需求。加大宣传力度，运用各类手段和渠道，提升公众环保观念，增强环保教育的深度并开展技能培训。改革收费制度，增加垃圾处理资金支持，根据国家相关政策法规，结合镇江实际情况，调整和改革当前环卫费收费政策，构建城市生活垃圾处理收费制度，推动生活垃圾市场化、产业化发展。

六、结束语

本文以镇江市"无废城市"建设的实际情况为主要研究目标，按照提出问题—分析问题—解决问题的流程进行研究探讨，提出了进一步加强镇江市"无废城市"建设的路径。但目前对镇江市"无废城市"建设的研究还存在着一些不足之处，如镇江市"无废城市"建设问题的研究缺乏深度、制定的改善措施不够丰富等，需要在未来的研究中加以完善，以更好地解决镇江市"无废城市"建设中的种种问题。

课题组成员：池年霞、郭 成

提升城市品位　塑造美丽镇江新风貌

| 中共镇江市委党校课题组 |

镇江市第八次党代会报告指出，要加快提升城市品位，优化空间布局、改善生态环境、提升功能品质，塑造美丽镇江新风貌。美丽镇江建设是建设美丽中国、美丽江苏的镇江行动，是深化"强富美高"、落实"城市愿景"的创新实践，是事关全局的重大任务，也是人民群众的热切期盼。提升城市品位，是塑造美丽镇江新风貌的重要途径，也是提升城市竞争力和吸引力的关键路径。近年来，镇江全市上下贯彻"绿水青山就是金山银山"理念，扎实推进精美镇江建设，生态底色更加鲜明，城乡面貌持续改善，文明程度不断提升，镇江城市品质品位有了显著提升。但是，对照其他苏南城市的发展，对照更高的目标要求，对照人民群众的殷切期盼，镇江在这方面仍然存在较大差距，还要进行多方面的探索和努力。

一、城市品位的内涵及要素分析

"品位"，按有关辞典的解释，指物品的"质量""档次""等第"。物品有品位之分，有质量和档次之别，对于一个城市而言，同样存在品位差异。"城市品位"实质上是一个美学概念，是城市给人的印象和感受。当人们评判一个城市品位的高低时，实际上是对这个城市的外观和内涵、硬件和软件在印象、感受上的一种综合判断，它代表着一个城市的个性和特质，体现着一个城市的价值和地位。一个有品位的城市必然立足于城市基本功能定位，并在此基础上进行更进一步、更高质量的深化和发展，从而在经济、社会、文化、生态发展上处于较高的质量和水准。高品位的城市主要包括如下要素。

第一，科学的城市建设。城市建设是否科学合理、是否具有个性特色，决定着一座城市的形象和气质，也直接决定着群众对一座城市的印象和感受，影响其对一座城市的品位品质的综合判断。科学的城市建设对内能够有效增强市民对城市的认同感和归属感，对外能够有效提升城市对外来人口的吸引力和感召力。

第二，良好的生态环境。美丽镇江新风貌必然要建立在良好的生态环境这一基础之上。一座高品位的城市，必然能够实现城市建设和自然环境的和谐统一，以生态环境保护为根本前提，以为居民提供良好人居环境为根本价值旨向，形成山水人城和谐相融的城市新风貌，不断满足人民群众在生态环境方面更高层次、更多样化的现实需求。

第三，深厚的历史文化底蕴。历史文化底蕴是一座城市的灵魂，世界上每一座名城的辉煌无不来自于其自身历史与文化的长期积淀。有了自己的历史文化，城市才能显现出一种精神气质。一座高品位、上档次的城市，离不开文化的支撑，只有将历史文化融入城市建设当中，使城市成为文化的外部显现，才能真正让一座城市拥有生命和灵魂，才能在潜移默化中增强市民的凝聚力和向心力。

第四，个性化的地域特色。这是提升城市品位的根本原则。建设美丽镇江、创建先进典范，不是打造一套"万能模板"，而是要立足地域特色、乡土风情、历史文化、扬优成势、串珠成链，实现各美其美、美美与共。只有突出个性化、差异化的地域特色，在提升城市吸引力和竞争力上才能实现错位发展、弯道超车。

二、镇江城市品位提升的问题分析

镇江市第八次党代会报告指出，要加快提升城市品位，优化空间布局、改善生态环境、提升功能品质，塑造美丽镇江新风貌。因此，优化空间布局、改善生态环境、提升功能品质这三方面实际上就是提升城市品位的着力点和切入点。镇江立足"创新创业福地 山水花园名城"的城市定位，在塑造美丽镇江新风貌上下足"绣花"功夫，取得了一定成效。但是对照更高目标要求，尤其是立足个性化、差异化的地域特色，围绕这三个方面还有一些问题值得探索和研究。

（一）空间布局上：特色元素丰富，建设却趋于同质化

镇江是一座有着 3000 多年悠久历史、闻名中外的江南历史文化名城，吴风楚韵，人文荟萃，名胜古迹遍布城乡，文化底蕴深厚。同时，镇江也是一座现代化的苏南城市，经济发展水平较高，居民的受教育水平也普遍较高。这都是镇江在建设发展中所享有的丰富资源，也是镇江在空间布局中要充分考虑的重要元素。

1. 历史与现代的碰撞没有擦出火花

镇江作为历史文化名城，历史遗迹、文化故事、诗词歌赋、百年企业等都是镇江丰富的特色资源。在城市空间布局中，应当将这些特色资源融入其中，使历史文明与现代文明交相辉映、相得益彰。但在镇江城市建设中，这些特色资源却没有得到充分利用。

第一，城市建设缺乏长期性的整体布局。镇江历史文化遗存十分丰富且点多面广，规划建设需做到创新与继承有机结合，在注重经济效益的同时，也要传承好区域历史文化脉络。然而当下镇江给居民和外地观光游客的普遍观感是可看点乏善可陈、杂乱无序，缺乏合理的布局好似一片片补丁。比如，镇江曾是南北重要交通枢纽，老镇江人对京口闸至西津渡沿江的老码头、旅社、扬子江浴室有着深厚的历史情结。但如今西津渡往东开发时，突兀地出现了高达 50 层的房地产大厦，阻断了与京口的连接。甚至在城市建设中还曾出现损毁现象，如开发京口古运河边时破坏了宋代粮仓遗存。

第二，城市建设未充分体现镇江文化特色。镇江丰富的历史文化资源在城市建设中未得到充分展现，比如独特的香醋文化、诗词文化、故事传说等。相关文化元素未能在镇江的大街小巷、火车站、旅游景点等公共场所合理布局。部分景区、特色街区、历史建筑等与其他苏南城市相比趋于同质化，没有地域识别度高的地方特色文化项目，也没有体现镇江文化特色的标志性建筑物。并且，在文化保护、建设、利用方面，理念和步伐相较于周边城市稍显落后，规划建设缺乏前瞻性和系统性。

2. 自然与城市的融合不够和谐统一

合理的空间布局应实现山水人城的和谐相融。镇江拥有丰富山水资源，城中翠叠荫绿，滨江三山珠缀。中心城区 26 座山体勾勒出城市最美天际线，长江与运河交汇，赋予其"城市山林、大江风貌"的独特秉性。但是，对于拥有真山真水的镇江，其在城市建设规划中对自然资源的保护和利用并不够充分，比如，流淌了 1400 多年、见证镇江历史变迁的古运河，未能打造出充满灵气与活力的古运河风光带，未成为城市建设中的一道亮丽风景线。

（二）生态环境上：山水禀赋独特，保护与开发成效却不显著

提升城市品位，生态环境是基础，没有天蓝地绿水清的生产生活环境，群众生活就没有幸福感和高品质可言。近年来，镇江立足真山真水、城市

山林的自然环境，取得了一定成绩，最直接的体现为整体生态环境得到明显改善。但是，就总体来看，镇江在"山水"保护和开发上还存在下面两方面的问题。

1. 发展和保护的矛盾突出

产业布局有待进一步优化。近几年来，镇江在产业结构调整上取得了明显成绩，但是总体上看产业结构偏重偏化，重工业占比约80%，建材、化工、造纸、电力等七大传统产业占规模以上工业销售比重近60%。并且产业结构调优调轻进程较缓，2023年镇江三次产业占比为3.2∶47.6∶49.2，相比南京、苏州、无锡、常州等苏南城市差距较为明显（见表1）。煤炭消费总量居高不下，单位国土面积耗煤量约为全省水平的1.7倍；绿色低碳循环经济有待进一步培育，清洁能源占比较低，非化石能源占一次能源消费的比重低于全省平均水平。交通运输结构调整仍需加快。公路货运量占比达82.5%，高于全省平均水平，高排放机动车尾气污染对大气污染贡献日益凸显。面对经济社会发展与生态环境承载力不足的突出矛盾，以及严守"生态环境质量只能变好，不能变坏"的刚性底线，生态环境治理的边际成本将逐步上升，打好污染防治攻坚战任重道远。

表1　2023年苏南各城市三次产业占比

城市	三次产业占比
南京	1.8∶34.0∶64.2
苏州	0.8∶46.8∶52.4
无锡	0.9∶47.7∶51.4
常州	1.8∶48.0∶50.2
镇江	3.2∶47.6∶49.2

2. 山水资源优势并未凸显

丰富的山水资源是旅游业兴盛发展的重要基础，但是根据苏南各设区市统计公报显示，镇江的旅游资源并不丰富，2023年镇江拥有4A级以上景区9家，而南京、苏州、无锡、常州的A级景区数皆超过镇江。从这些数据可以看出，镇江响亮、有吸引力的旅游景点、项目和品牌都不够多，在景区打造和旅游资源丰富上还有很长一段路要走。近年来，镇江也在极力打造一些大型旅游项目，比如镇江奥悦冰雪项目、魔幻海洋世界等，但是这些项目大多进展缓慢甚至流产，有些项目在建成之后被拆除，镇江的旅游项目也存在一定审批不严、规划不周、投入不足等问题。也正因为如此，镇江的旅游效益相对有限，无论规模还是质量，市场竞争力都有所下滑，接待游客总数和旅游业总收入均低于南京、苏州、无锡、常州、扬州（见表2），这都说明镇江在自然资源的保护和开发上的经济效益并不显著。

表2 2023年江苏各城市旅游业情况

项目	城市					
	南京	苏州	无锡	常州	扬州	镇江
接待境内外游客总数	21733.4	15852.4	12731	10284.3	10321.2	4777.4
旅游业总收入（亿元）	3739.1	1849.5	1581.1	1227.1	929.8	513.5

（三）功能品质上：群众需求层次提升，管理却不够"精细化"

城市品位体现着城市的吸引力与竞争力，如何吸引并留住人才，城市精细化管理十分重要。多年来，镇江在城市管理领域成绩斐然，荣获全国文明城市、卫生城市等称号。尤其是近几年，镇江聚焦民生需求，坚持问题导向，开展城市环境综合整治行动，从根本上解决了一系列多年来群众反映强烈的老大难问题，城市面貌发生巨大变化，群众满意度和幸福指数明显提升。然而，城市管理工作艰巨复杂，镇江城市精细化管理水平与新时代新发展需求、群众对美好生活的向往及现代化文明城市建设目标仍有差距。

1. 城市管理依然存在诸多短板

与苏南及国内先进城市相比，镇江城市管理短板突出。存在管理标准不统一、设施不完善、管理不精细的问题，重建设轻管理、服务体系不健全、城市管理的法律法规体系不完善、城市智慧化管理水平相对较低等问题仍然突出，成为影响城市高质量发展的重要瓶颈。精细化管理水平直接影响城市的市容市貌，目前镇江占道经营、店面外溢、行车秩序乱、部分电动车无视交通信号灯、建设围墙不规范不精细、道路设施不注重细节等现象普遍，影响居民和外来人员对城市的印象，也是评价城市品位的关键因素。

2. 城市管理缺乏多元主体的参与

"人民城市人民建"是推动城市精细化管理的重要途径，也是推动城市品位提升、增强人民群众主人翁意识的关键路径。镇江作为经济发展水平较高的苏南城市，居民受教育程度和文化素养较高，对城市管理和建设需求多样、层次高，参与公共事务的热情也相对较为强烈。但是目前镇江的社会治理方式仍然是以政府为主导，社会组织、公众等多元主体的参与并不充分。尽管开通了投诉和反映平台，如12345市民热线，但是反馈以投诉类为主，涉及影响自身利益的一些问题，比如占道经营、乱堆乱放等，对于城市规划建设、生态环境改善等公共事务的改善类、建议类的问题反映较少，多元治理格局尚未形成。

三、镇江城市品位提升的对策分析

提升城市品位、塑造美丽镇江新风貌是事关全局的重大任务，是"三高一争"的重要抓手。新时代如何充分彰显镇江特色鲜明、耀眼夺目的城市魅力，如何更好展现镇江绿色、生态、美丽的城市形象，如何有效塑造人民满意、管理精细的城市品质，值得深入探索和研究。

（一）空间布局上：聚焦文化维度，彰显个性化的地域特色

镇江地处经济发达、风景秀丽、文化兴盛的苏南片区，虽区位优势明显，但竞争十分激烈，很容易被掩盖光芒，失去应有的"存在感"，因此要着力在"特"字上下文章，以特取胜，错位发展。每一座城市都应该有自己独特的个性，千篇一律的城市是没有吸引力的。人们对一座陌生城市的最初认知，就是对其独特地方文化的印象。比如说到苏州，人们会想到其园林文化；说到宜兴，人们会想到紫砂文化；说到景德镇，人们会想到陶瓷文化；说到北京，人们会想到深藏于胡同四合院里的老北京文化。城市文化是一种象征、一种特色、一种归属感。城市越现代化，越需要历史和文化的支撑。因此想要彰显个性化的地域特色，就要将城市建设与地域文化紧密结合。

1. 确保城市规划的科学性和前瞻性

一方面，做好顶层设计，实施"多规合一"，强化规划刚性约束，确保一张蓝图绘到底，切忌形象工程、面子工程、破坏生态环境的工程。对规划的制定和执行进行严格的监督，防止"领导换、规划变"的现象。另一方面，要研究编制在镇江城市公共空间融入地域文化元素的规划，将文化与城市建设有机融合，要广泛听取专家、人大、政协和社会各界人士的意见，尤其是历史文物专家的建议，在一些项目审批过程中，要邀请文物专

家一起担任评审，还可以听听老镇江居民的意见，使镇江的一些旅游资源、文化遗址有机嵌入城市的规划建设，进一步在城市建设中彰显镇江的地域文化特质。

2. 提升城市布局的品质与层次

要精心设计城市整体形象，将山水、文化与城市建设有机融合。第一，形成城市特色景观区。重点规划建设好自然与人文相得益彰的三山、南山等风景名胜区及古运河风光带等"城市自然风景区"；采取有效措施，保护、更新、改造和利用好西津渡历史文化街区、伯先路历史文化街区等"古城历史风貌区"；开发建设好长江路"北部滨水区"。第二，形成城市特色景观带。比如风景秀丽的长江路，可以按沿江不同功能需要，打造相应的空间景观，处理好长江、山体周边区域建筑的高度、体量与后退距离的关系，协调好城市道路、重要建筑、历史遗迹间相互借景的关系，形成一道亮丽的风景线。第三，形成城市特色景观点。在金山、焦山、北固山、宝塔山公园及大市口、春江潮广场等标志性城市公园和广场，展现镇江特色文化元素，建设标志性建筑。进行火车站、码头、汽车站、对外交通干道等城市出入口的改造，也可以设置广告牌、街头雕塑等，突出镇江历史、历代名人、城市精神、中国醋都、美食文化等主题，也可以是为人熟知的镇江故事，如刘备招亲、水漫金山等，强化镇江地域文化认知度和识别度，使其成为城市个性品质的表征。

3. 展现城市建设的个性与特色

一个有品位的城市首先要明确城市的文化特色在哪里。应秉持人无我有、人有我优的理念，挖掘镇江的大运河文化、滨江文化、醋都文化等特色文化。尤其是醋都文化，镇江是第一也是唯一，可以围绕醋都文化精耕细作，做足文章。第一，在城市空间布局上，要充分与醋都文化特色相融合。可在镇江的主要街道、重要景区、人流密集处、镇江高速路口、城市交界处、火车站、汽车站等设计香醋元素，建设和香醋相关的标志性建筑物，放大醋都品牌效应。第二，要做好香醋特色产业规划。各部门群策群力，从食醋产业种植基地、食醋加工业到食醋上下游配套企业统筹规划，引导企业错位发展，可形成食醋产业集群，实现共赢，致力打造世界健康食醋产区，引领中国食醋行业发展。第三，加大品牌宣传力度，线上线下联动，传播恒顺品牌故事，彰显产品优势。

（二）生态环境上：筑牢生态基底，展现绿色化的城市形象

生态文明建设是提升城市品位、塑造美丽镇江新风貌的重要基础，美丽、绿色的城市形象不仅能够让生活在这座城市的居民提升幸福感，也能让来到镇江的外来游客流连忘返，对镇江旅游业的发展大有裨益。

1. 擦亮生态名片，坚持绿水青山就是金山银山的发展理念

将山水林田湖草作为一个生命共同体进行统一保护、统一修复，保持生态系统完整性，提高生物多样性。推动山体复绿、水系疏浚，保证水系连通、水质提升。强化林地、湿地等生态空间保护。大规模植树造林，鼓励屋顶绿化、立体绿化，推广种植市树、市花和乡土植物，形成多层次、多季节、多色彩的植物群落配置。结合城市组团布局及城市各级中心、重要公共空间和标志性建筑，打造城市空间景观廊道和景观节点体系。沿主要河流和交通干线两侧建设绿色生态廊道，从而实现"满眼风光镇江城"的愿景。

2. 坚持问题导向，重点治理大气、水、土壤和农村环境污染问题

坚持源头防治、综合施策，深入推进大气污染防治攻坚，以 $PM_{2.5}$ 和 O_3 协同控制为主线，统筹工业源、移动源、餐饮源、扬尘源"四源"共治，基本消除重污染天气，努力实现"蓝天白云、繁星闪烁"的美好愿景。持续打好水污染防治攻坚战，协同推进水资源利用、水生态保护和水环境治理，塑造"水清岸美、江河交汇"的水韵镇江。坚持预防为主、保护优先和风险管控，依法依规做好土壤修复和管控工作，强化土壤和地下水污染风险管控和修复，提升土壤安全利用水平，确保群众"吃得放心、住得安心"。全面实施乡村振兴战略，强化农村环境综合整治，深入推进农业农村污染防治，建设生态宜居美丽乡村。

3. 优化产业结构，提高产业发展质量

加快产业结构调整，分类推进产业发展。加快提升传统产业，提高产业发展层次。从绿色制造、智能制造、集成制造、跨界制造等方面深化制造业供给侧改革，发展高端高新产业，改造提升传统产业。发展绿色生态农业、创意农业、观光农业、都市农业、认养农业，促进污染源头减量。优化能源消费结构，充分利用清洁能源。严控"两高"产业发展，加大落后产能淘汰和过剩产能减压力度。加快推动产业、交通、建筑等重点领域绿色低碳发展。

4. 凸显山水优势，强化事半功倍的旅游效益

第一，打造精品景区。以市区 5A 级景区"三山风景区"为例，金山、

焦山、北固山都是闻名遐迩的名山，但也都因为参观区域有限等，缺乏龙头景点应有的远程号召力和市场拉动力。要用好山水资源、做强"三山风景区"，就必须通过金山湖把金山、焦山、北固山真正串联起来，发挥出资源集聚、文化辉映、优势叠加的"三山效应"。第二，开发文旅夜经济。丰富和提升夜游产品，升级开发"夜游西津渡""金山湖灯光秀"等夜游主题活动，提供夜间餐饮、购物、演出服务，放大旅游效益。第三，综合运用多种手段开展宣传，利用报纸、电视、广播、户外广告等传统媒体加强宣传，也利用网络、微博、公众号、抖音、小红书等短视频平台加强宣介，吸引潜在游客的关注。

（三）功能品质上：扩大主体参与，推动精细化的有效管理

城市精细化管理的核心原则是以人民为中心，要为群众提供精细的城市管理和公共服务。提升城市功能品质的出发点和落脚点实际上就是为人民服务，是为了更精准地解决群众生老病死、衣食住行、安居乐业的问题。精细化管理的关键在群众，重心在社区，聚焦解决好群众身边的操心事、烦心事、揪心事，让人民群众在城市生活得更方便、更舒心、更美好。检验城市精细化管理水平的最终尺度是人民群众的幸福感和满意度。

1. 创新精细化管理方式

第一，补齐功能短板。关注重点区域，"沿路"深入推进路域环境整治，加快解决路面堆积、违章建筑、马路市场、乱设道口等乱象。"沿线"统筹运用"拆、整、绿、清、遮、管"等方法，扎实推进铁路、高速沿线环境综合整治工作。高度重视细节，扎实解决好店牌店招、户外广告、占道经营、道路板砖破损等人民群众反映较为集中的细节问题。第二，建立智慧管理体系。提升智慧城市管理的整合力度，有效整合信息资源，建设基础数据共享平台，实现城市管理工作精细化、精准化；加大投入，提升城市管理办公自动化、移动指挥智能化、监控可视化、监督举报社会化等手段，提高城市的运行效率。第三，推进科学有效管理。部门之间信息共享，确保管理无漏洞。建立城市管理信用平台，并与个人征信平台相挂钩，通过建立黑名单制度，借用信用平台倒逼城市居民自觉遵守社会公德。

2. 扩大多元化管理主体

任何管理都不应该只唱"独角戏"，"包打天下"的做法只会导致疲于应付的被动局面。尤其是城市管理具有涉及面广、工作量大的特点，更需要全社会的广泛支持和参与，在城市管理中，要寻求政府与社会的最佳合作方式，最大限度地调动和利用社会资源参与城市管理，实现管理效能最大化。要建立由执法中队、城市协管员、社区干部、小区保安、志愿者等组成的快速反应网络。要建立市民参与城市管理的机制，增强市民城市管理意识，引导市民共同搞好城市管理。要提升城市管理社会化水平，强化宣传引导，广泛发动组织广大志愿者、社会组织参与城市管理，形成政府、市场、市民共管共荣的良好氛围。

3. 坚持服务式管理理念

城市管理部门应当回归"服务"本职，树立以完善城市功能、维护城市基础设施、保障城市基本运转、服务市民活动为核心的城市管理服务理念。城市管理者必须放下身段，明白自己的服务角色、基础性地位，不能高高在上、指手画脚，而是要树牢为人民服务的根本宗旨，坚持为群众办好事、做实事，才能赢得人民群众对城市管理工作的理解和支持，提升人民群众对城市建设、城市发展的满意度，从而增强人民群众对城市的归属感和认同感。

课题组成员：何玉健、孙忠英、高 亮

数字赋能碳达峰碳中和与经济社会协同发展研究

| 江苏大学课题组 |

一、引言

党的十八大以来，中国将生态文明建设作为统筹推进"五位一体"总体布局的重要内容。习近平总书记在党的十九大报告中指出，中国经济正由"高速发展"向"高质量发展"转变。2020 年，中国提出二氧化碳排放力争于 2030 年前达到峰值、2060 年前实现碳中和的战略目标，彰显了中国推动经济社会发展全面向绿色低碳转型的决心。党的二十大报告强调，高质量发展是全面建设社会主义现代化国家的首要任务。2022 年，我国国内生产总值达到 121.02 万亿元，稳居世界第二位，较上年增长 3.0%；但同年我国二氧化碳排放量高达 105.50 亿吨，在全球占比为 30.69%，位列世界第一，这表明推进实现碳达峰碳中和任重道远。实现"双碳"目标是高质量发展的内在要求与必由之路，客观上要求我们在推动经济社会发展的同时，必须统筹兼顾生态环境保护，只有二者协同发展才是真正的高质量发展。习近平总书记指出，要把碳达峰碳中和纳入经济社会发展和生态文明建设的整体布局。推进碳达峰碳中和与经济社会协同发展有利于推进经济绿色转型升级，避免过度追求环境保护和生态建设而忽视经济社会发展，也可以防止因过度追求经济发展而损害环境和生态。如何实现这种多层次、多主体、多维度的协同发展，是当前亟须探索和思考的问题。

早期文献主要针对低碳发展与经济社会间的单向作用关系展开研究，认为经济发展能够促进低碳生产的技术创新，进而实现碳减排。近年来，有学者将二者纳入同一维度，研究"双碳"目标下中国经济社会发展问题，或高质量发展背景下我国社会经济与生态环境协调发展问题，也有学者研究"双碳"目标与经济、社会、生态环境的协同发展，但鲜有文献从数字经济的角度探讨二者的协同发展问题。学者们围绕数字经济如何助力"双碳"目标实现、数字经济促进经济高质量发展展开了丰富的研究，但缺少围绕数字经济、"双碳"目标和经济社会三者之间关系的系统研究。鉴于此，本文将数字经济、"双碳"目标和经济社会纳入同一研究框架，试图从数字赋能的视角研究"双碳"目标的实现与经济社会的协同发展关系,揭示数字赋能"双碳"目标的实现与经济社会协同发展的机制与路径,为推进经济绿色转型、促进经济高质量发展提供参考依据。

二、碳达峰碳中和与经济社会协同发展关系分析

(一) 协同理论

协同理论由德国著名物理学家哈肯(Haken)提出,该理论认为系统之间存在相互影响、相互合作的关系。协同理论将碳达峰碳中和与经济社会发展看作两个动态演进的复杂系统。碳达峰碳中和的实现依赖于经济社会发展模式的深度转型,同时它也是倒逼经济社会发展的重要抓手。当前我国经济社会发展需要统筹考虑经济增长、社会稳定、生态环境等多个目标,同时面临自然资源禀赋、"双碳"目标等一系列约束。以"双碳"目标为约束,坚定不移地降低对化石能源的依赖、减少二氧化碳排放的过程,也是优化产业和能源结构、提升经济社会发展质量的过程,二者高度辩证统一。

(二) 碳达峰碳中和对经济社会发展的促进效应

1. 经济增长平稳

实现碳达峰碳中和为经济增长注入新动能。一方面,实现"双碳"目标需要大力推进绿色技术和绿色产业发展,包括低碳交通、节能环保等领域的技术和产品。另一方面,做好碳达峰碳中和工作,有利于加强我国绿色低碳科技创新,持续壮大绿色低碳产业,加快形成绿色经济新动能和可持续增长极,显著提升经济社会发展的质量和效益。

2. 产业结构升级

实现碳达峰碳中和是促进产业结构升级的强大推动力和倒逼力量,为产业结构优化升级提供了重大战略机遇。减排降碳的目标约束必然会要求调整产业结构和布局,减少高能耗、高排放行业,提高资源配置效率。鼓励发展高技术含量、低能耗、低碳排放的产业,促进清洁生产和绿色发展。通过调整产业结构和布局,可以实现产业升级和转型,提高产业的竞争力和可持续发展能力。

3. 需求结构调整

"双碳"目标通过改变消费、投资和出口来影响需求结构。一是通过政策引导和宣传教育,提高公众对绿色产品和服务的认知和接受度,激发绿

色消费需求，改变居民消费方式和消费结构，减少居民对煤炭、天然气等能源的消费，促使居民消费行为低碳化转型。二是传统的高能耗产业如房地产和基础设施等投资的增加会加速碳密集型产品的使用，进而加速碳排放。在"双碳"目标背景下，国家加大对生态环保方面的投资，进一步对投资结构产生影响。三是出口产品的生产和运输对碳排放产生影响，所以出口产品结构直接影响碳排放量。传统的出口导向贸易向绿色贸易转变，工业企业在绿色转型过程中面临诸多调整，势必对进出口产生影响。

4. 生活方式转变

一方面，"双碳"目标的实现推动能源结构调整，在此背景下对居民消费格局提出新要求。实现"双碳"目标加快绿色生产生活方式的形成，扩大绿色低碳产品供给和消费，引导公众向低碳生活方式转变，凝聚全社会低碳共识；倡导绿色低碳消费，提高全社会的低碳意识，促使公众养成低碳生活方式。另一方面，居民生活方式的低碳化倒逼企业生产方式变革。企业会随着市场需求的变化主动对生产方式进行改革创新，加快绿色低碳科技创新、绿色低碳产品开发等。"双碳"目标推动居民生活方式绿色低碳化转变的同时，可提高企业绿色科技创新能力，为我国经济社会发展注入新动力。

（三）经济社会发展对碳达峰碳中和的推进效应

1. 优化能源结构

推动经济社会发展绿色化、低碳化是实现经济高质量发展的关键环节。在此过程中，国家可通过提高可再生能源效率、降低成本，减少对传统化石能源的依赖。同时，企业可通过提升能源转换过程中的效率，推动能源存储方面的技术研发，如研发高效、低成本的能源存储技术，来优化能源结构。

2. 驱动科技创新

实践证明，要在推进经济社会高质量发展的同时实现"双碳"目标，科技创新是根本途径。科技创新通过减少碳排放和增加碳汇，为"双碳"目标的实现提供有力支撑。一方面，科技创新可以推动绿色产品和绿色供应链的发展，以"互联网+"赋能的多种科技创新组合深刻改变了人们的生活方式，网上购物、平台经济、移动支付等行业高速发展。科技创新推动第三产业等低碳排放行业规模扩大，从而间接降低二氧化碳排放强度。另一方面，科技创新可以推动碳捕获和碳封存技术的进步，包括化学吸收、物理吸附、埋地封存等技术。

3. 完善市场机制

首先，通过建立碳交易市场和碳税等制度，形成对碳排放的经济惩罚机制，使排放量大的企业和个人承担更高成本和风险，而排放量少的企业和个人则可以获得经济奖励和信誉提升。其次，在市场经济体制下，企业和个人会追求效益和利润最大化，在低碳经济发展背景下，低碳产品和服务将越来越具有市场竞争力。借助市场机制产生的明确价格信号和调节机制，企业和个人可以更加精准地了解低碳产品和服务的市场需求，从而加速推动资源向低碳方向转移。

4. 促进国际合作

中国自加入世界贸易组织（WTO）以来，一直积极推动对外开放，深度参与全球供应链和价值链合作，与世界各国在贸易、物流、金融等领域展开紧密合作，形成相互依存的产业链和价值链。随着全球气候变化问题日益严峻，各国都在积极探索应对气候变化、实现"双碳"目标的行动。加强国际合作在此过程中具有重要意义和价值。第一，国际合作可以促进各国之间的经验和技术共享。气候变化问题是全球性问题，各国无法单独应对，必须加强合作解决。第二，国际合作可以促进各国之间的资金投入和资源共享。气候变化问题需要大量资金和资源投入，而各国发展水平和经济实力存在差异，通过国际合作各国可以获取资金支持和资源保障。第三，国际合作可以加强各国在环境和气候变化领域的政策沟通和协调，减少政策冲突和摩擦，为全球气候治理提供坚实基础和有效框架。第四，国际合作可以推动全球减排合作。这有利于形成全球减排合力，推动全球气候治理事业的发展，加速"双碳"目标的实现。

（四）碳达峰碳中和与经济社会发展的关系

碳达峰碳中和与经济社会发展的相互促进、协同发展关系具体体现在要素共通、过程融合和目标一致上，具体如图1所示。

首先，"双碳"目标实现与经济社会发展的要素是共通的。一是在信息化发展时代，二者的发展都需要大量的数据和技术支持，需要充分挖掘数据内在价值，结合大数据、人工智能等技术促进产业绿色化转型，实现可持续发展。二是"双碳"目标实现和经济社会发展过程中所需要的人才资源是相同的，都应有高素质、高技术、强创新能力等特征。三是实现"双碳"目标和经济社会发展都需要大量的资金支持。需要加大低碳技术投入，建立支持清洁能源发展的政策框架，引导资金流向低碳项目，以推动经济社会发展和环境的可持续性。

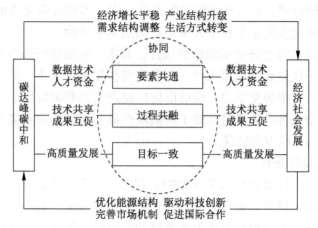

经济增长平稳　产业结构升级
需求结构调整　生活方式转变

协同

碳达峰碳中和

数据技术
人才资金　要素共通　数据技术
人才资金

技术共享
成果互促　过程共融　技术共享
成果互促

高质量发展　目标一致　高质量发展

经济社会发展

优化能源结构　驱动科技创新
完善市场机制　促进国际合作

图 1　碳达峰碳中和与经济社会发展的关系

其次，"双碳"目标与经济社会发展在生产过程中是共融的。一是在生产过程中，技术是共享的。经济社会发展中的科技创新支撑能源结构优化，调整产业结构，促进碳排放强度下降，为"双碳"目标实现提供有力支撑。而经济社会发展过程需要契合"双碳"目标，同样离不开绿色技术的规范。二是"双碳"目标实现和经济社会发展的成果互促。"双碳"目标实现过程中带来的环境改善和能源供给优化为经济社会发展增添动力；经济社会发展过程中的生产生活方式绿色低碳转型、产业结构升级等则持续推进"双碳"目标的实现。

最后，"双碳"目标可以规范经济社会发展，推动实现更大程度的绿色化发展；而经济社会发展目标可以为"双碳"目标实现提供科学技术等支持。二者的最终目标是一致的。在实现"双碳"目标的过程中，要健全绿色低碳循环发展经济体系，促进经济社会发展全面绿色转型，最终实现高质量发展。经济社会要在质量效益明显提升的基础上实现经济持续健康发展，坚持质量第一、效益优先，确保实现量的合理增长和质的稳步提升。同时平衡和处理好发展与保护的关系，加快推进绿色发展，不断完善分配机制，增进民生福祉，最终目标是经济高质量发展。所以在实现经济高质量发展方面，二者殊途同归。

三、数字赋能碳达峰碳中和与经济社会协同发展的机制

（一）数字赋能碳达峰碳中和实现

1. 生产过程低碳化

数字经济的发展可以降低资源损耗，借助智慧调度实现资源要素利用效率的最大化，达成生产过程中资源的高效配置。从商品流通过程来看，数字经济可以重塑生产者与消费者的关系，促进商品流通过程向低碳化转变。数字经济通过创造消费平台，促进生产和消费者之间形成共享机制，实现生产和消费者的紧密衔接。同时，数字经济借助新技术挖掘市场上的供求信息，抓取大量消费者需求，延伸到产业链，与供给方逆向整合，实现从生产到消费过程的高效流通，从而实现能源节约。

2. 生活方式绿色化

从生活方式绿色化的角度看，数字经济有利于推动绿色消费，构建居民低碳生活体系。数字经济可以传播绿色生活理念，吸引大众参与环保事业。线上虚拟低碳行为和线下环保活动相结合可以提高居民的环保兴趣，鼓励大众广泛参与环保事业，并将互联网流量转化为绿色生态价值。现阶段，大众对绿色消费的认可度很高，但是践行度却较低，主要原因是消费者对绿色产品的环保健康属性缺乏足够的信任，不愿意支付绿色溢价。然而，物联网、区块链等数字技术的绿色产品认证体系和全流程追踪溯源系统，可以有效解决绿色产品的信任难题。

3. 产业结构清洁化

数字经济通过数字基础设施建设、数字产业化和产业数字化加速产业结构升级。首先，数字基础设施建设可以提高制造业的资本密集程度和实际产出，推动制造业由劳动密集型转向资本和技术密集型，并从生产来源上直接拉动服务业需求，促使更多从制造业转移出的就业人员和新增劳动供给进入与制造业互补的生产性服务业，促进劳动力向服务业转移，进而推动产业结构高级化。其次，数字产业化通过衍生效应催生新兴产业，推动生产要素资源在产业间高效配置，促进全产业链均衡发展，实现产业结构合理化；通过降低企业研发成本、高效匹配供需等方式提升产业链各环节的效率，促进产业结构高级化。最后，产业数字化促进数字技术在传统产业中的应用，加快传统企业整合要素资源，提高要素资源配置效率，实现生产数量和生产效率提升，为传统产业转型升级提供新动力。

4. 降碳技术数字化

数字经济可以完善碳吸收、固碳等技术，助力构建碳监测体系，推动低碳技术创新体系的发展。数字经济助力"双碳"目标实现的方式可以分为减少碳排放量和增加碳汇量。首先，碳吸收技术是治理碳排放的重要技术之一。通过深度学习等技术构建人工智能碳捕捉系统，该系统可依据智能传感器接收到的排放废气信息，识别废气中的温室气体浓度及周围环境，实现自我学习、自我适应地高效吸附 CO_2 等温室气体。其次，利用大自然中植物的光合作用来降低大气中的 CO_2 等温室气体的生态固碳技术，也是实现碳中和的有效方式。借助物联网、人工智能等数字技术来构建数字化植被资源监测管理系统，对植被信息进行实时收集，从而实现精准有效的动态监测，提升生态固碳效率。最后，数字技术助力构建碳监测体系，实现碳排放的动态计量与监测，提高计量分析效率，追溯生产过程中的高能耗部门及环节，促使企业即时做出生产调整，政府部门及时进行规划引导。

(二) 数字赋能经济社会发展

1. 经济发展质量提高

我国经济发展已经从数量型增长转变为质量型增长，在质量效益显著提升的基础上，数字经济能够进一步优化消费结构、促进产业结构升级、提升创新能力，实现经济持续健康发展。一是消费结构优化。数字经济能够通过丰富产品供给、创造消费平台、提供多元化的消费场景来激发居民消费潜能，消费模式也逐渐由线下主导转变为以电子商务、在线支付等线上消费方式为主导。二是产业结构升级。一方面，数字经济可通过改变传统产业生产方式、重塑企业内部流程、优化产业组织模式等途径，实现对传统产业的全方位改造；另一方面，大数据、互联网、云计算、人工智能、区块链等数字技术拓展了技术的延展边界，新产业、新服务、新模式的形成构建了新的产业形态。三是创新能力提升。从宏观角度来看，数字经济通过其高渗透性和共享性加速信息交流，降低各类资源的匹配成本，提高创新主体和创新要素的对接效率，从而助推技术创新能力的提高；从微观角度来看，数字经济的发展带来企业管理能力的增强，降低技术创新阻力，为企业组织创新提供条件。

2. 市场经济体制完善

数字经济通过促进信息流通和提高透明度、推动创新和创业、优化资源配置和生产效率、扩大市场边界、加强国际交流以及强化监管和维护市场秩序等方面的作用，为市场经济提供了更多的机会和挑战，有助于构建健康有序的市场经济体系。第一，数字经济通过互联网、大数据分析等技术手段，能够快速获取、传递和加工信息，促进市场信息流通、提高透明度。第二，数字经济为创新创业提供了更广阔的平台。通过数字化技术，创新者可以更快速地将创意转化为产品和服务，并通过互联网实现全球化的推广和销售。第三，数字经济提供的信息和数据有助于优化资源配置和提高生产效率。大数据分析和智能化技术，可以更准确地预测市场需求、调整供应链、优化生产计划，从而降低成本、提高产品质量，并实现资源的有效配置。第四，数字经济打破了时空限制，拓展了市场的边界，促进了全球化和国际交流。

3. 社会文明程度加深

数字经济的发展有助于提升人们的科学文化素质，丰富人们的精神文化生活。通过互联网和数字技术，人们可以随时随地获取到大量的科学文化知识、信息和资源。同时，数字化媒体平台和应用软件的使用将多元化文化元素融入娱乐内容，在线直播、虚拟现实等技术的应用为文化演出和展览提供了新的形式和体验，推动文化创意产业发展，丰富人们的精神生活。

4. 生态文明建设进步

数字经济作为信息技术与经济发展的融合产物，通过创新技术和应用，可以减少资源消耗、优化能源利用、改善环境效益，从而推动经济向绿色可持续方向转变。一方面是生产方式绿色化转型。第一，数字经济以信息技术为基础，通过数据采集、分析和应用，实现对资源的高效利用。数字化的供应链管理和生产过程优化，可以有效降低物流和能源成本，并最大限度地利用资源。第二，通过大数据分析、人工智能等技术，可以实时监测和分析生产过程中的能耗、排放等指标，提出优化方案和决策建议。这样可以减少资源的浪费和环境污染，推动企业实现绿色生产。第三，数字经济催生的新业态本身就具备较高的绿色属性，不仅提高了资源利用效率，还带来了新的经济增长点。第四，通过数字技术，可以实现供应链信息的全程可追溯，包括原材料采购、生产加工、产品运输等环节。这样可以确保产品的环境友好性，同时也可以追踪和纠正供应链中的环境问题，推动绿色供应链的建设。

另一方面是生活方式绿色化转型。第一，数字经济提供了智能化和数字化家居解决方案，通过智能家居设备和系统的应用，可以实现对能源、水资源等的高效利用。第二，数字经济催生了共享经济模式的兴起，通过共享平台人们可以共同使用一些资源和设施，减少资源的浪费和重复购买行为。第三，数字经济促进了工作模式和生活服务的低碳化转变。数字化工作模式如远程办公不仅减少了通勤所需的交通消耗和时间成本，还提高了工作效率，降低了办公场所的能源消耗。同时，健康监测设备、移动医疗应用等数字化健康管理方式，可以减少不必要的医疗资源消耗。

5. 民生福祉更加增进

数字经济通过促进更充分更高质量就业实现居民尤其是农村居民的收入增长，同时依托数字技术的发展促进基本公共服务均等化，进一步提高民生福祉。一是数字经济的发展不断优化就业结构，增加了低教育水平居民的就业机会。一方面，数字技术的应用大大缩短信息接入鸿沟，增强居民自身的文化素养及知识技能等就业能力，改善劳动要素的配置效率，拓展了居民的就业选择；另一方面，网络化交易使"零工经济"日渐兴起，服务业相关产业链进一步延伸，由此带来的"涓滴效应"推动低技能的劳动者向低技能偏向的数字化行业流动。二是作为经济转型升级的新动力，数字经济依托其先天优势和特征，使数字红利不断渗透到农村地区，促进农民增收。三是数字经济还可以拓展医疗、养老、教育等服务内容，促进智慧医疗、数字化养老和数字化教育的发展，扩大政府对偏远地区的民生投资，弥补地域差异和资源不足的问题，进一步提升民生福祉。

6. 国家治理效能提升

以数字化转型为契机，加快建设数字政府，助力提升宏观经济治理效能，是满足复杂经济系统治理的必然选择。数字赋能国家治理效能主要通过三大方面实现。一是数字技术在宏观调控决策、经济社会发展分析、财政预算管理等方面的应用，能够提升覆盖经济运行全周期的统计监测和综合分析能力，强化经济运行动态感知，促进各领域经济政策有效衔接，持续提升经济调节政策的科学性、预见性和有效性。二是通过数字化技术加强监管事项管理，运用多源数据强化风险研判和预警，加强监管工作平台建设。物联感知、掌上移动等新型监管手段可以全面提升企业对新技术、新业态、新模式的监管能力。三是通过大数据对决策机制的辅助作用全面提升政府决策的科学化水平。深化数字技术应用可以创新行政执行方式，切实提高政府执行力。

（三）数字赋能碳达峰碳中和与经济社会协同发展

数字赋能碳达峰碳中和与经济社会协同发展主要表现在要素供给、产业发展和外部环境三方面，具体如图2所示。

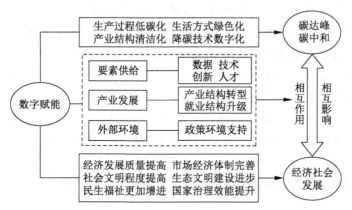

图2 数字赋能碳达峰碳中和与经济社会协同发展的机制

第一，从要素供给来看，数字经济为"双碳"目标与经济社会协同发展提供数据、技术、创新、人才等要素支持。数字经济打通技术、数据、行业知识的链条，以终端数字技术实时采集监测数据，并基于应用场景构建虚拟化模型，优化能源使用和生产运行方案，促进生产过程高效化、低碳化。同时，数字技术可以极大提高我国碳交易过程中碳核算的实时性和精确性，在提升碳捕集封存效率等方面提供支撑，助力经济社会低碳绿色转型。数字经济的发展还对人才素质提出新要求，具有数字化思维和可持续发展意识的高素质人才能够结合数字技术与环保理念，推动"双碳"目标在实践中落地与推广的同时促进经济社会发展。

第二，从产业发展来看，产业结构升级指生产要素逐渐向效率更高、增长潜力更大的产业部门发展，从而推动整个经济体系转型升级。数字技术的发展和应用，可以促进传统产业的优化和升级，也可以为新兴产业提供基础支撑和助力。一方面，数字技术的广泛应用和融合性质，使得不同产业间的壁垒逐渐被打破，促进了产业融合和协同。另一方面，数字经济的渗透性能够为行业技术创新赋能，实现产业结构向服务化过渡，推动产业结构转型升级。产业结构调整升级对实现中国阶段性碳强度目标的贡献度可能会达到60%左右，本质上有利于我国城市能源效率的提高和实现碳减排，从而在实现经济社会发展的同时赋能"双碳"目标实现。

数字经济发展推动的产业结构转型也会影响就业结构升级。数字经济与实体经济融合发展催生出平台经济、共享经济等新业态，以及网约车、外卖员等灵活就业新模式，创造出大量新就业岗位。高技能劳动者向低碳技术产业转移可以加速对先进技术的研发和应用，促进绿色技术的创新和发展，有效协同经济社会发展与"双碳"目标的实现。

第三，从外部环境来看，数字经济基于大数据和信息技术，可以为政府提供全面、准确的环境数据和碳排放数据，有助于政府了解当前环境状况和碳排放情况。政府可以基于这些数据做出科学决策，制定合理的碳减排目标和经济社会发展政策措施。政府还可以通过数字经济平台，鼓励企业开展低碳技术创新和示范项目，提供资金支持、税收优惠等激励措施，为助力"双碳"目标与经济社会协同发展提供政策环境支持。

四、镇江市碳达峰碳中和与经济社会协同发展的路径

镇江市作为第二批国家低碳试点城市、全国首批生态文明建设先行示范区，近年来积极推进低碳城市建设，探索低碳绿色循环发展路径，为实现碳达峰碳中和奠定良好基础。近十年，镇江市的单位 GDP 能源消耗减少了 39.7%，单位 GDP 的二氧化碳排放量降低了 49%，$PM_{2.5}$ 的浓度减少了 50%，优良天数比率上升 19.4 个百分点，整体环境质量已经达到新世纪以来的最高水平。同时，镇江市大力发展经济，加快调整产业结构、优化布局，近十年 GDP 年均增长 6.55%。但是镇江市产业结构仍然偏重，建材、化工、造纸等产业比重较大，能源消费相当程度上依靠化石能源。2022 年，镇江市六大高耗能行业占全市工业总能耗的 80% 以上。另外，与周边城市相比，镇江市的高层次创业人才和高端创新团队紧缺，技术创新能力不强。实现碳达峰碳中和与经济社会的协同发展，镇江市仍有很长的一段路要走。

首先，要紧紧抓住镇江市产业结构调整的核心，努力培育和壮大战略性新兴产业、高科技产业和现代服务业，同时加速绿色制造体系的建设进程。为构建现代服务业新体系，突出产业整合与特色，加速创新链与产业链的精准对接，深化产业融合，促进镇江市制造服务业的高品质发展，镇江持续推动全市服务业的综合改革试验，致力于服务标准化、品牌化建设，提升服务质量，为全市服务业创新发展寻找新支撑、激发新活力。要推动智能工厂发展，加速工业互联网的创新应用，提高个性化定制水平，努力扩大镇江市的产业优势。

其次，要构建清洁低碳、安全高效的现代能源体系，在新能源安全可

靠替代的基础上，推进传统能源逐步退出。加强对镇江市能源的需求侧管理，特别是加快发展可再生能源，减少化石燃料消耗，降低二氧化碳排放。加强对新能源的研发力度，不断推进新型储能技术的发展。同时也要推动传统能源与新型能源之间的最优融合，以促进镇江市新能源产业的持续增长，提升镇江市整体的能源使用效率。大力支持"双碳八大行动"，加快构建以新能源为主体的新型电力系统，利用数字化技术赋能能源配置优化，提升总体能源使用效率，为镇江市社会经济的稳步前进提供可持续的发展空间。

最后，加大力度吸引高技术人才留镇，加速镇江市技术创新能力提升。加大对高层次人才的培养和引进力度，提供更好的薪酬待遇和发展机会，吸引人才留镇。建设科技园区和创新孵化器，提供优质的办公场所和配套设施，为科技创新企业提供良好的孵化环境。加强企业与高校、科研院所的合作，共同开展科技创新项目，通过产学研合作推动科技成果向实际应用转化。大力发展数字经济，赋能科技创新。加强信息通信网络、数据中心等数字基础设施建设，提高网络带宽和覆盖范围，为科技创新提供高效便捷的数字环境。鼓励企业、政府和科研机构开放数据，构建开放可信的数据共享平台，提供多领域、多层次的数据资源支持科技创新。

课题组成员： 吴继英、崔 静、展文丽、孙晓阳

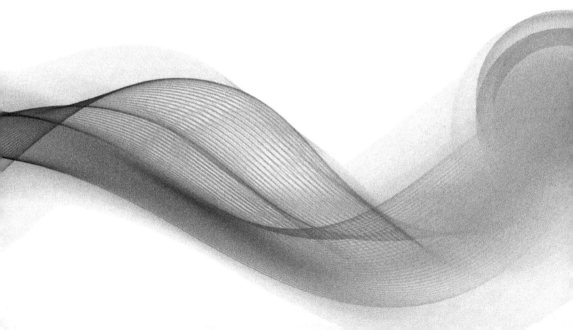

下　编

国有企业"三力合一"模式研究

| 姜 华 |

习近平总书记在全国国有企业党的建设工作会议上强调，坚持党的领导、加强党的建设，是我国国有企业的光荣传统，是国有企业的"根"和"魂"，是我国国有企业的独特优势，要坚持党对国有企业的领导不动摇。国有企业是党和国家最可信赖的依靠力量和国民经济发展的中坚力量，深刻认识我国社会主要矛盾变化带来的新特征、新要求，准确识变、科学应变、主动求变，打造国有企业党委领导力、支部战斗力、干部执行力"三力合一"发展新模式，准确把握"三力"建设科学内涵，积极探索"三力"建设路线途径，对国有企业开启全面建设社会主义现代化国家新征程，具有十分重要的现实意义和历史意义。

一、国有企业"三力合一"的理论依据

探索国有企业"三力合一"发展新模式，首先要正确认识"三力"的科学内涵，准确把握三者的逻辑关系。

（一）明确科学内涵

党委作为企业的决策层，在国有企业中具有引领作用。党委领导力是充分发挥各级党委领导核心和政治核心作用的根本，包含党委的思想引领力、科学决策力和推动落实力。国有企业党委的政治能力，主要体现在善于从政治层面观察思考经济问题。具体体现在如下方面：通过充分了解企业的内外环境，结合国家政策和市场需求，制定具有针对性的发展路径和目标，有效引导企业发展并做出科学决策；通过加强企业内部各部门的协调与沟通，建立健全企业管理体制和内部控制机制，减少内部冲突和利益分歧，提升企业内部的和谐稳定程度，实现有效管理；通过加强党风廉政建设，严格执行党的各项规章制度，有效防止和纠正企业内部的腐败和不正之风，树立企业的良好形象和信誉。

支部作为党的基层组织，在国有企业中具有广泛的功能和作用。支部战斗力是发挥支部战斗堡垒作用和党员先锋模范作用的重要体现，包含落

实任务推进力、攻坚克难组织力和团结群众凝聚力。具体而言，即通过定期召开党员大会、支部会议等形式，调动和激发职工的积极性和创造力，实现工作任务全员参与、一体推进；通过组织开展各种形式的活动，增强职工凝聚力和团队合作精神，促进企业内部良好的协作与协调；通过选拔、培养和管理党员干部，为国有企业的发展提供有力的人才支撑。

集团事业发展归根到底靠人，关键靠各级干部抓落实的能力，干部执行力的强弱直接影响国有企业的发展和效益，主要指干部在执行各项工作任务和政策方针时所展现的能力和效果，包含干部想干事、能干事、干成事的态度和能力，国有企业领导人员特别要做到对党忠诚、勇于创新、治企有方、兴企有为、清正廉洁。通过提升干部的责任心和执行意识，推动国有企业实现高质量发展、提升国有企业竞争力和创新能力，为企业的转型升级和中国经济的稳定发展作出积极贡献。

（二）厘清逻辑关系

党委领导力、支部战斗力、干部执行力是一个系统工程，在这个系统工程中，党委领导力是关键，是核心战斗力，是决定国有企业党建成效的最重要因素。党委扛起全面从严治党的主体责任，提升党委的综合领导力，国有企业就能方向正、大局稳。支部战斗力是传动轴，是桥梁，是执行力的保障。各总支和支部坚强有力，组织运行高效，国企党建工作就能迈上程序化、规范化轨道。干部执行力是基础，党员干部能亮身份、树正气、立标杆、赛业绩，党建工作就能有效融入国企经营发展，就能开创国企党建工作新局面。

探索"三力合一"发展新模式，不仅能发挥国有企业的政治优势，促进企业生产经营，而且能把全面从严治党落到实处，完善企业风险管控体系，为提高企业效益、增强企业竞争实力、实现国有资产保值增值提供政治保障，从而保证企业平稳健康发展。

二、国有企业"三力合一"发展新模式的实践探索

进一步提升党委领导力、支部战斗力、干部执行力是国有企业构建新发展格局、落实"十四五"规划、实现"六个开新局"的迫切需要，也是提升党建工作质量的着力点和检验党建工作成效的重要标尺。近年来，国能江苏谏壁发电有限公司在"三力合一"发展模式上持续发力。

（一）以提升党委领导力为核心环节

谏壁公司党委坚持以习近平新时代中国特色社会主义思想为指导，坚决贯彻党中央决策部署，深入落实集团公司党组和江苏公司党委各项工作要求，积极践行"四强化六提升"，高质量实施"六大工程"，充分发挥党委"把方向、管大局、促落实"作用。全年召开24次党委会，科学民主决策"三重一大"事项，"创一流"工作取得成效。公司党委严格落实"三项责任制"，彰显政治优势。一是狠抓党建工作责任制。通过召开党建会，公司分层签订目标责任状，制定落实党、纪、工、团年度要点。2022年，公司党委召开9次党委会专题研究党建党廉、意识形态等工作；召开12次党建推进会，每月开展党建重点工作考核，全年综合检查评价2次，深度推进年度党建工作考评结果应用于各部门经营绩效评价结果的修正；通过书记"述评考用"全链条压实党建工作责任，切实发挥考核"指挥棒"作用。二是狠抓党风廉政建设责任制。高效运转"1+5+N"大监督体系，聚焦关键岗位、重点领域，开展专业监督选题立项29项；制定监督执纪相关制度10项；开展提拔调动及关键岗位人员定期提醒谈话78人次；收到信访举报1件并年内了结，组织处理提醒谈话1人次、批评教育2人次，有效发挥"问责一人，警醒一片"作用；常态化开展"六项严查"及重大节日反"四风"检查，营造风清气正的干事创业氛围。三是狠抓意识形态工作责任制。公司党委组织"第一议题"学习24次、中心组学习12次、研讨7次；班子成员宣讲党史、七一讲话精神、十九届六中全会精神、廉洁教育累计22场；围绕能源保供、百日奋战等重点工作开展宣传报道，多篇稿件在省部级媒体登载；突出形势任务宣传，编印7期宣讲提纲，以"网格化"方式在110个网格点开展职工政治学习；采用月分析，每半年总结职工思想动态，开展意识形态督导检查2次，企业上下精神饱满、斗志昂扬。

谏壁公司党委通过狠抓党建工作责任制、党风廉政建设责任制、意识形态工作责任制的工作方法，增强凝心聚力的核心领导力。公司党委带动各级党组织和全体党员干部圆满完成企业年度目标任务，开启了谏壁公司高质量发展的新篇章。

（二）以提升支部战斗力为重要保证

谏壁公司党委聚焦"国之大者""企之要者"，紧紧围绕"六个勇做"，提升党委谋全局、议大事、抓重点能力，充分发挥把方向、管大局、促落实作用，确保党中央、集团公司、江苏公司决策部署一贯到底。公司党委统筹谋划，组织开展了党建创新三年行动。深化"一党委一品牌，一支部一特色，一党员一旗帜"建设，分三年实施"红色领航工程"，落实"创红色品牌、树红色标杆、育红色先锋"党建创新工程三年行动计划。按照"政治站位高、组织功能优、队伍能力强、基础工作实、党建成效好"的标准，开展党委品牌的培育创建；按照"有特色、能示范、易推广"的思路，开展支部特色的培育创建；按照"身份带头亮出来、服务群众干出来、关键时刻站出来、创新创效拿出来、示范引领显出来"的目标，开展党员旗帜的培育创建。公司深入培育"支部争星、党员夺旗、职工立功"党建文化。大力践行"社会主义是干出来的"伟大号召，开展"三个一"活动：围绕"党员责任区、示范岗、先锋队"三岗创建，制定"三岗"创建指导意见，开展1次全面提效活动，筑牢支部战斗堡垒；围绕重大重复性缺陷攻关、深度调峰、热电解耦、生物质及经济煤耦合、运行方式优化等，开展党员"创先创新创效"项目，围绕职工急难愁盼问题，开展"书记项目"，开展1次选优树强"三创"项目和"书记项目"活动，让党旗高高飘扬；围绕职工合理化建议和创新创造，开展1次评选表彰活动，最大限度地激发职工的创新活力和创造热情。

2022年度，谏壁公司共修订完善党建制度21项，开展发展党员、党费及党建工作费专项自查、国企党建会五周年"回头看"工作，巩固提升基层基础。在扎实推进"双星融合"工作过程中，党支部工作更加成熟，支部配套修订一流班组建设考评办法，推动新的班组建设体系融合落地。"党建引领'双星融合'"品牌列入集团三年创新计划，"'工程化'党建""积分亮绩"获评江苏公司十大优秀案例。截至目前，共有9个江苏公司五星级党支部、8个四星级党支部，除灰脱硫部党支部被评为集团示范党支部，公司党委被评为集团公司、镇江市先进基层党组织和江苏公司十强先进基层党组织。谏壁公司抓住了党组织建设尤其是组织战斗力建设这个"牛鼻子"，就找准了解决公司党组织建设中"中梗阻"问题的"突破口"，就牢牢把握住了实现谏壁公司高质量发展的"金钥匙"。

（三）以提升干部执行力为内驱动力

谏壁公司坚持党管干部原则，突出政治标准，认真落实国企干部"二十字标准"，培养造就一支政治、能力、作风、纪律都过硬的干部队伍。公司依据年度考评、工作业绩等，实行干部动态管理，不断提高政治素质和履职能力，加快构建善于治企兴企和管党治党、群众口碑好的复合型干部队伍。去年以来，公司建立"两个方案、三个层面、N项抓手"的多层次立体式实效性学习推进机制，在领导班子、全体党员中开展"七个一"示范活动，"网格式"推进"四史"教育全员全覆盖。通过媒体矩阵发布党史学习教育动态230余篇，编印学习简报15期。开展线上学习、精品党课、知识竞答、红色教育、劳模事迹报告会等7类29项群众性主题宣传教育活动庆祝建党百年，拍摄8部"身边的榜样"视频片。党课《品读红色书信 牢记初心使命》被评为集团公司"党课开讲啦"优秀党课，微视频"谏电印象·社会主义电力事业发展的七条微刻度"获集团红色记忆微电影微视频二等奖。用心用情为群众办实事，党委建立"办实事"重点任务清单32项，支部261项，均已全部落实。另外，深化党建工作与生产经营融合促进。公司深入开展"社会主义是干出来的"岗位建功行动，集团、江苏公司、厂共挂牌奋斗"十四五"党员示范岗20个、先锋队14个，开展106项党员"三创"项目，充分发挥党员建功立业的旗帜作用。组织表彰岗位建功先进典型和"两优一先"。围绕"开门红"、弘扬伟大建党精神、深化治亏扭亏、推进新能源发展、打赢"五大战役"等主题，开展形式多样的主题党日活动，为高质量完成机组检修、保障安全生产、经营指标领跑领先等工作凝心聚力。群团和谐共建方面，公司严格落实职工代表大会、职工代表巡视等制度，召开年度职代会，提案落实率100%。深入实施"惠民工程"，发放"六送品牌"补助共计392万元，医疗互助基金、爱心基金补助104人，共计补助53.3万元。开展"工匠杯"厂级劳动竞赛12项，积极推进"青"字号品牌建设。常态化开展学雷锋、保护环境、造血干细胞捐献宣传、文明创建等志愿服务活动，造血干细胞捐献者服务队获评江苏省职工志愿服务先进集体，企业精神文明建设迈上新台阶。

谏壁公司全体干部齐心协力、奋勇争先，直面矛盾不回避，困难面前不退缩，办成了一批引领发展的大事要事，攻克了一批制约发展的急事难事，取得了一系列不负韶华的发展成就，跑出了谏壁公司高质量发展新征程上的好成绩。

三、全面提升"三力合一"机制建设，多措并举增强合力

立足新发展阶段，贯彻新发展理念，服务新发展格局，全面提升国有企业"三力合一"机制建设，实现以高质量党建引领保障国有企业的高质量发展。

（一）发挥党委政治引领作用，打造高质量发展"红色引擎"

坚持党的领导、加强党的建设，关键要强根铸魂，固本培元，在企业改革发展中不断创新，构建党建工作新格局。谏壁公司党委要充分发挥领导核心和政治核心作用，坚持把方向、管大局、保落实，把坚持党的领导和完善公司治理统一起来，与建设中国特色现代国有企业制度相结合，把党的建设与改革发展同步谋划，使党的路线方针政策贯穿企业发展战略、重大决策部署、经营管理各个方面，坚持为改革发展把脉导航，使党建工作成为企业发展的"红色引擎"。

一是坚持发展破局为第一要务，除旧疾、推改革、显新机。发展是解决当前一切困难的关键所在。各级党组织要组织职工、凝聚职工、发动职工，全面、准确、完整地贯彻新发展理念，推动企业高质量发展。始终坚持"两个一以贯之"，充分发挥党委"把方向、管大局、促落实"作用，强化企业党组织对企业改革发展的引领权、重大决策的参与权、重要经营管理干部选用的主导权、党员干部从业行为的监督权、职工群众合法权益的维护权、思想政治工作和企业文化的领导权。持续提升企业治理体系和治理能力现代化水平，进一步完善"三重一大"实施办法，进一步优化经理层契约化量化指标、责任体系和评价机制，加快形成权责法定、权责透明、协调运转、有效制衡的科学治理机制，进一步明确党组织在决策、执行、监督各环节的责任担当。深化"法治企业"建设，不断健全内控制度，有效防范化解重大风险。

二是坚持创新品牌为第一动力，优机制、重应用、提效能。深化"一党委一品牌、一支部一特色、一党员一旗帜"建设，发挥好品牌的影响力、凝聚力、号召力，把党的政治优势转化为企业的创新优势。与时俱进赋予"工程化"党建新内涵，因地制宜打造各支部特色，树牢精益求精的质量效益意识，增强敢为人先、锐意进取的责任感，提升克难攻坚、敢打胜仗的战斗力。分三年实施"红色领航工程"，培育一批"红色品牌"，带动职工争做弘扬伟大建党精神的排头兵；选树一批"红色标杆"，打造安全生产、经营管理、改革发展等领域的坚强战斗堡垒；培育一批"红色先锋"，展现平时看得出、关键时刻站得出、危难关头豁得出的党员本色。

（二）加强党组织标准化规范化建设，凝聚高质量发展合力

党委的领导力需要党（总）支部作为传导、组织、落实的重要环节，把领导力传递到党员个体，才能实现组织强、个体优的目的。习近平总书记

在 2018 年 7 月的全国组织工作会议上强调，加强党的基层组织建设，关键是从严抓好落实，要以提升组织战斗力为重点，突出政治功能，健全基层组织，优化组织设置，理顺隶属关系，创新活动方式，扩大基层党的组织覆盖和工作覆盖。这为谏壁公司的支部战斗力建设指明了方向、提供了遵循。提升国有企业支部战斗力，要注重把握好"虚与实、线上与线下、有没有与好不好、顶层设计与基层探索"四对关系。

一是把握好"虚"与"实"的关系。如果说务实是"决胜千里之外"的实践，那么务虚则是"运筹帷幄之中"的谋划，二者可谓并蒂之花，相辅相成，辩证统一于全部领导活动之中。对于谏壁公司支部建设工作而言，就是要以"务虚"把好工作方向，以"务实"解决具体的现实问题，通过加强理论学习，理顺企业党支部战斗力提升的理论脉络，提升党员干部的认知水平，提高理论指导实践的能力。掌握理论，只是"万里长征"的第一步。关键要学用结合，把科学理论转化为指导工作的思路和方法，以"实"为抓手，扑下身子干，坚持围绕中心、服务大局，做到既"抬头看路"又"低头拉车"，实现理论与实践的统一，推动虚与实互融互促。

二是把握好"线上"与"线下"的关系。把信息技术应用到提升支部战斗力工作之中，既是信息化时代发展的客观要求，也是提升支部战斗力工作改革创新的必然要求。习近平总书记明确要求，"网络发展到哪里党的工作就覆盖到哪里，充分运用信息技术改进党员教育管理"。我们要通过综合利用互联网技术和手段，构筑起公司各级党组织与企业全体党员之间、党员与党员之间的互动平台，有效提升支部战斗力，提升工作的规范化、科学化、精细化水平，大幅度提高公司全体党员教育、监督的效率和质量，进而全面提高支部战斗力。我们要努力实现党建工作的传统优势和信息化优势的有机融合，筑牢线上线下两个阵地，使二者相互依托、相互促进。

三是把握好"有没有"与"好不好"的关系。进入高质量发展新时代，谏壁公司也面临新形势和新任务——以前要解决"有没有"的问题，现在要解决的则是"好不好"的问题。从"有没有"转向"好不好"，意味着对公司提出更高的要求，在工作理念、思维、载体等方面需要具有更强的工作能力和创造性，走出过去的"老做法""老套路"，拥有更加过硬的领导本领。

四是把握好"顶层设计"和"基层探索"的关系。加强谏壁公司党组织建设、增强组织战斗力，是一项全局性、基层性、长远性工作，要特别注重协调好顶层设计和基层探索的关系。习近平总书记明确提出，要"推动顶层设计和基层探索良性互动、有机结合"。所谓顶层设计，就是要自上而下科学谋划，强调整体规划设计。加强谏壁公司组织战斗力建设涉及的方方面面，不是"一朝一夕"的事情，如果只是一味追求速成、追求示范效应，很容易陷入形式主义的怪圈，必须一体谋划，在宏观层面制定出合理有效的"指南针"和"路线图"。所谓基层探索，就是要立足自身实际，激活党组织内生动力，创造性地、因时因地制宜地开展工作。所以，要逐步做强支部、班组两个基本单元，强化"双星"融合，充分发挥党支部在政治、组织、思想、育人、先锋、人本等方面的优势，构建班组党建新模式，激发创新活力。探索实施党小组+班组"双细胞"工程，将党小组活动融入班组建设，将党员先锋模范作用融入班组管理，做到党小组和班组职能交叉、功能互补。要着力实施"双向培养"，把党员培养成班组技术骨干，把优秀班组长培养成党员。通过选优配强党小组长和班组长，赋予党小组长班组管理职权，确保党小组和班组任务融合、同向发力，实现支部党建工作引领班组建设，班组建设推动支部党建工作有效提升，实现双星映照、璀璨共赢。

（三）强化干部队伍综合化建设，夯实高质量发展力量之基

一是坚持创新思维，凝合力、提效能、促发展。幸福从奋斗开始，未来靠创新成就。要坚决摒弃思维定势，始终保持"空杯心态"，厚植创新土壤，提高创新创效的实际价值。（1）凝聚创新合力。大力践行"社会主义是干出来的"伟大号召，认真落实江苏公司"一紧六再"工作要求，深入培育"支部争星、党员夺旗、职工立功"党建文化，分阶段组织两级劳动竞赛，以"季季红"保障"满堂彩"，引导职工岗位建功、勇当标杆、敢为闯将。深化党员"创先创新创效"项目，围绕职工急难愁盼问题，立项一批、选树一批"书记项目"。围绕重大重复性缺陷攻关、深度调峰、热电解耦、生物质及经济煤耦合、运行方式优化，让想干事、能干事、干成事的人"揭榜挂帅"，"赛马"评比出一批优秀的党员"三创"项目，让党旗在基层一线高高飘扬。（2）营造创新氛围。积极发挥工会、团员组织大学校作用，广泛开展群众性创新创造活动，营造比学赶超的氛围。要搭平台、建阵地，将劳模工作室、工匠工作室、青年人才工作室延伸至部门、班组，积极培育首席师牵头的创新平台、专家牵头的攻关团队和劳模工匠牵头的工作室建设。要创载体、求实效，深入开展岗位练兵、劳动竞赛、QC小组活动、"五小"创新、合理化建议等活动，引导职工在干中学、学中练，最大限

度地激发职工的创新活力和创造热情。要强引领、树标杆,大力弘扬劳模精神、劳动精神和工匠精神,广泛宣传创新创效活动中涌现出来的先进典型,始终保持创新的动力、创新的激情,为企业发展贡献智慧、凝聚能量。

二是强化队伍建设,明导向、畅通道、堪大任。事业成败,关键在人。各级党组织要真心爱才、悉心育才、精心用才,把各方面优秀人才汇聚到企业改革发展事业中来。把牢正确的选人用人导向。要坚持党管干部原则,突出政治标准,认真落实国企干部"二十字"方针,培养造就一支政治、能力、作风、纪律上都过硬的干部队伍。树牢实干导向,大力选拔基层经验丰富、实干实绩突出的年轻干部,以正确的用人导向引导干事创业导向,不断优化干部年龄结构。深化三项制度改革。要以激发担当为导向,发挥竞争激励作用,深化干部能上能下、员工能进能出、收入能增能减的"三能"机制建设。研究建立人才发展规划,结合人员特点、岗位价值、历史贡献、绩效表现等因素,细化职位职级设置,打通管理、技术、技能"三条"通道,持续优化人力资源配置,不断激发干部职工干事创业的积极性、主动性和创造性。

三是坚持清正廉洁为第一规矩,强责任、深监督、固保障。纪律为先,事业常成。党员干部要将廉洁从业作为人生"第一粒扣子",始终坚定理想信念、牢记初心使命、严守纪法规矩,维护好海晏河清的政治生态。作风锤炼常抓常严。要扎实学习贯彻党的二十大精神,坚持以案释纪、震慑警醒,用好"爱廉堂"党风廉政教育馆,常态化推进"通知+短信+廉洁微视频"套餐式教育提醒模式,督促领导干部传承好家教、培养好家风,厚植纪律规矩的思想根基和文化涵养。要深化"风""腐"一体的纠治。坚持把纪律挺在前面"纠风",善于"以变应变"、揭露本质。坚持深挖问题背后的问题,释放越来越严的信号。坚持把纠"四风"和树新风结合起来,加大正面引领和宣传力度。要精准用好"四种形态",特别是用好用足第一种形态,抓"早"抓"小",防微杜渐。日常监督越走越深。要以问题为导向,做实做细"六项严查",坚持"四查四看四深化",与各类监督检查融合衔接,加固中央八项规定精神的堤坝。跟踪问效有始有终。要提升举一反三、构建长效机制的能力。针对各类监督检查中发现的问题,以"两书一函一表"的动态监督机制,督促问题整改闭环。要建立整改情况随时看、整改结果必须看、验收合格回头看的"三看"机制,推动解决问题和建章立制、思想教育、流程再造有机结合,切实将治标成果转化为治本效能。

(作者单位:中共镇江市委党校)

加强新业态、新就业群体党的建设研究

｜高　亮｜

在"新就业群体"对许多普通人来说还是一个略显陌生的词汇的时候，人们的生活早已和这个群体息息相关。"新就业群体"指的是以平台经济为代表的新业态所聚集的快递员、外卖送餐员、网约车司机、货车司机等灵活就业人群。与传统意义上的职工相比，新业态新就业群体具有组织方式平台化、工作机会互联网化、工作时间碎片化、就业契约去劳动关系化，以及流动性强、组织程度偏低等特点。截至 2021 年底，中国灵活就业人员已经达到 2 亿人，江苏省灵活就业人员有 1100 万人左右。习近平总书记在党的二十大报告中指出："加强新经济组织、新社会组织、新就业群体党的建设。"这是针对党的建设的新领域、新阵地、新课题提出的重要要求，对坚持和加强党的全面领导、完善社会治理、巩固党的执政基础，具有重大意义。2022 年，全国和江苏省组织部长会议分别对探索加强新业态、新就业群体党建工作进行重点部署。这些重要论述为做好新时代新业态、新就业群体党建工作指明了前进方向。新就业群体有着不受办公地点、时间约束的特点，因而对他们的团结凝聚，就成了新时代下促进这一产业健康发展的迫切需求。据不完全统计，截至 2022 年底，镇江市大约有 2.6 万名新就业群体人员，42 个新就业群体流动党员党支部，91 名党组织书记。如何坚决贯彻落实习近平总书记有关重要论述精神，探索加强新业态、新就业群体党的建设，成为新形势下镇江基层党建的一项新课题。

一、新业态、新就业群体党的建设重大意义

（一）加强新业态、新就业群体党的建设是落实党的全面领导的需要

习近平总书记在党的二十大报告中指出："坚决维护党中央权威和集中统一领导，把党的领导落实到党和国家事业各领域各方面各环节；健全总揽全局、协调各方的党的领导制度体系，完善党中央重大决策部署落实机制。"落实党的全面领导，必须依靠各领域、各方面的党组织去实现。党的领导在当下，无疑是整个党和国家事业、民族发展的根基所在，新的经济组织、新的社会组织，同样离不开党的领导。新业态、新就业群体是新事

物，具有数量庞大、覆盖面广、人员结构复杂的特点，只有坚持加强新业态、新就业群体党组织建设，才能在更大限度、更广范围内实现党的全面领导。党的领导在这里并不是党包办一切，而是通过党的政治保障作用，促使各类新业态、新就业群体坚持社会主义的基本方向，遵守国家法律，承担社会责任。

（二）加强新业态、新就业群体党的建设是完善社会治理的需要

新就业群体既是美好生活的创造者、守护者，也是美好生活的追求者、共享者。新业态新就业群体在城市生活中扮演着重要角色，每一份外卖的送达、每一件快递的拆封、每一次出行的便利，背后都有无数"奔跑者"在背后奔波忙碌、默默付出。外卖小哥、快递员、网约车司机等新业态从业者，一年四季风雨无阻地穿梭于城市的街头巷尾、小区楼栋，服务着千家万户，成为助力城市发展、提升城市基层治理能力的重要力量。一方面，新就业群体具备直接联系服务群众的天然优势。新业态、新就业群体生发于基层需求，具有走街串巷、登门入户的工作特点，能够发挥突发情况预警、城市管理监督、困难群体服务、文明安全宣传等方面的作用，是共享共治的强大力量。依托新就业群体，我们可做的事情很多很多，社区民意信息员可做，文明劝导员可做，平安巡查员可做，志愿服务员可做，等等。另一方面，我们也应看到，新业态催生的新就业群体流动性大、人员复杂、缺乏社会保障、管理难度大，引导服务好了就会助力城市发展，若没有治理好，将会诱发诸多问题。因此，治理服务好新就业群体是城市治理面临的新考题，考验着网络社会中领导干部的责任担当和治理能力。新业态、新就业群体以农民工居多，且面临诸多问题，将他们纳入党建工作范畴，也有利于更充分、更有效地帮助他们维护权益，帮助他们解决工作、生活中存在的问题和困难，从而完善社会治理。

（三）加强新业态、新就业群体党的建设是巩固党的执政基础的需要

共产党员作为先锋队，在我国社会生活各个层面积极发挥着先锋模范作用，起到了非常好的示范效应，从而使党的党旗更红，党的形象更加鲜明。加强新业态、新就业群体党的建设有助于走好新时代党的群众路线，做好群众工作，聚焦这一群体的内在需求和实际困难，切实增强新就业群体的获得感、幸福感、安全感，从而把他们紧紧团结凝聚在党的周围。新经济组织、新社会组织、新业态迅速发展，在促进经济发展、繁荣社会事

业、创新社会治理、提供公共服务等方面发挥着日益重要的作用，同时也不可避免地带来一定的社会风险。比如，互联网是当前宣传思想工作的主阵地。随着互联网快速发展，包括新媒体从业人员和网络"意见领袖"在内的网络人士，往往能左右互联网的议题，能量不可小觑。要解决这些问题，不仅仅要健全规则制度，提升监管能力，更要注重发挥党的领导、党的建设的独特优势，建立看得见、统得起、管得住的体制机制，构建条块结合、上下联动的党建工作体系，引导新经济组织、新社会组织、新就业群体的健康发展。面向未来，持续加强基层党组织建设必须紧紧围绕经济组织、社会组织形态的新变化，高度关注新业态、新就业群体的壮大和发展，坚持网上网下结合，织密党的组织网络，做好思想引领和凝聚服务工作，不断提升党在新业态、新就业群体中的号召力、凝聚力、影响力，持续巩固党的执政基础。

二、新业态、新就业群体党的建设存在的困难

新业态、新就业群体党建工作刚刚起步，面临着党组织组建难、党建工作力量弱、党组织难起作用等诸多问题。

（一）平台企业存在发展扩张快、组织架构变动频繁、党组织设置不规范等问题

近年来，我国平台经济快速发展，在经济社会发展全局中的地位和作用日益凸显，从全球视角来看，我国平台经济已处于世界领先水平。进入新时代，平台企业发展更为迅速，公司管理架构需适应发展而进行适时调整，人员也要经常跨部门、跨岗位变动，由此导致党组织也要随同行政管理架构和成员的变化进行频繁的调整，固有的传统党组织工作模式已难适应发展形势的需要。在这样的背景下，党的组织如何设置、组织成立以后如何运作都成为新的实践课题。相较于平台企业的快速发展，党建工作还比较薄弱，主要表现在：平台企业组织的松散性，通常突破了地域、时空限制，传统的党建组织覆盖方式在平台企业难以奏效，给企业党组织工作带来挑战。互联网技术的不断更新给企业党员和党务工作者能力带来新的要求，一些传统的技术老化、更新缓慢、内容陈旧、反馈迟缓、缺乏新颖性的工作方式方法遇到挑战。互联网管理规范存在滞后性，企业的管理制度尚不健全不统一，党组织工作缺乏相应规章，给企业党建工作规范化也带来了影响。平台企业中党员普遍年轻而思想活跃，并有着流动性大、工作地点不固定、工作时间不确定、联系方式不断变化等特点，给党组织的管理和活动开展带来了较大的困难，也限制了党员本身接受党的教育、参加党的生活。新业态企业在党建方面投入的精力、资源、经费不够，缺乏专业党务工作者队伍，存在虚化、弱化、边缘化、号召力弱等问题。加强和创新平台企业党建工作对促进新时代平台企业的健康发展、推动企业经济转型升级具有重要意义。新修订的党章对企业基层党组织建设提出明确要求。抓好新业态、新就业群体党建工作，是新形势下加强党的领导、规范平台企业自身发展、更好地服务于人民生产生活需要的必然要求，事关党的执政基础，事关党和国家事业的长远发展。我们必须站在战略和全局的高度，把握平台企业党建工作的内在规律，不断探索创新、破解难题，全面加强和改进党在平台企业的领导，创新工作理念和方法，促进平台企业协调稳定发展。

（二）新业态、新就业群体教育管理工作在客观上存在管理难、服务难、引领难等现实问题

新业态、新就业群体总体学历偏低，外地人员占比较高，党员人数少，其职业特性使得工学矛盾较突出，传统定时定点的党员教育管理模式无法适应新业态、新就业群体的岗位特点。调研显示，快递业从业人员多数是高中及以下学历；70%以上的快递小哥、网约车司机是外地人；货运司机一半以上来自河南、安徽、江西等地。新业态、新就业群体的党员教育管理存在不少难题。一是人员流动快与党员组织关系管理滞后的矛盾。外卖送餐员等职业门槛低、晋升空间有限，部分外卖送餐员对自己的工作认同感不强，外卖员平均在岗时间不足半年，月流动率达1/3。二是工学矛盾突出。新就业群体日常生活节奏快、工作强度高、空闲时间少，"时刻在路上""时刻在网上"成为生活常态，不少快递小哥表示，"一般从早上六七点开始一直到晚上九十点，基本都在路上跑"，外卖小哥直呼"一到饭点就像打仗，最怕送餐晚了被投诉，工作压力很大"。同时，快递业行政管理、物品分拣、一线配送等岗位作息时间不同步，一些互联网企业员工通宵达旦、日夜颠倒工作是常态，很难以传统要求统一时间组织开展活动。三是党员教育管理针对性不强。党组织活动形式单一，多局限于完成上级部署的规定动作，照本宣科多、学习文件多，没有贴合企业实际、党员需求，缺少吸引力。

(三) 新业态党组织很难精准发挥政治核心和政治引领作用

党员人数少、能级低，党组织参与经营管理的能力不足、机会有限，在职工群众中号召力低，很难精准发挥政治核心和政治引领作用。一方面，党员人数少，党组织对企业发展影响不大，对出资人、管理层影响力弱。党建工作没有融入企业生产经营实际，宣传贯彻党的主张不够，参与企业重大经营事项更是存在困难。某互联网企业负责人表示，"我们坚决拥护党的政策方针，也积极做好党组织各项工作，但党组织不是企业议事决策主体，它做好党内分配的工作和党员的教育管理就可以"。另一方面，党员对按时参加支部活动、岗位作表率等能有正确的认识，但对联系服务员工、反映职工意见等缺少手段和措施，往往"不好意思去做"，在职工群众中号召力低。各级党组织在典型选树宣传、党员教育管理等方面的工作存在欠缺，党员的身份感、荣誉感不强。

(四) 新就业群体合法权益难以得到有效保障，与城市生活疏离感较强

新就业群体数量庞大，他们是辛勤的劳动者，渴望美好生活却缺乏必要的权益保障；他们穿梭于城市每个角落，渴望融入城市却缺乏归属感；他们个个身怀"绝技"，渴望发挥作用却缺少展示平台。新就业群体工作时间长、劳动强度大、挣的都是辛苦钱，但合法权益却难以得到有效保障。许多加盟网点的外卖送餐员普遍没有五险一金，缺乏必要的劳动保障。很多外卖送餐员为了不超时，在马路上会选择闯红灯、逆行。这样一来，他们发生交通事故的概率急剧上升，同时还会失去意外险的保障。高强度的工作也让新就业群体很难有时间和精力参加正常的社会交往、享受基本的休闲娱乐，与城市生活疏离感较强。以快递员为例，快递员是新经济业态下的新时代产业工人，是伴随着电子商务等新业态产生的庞大就业群体。快递业快速发展，吸纳劳动力规模越来越大，但快递业从业人员权益保障却面临诸多挑战。用工性质界定模糊，在新业态模式下，"人"对"组织"的依附性和从属性正在逐渐减弱。人们发现，这种灵活的工作方式对劳动关系的界定带来了困难，甚至很难认定其为传统意义上的劳动关系，从而使得新业态从业人员被排除在劳动法保护之外。同时，在新业态模式下，平台是以虚拟化的方式存在的，从业人员直接与消费者发生经济关系，一旦发生经济、服务等方面的纠纷和矛盾，各方责任难以确认。调研中还发现，由于送快递是辛苦的体力劳动，能坚持的快递小哥多数已婚，"上有老、下有小，还有一家人等着我去养"是这一群体所要承担的责任，但由

于城市生活成本高，住房、婚恋交友、子女上学等现实问题让快递小哥身处城市却难以融入城市。新就业人群聚集的平台企业存在人员流动频繁、组织架构变化快等特点，这些都可能让这些"城市小蜜蜂"对自己的工作生活缺乏安全感。

三、加强新业态、新就业群体党的建设路径探索

镇江要织密有形有效的组织网，真正让组织网络密起来、党员群众聚起来、标杆示范显出来；真正把服务做到心坎上、把实事办到痛点上，构建关心关爱的服务圈；壮大同心同向的先锋队，全方位推动基层治理与新业态、新就业群体成长双向赋能，以双向奔赴凝聚共建动能。

（一）实现党的组织和工作的有效覆盖

坚持密切党与新就业群体联系，实现党的组织和工作有效覆盖；加强新业态党的组织和工作覆盖，引导符合条件的新业态企业建立党组织，推荐优秀新就业群体入党，推进新业态、新就业群体党建示范点建设。坚持目标导向，密切党与新就业群体的联系，突出重点、分层分类，以点块链立体推进的方式实现党的组织和工作的有效覆盖，做到业态发展到哪里，党的组织和工作就推进到哪里。

1. 动态排查摸底

街道（镇）属地，依托两新组织综合党委和电商产业集聚区综合党委，建立行业动态摸排机制，与经营主体、从业人员、党员联系建档，选派党建工作指导员覆盖所有直播电商经营主体，着力构建归口统一、条块结合、责任明晰、上下联动的党建工作机制。行业党委定期摸排企业经营状况、组织建设、就业人数和党员情况，属地党组织查阅常住人口信息簿和党员信息管理系统，及时掌握情况。发挥技术优势，利用互联网平台企业，做好接单人员入职信息登记和背景调查，实时更新在岗党员身份信息。

2. 创新覆盖方式

推动符合条件的平台企业单建党组织，依托重点平台、经营网点、运输线路等建立流动党支部，在楼宇商圈、街道社区实施党组织区域性联建；对产业区块链较集中的地方，成立产业综合性党组织；在社区建立流动党员党支部，兜底管理小微企业、末端网点、新就业群体等；对暂不具备党组织组建条件的，先建立工会、妇联和共青团组织，做好联系职工群众、

推优入党等工作，为建立党组织创造条件。针对平台企业在一些关键部位上的"空白点"，指导推动企业在主要业务板块、核心业务部门、重要项目团队新建党支部。

3. 加强跟踪管理

将覆盖重点放在第三方劳务公司、合作企业、加盟企业，实现党建指导员全覆盖。建立数字化防瘫预警机制，乡镇定期将走访数据导入系统，对覆盖规模过大、党员"失联、失管、漏管"等问题，及时推动整改。

"形效并重、虚实并举"是抓新业态、新就业群体"两个覆盖"的关键，以有形覆盖推动党的工作经常性，以有效覆盖实现与城市党建相融合；以线下实体覆盖强化企业党组织的影响力，以线上虚拟覆盖发挥关键节点联系服务和团结凝聚作用。一是条块结合，坚持属地管理与行业管理一体推进，打破行政壁垒，以行业、园区、企业为重点，点块链结合抓好覆盖。二是上下联动，推动总部平台把党建工作作为合作企业、加盟企业和第三方劳务公司合作的重要内容，自上而下疏通堵点，形成大抓党建的工作格局。三是虚实统一，结合新就业群体兼职多、分布散、流动快的特点，打破行政归属感，适应互联网思维，探索实体虚拟结合、网上网下结合的组建方式，把新就业群体党员纳入有效管理。

（二）因业因企因人制宜开展党组织活动

要彻底摒弃那种自导自演、自做自评，只追求活动过程、不追求实际效果的老套路。把党员作为评判党建工作的"最高裁判"，把追求积极的政治效应和社会效益作为谋划党建工作的前提，把党员和群众满意不满意、社会反响好不好作为评价党建活动成败的标准，真正使每一项工作都取得实效。谋划党建工作要以党员的需求为导向，把党建活动载体当成我们经营的"产品"，把每一个细节都按照党员的视角来设计，找到党员的"痛点"，让党员有"参与感"，使党员成为"粉丝"，才能产生鲜活持久的生命力。坚持问题导向，聚焦新就业群体的工作特性，坚持分类教育、弹性教育和分层管理、有效管理相结合，因业因企因人制宜开展党组织活动，促进党员先锋模范作用的发挥。

1. 壮大党员队伍

通过发展党员计划单列、加强入党积极分子培养联系等加强政治吸纳，推动流动党员组织关系应转尽转。比如可以在接单平台凸显党员标识，唤醒身份意识，引导党员向党组织靠拢。在推荐评选"优秀共产党员""两代

表一委员"时，要向政治觉悟高、工作表现好、示范作用强的党员倾斜，推行"把新就业群体党员培养成站长、队长，群体标杆培养成党员"的双向培养机制。选优配强党组织书记，加强党务工作者专业化建设，指导行业党委选聘专职党务工作人员、选派党建指导员等，鼓励有条件的平台企业招聘党建专员。

2. 丰富教育形式

制定支部主题党日活动操作办法，结合企业经营特性和党员年龄、需求等，丰富活动主题，探索支部轮值领学、行业联学、党团共建共学等形式，增强组织生活感染力、吸引力。同时，坚持集中培训与分散自学相结合，推行网络党校、掌上学堂、微党课等做法。线下以党建阵地为载体，开展有吸引力、感染力的党建活动；线上开设"云端直播间""云端论坛"，拍摄"微党课"，鼓励党员利用碎片化时间学习。从新就业群体党员中选育一批"站点讲师""车队政委"，将政策宣传融入晨会例会、日常交流。结合生产工作需要，定制党员教学计划，涵盖职业道德、法律法规等课程。依托"智慧党建"系统，对新就业群体流动党员"赋码"管理，党员在党群服务中心扫码报到、参加组织生活。

3. 激励党员发挥作用

坚持推行"红色速递员"、"先锋骑手"、党员示范岗、党员突击队等做法，发挥党员在旺季保障、项目攻坚、技术革新中的骨干带头作用，帮助企业做好安全管理、降本增效等工作，助力稳经营、拓市场。聚焦"双十一"等快递行业重要节点，广泛发动快递行业党员职工"亮身份、当先锋"，通过组建"党群突击队""先锋骑手团"等形式认领攻坚任务，为快递业健康发展保驾护航。

加强新就业群体党员教育管理的关键是要结合其职业特性，坚持灵活便利与从严从实相结合，因地制宜、因人而异地探索开放式教育管理模式，在提高质量上下真功，突出针对性、增强实效性。在教育内容上，要突出政治引领，引导党员增强党的意识，坚持正确政治方向、舆论导向、价值取向，提升职业素养和工作认同；在教育方式上，由单向引导型向双向交流型转变，探索"点单式"送学模式，提升学习主动性、积极性；在教育管理方法上，坚持线上线下相结合，探索实行"一人一卡"积分制管理，通过线上打卡、线上学习、线下实践、线下服务等方式，提升党员参与感和荣誉感，促进党员当先锋、做表率。

（三）积极探索党组织作用发挥的途径、方法和平台

关键是找到能触及新就业群体的工作链条和线下节点，把党的工作切实有效地融入。坚持实效导向，把服务发展作为新业态党建工作的出发点和落脚点，积极探索党组织作用发挥的途径、方法和平台。探索建立从业人员综合素质评价体系，将学习培训情况、基层治理贡献度等指标纳入综合评分，将评价结果与推优入党、劳模评比、子女积分就学等挂钩，形成争优比先的良好氛围。建立"基础积分+个性分值+组织赠分"的评分体系，推动新业态、新就业群体积分标准从模糊走向明确。通过树立扩大党员数量和组织覆盖的鲜明导向，激励新就业群体向党组织靠拢的积极性、主动性。坚持实效导向，把服务发展作为新业态党建工作的出发点和落脚点，积极探索党组织作用发挥的途径、方法和平台，推进党建工作与产业发展同频共振、互促共进，不断将党的组织优势转化为企业发展势能。

1. 强化政治引领

建立党组织与企业管理层共同学习、重大事项会商双向互动机制，推动实行"双向进入、交叉任职""双培养"等机制。创新建立"党建强、发展强沟通群"，明确党员可以列席公司所有会议，在为非党员管理人员搭建了解企业党建工作平台的同时，给予党员了解企业动态与经营情况的权利，加大培养力度。

2. 团结凝聚职工

广泛开展"支部解难题""车间解难会"等活动，以党员一线找题、政企一线破题等形式，化解企业难题和职工诉求。建立流动党员党支部和党员诉求表达直通车机制，收集权益维护、行业治理、群体动态等方面情况，及时向流动党员党支部反馈。实践证明，建立诉求表达机制，推动解决现实问题，能够有力提升党组织和党员的影响力。大力探索车间党建，实施组织设置到一线、组织生活在一线、党员人才育一线、作用发挥在一线、关心关爱在一线的"五个一线"工作法，所有企业党组织班子成员担任"车间政委"，了解一线员工工作生活情况，指导车间党建工作，激发企业党组织活力。行业主管部门和属地单位主动关注职工群体思想状况和工作需求，帮助解决就业、住房等方面困难，提供子女托管、场所便利等帮助。

3. 促进行业治理

聚焦行业发展的痛点与堵点，充分发挥企业党组织和行业党委的桥梁作用，强化政治引领，推动行业规范发展。通过加大区域协同治理力度、加强品牌管理，加大针对诸如跨区取件、低价倾销等市场违规行为的执法

整治力度，进一步规范行业市场秩序。

"有为才有位"，只有让党组织的作用能级和政治能级相匹配，才能提高党组织话语权，真正赢得企业出资人、管理层、职工群众的认同和支持，从而形成推动党建发展的良性循环。关键是要紧扣新业态行业特点，把党建工作融入企业发展日常和队伍建设，把企业的生产发展问题作为党组织工作的重点，找准工作结合点和切入点，常态化开展"支部定议题、党员找问题、党群破难题"活动，推广"党员突击队""党员创客工作室""红色班组"等做法，激励党员发挥作用，加强政治引领，贯彻"把党建做实了就是生产力"的理念，引导激发企业真心实意抓党建、一心一意跟党走。

（四）推动各类新就业群体融入城市基层党建格局

归根结底，党建工作本质上是做人的工作。党建工作是具体的，是看得见、摸得着的，是能让人感受到的。加强新业态、新就业群体党建工作，关键在于让这一群体切实感受到党的温暖。坚持需求导向，发挥党的群众工作优势，推动各类新就业群体融入城市基层党建格局。为新就业群体送上贴近实际需求的关怀，为他们加油赋能，是党建工作中极为重要的一环。聚焦以外卖员、快递员为代表的新业态、新就业群体，针对这一群体及其家庭亲子关系的特殊属性，开展一系列未成年人活动，丰富新就业群体子女的暑期生活，让孩子们更深入了解父母为之奋斗、打拼的这座城市，不断提升"新就业群体"的融入感和归属感。引导全社会关心关爱新就业形态劳动者，开展新就业群体劳动保障政策宣传活动。工作人员详细了解新就业形态群体在劳动用工、权益保障、劳动报酬及户外劳动者服务站设置、服务项目等方面的情况，听取他们关于自身权益保障方面的疑问和意见，针对新就业形态职工普遍关注的劳动法律问题进行详细解答和宣传普及，现场提供劳动用工指导帮扶，发放劳动法律法规等宣传材料。立足区域实际，聚力服务新业态、新就业群体，探索党建工作服务触角延伸，多措并举，做实新就业群体服务并参与社会治理全生态中的每一个块链，促进新业态、新就业群体健康发展。坚持需求导向，发挥党的群众工作优势，及时有效把党的工作做到新就业群体中去，把他们吸引过来、组织起来、稳固下来，推动各类新就业群体融入城市基层党建格局。

1. 引导参与城市基层治理

发挥快递网点遍布城乡、快递小哥走街串巷的优势，将党员快递小哥纳入综治管理体系，大力推行"骑手志愿队、反诈宣传队、消防志愿宣传队"等做法，组织快递小哥在异常情况预警、突发事件直报、社情民意传达等方面发挥作用。发挥快递物流企业物流带动商流的供应链一体化整合能力优势，畅通农特产品产销运渠道，为空巢老人、留守儿童、困难群众提供爱心寄递服务。

2. 搭建综合服务平台

整合街道、社区、移动公司、银行网点等资源，为快递小哥群体反映诉求、政策咨询搭建统一平台。针对快递小哥工作节奏快、不愿进门休息的实际情况，专门将部分"红色驿站"设置在临街走廊、户外场地，为快递小哥取水饮水、防晒避雨、休憩充电提供便利。探索完善多维职业体系，引导新业态企业重视队伍建设、培养和管理，聚焦劳动者权益保障、技能提升、职业发展等方面，利用属地职业技术院校等教学资源，开设专业定向委培班，创新培训方式，定制技能培训课程，为新就业群体提高综合素养、增强自身能力、拓宽成长路径、匹配更多岗位创造更多机会、注入更强动力、营造更优环境，继续擦亮新就业群体党建品牌，助推新业态新职业人才高质量发展。

3. 加强权益保障和关心关爱

开展新业态从业人员职业伤害保障试点，将快递员、外卖送餐员纳入职业伤害保障范围。建立投诉澄清免责机制，常态化提供心理疏导、健康体检、联谊交友等服务。持续开展争创"先锋骑兵"和寻找"最美快递员"等活动，选树、表彰爱岗敬业、自强不息的行业典型，切实提升他们的职业荣誉感和归属感。

新就业群体既是治理对象，也是治理力量，做好新业态与新就业群体的工作，必须坚持管理与服务相结合，有效解决他们反映强烈的突出问题，构建党组织领导的共建共治共享的城市基层治理格局。关键是要强化主管部门"双重责任"、平台企业主体责任、街道社区兜底作用，将新就业群体有效纳入社会治理体系，实现有人抓、有人管、有人联系服务；组织各类加盟企业、合作企业、快递网点、外卖配送站参加所在街道社区区域化党建共建平台，引导党员和员工到所在社区报到，积极参与网格化治理、平安社区建设等工作；要"见人见事"，切实解决好该群体的急难愁盼问题，引导公众尊重、理解、关心这一群体，提高他们的社会融入感和职业自信心，将他们牢牢团结在党的周围。

抓好新业态、新就业群体党建工作，既是当前基层党建工作的重点任务，也是适应经济发展新趋势、满足群众生活需求的重要手段。新业态、新就业群体党建工作是党建阵地的"新领域"，也是"两新组织"党建的新的增长点。要不断扩大组织覆盖，确保新业态企业发展到哪里，党的组织就延伸到哪里；不断完善服务体系，确保新就业群体流动到哪里，贴心服务就跟进到哪里。协调指导基层党组织充分发挥政治优势、组织优势，引导群体中的党员有效发挥流动性强、熟悉楼宇社区的优势，切实在服务企业发展、参与基层治理中发挥先锋模范作用。

（作者单位：中共镇江市委党校）

红色文化融入党性教育的价值意蕴及实施路径

| 中共镇江市委党校课题组 |

党性教育是中国共产党人自我革命的重要抓手，对永葆党员队伍的纯洁性具有重要作用。红色文化是我们党在百年奋斗进程中留存下来的不可再生的"活化石"，对筑牢党性教育精神高地有着不可替代的独特功能。习近平总书记也特别强调："要发挥好革命文物在党史学习教育、革命传统教育、爱国主义教育等方面的重要作用。"我国是一个红色基因深厚的国家，如何挖掘好、利用好、发挥好红色文化，是摆在我们面前的一道必答题。自党的十八大以来，习近平总书记走遍大江南北的革命故地和红色热土，并发表一系列相关重要讲话，在多个场合高度强调要运用好红色文化、赓续红色血脉、传承红色基因。在新的历史机遇期，探讨红色文化如何深度融入党性教育，充分展现红色文化的价值意蕴，提升中国共产党人党性教育的实际成效，具有重要的理论意义与时代价值。

一、红色文化融入党性教育的价值意蕴

习近平总书记在主持十九届中共中央政治局第三十一次集体学习时强调，"红色资源是我们党艰辛而辉煌奋斗历程的见证，是最宝贵的精神财富"，高度评价了"红色文化"富含的政治意蕴和时代价值。红色文化与党性教育同根同源，论述红色文化融入党性教育的价值意蕴就是在回答"为什么要融入"这一重要问题，有助于深挖红色文化与党性教育的关联性和契合性，为提升党性教育的实际成效提供支撑。

（一）以思笃行，赓续红色血脉的政治价值

思想是行动的先导，红色是前行的力量。习近平总书记强调："一个国家、一个民族不能没有灵魂。"红色文化是中华民族先进思想文化的典型代表，其中蕴含的红色文化因子，已深深地渗透到中华民族灵魂血脉的每一处。红色文化见证了党的发展历程，是加强党性教育的重要载体，对育人、资政和兴党具有重要意义。我们党在一次又一次伟大实践中创造和积累的红色文化资源，凝结了中国共产党人的集体智慧。红色文化深度融入党性

教育，有助于中国共产党人笃学笃行，赓续红色血脉，传承红色基因，汲取前行之力。红色文化具有生动直观、感召力强的独特优势，为筑牢党性教育精神高地提供了方式方法上的可能，强化教育的实际效果。不论工作中还是生活中，我们都可以从丰富的红色文化中汲取前人的思维方法，领悟在本职工作岗位上将党的各项方针政策和规章制度落实到实际工作和现实生活之中。当前，我们正处于实现中华民族伟大复兴的关键期，更要用好红色文化，分门别类、有的放矢地将红色文化深度融入党性教育之中，强化党员干部对中华民族伟大复兴历程的掌握，深化其对红色文化精神价值意蕴的理解，通过宣讲等形式，积极引导党员干部善于并乐于从红色文化中汲取前行的力量，培养务实担当、知难而上的政治品格。

（二）以史鉴今，感悟红色文化的历史价值

红色文化是加强党性教育的一项重要法宝，每一处战斗场所、每一件革命文物、每一位革命烈士，都是历史遗存下来的鲜活教材，都折射着中国共产党人的崇高精神。我国红色文化历史悠久，红色资源遍布全国各地，其中蕴含的历史价值、政治价值、时代价值，对加强党性教育有极强的现实意义。深入了解红色文化、学习红色知识，有利于我们新一代共产党人明晰我们党在实现中华民族伟大复兴的进程中所付出的不懈努力与牺牲，铭记历史带给我们的教训，珍惜今天来之不易的美好生活。参观红色革命纪念馆、聆听红色革命故事，有利于我们新一代共产党人深刻认识战争的残酷，以及红色政权的来之不易，有利于我们新一代共产党人深入了解在探索中国特色社会主义道路过程中走了多少弯路、牺牲了多少革命烈士，深层把握百年大党发展的主题主线、主流本质，从而全面科学地总结经验教训，正确看待我们党在前进道路上经历的挫折与失败。遍访红色文化资源、感悟红色革命文化，有利于我们新一代共产党人明确在马克思主义理论的正确指引下，历史和人民为什么选择了中国共产党、中国共产党为什么能、马克思主义为什么行，进而深悟历史、参透历史、以史鉴今。

（三）以文增信，涵养精神根脉的文化价值

红色文化是开展党性教育最珍贵的生动教材，其中所凝结的政治意蕴、道德观念和价值诉求，是涵养中国共产党精神根脉的重要抓手。红色文化作为重要的历史文化资源，是精神文化与物质文化的统一体。不论物质文化还是精神文化，其形成、发展、积淀、丰富的演进过程，都经历了在中

国共产党领导下进行的新民主主义革命时期、社会主义革命和建设时期、中国特色社会主义建设时期等各个历史时期，其中蕴含着中国共产党人的远大理想信念、坚定政治立场、顽强革命意志、优良光荣传统等，彰显着党领导中华民族从站起来、富起来到强起来伟大飞跃的文化密码。弘扬传承红色文化，涵养文化根脉，对唤醒党员干部的红色记忆、强化集体共识、增强文化自信，具有十分重要的价值。以江西瑞金华屋村"17 棵松"的故事为例，红军长征途中，江西瑞金华屋村的 17 位红军战士在离乡前种下了 17 棵松树，约定革命胜利后归来。如今青松成林，战士未归。"17 棵松"被当地人称为"信念树"，每年都会吸引全国各地的民众到此瞻仰，人们从中感悟 17 位战士的远大理想信念，从而坚定信仰、勇担使命、砥砺前行，补足精神之"钙"。

二、红色文化融入党性教育存在的难点

红色文化融入党性教育在当前党建工作中已常态化，进一步提升了党性教育的效果和党员的党性修养。但是，当前红色文化在深度融入党性教育时，在整合利用、理论系统、方式方法和体制保障等方面仍存在诸多难点，使得红色文化深度融入党性教育的契合度并不是很高，有待进一步完善和加强。

（一）整合利用亟待加强

我国具有丰富的红色文化资源，各省市有代表性的红色文化资源已逐步走向"抱团式"发展、"品牌化"打造，亟须搭建平台实现红色文化资源共享利用。但从目前的整合利用情况来看，有的红色文化资源学习利用率高，有的则未曾挖掘、鲜为人知。出现这种现象的客观原因是在红色文化资源整合利用上缺乏科学规划和系统思维，对于分散、单一的红色文化资源，未能统筹规划，形成一条条成熟的红色文化教育线路，难以产生良好的集群效应。如何使这些红色文化资源串点成线、形成规模，推动党性教育走实走深、入脑入心，如何充分利用现有资源，串联红色文化资源，促进党性教育深度融合，是我们亟须解决的问题。

（二）理论系统尚待完善

从党性教育理论系统内容来看，目前开发挖掘的内容主题多有重合，

展示和培训的内容主题地方特色不凸显，主要为"同一主题""同一精神""同一类别"。通过走访，课题组发现纪念场所和烈士陵园在红色教育资源中占比较重，且教育培训的内容千篇一律，多集中于介绍讲解，缺乏"引进来"与"走出去"相结合的方式，价值意蕴挖掘不够，精神特质体现不足，缺乏对其政治价值、历史价值、文化价值等的系统研究。譬如，在地域相近的省、市、县（区），由于传统文化同宗，一脉相承，历史事件发生时间接近，人们有意识地兼收并蓄类似的红色文化，缺乏对地方特色文化的深入开发利用，缺乏特色和新意。党性教育的理论题材陈旧，不能实时更新，致使党性教育的效果不明显，党员干部也不会内化于心，教育培训就会流于形式，无法充分发挥红色文化筑牢党性教育精神高地的价值。

（三）方式方法需要创新

从文化学的角度来看，民众需求的文化形式是一种大众化且与时代接轨的文化，陈旧的文化理论或者单一枯燥的文化模式显然已经不能满足共产党人日益增长的精神文化需求。我国虽然红色文化资源丰富，但是部分红色文化还处于初级开发阶段。再加上各种宣传设计不到位，甚至有些没有宣传，导致人们对革命历史的解读不够详细生动。有的文化馆室内展示内容陈旧，解读形式单一，展示手段传统，没有充分借助新媒体和现代科技手段来营造浓厚的历史氛围，提升教育实效；有的区域组织开展的现场教学体验感不强，未能根据培训主体的变化更换内容或着重强调与之相关的某一主题，仅注重对历史的讲述，未能与现实有效对接，难以引发学员对现实问题进行思考，人们对党员干部关于红色文化的接受认可度缺乏心理解读。综观红色教育实践的方式方法，主要以实地参观红色遗址、现场教学、聆听讲解等为主，难以引发党员干部进行深入分析和理性思考。

（四）体制保障相对不足

红色文化融入党性教育也需要相关的体制机制进行保障，但对于红色文化深度融入党性教育方面，现实体制机制中存在许多问题亟待解决。例如，对于红色文化的宣传管理机制，我们都知道需要加大对红色文化及其价值的宣传力度，让更多的人民群众尽可能多地了解、认识红色文化及其融入党性教育所带来的积极意义。但是从红色教育的社会情况来看，分管红色文化的各级部门没有相应的体制机制和大量的时间去管理宣传红色文化，仅利用短暂的时间段完成任务，导致红色文化出现"昙花一现"的现象。再加上红色文化资源的管辖分属不同部门，有的分属于文化局、文物局，有的分属于民政局、教育局等，且多为事业单位编制，相关人员工作积极性与市场竞争氛围缺乏。同时，由于缺少系统的职业培训，部分红色旅游从业人员，尤其是景区管理人员还保留着传统的"等靠要"思想理念，难以与市场接轨，管理水平亟待提高。因此，相对缺乏长效合理的体制机制上的保障就成了红色文化融入党性教育的难点问题。

三、红色文化融入党性教育的实施路径

党性教育是中国共产党人加强政治修养的有力手段，也是共产党人的"心学"。新时代，红色文化如何深度融入党性教育，充分展现红色文化的价值意蕴，强化党性教育实际成效，是我们亟须解决的难题。基于此，本文从打造教育基地、强化教育体系、创新教育模式、固化教育实效四个方面入手，进一步探析红色文化深度融入党性教育的实施路径。

（一）聚合资源，多方协作打造党性教育基地

如何充分利用现有红色文化资源，串珠成链筑牢党性教育精神高地？当前的重点任务是按照中央精神，多方协作聚合资源，在运用好现有党性教育基地的基础上，分门别类统筹规划，建设特色鲜明、内涵丰富、品牌突出的教育基地，而不是盲目跟风乱建，避免教育基地同质化，实现红色文化资源的共建共享。地方党性教育基地要因地制宜，根据本地特色文化，有效利用红色文化资源，如革命纪念馆、博物馆、史志馆等场域，整合本地党校（行政学院）的教学资源，分领域、分主题、分类别打造一批各具特色、亮点突出的现场教学基地体系。一是结合区域位置，发挥地方独特优势，深挖资源，打造党性教育基地"内容引擎"。地市级党校可以把县区级党校设为其分校，充分发挥师资力量和学科优势，组建一支强有力的师资队伍，推进市县（区）党校师资共培共用、资源共建共享、课题共商共担，变"单打独斗"为"协同作战"，强化教育培训的主渠道和主阵地。二是围绕红色文化资源搭建载体，深度融合，形成党性教育基地"合作枢纽"。在推进红色文化筑牢党性教育精神高地的过程中，要转变观念、搭建载体、强化合作，用好融合"新利器"，不断加强工作融合、内容融合、参与主体融合，努力形成你中有我、我中有你、互相融合、共同促进的良好局面。如中共镇江市委党校联合市委组织部、市纪委监委共同打造"三馆

一中心"，依托教育基地集中开发了一批教学专题，包括红色电影、红色音乐、红色家书等内容，倾力打造镇江市"党性教育中心"基地，更好地服务镇江市党员干部的党性教育培训工作。三是与红色景点、党史教育基地等建立合作机制，交互共情，创设红色文化教育基地"体验空间"。依托历史人物、事件和旧址等，按照时间发展脉络建立现场教学点，借助乡村振兴战略建设乡村振兴党员（同心）学院，重点创设一批基层党员身边的党性教育阵地，丰富理论体系，构建合作机制，保障高质量党性教育。如金华市委党校积极挖掘、充分利用本地丰富的历史文化遗存和改革实践成果，精心打造现场教学"1+6+9"新模式，聚合分散在各个区域的红色文化资源，形成了一批成熟的红色文化教育阵地集群。

（二）精心设计，多层次强化"1+*N*"党性教育体系

多层次的教育体系，是抓好党性教育的重要内容。在党性教育培训过程中，要突出我们党在百年奋斗历程中的重要思想、主题主线，注重教育培训总体目标，精心设计"1+*N*"的党性教育体系，不断满足不同培训群体需求。一是依托红色阵地，开设"特色课程"。党校作为党委的重要部门，是干部教育培训的主渠道和主阵地，依托这一有利条件，整合本地党政领导干部、乡土人才、优秀基层党组织力量，深入挖掘本土有含金量、有深度、有内涵的案例，针对不同层次群体建立模块化、菜单式的课程体系，开发形成一批特色鲜明的"好教材""好课程"。二是融合新媒体，创设"红色云课堂"。结合各类红色文化资源、网络直播等工作实际，精心策划学习教育活动，善用"学习强国"、钉钉、QQ、微信、抖音、干部网络学院等新媒体平台，加强党员干部心得体会交流宣传，采取"党校云学+互动体验+情景再现"模式，着力构建全域覆盖的教学网络体系，提升党员党性教育的核心竞争力。三是活用红色资源，打造"实境课堂"。党性教育基地要打造红色体验式教学、红色典型案例教学、结构化研讨式教学、访谈式教学等模式，形成教学环线，通过实境课堂的展现形式，让党员干部体验感悟红色文化的价值意蕴。如中共镇江市委党校与部分高校合作成立高校联盟，充分发挥联盟的载体优势，开展"点单式"授课方式，以讲授红色系列专题、红色电影党课、红色现场教学等内容为重点，多层次强化党性教育体系。

（三）依据时势，创新党性教育融合模式

聚焦新形势，从教育的新特点来看，党性教育融合创新势在必行。

《2018—2022年全国干部教育培训规划》中明确提出："根据培训内容要求和干部特点，改进方式方法，开展研讨式、案例式、模拟式、体验式等方法运用的示范培训。"根据规划的要求，要依据时势创新党性教育的融合模式。一方面，形式要新颖。教育方式应该灵活多样，不能单方面一味地灌输，可以采取谈心谈话交流、组织生活会、典型现身说法、名家访谈、案例剖析、红色知识竞赛、学员课题主讲等方式开展。要打破单向、封闭、灌输的教育模式，搭建教育平台，加强学员与教授者的双向交流，由"讲话"变"对话"，开展双向式互动式教育。另一方面，手段要新颖。党性教育培训的融合模式应当依据时势的发展变化，综合运用现代技术创新红色文化的表达方式，弘扬时代主旋律。借助新媒体的资源优势，不断提高自身文化传播的能力，创新红色文化传播和表达模式，不断丰富红色文化的表现力，打造红色文化筑牢党性教育精神高地的融合模式。一是嫁接式融合。将数字化应用新场景与原有红色文化资源嫁接，建设红色文化数字技术应用资源库。二是嵌入式融合。将新一代信息技术植入红色教育的各个环节，充分运用QQ、微信、抖音等新媒体平台，将创编的红色文化课程及时推送给党员，扩大红色文化的传播渠道，用好用活红色文化。三是创意式融合。将创意思想、创新理念与AR、VR、MR、HR等技术相结合，采用个性化手段，将红色图片、文献、影音、视频等归纳整合，分门别类按主题主线制作成影像；将红色文化资源的"前世今生"通过AR等先进的科学技术手段，转化为通俗易懂的系列故事，通过VR技术再现革命战争惊险场景，增强学习教育的体验感，将久远的历史拉到现实中，消除距离感，筑牢党性教育的精神高地。

（四）建章立制，固化党性教育实绩实效

建章立制是党性教育实践活动得以取得明显成效的重要一环。就目前红色文化资源保护利用的体制机制来看，国家层面对其尚缺乏相关的体制机制保障，缺少立法的有力支撑，红色文化资源的管理利用和保障措施存在诸多障碍，急需一套完善的机制保障，固化党性教育的实绩实效。一是健全组织领导机制。上至各级党委，下至相关部门，都要充分认识红色文化筑牢党性教育精神高地的重要性，及时加大协调解决红色遗迹等问题的力度，全面提升组织领导力，厘清红色文化资源的管辖分属部门，全力推进红色文化基地建设、课题研究、教材编写等相关工作。二是健全宣传普及机制。针对分管红色文化的各级部门没有相应的体制机制和大量的时间

去管理宣传红色文化，导致红色文化"昙花一现"，各级宣传部门牵头，针对不同层级、不同群体、不同岗位党性教育的实际情况，建立新闻、文艺、网络等宣传红色文化的工作机制，凸显红色文化蕴含的历史价值、文化价值和时代价值，加大红色文化的宣传力度。三是健全融入渗透机制。用红色文化筑牢党性教育精神高地的全过程，需要一套行之有效的融入渗透体制机制，通过专题讲授、课题研讨、现场体验、经验交流等多层次的教育体系，提升教育的综合效果；也可以通过图片、书籍、影视剧、红色歌曲、小品等展现的文艺作品，以润物无声的方式引领党员干部感受红色文化的震撼力。四是健全考核评价机制。如何固化红色文化筑牢党性教育的实绩实效，形成一项制度并长期保留下来？毋庸置疑需要一套考核评价机制固化教育实效，将红色文化的实际教育情况纳入党员干部意识形态、政治思想工作、检查督察等范畴，以制度督促相关部门把红色文化深度融入党性教育，做到内化于心、外化于行。

回顾历史，展望未来。红色文化是中华文明传承的重要载体，是我们党在实现中国梦的进程中遗留下的不可复制的历史文化资源，具有重大的政治价值、文化价值、教育价值、历史价值和时代价值。要应对各种风险和挑战，不断跨越前进道路上的荆棘，就必须大力挖掘红色文化资源的多样化形态，注重红色文化和党性教育相融合，注重历史传承与时代发展相结合，充分发挥红色文化在服务社会、服务经济发展中的作用，创新党性教育的方式，从红色文化中寻找初心、激励使命，增强党员干部的价值认同和文化自信，永葆共产党人革命本色，只争朝夕，不负韶华。

课题组成员：彭智勇、张美娟

镇江党建责任落实机制研究

中共镇江市委党校课题组

习近平总书记在全国组织工作会议上强调，各级党委（党组）要加强对党的建设的领导，扛起主责、抓好主业、当好主角，把每条战线、每个领域、每个环节的党建工作抓具体、抓深入。党建工作责任落实，是实现全面从严治党、落实党要管党的重要举措，也是保证党建工作取得实效、坚持不懈的重要保障，更是从具体制度和组织机制中获得力量，从而全面推动党建工作深化落实的基础体现。党建工作责任制是一项明确地方党委、部门党组（党委）抓基层党建工作责任的制度，规定了地方党委、部门党组（党委）抓基层党建工作的总体要求、主要原则、主要责任和工作目标。党的十八大以来，镇江市委坚持以习近平新时代中国特色社会主义思想为指导，毫不动摇坚持和加强党的全面领导，不断完善"五责联抓"工作体系，牢牢牵住责任制这个"牛鼻子"，为谱写"强富美高"新镇江现代化建设新篇章提供坚强的政治引领和政治保障。

一、全面落实基层党建责任制的镇江实践

镇江市委坚决落实全的要求、严的基调、治的理念，为深入推进新时代党的建设新的伟大工程作出更多贡献。

（一）打造责任清单

一方面，厘清主体责任。明确党组（党委）主体责任、书记第一责任、分管负责同志直接责任、班子成员"一岗双责"和党务工作者具体职责，构建自上而下、上下衔接、层层落实的"五责联抓"责任体系。另一方面，以清单制管理为载体健全基本制度。建立任务清单，将"党旗'镇'红、一线建功"工程细化分解为 7 张任务清单、160 项具体举措；建立责任清单，出台行业主管部门"抓行业、行业抓"党建工作指导意见，健全 8 项机制、明确 10 项责任；建立职责清单，出台规范功能型党支部工作办法，明确 3 项职责、界定 5 类功能。通过责任清单，功能型党支部充分发挥了党组织战斗堡垒和党员先锋模范作用。

| 中国式现代化镇江新实践 |

428

（二）强化队伍建设

一方面，加强学习。组织各类培训班，如《党务干部培训班》；通过开展读书分享会、建设"青年学堂"等形式，学好用好党的创新理论；坚持理论联系实际，通过现场教学重走习近平总书记视察镇江路、案例教学集中研讨等方式，逐步培育服务发展的思维。另一方面，以优促优。一手抓能力提优，镇江市在村（社区）层面用3～4年时间实现社区工作者中持有社会工作职业水平证书占比达60%以上，村干部、村支部书记大专以上学历占比分别达到80%、90%以上；一手抓待遇提升，2022年村支部书记、社区支部书记年平均待遇分别比专业化建设前增长26.2%、40%，并建立了合理增长机制。当前，镇江逐步涌现出一大批优秀党务工作者，如获评"江苏最美退役军人"的"跑腿书记"丁金平，他一片"兵心"为乡亲，带领村民脱贫致富。

（三）完善考评机制

一是出台考核文件。考核不以领导喜好为标准，而应公平、公正、公开地考核，如印发《市级机关党组织党的建设考核实施方案》《市级机关作风效能考核实施细则》等。二是设立"基础+奖惩"评价指标。坚持党建和业务同部署、同落实、同考核，形成支部书记牵头、业务处室支持、党员积极参与环环相扣、层层推进的责任体系。三是创新考评方式。落实党建片区联系点制度，深入基层党组织开展机关党建调研。运用作风效能信息化平台，综合研判社会公众意见，用群众满意度评价综合反映抓党建工作实效，以此推进镇江党建责任落实。

二、全面落实党建责任制的现实困境

结合近年来镇江的实践过程和实际成效，通过对1564份问卷调查、实地调研结果的分析来看，全面落实党建责任制在实践中还存在一些与中央要求、现实需求相脱节的问题，主要体现在以下几个方面。

（一）主体责任意识有待提升

就主体维度而言，抓党建"依靠谁"，是落实党建责任制的首要问题。从目前调研来看，四成受访人认为党建主体责任层层递减的主要原因为党建主责、主体、主业意识不强（图1）。具体到本单位时，10%左右的受访者认为问题在于责任主体监督不力，"一岗双责"落实不到位。这反映出一些基层党组织负责人对党建责任的认识不到位，责任意识不够强，没有真正地履行好党建工作"第一责任人"的职责。特别是一些党建负责人更重视对业务的管理，对党建工作不够重视。

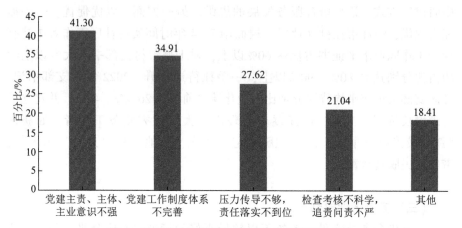

图1 党建主体责任层层递减的主要原因比重图

同时，对党建责任方面的培训重视度不够。40.35%的受访者认为党务干部培训机会较少，近55.18%的受访者在近两年参加专题培训仅2次及以下。另外，44.44%的受访者认为党建活动形式单一，这也是在受访者看来最为突出的问题之一。培训不到位，思想主动性不够，党务能力得不到提升，党建责任的落实必然会大打折扣。

（二）工作责任仍需进一步压实

近年来，围绕落实基层党建工作责任制，基层各级党组织不同程度地掀起制定党建工作责任清单的热潮。但对于一些基层党组织来说，落实党建工作责任制似乎仍是挂在墙上的"花架子"，并没真正发挥作用。调研发现，各市、区委在发挥"龙头""轴心"作用方面仍有提升空间，存在主要负责同志传达上级要求不到位、基层党建工作谋划制定不够主动（占比24.62%）等问题，尤其是分层分类指导方面还需进一步细致化。

（三）党建与业务深度融合度有待进一步提升

当前，党建工作和业务工作"两张皮""长短腿"的现象仍然存在，与业务工作没有完全做到同向聚合。第一，缺少党建与业务融合的"潜力"。

有的党务干部认为党建与业务不好结合、难以同步，存在畏难情绪，没有积极主动将党建工作同业务工作结合起来推进。第二，缺少党建与业务融合的"能力"。一部分党务干部尽管想将党建与业务融合发展，但服务中心的能力不够，导致在党建与业务融合时脱离本单位实际，致使融合推进往往以失败告终。第三，缺少党建与业务融合的"活力"。近三成的被访者认为，党建任务繁重，影响业务工作。一些党务工作人员除了负责党建工作以外，还承担了一些业务工作，分散了大量的精力，工作效率大打折扣。进一步探究原因，超一半受访者认为，照本宣科的政治学习不利于党建工作与业务工作深度融合，缺乏针对性和吸引力（图2）。

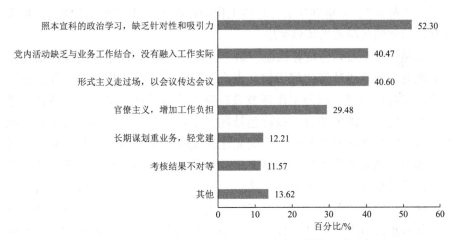

图2　不利于党建工作与业务工作深度融合的原因比重图

（四）考核与督查机制有待完善

在党建责任制落实过程中，最为重要的就是要完善相关考核评价和督查约束机制，从而起到良好的工作激励与监督作用。在党建考核机制方面，一方面，年度考核以召开座谈会、集体听汇报形式为主；另一方面，考核过程中台账资料繁琐，存在一定的形式主义。在配合开展党建工作考核评价的过程中，任务量化指标可操作性不强，真抓实干的考核评价不够有力，存在"报喜"多、"报忧"少，重形式轻结果的情况。

三、新时代镇江党建责任落实机制的路径探析

牢牢把握新时代党的建设总要求和新时代党的组织路线，立足镇江实

践工作特色，结合实地调研成果，重点是领会"为什么抓"、明确"谁来抓"、认清"抓什么"、理清"怎么抓"、区别"抓好抓坏怎么办"，以高质量党建引领保障镇江高质量发展。

（一）强化责任意识，筑牢思想基础，凝聚党建责任机制的奋进动力

一是坚持"将抓好党建作为最大的政绩"。树立"抓党建是本职、不抓党建是失职、抓不好党建是不称职"的责任意识，坚持把党建工作责任作为第一责任来抓，重大问题亲自解决、重要环节亲自协调。充分发挥领导核心作用，切实承担好、落实好党建责任制度，一级带着一级干，种好自己的"责任田"，才能在千头万绪的工作中抓住重点和要害，才能真正把全面从严治党的各项要求落到基层。

二是抓实学习教育培养机制。第一，注重将理论辅导与实践培训相结合。既有基层党建政策法规讲解，也有新形势下党务工作实操，并结合真实案例对容易出现问题的工作环节进行重点讲解分析。第二，注重特色课程与专业培训基地的结合。以特色社区为依托，开发镇江本地特色党建课程，打造实地党建教学基地，充实党建文化阵地创意设计、党业融合体系搭建等项目的专业化智库，打造多元立体化课程，提升履职尽责能力。第三，注重日常学习和主题培训相结合。一方面，将责任意识培养融入"三会一课"，持续开展"头雁论坛"活动，做到融会贯通；另一方面，结合重点工作和重要节点开展针对性强、实用性高的专题培训交流活动，练好党建工作"基本功"。

三是注重传承和创新镇江优秀党内精神文化。在党内政治文化建设层面，在充分挖掘、整理与深入研究的基础上，认识到本土文化作为思想资源和政治宝库的重要价值，弘扬亚夫精神、糜林精神、"四千四万"精神、"铁军精神"等，为镇江党建责任制的落实提供本土文化资源支持。

（二）健全"五责联抓"，强化担当作为，织密党建责任机制的工作体系

一是推动"五责联抓"协同联动。基层党建是一门科学、一项系统工程。切实推动党委（党组）、书记、分管负责同志、班子成员、党务工作者等五个责任主体"一岗双责"统一联动起来，绘制责任图谱，形成环环相扣、紧密衔接、相互促进的工作链条。促进机关、企业等党建要素的合理流动，有效增强党组织的政治功能和组织功能，形成党建与中心工作互促双赢局面和良性循环。

二是齐抓共管、一体落实。基于纵向到底的层级责任链，进一步压实党委（党组）统一领导、组织部门牵头协调、行业系统具体指导、有关方面积极履责的横向到边齐抓共管基层党建工作体系，形成一体化推进与落实，破解党建与业务融合难题。

三是深化党建联系点制度。建立班子成员联系业务部门党支部长效机制，定期督查支部建设情况，深刻理解和准确把握责任内涵，聚焦热点难点问题，加强分类指导，推动资源下沉，提升共驻共建水平。

（三）聚焦主责主业，细化量化清单，凸显党建责任机制的落实实效

一是突出问题导向。相关党建工作负责人应着力解决党建责任落实不到位问题，针对已经出现的问题追溯产生问题的原因，从根本上解决针对责任主体认识不足等问题。

二是突出工作导向。明确党建的主要矛盾、内容、对象、方法和步骤，提出目标、规划、力量、品牌、机制的融合之道，细化为抓总、抓点、抓大、抓重、抓纵、抓横、抓学、抓纲、抓责九个精准点位，让党建工作拥有线路图、说明书。

三是突出目标导向。根据不同区域、级别、行业的党建工作情况，深入调研，各地各单位因地制宜，细化分解任务措施，确保每一名书记都了解抓基层党建"责任有哪些""具体抓什么""重点在哪里"，认真分析支部党建工作情况并查漏补缺，将其纳入支部党建责任目标，避免出现"上下一般粗、家家一个样"的情况，更好推动任务落实。

（四）完善保障机制，创新特色载体，优化党建责任机制的政治生态

一是队伍保障。要配好配强党组织书记队伍，为党建责任落实提供主体保障。同时，要为基层单位配备1~2名专职负责党建责任制落实的同志。存在实际困难的地方，可以通过党建指导员的方式予以解决。

二是经费保障。通过问卷调查发现，被调研人员普遍反映履行基层党建责任制工作中较为重要的要素是保障党建工作经费。党建经费纳入财政预算，并与财政同步增长，确保专款专用、足额支付，不得截留、挪用。

三是载体保障。加强对基层党建责任制的舆论宣传载体的创新，应借助一切可能的媒介途径加强党建责任感的培养和氛围营造，对党建责任制要常谈常新，把党建责任制内化为每一个党组织书记、每一名普通党员的

共同信念和行动准则。

（五）坚持民意导向，发挥激励作用，擦亮党建责任机制的政治底色

一是充分体现民意。综合评议过程中多倾听群众声音，通过建立基层党员群众参与评议机制，充分调动基层党员群众参与评议的积极性，鼓励基层党员群众从不同视角对基层党建工作作出评价。一方面，把党建工作调研情况纳入对领导班子的年度考核工作，督促各级领导干部调研党建工作、征求反馈社情民意、切实解决群众身边的党建问题。让党建考核成为督促党的群众路线长效化的实践支撑机制。另一方面，在党的社会民意资源开发和利用方面，应注重党群互动的管道和机制，如完善常任制党代会下党代表作用发挥机制、开展党内民主恳谈活动、加强流动党员大数据管理和网络民意搜集机制建立健全等。

二是创新考核方式。台账资料繁琐已经成为党务工作者考核的一大难题。以"智慧党建"应用管理平台为载体，全景展示各基层党组织党建责任落实情况，对未按时完成任务的基层党组织发出预警通知，并提示敦促相关责任人加强监督指导。

三是抓实监督执纪问责机制。一方面，建立问责整改动态跟踪机制，充分运用巡视督查、专题调查、明察暗访等方式，对问题整改情况进行动态跟踪，督促及时解决问题，确保整改落实到位。另一方面，将问责结果作为干部选拔任用的重要参考，纳入干部考察考核重要内容，如明确规定：1 年内被问责 2 次的，取消评优资格，进行通报批评；1 年内因问责被 2 次通报批评的，由组织部门进行组织调整。

课题组成员：姚海荣、周秋琴、李秋阳、龙海峰

红色党建"绘就"绿色景区

——关于镇江市景区党建工作的调研、思考和建议

| 李　志 |

为深入学习贯彻党的二十大精神，全面推进市委"党旗'镇'红、一线建功"工程和全市国有企业红色领航先锋行动，推动景区党建工作标准化、规范化、科学化，进而全面提升景区服务质量，市委组织部与市国资委党委组成联合调研组，先后赴扬州瘦西湖船娘党支部、苏州石湖滨湖景区、苏州环古城河"红色步道"等景区交流学习，并通过现场考察、交流座谈、重点查看与随机查看、集中查看与分散查看等形式，对三山南山、西津渡文化历史街区、伯先公园等重点景区党建工作进行了调研，同时对大市口广场、赛珍珠广场、火车站广场等 6 处公共广场，以及镇江市科技馆、镇江市规划展示馆、镇江中国醋文化博物馆等 5 个公共场馆进行了全面梳理。现将调研情况报告如下。

一、苏州、扬州做法与启示

1. 创新"红色旅游"，弘扬"红色文化"

苏州名城保护集团党委依托环古城河健身步道开展"红色步道"建设，打造具有文化旅游特色的党建路线，形成了"两路（健身步道和环古城河）、两基地（苏州状元博物馆和城墙博物馆）、一载体（党员志愿者队伍）"的党员实境教育格局。扬州瘦西湖船娘党支部紧紧围绕习近平总书记提出的"古运河重生"的要求，开通运营"扬州运河水上旅游观光巴士"，举办"运河文化嘉年华·瘦西湖夜市"，加快推进北护城河沿线行政资产旅游化改造，主动扛起大运河文化带建设的责任担当。

2. 擦亮"红色名片"，点燃"红色引擎"

苏州名城保护集团党委把健身步道盘门段、相门城墙段和胥门段作为党建文化宣传路段示范点，共设计了 27 块党建宣传牌，统一海棠花 logo 设计，划分三大主题，让其成为苏州一道靓丽的红色风景线。瘦西湖船娘党支部通过广泛开展专业培训和学历提升工作，不断提高船娘的业务技能、

服务意识和学历水平，促使全体船娘掌握"会摇船、会弹奏、会讲解、会导游"的技能，把瘦西湖船娘打造成服务游客、展示扬州旅游形象的美丽名片。

3. 激活"红色阵地"，赓续"红色基因"

苏州名城保护集团党委打造的"水城驿站"是集党员活动、志愿者服务和便民服务于一体的对外开放平台。集团党委运用该平台定期与医院、街道、红十字会开展共建活动，已有近 300 人次参与志愿活动。扬州瘦西湖船娘党支部以项目化推进"党建+历史文化+全域旅游"系列工程，改造提升的瘦西湖船娘党建服务阵地入选扬州市第三批干部教育培训现场教学基地名录和扬州市首批 10 条"好地方"干部教育培训精品研学线路，成为扬州党性教育红色地图上的绝佳"体验地"和人气"打卡点"。

苏州名城保护集团党委和扬州瘦西湖船娘党支部坚持"以人民为中心"的理念，以市场需求为导向，精准把握党建与业务结合点，把党的政治和组织优势转变为治理效能和服务优势，引导多元主体在党组织领导下深度融入景区治理和服务工作，推动文旅产业高质量发展。

二、镇江市景区现状、问题和原因

（一）景区党建工作基本情况

三山南山景区、西津渡文化历史街区、伯先公园是市国资系统所属国有企业管辖的主要旅游景区，也是讲好镇江故事、展示"镇江很有前途"的生动城市名片。

三山南山景区由文旅集团所属镇江旅游发展有限公司（以下简称"旅发公司"）统一运营管理，下设金山公园党支部等 4 个党支部，现有职工 215 人，党员 70 人（含预备党员 7 人），党员占职工总数的 33%。西津渡文化历史街区和伯先公园由城建集团所属的镇江市西津渡文化旅游有限责任公司负责保护建设及文旅产业运营，现有职工 82 人，党员 24 名（含预备党员 1 人），党员占职工总数的 30%。其中，金山公园党支部和西津渡党支部为镇江市五星党支部和先进基层党组织。

（二）景区党建工作现状

各景区党组织以习近平总书记关于文化和旅游工作的重要论述精神为指导，坚持党建引领，守正创新、稳中求进，景区服务质量得到明显提升，呈现健康稳步发展势头。

1. 党建引领，助推文旅产业高质量发展

在商业街设立党员示范岗、红色初心角、党员示范商铺，积极打造镇江·南京设计廊金山店、"恒顺味道"金山体验店、金山咖啡店、金山宜月轩美食坊4个合作运营项目，开通"古运河水上游线"线路和"夕阳游""红色教育游""水上世界"等阶段性车船游乐项目。截至今年6月份，三山南山景区共接待游客335.66万人次，较2019年（疫情前）同期增长5.01%，实现营业收入3542.15万元，较2019年同期增长16.86%。西津渡街区联合润州区交警大队打造镇江首个"零酒驾"街区，与西津古渡、银山门两家社区党组织共同成立党建服务引领街区治理创新联盟，提升街区治理水平，该案例荣获江苏省国有企业党建"强基提质"工程创新案例一等奖。

2. 精准施策，提升党建阵地服务水平

在景区门前广场、主干道等处打造"红色风景线"流动服务台，每逢节假日，党员身穿红蓝黄马甲，化身志愿者，为游客提供文明宣传、旅游咨询、应急救援等志愿服务。设立"红色初心角""党员示范商铺""康乃馨服务站"，为游客提供免费充电、雨伞租赁等服务。西津渡街区充分运用镇江市党史方志馆等红色阵地资源，连续举办两届红色文化周，年均开展各类红色活动30余场，吸引近20万人次的游客和市民参与，为全市党史学习教育搭建实践阵地。

3. 创新竞进，打造特色志愿服务品牌

金山公园成立"莲心"志愿服务队，焦山公园成立"'救'在你身边"志愿服务队，北固山公园成立"红海棠"志愿服务队，南山成立"映山红"志愿服务队，西津渡街区成立"爱在西津"公益联盟，并联合"银发生辉"服务队、0511爱心家园团队及城建集团红领志愿者等团体，开展公益讲解、文明引导和旅游宣传活动，树立文明"窗口"形象，展现旅游窗口行业风采。每逢节假日，景区会安排千余人次志愿者进行公益讲解、文明引导和旅游宣传，累计组织开展各类志愿服务活动近2580场，累计志愿服务时长约1.03万小时，覆盖人群约10万人次。

（三）景区党建工作存在问题及原因分析

从调研的情况来看，市国资系统景区在党的建设中还存在以下三个方面的问题。

一是党建宣传标识标牌设置缺少系统性。目前市国资系统所属主要景区有党建宣传牌185块，但还未完全建立起系统的党建元素标识标牌体系，基层党建在A级景区未能充分释放出红色动能。比如，一位有着50多年党龄的老党员建议："能否在景区增加一些党建宣传牌，让我们在旅游的同时也能了解党的新思想、新理论、新政策。"西津渡街区存在人大、政协、统战、史志办、社区等多部门多群体设置的功能性场所，由于各部门各群体标准要求各异，导致街区内标识风格杂乱，缺少统一性。二是党建服务基础设施建设有待加强。市国资系统所属主要景区占地面积约3平方千米，虽然在景区、街区、公共广场设置了15个志愿服务站点，但覆盖率较苏州、扬州地区还存在一定差距。如金山公园结合商业街区建设设置了4个党员初心角，三山南山风景区分别在景区入口处、游客聚集点设置了5个"红色风景线流动服务站"，西津渡街区设有1个红色驿站，然而在服务站点的覆盖广度和点位设计上还有所欠缺，志愿服务相关内容还需进一步完善。游客李女士说："志愿服务站真是很贴心，不仅提供暖心服务，而且让游客了解景区文化，要是能多一些这样的志愿服务站就更好了！"三是党员先锋模范作用需要进一步凸显。在事业单位改革、企业化运作过程中，景区党员干部中事业身份人员居多，占比达61%，因而不可避免的存在多种身份用工混编混岗的情况。部分党员在融入市场、立足本职工作、担当作为、攻坚克难方面，先锋模范作用发挥不充分，在党建引领作用发挥、经营创收等方面，还需进一步调动、激励。

分析以上问题存在的原因，主要存在三个"不"：一是思想认识不到位。一些景区党组织不同程度存在"说起来重要、做起来次要""闲时抓一抓、忙时放一放"的现象，对党建工作停留在口头上的多、落到实践中少的状态。部分党员干部政治敏锐性不强、党建意识淡化，对党建工作的思想认识不足、重视程度不够，甚至认为党建工作"差不多就行了"，没有必要抓得太紧，业务工作才是硬指标，"重业务、轻党建"的思想在一定范围依然存在。二是职责定位不明晰。景区党组织书记是景区党建工作的第一责任人，但有的书记认为抓党建是副书记和党务部门的事，对景区党组织的职能作用定位不准，致使有的景区党组织提出的意见和建议难以得到有效落实，影响整个景区的党建氛围。市国资系统所属主要景区党员拥有全日制本科以上学历的有26人，占比28%；其中"80后""90后"党员只占38%，导致部分党员领导干部对抓党建责任理解把握还不够到位，党建工作创新不足、缺乏活力，没有形成齐抓共管的合力，不能很好地适应景区党建工作的实际需要。三是党建业务融合不紧密。党建与业务相融合、相促进是党建工作的出发点和落脚点，景区党组织的作用最终要体现在推动景区高质量发展上，但实际工作中，融合的广度和深度还远远不够。谋划党建工作时往往从上级要求出发，就党建抓党建，围绕中心工作部署开展党建工作思路不宽，没有很好地与企业发展结合起来，没有把企业发展的堵点、难点问题作为党建工作的重点来筹划，缺乏融合意识，"两张皮"的现象或多或少存在。

三、对策和建议

坚持以习近平新时代中国特色社会主义思想为指导，深入贯彻落实"党旗'镇'红、一线建功"工程推进会暨基层党建"五责联抓"工作体系部署会精神，围绕打造"国际文旅休闲目的地城市"的战略定位，将党建工作与景区建设提升、旅游产业发展等工作相结合，有效发挥党组织和党员在景区建设运营中的作用，实现党建工作显性化、常态化、全域化，推动景区运营和服务全面提升。

1. 强化统筹谋划，推动景区品质提升

一是整体布局"提升"。要坚持"一盘棋"思想，围绕优化文旅融合发展产业结构布局，研究制定景区品质提升方案。通过实施景区品质提升、数字化升级、文旅消费"扩容提质"和文旅资源"活化利用"等一系列工作，构建"三山一湖"休闲旅游度假矩阵，推动产业发展和品质形象"双提升"。二是党建联盟"聚力"。根据《关于在市国资系统推行党建联盟的指导意见》要求，联合旅游主管部门、社区、合作单位等，打造景区党建联盟，以党建共建聚力，推动三山、南山、古运河借助现有存量资源，加大项目策划和渠道招商，对传统景区分批次开展沉浸式、场景化改造提升培育亮点。借鉴金山景区泽心坊商业街合作模式，推进一批新业态文旅项目落地经营、一批市场类文旅项目储备。三是党建元素"添彩"。对三山南山景区标识标牌进行系统规划，结合景区实际增添党建元素，在景区游客聚集的游客服务中心、商业街区等位置增设党建服务站点暨党员初心角，营造浓厚党建氛围。对西津渡街区游客中心进行升级改造，在云台阁增设"镇江很有前途"主题雕塑。同时，在公共广场和公共场馆等处增设党建宣传栏，在户外滚动大屏播放党建宣传时事内容，着力打造镇江的红色风景线。

2. 强化品牌塑造，激活内在红色动能

一是打造党建品牌矩阵。要以"文旅先锋竞跑争先行动"为抓手，打造以"红色风景线、竞跑新文旅"为引领的"1+17"党建品牌矩阵。依托"劳模创新工作室""红船"等载体，集中党员干部力量，推动解决抢险排障、安置小区品质提升、景区服务等民生问题。通过开展"五亮"主题活动，组建红色风景线先锋团队和宣讲志愿服务队，实施党员"帮带"二销项目，将景区分成 N 个网格，由 2~3 名党员负责一个网格，实现景区精细化管理。二是擦亮志愿服务品牌。依托惠民服务品牌"沈全绿色民生服务工作室"，鼓励党员下沉一线，积极发挥专业特长，聚焦群众绿化难题，聚力办好实事，扎实开展绿色民生服务工程。要积极开展志愿者技能培训，全面提升志愿者综合素质，让志愿者成为景区宣传员和代言人。三是建设专业人才队伍。定期发布文旅人才需求目录，坚持以线上线下相结合的方式举办文旅人才专场招聘会，吸引全国各地文旅专业高校毕业生来镇就业，储备一批青年文旅人才。要定期组织经营管理、营销策划、导游业务等方面的培训，建立以赛促培机制，强化考核激励，推出差异化的薪酬制度和人事管理制度，有效解决薪酬制度不统一、企事业人员身份混杂等突出问题。

3. 强化融合赋能，助力文旅产业发展

一是抓好产业融合。要聚焦党建引领产业发展，大力发展新产品、新业态、新模式，构建优质目的地吸引物系统、现代文旅产业体系。积极推进要素体系、产品体系、支撑体系、保障体系等建设，不断培育新的消费增长点，进一步推动旅游业全链条、多业态创新发展，促进文旅产业转型升级。二是抓好资源融合。进一步加大廉政教育示范基地建设，持续开展廉政教育"四进"活动，充分利用金山百花洲、王仁堪纪念馆、伯先公园等阵地资源打造廉政教育实境课堂、廉政"警醒屋"等特色教育产品，不断深化廉政教育，营造纪律严明、风清气正的政治生态。三是抓好文化融合。结合培育和践行社会主义核心价值观，对景区范围内公益广告进行梳理，将创新设计融入景区特色景观小品和宣传栏，及时更换破损、陈旧画面。在景区显著位置设党建红色地图指示牌，在游客中心播放短片内增设党建板块，规划一批布局合理、主题突出、宜学宜游的旅游研学路线，实现党建工作与文化建设同向融合发展，把文化的力量传递给每一位游客。

（作者单位：镇江市国资委）

新形势下驻镇高校党校教育培训质量提升路径探索

| 杜 康 |

2023 年 3 月 1 日，习近平总书记出席中央党校建校 90 周年庆祝大会暨 2023 年春季学期开学典礼并发表重要讲话（以下简称"习近平总书记重要讲话"），回顾总结了中央党校 90 年历史成就和光辉业绩，全面深刻阐述党校初心，科学回答了做好党校工作的一系列重大问题。党校作为培训党员领导干部的主渠道、主阵地，作为党员领导干部锤炼党性、修身养德的"大熔炉"，在干部教育培训工作中承载着重要使命。新时代新征程，党校要创新培训理念、提升培训质量、优化服务水平，构建高质量干部教育培训工作新格局，不断开辟干部教育培训工作新境界。习近平总书记还指出："加强党对高校的领导，加强和改进高校党的建设，是办好中国特色社会主义大学的根本保证。"高校党校作为"校中之校"，是高校党的建设，以及培养德智体美劳全面发展的社会主义建设者和接班人的重要阵地，在高校党员的教育培养方面发挥着重要的作用。加强高校党校建设对于贯彻落实习近平新时代中国特色社会主义思想，巩固党校姓党的根本工作原则，加强广大党员和党员干部党性锻炼，培训党员、干部、入党积极分子，以及宣传党的理论和路线、方针、政策等方面具有极为重要的现实意义。驻镇高校党校有各自的管理模式和治校经验，在各自党校及二级分党校的建设中各有长处，也有共性的亟须发展完善的方向，加强新形势下驻镇高校党校教育培训质量，积极探索提升路径，直接关系到党对高校的全面领导、党的教育方针政策落地落实及时代新人培养成效，意义重大。

一、新时代强化党校教育培训质量提升的重要意义

习近平总书记重要讲话提出并阐述了"党校始终不变的初心就是为党育才、为党献策"。党校的独特价值就在于"为党育才、为党献策"这八个字，以"为党"为根本，努力彰显党校"育才""献策"的独特价值。党校历史是一部因党而立、因党而兴、因党而强的光辉历史。坚持姓"党"本色、体现姓"党"要求，是党校价值所在、使命所在，党校要以党的旗帜为旗帜、以党的意志为意志、以党的使命为使命。围绕中心、服务大局，

是党校事业必须坚持的政治站位，是践行党校初心的必然要求。坚持党需要什么样的干部，党校就培养什么样的干部；党需要研究解决什么重大问题，党校就努力在那些方面建言献策。

党的二十大报告指出，要"建设堪当民族复兴重任的高素质干部队伍"，这是全面推进以中国式现代化实现中华民族伟大复兴使命任务的重要保证。干部教育培训作为干部队伍建设的先导性、基础性、战略性工程，具有不可替代的重要地位和作用。党校是党领导的培养党的领导干部的学校，是培训党的各级领导干部的主渠道。各级党校必须紧紧围绕党和国家事业发展的需要，把握新时代干部教育培训的新形势新任务新要求，加强马克思主义理论教育、增强党员领导干部党性修养、提升干事创业能力、优化干部教育培训内容，凝心铸魂、润心启智，着力提高培训针对性有效性，高质量教育培训干部，做好新时代为党育才工作。

二、当下高校党校教育培训总体情况特点

1. 高校党校在培训时空上具有显著的灵活性

高校党校作为"校中之校"，与中央及地方各级、各类党校既存在共性，也有其个性，突出区别之一在于时空特点不同。中央及地方各级、各类党校开展脱产培训，其党性教育连续且集中。而高校党校的教育培训大都是在岗培训，培训的时间往往是非连续的，学员在参加培训的同时，可能还要继续承担原本的管理和教学科研任务，容易产生工学矛盾。但是，高校党校也有自己的独特优势。与上级党校相比，高校党校党性教育的一个突出特点就是灵活性，可以通过灵活的时间安排和培训形式，提高党校教育的覆盖面、参与度和实效性，所以高校经常把集中学习与日常教育结合起来。

高校党校党性教育在空间上也具有灵活性。因校内固定培训场所受限，加上部分高校还存在不同分校区，使得每次培训都能集中在同一场所的困难性加大，这就需要适时采用线下与线上学习有机结合的方式。面对培训人数较多、实地场所容纳量有限或者培训对象所处地域分散等情况时，可以灵活采取线上同步直播等形式。

2. 高校党校的培训对象具有显著的高素质

高校党校培训教育的主要对象是高校的党员干部。高校干部与地方干部相比，具有学历高、年轻化的特点。许多高校干部学习和工作都在高校，

缺少实践锻炼、社会生活磨炼，经历相对单一。他们长期在学校工作，与社会生产一线接触相对较少，面对人民生活水平的极大提高、社会发展进步的斐然成就，虽身在其中，他们却往往知其然而不知其所以然。高校干部的显著优势在于文化素质普遍较高，大多是研究生及以上高素质人才，部分干部还是专家型干部，对党的历史和理论、国家政策和制度、国内外形势和发展等都有着深入研究和独到见解，甚至有些高校专家干部还担任地方党校和社会培训的主讲人。这一培训对象的显著特点决定了高校党校开展教育培训必须做到知识性与说理性相结合、历史性与时代性相结合、理论性与实践性相结合，以提高教育培训的说服力。

3. 高校党校在培训内容上具有显著的专业性

党校教育培训的目的在于帮助干部坚定理想信念、树立优良作风，最终推动事业高质量发展。高校党校开展干部教育培训，需立足学校改革发展大局和学校党的建设全局去认识、去谋划、去部署。高校党校教育培训的成效，更要通过党员干部提高党性修养、服务教育事业发展、服务师生群众的具体行动体现出来。在新的历史时期，世情、国情、党情都发生了深刻变化。在高校党校培训中，要帮助在校师生党员、干部充分认识国际政治的新格局、国家发展的新形势、教育科技卫生事业的新需要、全面从严治党的新要求、建设世界一流大学和一流学科的新任务，引导高校党员、干部不断增强政治意识、大局意识；同时，还要立足本校实际，帮助其认识本校所处的历史方位，了解学校与世界一流大学、兄弟院校的差距，找到学校发展的困难和瓶颈，心往一处想、劲往一处使。

三、驻镇高校在党校教育培训中面临的主要挑战

多年来，驻镇高校依托高校理论研究、理论教学等方面的资源优势，不断探索实践，形成了一套较为完善的党员、干部教育培训模式，驻镇高校党校工作者因势而动、锐意求变，切实推动高校党校工作转型升级，实现高质量发展。由于传统理念和体制机制的制约，驻镇高校党校尚未建立起与新时代相适应、满足培养对象需求的培训体系。根据实地调研情况，驻镇高校在新时代高质量开展党校教育培训面临的主要挑战如下。

第一，由于传统思维理念和体制机制的制约，仍有部分高校党校工作理念不够先进，运行体制还比较老套，乏味、单调的传统课程内容体系和灌输式的传统授课模式难以激发学习兴趣、影响学习热情，培训对象出现

敷衍、应付等行为。高校党校授课对象既有老师也有学生，既有相关学科的专家也有普通的教职工群体，不同培训对象有不同的接受习惯、行为喜好，教育形式比较单一、教育内容缺乏针对性的传统高校党校工作难以产生理想的效果，过去的单向传输、形式略显生硬、内容较为单一的课程内容体系难以适应时代发展需要。因此，实际上，无论因材施教的经验传承还是时下内容定制化的供给理念，都表明当下高校党校需要分层分类制订教学计划，线上线下融合式探索教学形势，校内校外多方位营造授课环境，使得培训成效更具有针对性和有效性。

第二，现阶段制约驻镇高校党校教育培训质量的主要问题在于人才队伍建设存在不足。一方面，大多数高校党校缺乏独立稳定的专职授课教师，其承担培训任务的教师由本校的党务、行政领导和校党委成员及思想政治理论课教师等人员兼任。这些人员本身的教学、科研任务和管理工作比较繁重，往往难以将足够精力投入高校党校工作的教学内容和实践方式的设计中。另一方面，大部分任课教师在信息技术应用能力、媒介素养等方面存在短板，难以满足信息化时代教育教学的需求。

四、新形势下驻镇高校党校教育培训质量提升路径

1. 科学构建高校党校培训体制

高校党委要认真贯彻落实习近平总书记在全国党校工作会议上的讲话精神，定期研究、推进、考核、督导党校工作的开展，并把党校工作纳入学校党建整体统筹部署，切实从"为党育人、为国育才"的政治高度重视高校党校建设，科学研究高校党校发展的指导思想、目标任务、具体举措和总体规划，在坚持党校姓党、实事求是、质量立校、改革创新、从严治校的要求下，健全党校建设相关制度，确保党校各项工作有章可循、有据可依。要从政治上、政策上、机制上把握好高校党校的发展方向，切实做好教育体系和教学大纲的顶层设计，建立适应新常态的高校党校规范化、科学化、精细化管理模式，既要制定符合高校职责定位的基础性文件，又要制定契合高校师生学员特点的课堂教学、结业考试、过程管理、效果监督等一系列具体制度办法。多措并举加强经费保障和硬件支撑，不断健全组织机构、规范体系设置、明确职责分工，安排专职人员具体负责党校日常教学和管理事务，切实提升高校党校工作科学化水平。

此外，高校党校自身还需要强化调研，做好培训教育质量成效的评估，

以便构建更为科学合理的培训体制。高校党校要始终坚持围绕中心、服务大局，从实际出发，树立大规模、多层次、多角度、全方位教育培训理念，坚持理论与实践相结合，坚持定性和定量相结合，坚持集中教育和日常教育相结合，坚持教师导学和自我教育相结合，尊重学员主体地位，将组织需求、岗位需求、个人需求调研贯穿党校教育教学全过程。建立健全质量效果评估指标，由专家、授课教师、管理教师、学员共同参与，及时收集整理学员对教育培训的需求和建议，作为今后培训优化的具体方向。

2. 不断丰富高校党校培训内容

培训内容一直是党校教育培训的关键，中共中央印发的新修订的《干部教育培训工作条例》中明确提到，干部教育培训以深入学习贯彻习近平新时代中国特色社会主义思想为主题主线，以党的理论教育、党性教育和履职能力培训为重点，注重知识培训，全面提高干部素质和能力。高校党校更应该在培训内容上投入更多精力，不断丰富培训内容体系。

（1）始终把习近平新时代中国特色社会主义思想作为教育培训的中心内容和首要任务。从道理学理哲理上讲深、讲透、讲活，引导学员坚持不懈用这一思想凝心铸魂，让中国化时代化的马克思主义展现出更强大、更有说服力的真理力量，做到以理论清醒保证政治坚定，以思想自觉引领行动自觉。

（2）坚持把党性教育作为必修课，摆在关键位置。党性是党员领导干部立身、立言、立行的基石，有了坚强的党性修养，才能信仰坚定，抵御各种诱惑和考验。强化党规党纪教育，深入开展理想信念教育、党的宗旨教育，深入开展党史国史校史教育、革命传统教育，深入开展师德师风教育及反腐倡廉教育。引导和推动全校党员、干部不断提高思想觉悟、精神境界、道德修养，树立正确的权力观、政绩观、事业观，保持共产党人的政治本色。

（3）坚持把能力培养作为重点课。习近平总书记强调："重点提升领导干部推动高质量发展本领、服务群众本领、防范化解风险本领，同时加强斗争精神和斗争本领养成，着力增强防风险、攻难关、迎挑战、抗打压能力。"高校党校要紧紧围绕党和国家工作大局，紧密结合教育强国发展需求，围绕"一流"大学建设，组织开展务实管用的专业化能力培训，使学员堪当民族复兴重任。

（4）坚持把知识更新作为基础课。高校在知识传播普及方面有着独到的优势，特别是综合类院校有着广泛的学科门类，应当广泛开展经济、政治、文化、社会、生态、哲学、历史、科技、法律、军事、国际等方面知识的普及和培训，提升在校师生党员、领导干部知识面的宽度和广度。

3. 分类设计高校党校培训体系

丰富的培训内容也需要科学的计划和布局，分层分类的科学培训体系显得尤为关键。高校党校的培训对象涵盖教师和学生，教师中有行政领导与学术专家，学生中有高年级研究生和低年级本科生。因此，应坚持联系实际、分类指导、按需施教原则，在全程跟踪教育培养过程中，注重改革创新，提高培训的针对性与有效性，着力实现党校理论教育更深入、党性教育更扎实、专业能力更精准、知识传播更全面，从而使教育培训效果更显著。高校党校在制定培训方案时可以提前针对学员的特征开展调研，探索将"菜单式"课程变为"订单式"课程，在把握主体共性教育内容的同时，针对不同对象分级分类精心设计，不断充实和创新教学内容，优化教学布局，实现理论武装基础化、课堂教学模块化、实践教学多样化，构建既有统一要求又具有各自特色的"理论—模块—实践"三位一体的教学课程，形成全程设计、分级分类、全员覆盖的党校教育培训体系。

与此同时，高校党校还有广泛的二级分党校。一般来说，一级党校是指学校层面开办的党校，二级党校是指各院系开办的党校。当前，高等学校均较为重视一级（校级）党校的建设，一级党校在体制、机制、师资、硬件等方面发展相对成熟，能够保证高质量的党课教学。然而，随着各高校入党积极分子、学生党员逐年增多，学生在专业背景、兴趣喜好、职业理想、生活方式等方面呈现多元发展态势，仅靠一级党校难以实现面对学生群体因材施教的目标，也难以充分发挥高校党校"三个阵地、一个熔炉"的重要作用。高校二级党校是高校党校职能的延伸和拓展，是新时代向大学生传播党的科学理论知识、提高大学生政治思想观念和综合素质的重要阵地。因此，形成一级党校和二级党校相结合的教育培养体系，可以充分提高对学生党员培训的针对性和有效性。

4. 积极拓展高校党校培训方式

高校党校要在发扬传统教学模式优势的基础上，积极拓展教学资源、不断优化教学方式。在教学主体上，改变以往"以教师为中心"的灌输式教学，建立"以学员为中心、教师为主导"的互动式教学；在教学理念上，改变以往封闭的办学理念，探索建立校内教学与实践考察、社会调研相结合的开放办学理念；在教学方式上，着眼于激发干部的内在动力，改变以往单一的讲授式，综合运用研讨式、案例式、情景模拟式、体验式等教学方式；在教学手段上，要充分运用多媒体课件、远程教育、计算机网络等现代化教学手段，增强教学的直观性、形象性和生动性；在教学资源上，高校可以线下依托当地党校和社会培训资源，线上依托教育行政学院等网络课程资源，实现资源的互通互融、共育共享。高校党校通过多种教学方式方法的灵活运用，充分调动教学双方的积极性，做到教学相长、学学相长，营造良好的教学氛围。

值得一提的是，现场教学是理论教学的延伸。通过现场教育，高校党员、干部走出校门，全面了解国情社情民情，亲眼见证改革开放的伟大成就，亲身感受各行各业干部群众忠诚报国、团结协作、艰苦奋斗、创新实干、敢于担当的精神，从而深化对中国特色社会主义的认识，增强实现中国梦的信心和决心。高校党校要着眼于现场教学点的长期发展，积极打造沟通交流平台，与现场教学点进行深度合作，以实现互利共赢。高校可以尝试打破区域壁垒，推动单位、行业、区域互联互动，进一步整合社区组织活动场所、党员服务中心、文化服务中心、区域性党群活动服务中心、廉政警示教育基地、爱国主义教育基地、党员教育实训基地等优质教育培训资源，实现共建共享、相互促进、共同提高。

5. 多面打造高校党校培训师资

高校党校承担着教育培训各类骨干的重任，要以党校师资队伍建设为抓手，提升人才教育培养质量。为保障培训教学质量，高校党校应大力加强师资队伍建设，建立校内师资人才库，落实党校教师聘任制，加强聘期管理与考核，推进课堂教学质量提升工程；鼓励建立党校教育培训志愿者讲师队伍，抓好授课教师专业化能力培训。为进一步强化校内师资水平，高校可以实施"名师工程""精英导师团队"等项目，实现党校教学主力军的迅速成长，积极打造高校党校精品教学团队，加强对新理论新思想的教学研究，集体备课，开展教学攻关，用扎实的研究做好讲理论的基础，将理论讲透彻、讲明白、讲出力量、讲出对青年学子的鼓舞。在提升校内教师教学能力的同时，还要不断培养其研究能力，借助高校人才、科研和学科，把马克思主义基础理论和基本观点研究的最新成果，中国特色社会主义道路、理论体系和制度研究的最新成果，以及党的建设研究的最新成果转化为党性教育的素材，增强党性教育的理论深度和厚度，同时将研究成果反哺教学，实现授课水平和科研能力的双提升。

受师资力量和教师学术研究限制，高校还要采取专兼职结合的原则，通过"内育+外聘"模式，建立开放式教育培训师资库，补充一批素质硬、水平高、善上课的专家学者、领导干部、模范代表加入兼职教师队伍，拓宽视野，加强交流合作。"信仰·力量·希望"党校联盟是经镇江市委同意，由镇江市委党校发起并组建的开放式合作平台。该平台积极发挥党校政治机关、政治学校的职能作用，整合师资、学科优势，以合作共建、成果共用、管理协同为原则，以协同培训党员干部、协同研究重大课题、协同推进重点工作为载体，以联合开发为主要形式，通过融合发展，实现共建共享的目标。2019 年 10 月，镇江市委党校与江苏大学、江苏科技大学、镇江高等专科学校、江苏农林职业技术学院、江苏航空职业技术学院、江苏省交通技师学院开展合作共建。驻镇高校应该抓住机遇，充分依托镇江党校联盟的平台，实现镇江市内人才资源的互通合作。

五、江苏大学在党校干部教育培训质量提升方面的经验

江苏大学深入学习贯彻习近平总书记关于干部教育培训和立德树人重要指示精神，科学制定《江苏大学 2019—2023 年党员教育培训工作规划》，运用供给侧改革理念，通过"党性教育+系统业务、专题讲座+深度研讨、情景课堂+体验教学"等系列课程，紧扣高校干部培训"新"形势，丰富多元线下培训"新"形式，完善干部教育培养"新"机制，全力打造立体多面、全程覆盖的干部链式教育培训体系。自 2020 年新一届全校处级干部和科级干部换届以来，学校每年分层分类开展干部培训工作，同时利用暑期或周末，在校内外集中开展线下正处职领导干部、副处职领导干部、科级领导干部、党建专员及组工干部、全校基层党支部书记培训班，利用网络教学资源开展线上全体科级及以上领导干部学分制网上学习。年末，学校统计参训学时、总结培训成效、评选优秀学习心得和调研报告，每年将干部教育培训工作全面精准覆盖至 300 余名处级干部、400 余名科级领导干部，以及全体组工干部、基层党支部书记，全方位、广覆盖、多角度地强化思想淬炼、政治历练、实践锻炼。

1. 聚焦主业主课，紧扣高校干部培训"新"形势

学校始终坚持党校姓党根本原则，突出主业主课，坚持问题导向，紧扣高等教育背景下高校干部培训的新形势。在教学内容设计上，线下集中培训中科学设置"习近平新时代中国特色社会主义思想""党的十九大精神""党的二十大精神""党史学习教育""高等教育和现代大学治理""'双一流'建设""高校院系党政共同负责制""党性修养与党风廉政建

设""干部领导力提升""情景体验式课堂"等专题教学单元，聘请校内外专家学者进行高质量授课。在 2020 年新一届全体处级和科级领导干部培训内容上，学校还专题设置《贯彻落实"习近平总书记对我校的重要指示批示精神"》等教学内容，将培训内容融入国家和学校事业发展，让干部教育培训内容紧扣大局，工作更有深度。线上培训内容设置为必修和选修两大部分，必修内容涵盖中央党校最新的党性教育、党史教育、高等教育等干部必修课程，同时开辟自主选修专栏，学员可以自主选择教育心理学、领导力提升等有益干部成长的教学内容。

2. 聚焦培训体验，丰富多元线下培训"新"形式

在教学方法上，创新培训形式、丰富特色内涵，以 2022 年江苏大学"弘扬铁军精神，把成绩写在大地上，以实际行动迎接党的二十大胜利召开"正处职领导干部培训班为例，在为期 5 天的线下集中培训中，共安排了 1 场领导授课、5 场专家报告、2 场专题研讨、1 次分班讨论交流、8 场现场教学、1 场体验教学、1 场情景教学、1 场视频教学和 1 场情感教学。培训有传统意义上的宏观的讲座分析报告、详细的实际操作指导训练、围绕事业高质量发展的深入分组研讨交流，还创新性地开展以实境课堂为抓手的体验式教学，建立可看、可鉴的体验式教学新模式。在实境课堂方面，以茅山新四军纪念馆、苏南抗战胜利纪念碑为教学点开展革命传统教育，以市委党校党风廉政警示教育基地为教学点开展党风廉政教育，以驻镇部队学训基地为教学点开展爱国主义教育，以习近平总书记调研考察世业镇线路为教学点开展国情社情教育，以江苏大学与句容市人民政府共建全国农业科技现代化先行县示范点为教学点开展乡村振兴教育，以赵亚夫事迹馆为教学点开展榜样楷模教育，等等。参训干部通过实境课程教学极大提升了培训体验感，同时在参观学习调研的生动实践中砥砺初心使命，强化责任与担当意识。

3. 聚焦能力培养，完善干部教育培养"新"机制

学校全面总结"不忘初心、牢记使命"主题教育成果，抓实干部教育培养"三大"工程，把学习教育作为全校广大领导干部的终身课题常抓不懈。一是实施领导干部"导航"工程。学校把习近平新时代中国特色社会主义思想作为党员干部教育培训、基层党组织书记轮训的第一课，建立"第一议题"学习制度；制订干部学习教育年度工作计划和考核办法，积极推动领导干部上讲台、下基层，切实将领导干部参与各级各类培训学习的成果与普通党员和广大师生共享。二是实施年轻干部"兴航"工程。学校

选派优秀中青年干部到基层一线、问题集中、扶贫攻坚等吃劲岗位挂职锻炼，提升实践能力。2022年，学校选派20名干部教师参加省第十五批科技镇长团，多名干部助力防疫抗疫、乡村振兴、科技扶贫等工作。其中，1名干部在担任扬中市立新村第一书记期间，扎实开展乡村振兴工作，相关事迹被"学习强国"等多家媒体报道。三是实施新任干部"护航"工程。学校做好涉及议事规则、岗位业务、廉洁从政等方面的培训，为履新干部充分赋能。

六、结语

2023年，中央党校建校90周年，同年9月，中共中央发布了新修订的《干部教育培训工作条例》。因此，各级党校应该胸怀"国之大者"，不断提高政治判断力、政治领悟力、政治执行力，紧紧围绕党在新时代新征程的中心任务履职尽责、发挥优势。作为驻镇高校党校，一方面需总结教育培训经验成效，为驻镇高校党校教育培训质量提升工程做好有力支撑；另一方面要分析教育培训薄弱环节，在新起点上开拓思路、大胆创新，为驻镇高校党校教育培训质量提升工程做好针对性改善，积极为党和国家培育对党忠诚、品格高尚、专业过硬、务实敬业的建设者和接班人。

（作者单位：江苏大学党委组织部）

加强扬中基层党建档案管理的探索与思考

| 姚　柳　胡柳莹 |

习近平总书记在庆祝中国共产党成立 100 周年大会上指出，中国共产党团结带领中国人民，解放思想、锐意进取，创造了改革开放和社会主义现代化建设的伟大成就。在奋斗新时代、奋进新征程的当下，加强基层党组织建设至关重要，同步做好基层党建档案工作也不可或缺。基层党建档案管理要紧跟党建工作步伐，适应党建工作需要，积极服务于基层党建发展。

一、建设丰富的基层党建档案，搭建多元基层党建工作展示平台

（一）夯实基层党建档案基本要素建设

1. 政治建设档案

学习党章党规、学习党史是每一位中共党员的庄严责任和必修课，基层党员在《中国共产党章程》和党史学习教育中，产生的学习体会、批评与自我批评等材料是政治建设档案的重要组成部分。基层党组织工作的要点、总结，全面从严治党、加强意识形态工作的材料，记录党支部开展组织生活的"两册一本""三会一课""主题党日"材料，以及党务公开材料等是政治建设档案的构成要素。

2. 思想建设档案

政治理论学习计划、学习记录、研讨交流材料，调研文章，宣传信息统计表，"不忘初心、牢记使命"主题教育等各类专题教育档案，落实意识形态工作责任制材料，以及学习重要文件或讲话精神的材料等是思想建设档案的构成要素。基层党员干部参与文明城市创建、群众性精神文明建设活动材料及基层党组织编印的宣传材料也应纳入思想建设档案范畴。

3. 党组织建设档案

基层党组织设置、换届选举、发展党员工作材料等是党组织建设档案的重要内容。以发展党员工作为例，根据《中国共产党发展党员工作细则（试行）》的规定，要全面收集发展党员各个阶段产生的材料，从《入党申请书》《中国共产党发展党员考察表》《中国共产党入党志愿书》到教育考察材料等，这些都是非常重要的党建档案和个人档案。另外，党组织共建

活动、党组织关系转接、关爱困难党员等材料也应该归入党组织建设档案。

4. 纪律建设档案

基层党组织党的建设工作目标任务书、党支部工作计划执行情况、党规党纪教育材料、党风廉政建设材料、"先锋亮绩，积分管理"、警示教育活动、廉政风险排查、谈话材料、选人用人报告、职工群众满意度调查材料、道德行风建设材料、处分处置材料等，均归入纪律建设档案。

5. 人才工作档案

基层党建工作"青蓝结对"活动材料，优秀党务工作者、共产党员的推荐、选拔材料等，镇江市"169工程"培养对象申报等各级人才推荐、申报材料，党务干部外出培训材料，以及人才工作会议记录（讨论党建人才队伍建设）等，属于人才工作档案归档范围。

6. 统战工作档案

举办基层党外人士座谈会，征集党的建设意见、建议，党外人士参与基层调研情况，撰写的调研报告，走访民营企业及帮助它们排忧解难的材料，属于统战工作档案归档范围。

（二）基层党建特色档案工作大有可为

1. 体现"四千四万"精神的基层党建特色档案

"四千四万"精神是成千上万创业者走出困境、渡过难关，将无数不可能变为可能的拼搏精神的体现。"四千四万"精神是一座蕴藏于扬中大地的精神富矿。

1990年2月，扬中县委、县政府召开供销员代表大会，首次提出了以"跑遍千山万水、走进千家万户、说上千言万语、吃尽千辛万苦"为主要内容的"四千四万"精神。我们要将体现"四千四万"精神的基层党建档案建设好、完善好，通过对这类档案的开发利用，激励引领基层党员、群众更好地参与各项建设，奋力推进扬中高质量发展。以扬中市新坝镇新治村为例，他们以基层党建为引领，激发广大基层党员、群众干事创业的热情，推动基层村各项工作不断迈上新台阶，开展这方面的党建档案工作是非常有意义的。

20世纪80年代，临江而生的新坝镇新治村最引以为傲的是家门口的栏杆桥渡口，成千上万人从这里摆渡进出。扬中2万供销员走出孤岛闯市场，创造了"供销员经济"奇迹，他们在无资金、无技术一穷二白的基础上，硬是凭着"四千四万"精神迎接挑战，一批基层企业家群体应运而生，在实践中不断成长。

基层很重视建设和完善以"四千四万"精神为主要内容的党建档案，并已结合实践进行开发和利用。在联合村老党委书记郭克生的事迹陈列馆中，展示着老党委书记郭克生等党员同志发扬"四千四万"精神、发挥党员先锋模范作用的照片档案、实物档案等复制件。渡江文化园、法治公园等教育实践基地则展示了在"四千四万"精神的激励引领下，扬中人走出孤岛实现历史跨越、摆脱贫穷实现全面小康的艰辛而又光荣的历程。这些档案是扬中人的宝贵财富和精神指引，汇聚起建设"强富美高"新扬中的强大正能量。

2. 展示当代基层党组织工作和精神风貌的特色档案

在"党建引领"的旗帜下，广大党员干部全面展现出了奋发进取、实干苦干、共谋发展的工作作风。新坝镇新治村渡口停运后，渡江文化园、陈履生博物馆群等"网红"景点成为众多游客的打卡目的地，党史名家课堂、"我们的节日"等"文化大餐"让广大基层党员、群众大开眼界。新治村荣获全国生态文化村、省第四批次特色田园乡村等称号。新治村的基层党组织在红红火火的村集体建设中发挥了重要作用，由此产生了许多的党建特色档案。渡江文化园里展示的"自强不息、建设家园"篇章里，诸多档案复制件"讲述"了基层的发展历程，尤其是改革开放以来的重要时刻和重大事件，展现了扬中特有的精神禀赋。对基层党组织档案的开发利用，能够为今后基层建设带来重要启示，使广大基层党员、群众切实感受到有党旗飘扬的地方就有战无不胜的凝聚力和战斗力。

2021年初，扬中市村（社区）"两委"换届工作依据《中华人民共和国村民委员会组织法》等法律规定有序完成。如今，"有政治定力、有党建素养、有经济头脑、有项目经验、有治理水平"的"五有"新型村支部书记，已经成为村支部书记中的主流。基层党建档案完整归档党组织换届材料，展现换届全过程，能为今后的党建工作提供参考资料。基层党组织建设凝聚了广大基层党员的智慧。调研中，新坝镇联合村党委书记讲述了村党组织"逐梦振兴路"的美好愿景，联合村以党建为引领，以村民需求为导向，创新工作方法，将党小组建设在"村头埭尾"，吸引更多的党员、群众参与人居环境整治、疫情防控、文明乡村建设等工作。这些展示当代基层党组织工作和精神风貌的特色档案、颇具地方特色的党建工作档案有较高的开发利用价值。

3. 体现党员乡贤在基层工作中发挥作用的特色档案

明代汪循说：“古之生于斯之有功德于民者也，是之谓乡贤。”基层党建档案要详细记载党员乡贤发挥作用的信息资料，为相关工作提供依据。党员乡贤可直接参与乡村治理，有效的参与需要做好相关工作，例如，明确党员乡贤评选制度、党员乡贤管理制度（包括工作条例、权利义务细则）和保障制度等的材料，以及展示党员乡贤工作特点的材料都需规范形成档案资料，这有利于分享工作经验，更好地发挥党员乡贤在基层建设中的积极作用。

二、当前基层党建档案管理工作中亟须解决的问题

（一）基层党建档案意识不够强

1. 档案管理意识不够强

在调研过程中我们了解到，现阶段村（社区）等基层组织对党建档案重要性的认识还有待提高。部分基层村（社区）领导干部对党建档案工作认识不足，只注重抓工作，忽略了在此过程中资料的收集、整理、归档、开发利用。有的工作人员档案意识不强，党建工作当事人缺乏应有的档案保护意识，造成档案材料缺失、毁损。党建档案工作缺乏内在动力，存在被动应付现象。这些问题严重影响了党建档案工作的整体水平和成效。

2. 档案开发利用意识不够强

基层党建档案大多还停留在“库房档案”的阶段，开发利用不够。分析当前党建工作重点，我们可以明确基层党建档案也是开展党史教育过程中重要的辅助“教材”，是继承和发扬党的光荣传统和优良作风的生动教材，这方面的开发利用工作亟待加强。

（二）人才队伍建设不够强

1. 在人员配备方面，力量不足

基层单位从事党建档案工作的人员配备少，现有工作人员专业素养和知识水平参差不齐，难以适应当今现代化档案管理要求。村（社区）和其他基层党建档案工作者大多是兼职档案员，有些村基层党组织没有档案员，由村民委员会主任、会计、调解员等村干部兼任。他们没有经过专门的专业知识培训，档案业务能力不够，对鉴别日常党建工作中产生的资料是否需要收集归档还做不到胸有成竹，对一些党建工作资料的价值认识不到位，

导致部分有价值的党建工作资料，包括党建特色档案等不能被及时收集、整理、归档，造成档案资源流失。

2. 档案工作人员对档案开发利用的业务不够专

有的档案工作者忙于办公室事务性工作，存在档案工作开发利用被动开展的状况。党建档案开发利用是一项复杂、细致的工作，对业务能力要求高，需档案工作者综合业务能力强、知识面广，才能担当重任。

(三) 资金保障不够有力

当前最为紧张的是资金的投入问题，党建档案建设过程中，资金缺乏造成一些工作被动滞后。因资金保障不够有力，党建档案管理设备、设施条件与实际需要有差距。一些基层组织档案室安全防护措施不规范，室内"八防"设备设施简陋，没有符合档案管理的档案柜、密集架，日常管理条件滞后，加之缺乏科学性管理，未及时开展档案数字化工作。一些档案资料被摆放在办公室内或仓库的储物柜中，致使档案资料受潮变质和损坏，甚至丢失，查阅时无序，严重影响档案管理与利用。

(四) 党建档案资源信息化水平有待提高

党建档案需要适应基层的发展，通过调研，我们发现基层党建档案资源信息化水平有待提高，不能适应现阶段党建工作要求。基层对党建档案资源建设重视程度不够，收集不全面，尚不能适应新时代党建工作需要，在档案数字化建设方面起步晚、投入少。档案管理现代化建设尚未真正提上日程，档案资源数字化、利用网络化等工作仍停留在规划阶段。

三、根据基层建设实践积极探讨优化党建档案工作的措施

(一) 统筹谋划，全面提高基层党建档案意识

为推动基层党建档案工作科学发展，必须提高领导决策层对党建档案工作的重视程度，统筹谋划，树立档案意识，为基层党建档案建设提供保障。在重视党建工作的当下，党建工作作为重要组成部分，必须提质增效。基层工作人员必须具有较高的档案意识，把党建档案工作作为党建工作的重要环节抓紧抓好。基层单位要把党建档案工作纳入本部门的绩效考核，努力开拓基层党建档案工作优质发展的沃土。

（二）扎实推进，优化党建档案工作整体水平

1. 优化制度建设，坚持"靶"向发力

一是以《党建档案管理制度》等形式，进一步明确和丰富党建档案的收集和归档范围。严格执行《中华人民共和国档案法》，结合基层党建工作实践，优化党建档案工作制度建设。良好的制度是开展好党建档案管理工作的重要基础，唯有进一步完善和发挥制度的规范和制约作用，才能更好地实现基层党建档案的科学管理。通过规范党建档案收集范围，提升党建档案管理层级，将党建档案纳入大档案体系来管理，确保有保存价值的资料及时得到收集管理，防止档案资源流失。

二是完善基层党建档案在线共享机制建设。以往基层工作人员存在各司其职、各管一摊、各自为战的问题。灌输档案共享理念并养成共享习惯，推进各工作模块系统作战，各项工作在模块内系统完成从制订工作计划、工作执行到工作台账整理过程，提高档案收集的高效性和全面性，减少档案资料丢失情况。

三是强化党建档案考核和问责机制。完善考核与问责制度，明确基层党建档案管理责任，切实做到有责必行、失责必究。

2. 保障经费投入，加快档案现代化建设

一是档案管理的现代化离不开资金的支持。基层党组织应当高度重视党建档案管理工作，制定科学的设备设施采购、维护计划，确保资金使用效率，为提高党建档案管理的信息化水平提供经费保障。

二是大力优化党建档案管理工作环境。构建科学合理的党建档案管理体系，优化党建档案管理工作环境。在大数据环境下对党建档案数据信息进行有效挖掘整理。依托良好的硬件设施和环境条件，采用电子化、声像化的方式来取代或优化老旧的手工操作和纸质存档的管理模式，使基层档案不仅便于管理，而且更加安全，更能够提供便捷的、有针对性的开发利用。

3. 加强人才培养，打造复合型人才队伍

党建档案管理人员是党建档案管理工作的直接执行者，其专业能力与素养直接影响着党建档案工作的水平和成效。

一是加强档案人才队伍的建设。鼓励档案人才学习政治理论，提高政治站位。档案管理工作要求档案管理人员必须具备较高的政治素质、职业道德和强烈的责任感，甘于奉献，不计个人得失，有正确的价值定位。关心和支持档案管理员的工作，为他们提供良好的工作环境和外出培训学习的机会，对工作业绩突出的档案管理员要予以重用。

二是提高基层党建档案管理人员综合业务能力。档案管理人员素质的高低直接影响基层档案管理水平的优劣。基层单位应大力培养现代化的新型档案管理人才，应注重他们专业素质的培养，使他们具备运用科学的方法分析问题、解决问题的能力。

三是积极培养和引进信息化技术人才。信息化时代，档案管理工作复杂且具挑战性，要做好档案工作，需熟悉档案法律法规、政策和相关规定，熟练掌握计算机等信息化业务知识；要丰富信息化人才储备，打造一支适应现代化档案管理的复合型人才队伍，为高质量开展党建档案管理工作创造良好条件，提高基层党建档案工作的效率，顺应信息化时代党建档案工作需要。

4. 加强档案信息化建设，优化管理工作载体

一是加强档案信息化建设是必然趋势。新修订的《中华人民共和国档案法》根据社会环境的不断变化和发展，增加了"档案信息化"的内容。该部分内容加大力度鼓励推进电子档案信息系统建设，为档案数字资源的安全保存和有效利用提供了法律保障。我们要加强基层档案信息化建设，加快推进基层党组织档案资源数字化，利用网络化建设逐步实现档案管理现代化建设目标。

二是优化基层档案信息化建设途径。新时代的党建档案管理应当依靠专业的档案人才和档案设施设备，应当在信息技术条件下引进先进管理设备，优化党建档案管理工作载体，利用网络技术提高党建档案管理工作效率，满足党建档案管理工作长效化发展需要。通过加大资金投入和人才保障，加快推进基层党组织档案资源数字化，利用网络化建设紧跟档案工作信息化步伐，紧密结合互联网技术，实现对党建档案工作内容和流程的优化创新，使其更加充分融入档案信息化管理平台，实现高效化的党建档案信息管理。

三是基层档案信息共享的必要性。当前，人们对档案开发利用的要求越来越趋向个性化，基层档案馆（室）要进一步提高对党建信息资源重要性的认识，提升党建档案信息共享意识。新时代的党建档案管理应当在信息技术条件下优化党建档案管理工作载体，利用网络技术提高党建档案管理工作效率，运用公众号或党建档案管理平台向党员、群众提供有针对性的档案数据信息。

5. 积极利用，发挥作用

一是以样板建设带动深度开发利用。推动基层党建档案"活"起来，

是我们当前的重要课题。相关职能部门和基层党组织要进一步重视在基层建设管理中合法开发利用党建档案。以渡江文化园、"劳模事迹陈列馆"等教育实践基地建设为样板,积极开发利用基层党建档案。在村集体宣传栏展示体现"四千四万"精神的档案复制件,在各类教育实践基地等场所布置党建档案成果区域,全方位、多角度、立体化展示所藏档案,使基层党建档案资源开发利用成果呈现为更有高度、更有深度的精品。

二是开发利用党员动态信息档案,为法治社会建设服务。以基层村(社区)网格为基础,为辖区内所有党员建立动态档案资料。通过党建档案详细记录党员信息、社会保障和主要社会关系等情况,切实做到对基层党员的情况知根知底,为基层科学决策和党员管理、社会治理提供档案资料服务,为联动处理网格中各类矛盾纠纷事件提供有力保障,为基层法治社会建设服务。

镇江市各级档案职能部门要积极借力,同基层党组织想在一起、干在一起,凝聚起干事创业的强大合力,筑牢档案工作者听党话、跟党走的使命担当。要继续同步融入探索构建基层党组织的"大党建""大协调""大服务"等功能模块运行的基层档案管理模式,提升档案管理水平,让档案赋能基层党建工作,推动档案服务质量的升级,加强基层党建档案管理,助推党建工作高质量发展,为建设"强富美高"新扬中贡献力量。

(作者单位:中共扬中市委党校)

镇江本土红色文化资源在高校思想政治教育中的价值及路径研究

——以江苏农林职业技术学院为例

| 刘 丽 |

党的十八大以来，习近平总书记高度重视红色资源的开发和保护，多次强调，"要把红色资源利用好、把红色传统发扬好、把红色基因传承好"，旨在将理想信念的火种、红色传统的基因一代代传下去，使我们的红色江山后继有人。在提升中国特色社会主义文化自信的时代背景下，充分挖掘红色文化资源蕴含的精神特质、教育价值和育人功能，积极探寻红色文化资源在高校思想政治教育中的教育新内涵和实践新途径，用红色文化资源搭建高校思想政治教育大课堂，让红色文化成为铸魂育人的精神动力，这对提高高校思想政治教育的针对性和实效性，培养中国特色社会主义合格建设者和可靠接班人，有着深远的历史意义和重大的现实意义。

一、本土红色文化资源融入高校思想政治教育的独特价值

(一) 保证高校思想政治教育的实施方向

理想信念是政治方向的集中体现。因此，加强大学生思想政治教育，关键在于牢牢抓住理想信念教育这一核心。本土红色资源蕴含着丰富的理想信念教育素材，是引导大学生树立正确政治方向的天然说明书。在当前各种思潮相互激荡、价值取向日益多元的时代背景下，利用本土红色资源开展思想政治教育，有利于实现高校思想政治教育目标任务在历史与现实、知识与价值、情感与理性方面的有机统一，对引领大学生用中国特色社会主义理论体系武装头脑、指导行动，坚定正确的政治方向，坚定理想信念有着重要作用。

(二) 丰富高校思想政治教育的实际内容

大学生思想政治教育的主要任务是对大学生进行理想信念、道德情操、爱国主义等教育，帮助学生实现知情意信行的逐步转化。红色文化中的每

一次艰难的革命实践、每一件惊险的革命故事、每一位感人的革命先烈、每一种伟大的革命精神，都承载着"培育爱国情怀，传播先进文化、塑造良好人格、弘扬社会正气"的文化内涵，都是引导当代大学生坚持先进文化的前进方向、塑造优秀思想道德品质的"活教材""活标本"，其对大学生思想的感召力和影响力远超学校教育和书本知识。

（三）创新高校思想政治教育的实现形式

教育形式直接影响教育效果。红色文化的表现形式多样，红色文化的不同表现形式充分满足了人们在寓教于乐的轻松环境中接受红色文化洗礼、在潜移默化中接受红色文化教育和熏陶的需求。在高校开展思想政治教育中，充分发挥红色文化资源的地域特色和丰富的表现形式，将革命旧址变为最好的课堂，让英雄故事成为最好的教材，使学生在情景式、体验式、参与式、互动式的教育中，实现理论教育与体验感悟、知识教育和价值引导、启发教育和自我教育相结合，有力促进红色文化思想政治育人理论与实践的融合。

（四）提升高校思想政治教育的实践效果

红色资源的优势就在于"它不是简单的说教，而是通过与红色革命史实进行对话，把对历史的反思和对现实的回应结合起来，让人在信服的事实面前去亲身感知和体验"。运用本土红色文化资源进行教学，因其鲜活生动的素材、真实可信的案例，学生不仅可以身临其境，而且可以耳闻目睹，使条框式的理论教育变成鲜活的历史再现，抽象的意识灌输成为亲和的历史认同，增强了思想政治教育的亲和力、说服力和感染力。

二、镇江本土红色文化资源与高校思想政治教育的融合现状

（一）镇江红色文化资源情况

镇江是一方崇尚英雄、英雄辈出的红色热土。革命年代，无数先辈英烈在这里献出了鲜血和生命，留下许多耳熟能详的革命故事；改革开放时期，许多共产党员创新奋斗、无私奉献，留下一批新时代奋斗拼搏的生动案例。这些丰富多彩的红色文化资源蕴含着党的优良传统和伟大革命精神、时代精神，已经深深融入镇江的城市基因与血脉。

从物质形态上看，统计数据显示，镇江市拥有 40 余处红色历史类纪念

设施与遗址、100 多处红色文化遗产，以及 37 家爱国主义教育基地。自 1921 年以来，牺牲的镇江籍烈士和牺牲在镇江的外省籍烈士有 3000 多名，他们留下的遗物、遗迹和精神财富也成为红色文化的重要组成部分。

从精神形态上看，抗战时期，围绕茅山根据地发展，新四军形成了著名的铁军精神。改革开放年代，赵亚夫扎根农村，践行"为农民服务一辈子"的誓言，成为全国"时代楷模"，形成了亚夫精神。铁军精神和赵亚夫精神作为红色精神，蕴含着崇高坚定的理想信念、勇敢奋斗的精神意志、服务百姓的为民情怀，对大学生思想政治教育具有重要的理论价值和启示意义。

（二）农林学院学校特色分析

作为镇江唯一一所涉农高职院校，江苏农林职业技术学院以立德树人为根本任务，以强农兴农为己任，始终坚持农林职教的办学方向。学院确立了以服务"三农"为宗旨、能力培养为核心，走产学研一体化之路的办学理念和践行"课堂移村口、师生到田头、成果进农户、论文写大地"思路，形成了鲜明的办学特色。在国家提出优先发展农业农村、全面推进乡村振兴的战略背景下，学院肩负着服务乡村振兴、培育高素质乡村振兴人才的重任。

因此，基于镇江革命老区的"红"和学院农林院校的"绿"，通过挖掘和利用可观、可感、可悟的本土红色文化资源，让镇江本土红色文化资源成为学院进一步加强和改进学生思想政治教育的大课堂，将镇江的"红"与农林的"绿"相融合，打造农林特色的思政育人体系，培育高素质的"新农人"，对传承好红色基因、服务好绿色发展具有十分重要的意义。

三、镇江本土红色文化资源融入高校思想政治教育的路径研究

红色资源不会天然成为教育资源并自发产生教育功用。因此，高校应在正确认识本土红色资源的基础上，科学把握思想政治教育当前面临的形势、任务与目标，从课堂到课外，由理论到实践，搭建思想政治教育"大课堂"，挖掘红色文化资源的教育新内涵和实践新途径，真正实现红色资源在加强和改进大学生思想政治教育中的价值。

从史学研究和资源开发的角度来看，镇江本土红色文化资源备受重视。当地相继成立了新四军研究会、茅山抗日根据地研究会等机构，设立铁军

精神研究专项，深入开展抗战文化和铁军精神等红色文化研究，形成了一批专家和团队，推出了不少有关新四军、茅山根据地，以及陈毅、赵亚夫等人物的书籍、电影和舞台剧等作品。在红色文化资源开发方面，本地政府高度重视，对革命遗址、纪念地、旧居等进一步保护和挖掘，重点打造了茅山新四军全国红色基地等一批红色学习和旅游基地，开发了许多红色文化产品。同时，镇江也在谋划打造多条红色线路，使红色文化资源产生辐射效应，获得更大的思想政治教育价值。这些都为高校思想政治教育工作的开展提供了有利的条件。

（一）推进镇江本土红色资源融入课堂教育，实现课程育人

红色文化资源是最好的"教科书"。高校利用红色文化资源开展大学生思想政治教育，必须充分发挥课堂育人的主渠道作用。

1. 融入思政课堂

高校思想政治理论课是对大学生进行思想政治教育的主战场、主渠道，是培养德智体美劳全面发展的社会主义建设者和接班人的重要阵地。将红色文化资源引入思政课堂，其鲜活的素材能进一步丰富思想政治教育内容，提升思政课堂教学的亲和力。学校马克思主义学院通过集体备课平台，讨论将抗战文化、铁军精神等融入思政理论课教材体系和教学体系，研讨教学设计和教学方法，共享教学案例和教学课件，打造本土化教学内容，完成红色文化资源向教育教学资源的转化。比如，在讲到新四军抗战时，可以穿插陈毅在镇江茅山创建新四军根据地，历经艰辛、勇敢斗争，铸就了铁军精神的故事，并结合参观茅山新四军纪念馆，让学生切实感受到革命先辈爱党爱国、勇敢奋斗、不怕牺牲、奉献人民的精神，实现从理论到实践的升华。

2. 融入专业课堂

教育部原部长陈宝生在新时代全国高等学校本科教育工作会议上指出："2018年高校师生思想政治状况滚动调查结果显示，对大学生思想言行和成长影响最大的第一因素是专业课教师。高校要明确所有课程的育人要素和责任，推动每一位专业课老师制定开展'课程思政'教学设计，做到课程门门有思政，教师人人讲育人。"近年来，学校以"课程思政"教学改革为契机，安排思政教师协助专业课老师，将本土红色文化资源融入专业课程教学与改革，促进专业课程与思想政治理论课同向同行，形成红色文化教育教学合力。尤其是在学院农业类专业课中，教师通过组织学生观看电影

《赵亚夫》、参观赵亚夫纪念馆等方式，让学生感悟亚夫精神，以赵亚夫为学习榜样，坚定知农、爱农、强农、兴农信念，担当服务"三农"新使命。

（二）推进镇江本土红色资源融入校园文化，实现文化育人

校园文化是高校发展的灵魂，也是文化育人的重要途径。红色文化教育不仅仅是知识性教育，更要凸显价值引领的重要功能。学校除了依靠课堂教学外，还注重以校园红色文化建设为抓手，加强红色校园文化建设，让红色文化可看可听，可触可感，发挥其"以文化人、以文育人"的隐性教育功能。

1. 融入校园环境

学校充分挖掘本地红色文化内涵与校园精神相统一的部分，把红色革命精神与学校文化建设融为一体，突出办学特色，营造积极健康的文化氛围。比如，学院以农为本，以"时代楷模"赵亚夫为典型，打造了以赵亚夫为代表的本地农业楷模与技术专家事迹长廊；在校史馆、图书馆、教室等地张贴陈毅语录，宣传铁军精神。除此以外，学校还通过校报校刊、校园广播等载体弘扬本土红色文化，使学生能够时时感受红色文化，让红色精神入眼、入脑、入心，达到塑造人和教育人的目的。

2. 融入校园活动

学校党委牵头，整合校内思想政治教育相关单位，统一规划校内红色文化与思想政治教育活动，形成"大思政"格局。首先，依托重大纪念日和传统节日，开展红色文化教育和爱国主义教育活动。比如，每年举办《农林书场》红色故事季，邀请当地红色文化研究中心资深专家，讲述当地红色故事、宣讲革命精神；组织学生到苏南抗战胜利纪念碑和革命烈士陵园扫墓等。其次，开展"一院一品"活动，打造红色精品校园文化品牌。比如，畜牧兽医学院开展"红色剧目大家演"活动，通过情景剧再现当年红色场景和革命前辈们的英勇事迹；农学园艺学院开展"红色榜样大家学"活动，邀请当地革命烈士后代、劳模进校园，以身边典型教育学生，形成学院特色红色文化品牌活动。最后，成立红色文化社团，如红色诗词诵读社，设立红色图书角，定期组织开展图书交流会等活动，使学生在愉快的情感体验和潜移默化的熏陶中接受红色文化教育，提升思想政治素养和红色文化认同。

（三）推进镇江本土红色资源融入社会实践，实现实践育人

大学生思想政治教育不仅要引导学生求"知"，还要引导学生成"行"。理论教学和文化建设让青年学生从真知到真信，最终还需要通过社会实践实现真"行"。地方红色文化资源只有通过社会实践，贯通思政小课堂和社会大课堂，实现从理论到实践，从抽象到具体，从感性到理性，把枯燥的课堂教学转化为生动的对话，把抽象的思想灌输转变为具体的情感体验，才能够转换变成大学生的责任感和使命感，做到内化于学生之心、外化于学生之行。

1. 融入教学实践

实践教学是增强高校思想政治教育实效性的必要环节。除了将本土红色文化资源融入思政课实践教学外，还可以充分发挥农林学院特有的专业优势，将本土红色文化资源融入专业课实践教学。比如，旅游管理专业"导游讲解实务"课程实践教学，通过挖掘镇江现有红色旅游地所承载的革命历史、革命事迹和革命精神等红色文化内涵，设计红色旅游路线，将本土红色资源连成线、形成片、结成网，发挥红色资源和红色旅游的"整合效应"，形成教育合力。园林设计专业学生深入镇江美丽乡村，开展"笔尖下的美丽乡村"红色文化墙绘活动，通过墙绘展示红色故事、红色人物、红色精神，让红色文化走进千家万户。通过专业课的教学实践，学生不仅是红色文化的宣传者，还是红色文化的践行者，在掌握专业技能的同时一并接受了红色精神洗礼，传承了红色文化。

2. 融入社会实践

2004年，中共中央、国务院《关于进一步加强和改进大学生思想政治教育的意见》强调，社会实践是大学生思想政治教育的重要环节，对于促进大学生了解社会、了解国情、增长才干、奉献社会、锻炼毅力、培养品格、增强社会责任感具有不可替代的作用。学校结合镇江红色资源特点，通过高校力推践行、教师全面推进、学生积极参与，形成"亲身前往、亲临体验、亲历感悟、亲自研究"的社会实践大格局。比如，有的红色资源利于参观，则组织学生前往参观，让他们通过参观看到真相、把握规律、明确方向。有的红色资源利于体验，则让学生通过一定方式进行体验，使其明白历程、清晰过程、体会艰辛。有的红色资源利于品味，则组织学生用文学评介、艺术赏析的方式进行感悟，领略其精神风貌、道德情操和忠贞信仰。有的红色资源适用于科学研究，则应组织有一定基础、有相关志趣的学生开展一定的探索、研究。学校通过"四亲"方式，增强学生的参与感、体验感，使学生在红色资源的社会实践中，灵魂受到触动、情感受到冲击、心灵得到净化，从而提高思想政治教育的实效性。

（四）推进镇江本土红色资源融入网络教育，实现网络育人

新媒体时代，各种社会思潮借助网络传播、交流、互融、互鉴，形成多样化网络话语环境。地方红色资源在高校思想政治教育中往往具有鲜活的特征，通过网络的合理转化可以具有极高的传播性。学校充分发挥新媒体、大数据的传播优势，通过微信公众号、QQ、微博等学生常用媒介，将地方红色文化通过小视频、小文章的形式呈现出来，构建线上和线下同步宣传平台，打破地方红色文化传播的时空界限，发挥红色网络文化育人的直观生动、感染力强的特点，占领高校思想政治教育网络文化阵地，将红色文化融入大学生日常社交网络。

江苏农林职业技术学院依托镇江深厚的红色文化底蕴和丰富的红色资源，结合学院特色和镇江本土红色文化特点，通过"第一课堂、第二课堂（文化活动）、第三课堂（社会实践）、第四课堂（网络平台）"的纵横联通，构建起立体化的红色文化育人体系，把镇江红色文化资源融入学校思想政治教育，使红色文化资源真正成为进一步加强和改进大学生思想政治教育的活课本、活载体和活平台，以红色文化蕴涵的丰富思想内涵和鲜明地域特色来教育和引导青年学生，提升思想道德素质，促进个人全面发展，实现红色资源思想政治教育功能的最大化和最优化，彰显新时期高校教育的鲜明底色。

（作者单位：江苏农林职业技术学院）

后 记

为全面贯彻党的二十届三中全会精神，深入贯彻习近平总书记对江苏、镇江工作重要讲话和重要指示精神，不断谱写"强富美高"新镇江现代化建设新篇章，镇江市委党校（市行政学院）策划编写了《中国式现代化镇江新实践》一书。书中重点收录了 2022—2024 年度镇江市党校及高校承担的部分省市重点课题、调查研究报告、决策咨询等优秀研究成果，围绕近年来镇江经济、社会、文化等方面发展的基本情况，深入研究了镇江市现代化建设和治理中的重大问题，既有对各领域发展问题的深度探讨，也有对产业发展趋势的权威解读；既有理论性研究专题的支撑，也有典型经验的剖析。全书从高质量发展、新质生产力和历史文化等专项课题的角度，展望发展远景，努力探索中国式现代化的镇江新实践。

《中国式现代化镇江新实践》由镇江市委党校（市行政学院）常务副校（院）长朱定明主持编撰并审定，副校（院）长孙文平负责书稿策划、框架设计和统稿工作，科研处具体承担书稿编写策划、组织协调和校对工作。镇江市委党校、丹阳市委党校、句容市委党校、扬中市委党校、丹徒区委党校、江苏大学、江苏科技大学、镇江市高等专科学校、江苏农林职业技术学院、镇江市国资委等单位工作人员参与编写，并为本书提供了丰富、翔实的参考资料。在书稿即将付梓之际，向参与本书编写的人员和支持本书出版工作的单位表示感谢！感谢江苏大学出版社给予的大力支持和帮助！

由于编写时间仓促，书中若有不当之处，还请各位领导、专家学者和广大读者批评指正。

编委会

2024 年 12 月